RURAL ECONOMIC
INVESTIGATION AND RESEARCH

农村经济
调查与研究

第2部

叶兴庆 主编

中国发展出版社
CHINA DEVELOPMENT PRESS

图书在版编目（CIP）数据

农村经济调查与研究．第 2 部/叶兴庆主编．—北京：中国
发展出版社，2016. 11

ISBN 978 – 7 – 5177 – 0579 – 6

Ⅰ．①农…　Ⅱ．①叶…　Ⅲ．①农村经济—调查研究—中国
Ⅳ．①F32

中国版本图书馆 CIP 数据核字（2016）第 225852 号

书　　　名：	农村经济调查与研究．第 2 部
主　　　编：	叶兴庆
出 版 发 行：	中国发展出版社
	（北京市西城区百万庄大街 16 号 8 层　100037）
标 准 书 号：	ISBN 978 – 7 – 5177 – 0579 – 6
经 销 者：	各地新华书店
印 刷 者：	三河市东方印刷有限公司
开　　　本：	787mm × 1092mm　1/16
印　　　张：	24
字　　　数：	435 千字
版　　　次：	2016 年 11 月第 1 版
印　　　次：	2016 年 11 月第 1 次印刷
定　　　价：	58. 00 元
联 系 电 话：	(010) 68990642　68990692
购 书 热 线：	(010) 68990682　68990686
网 络 订 购：	http: //zgfzcbs. tmall. com//
网 购 电 话：	(010) 68990639　88333349
本 社 网 址：	http: //www. develpress. com. cn
电 子 邮 件：	fazhanreader@ 163. com

《农村经济调查与研究》（第 2 部）
编委会

前　言

Foreword ▲

　　国务院发展研究中心农村经济研究部是活跃在我国"三农"政策研究与咨询领域的一支重要力量。在国务院发展研究中心党组的统一领导下，农村经济研究部团队成员积极参与国家高端智库建设试点，努力探索新形势下"三农"领域政策咨询研究、政策解读、改革方案和重大政策评估、国际交流的工作规律，不断提高研究质量和水平，增强竞争力和影响力。

　　在团队成员共同努力下，2015 年又是一个丰收年。在政策咨询研究方面，我们承担了中央交办课题"村民自治有效实现形式研究"，在深入实地调研的基础上，推出了一批调研报告；承担了国家发展改革委价格司、农业部种植业司等部门的委托课题，在农产品价格形成机制改革、我国粮食需求峰值估算等方面取得了一批研究成果；承担了国务院发展研究中心年度重点课题"农业发展方式转变与增长动力接续"，以呈送件、调研报告等形式推出了一批课题成果。在政策解读方面，我们利用各类论坛和会议阐述对"三农"问题的看法，在《人民日报》《经济日报》等权威媒体上发表对"三农"政策的认识，接受新华社、人民日报、中央电视台、中央人民广播电台、求是网等媒体采访发出自己的声音。在改革方案和重大政策评估方面，我们承担了对《中国农村扶贫开发纲要（2011－2020 年）》进行中期评估的任务。在国际交流方面，团队成员参加了在北京举办的"减贫与发展高层论坛"、在华盛顿举办的"中美农业创新战略对话"、在约翰内斯堡举办的"中非合作论坛减贫与发展分论坛"等活动，赴南美、东南亚部分国家考察农业投资和贸易，与有关单位联合开展的"深化中国与主要农业贸易伙伴国战略合作研究"顺利进行。

作为智库机构，高质量的调研报告是工作成果的主要体现，是发挥作用的主要载体，也是生存发展之根基。除承担的国务院发展研究中心年度重点课题"农业发展方式转变与增长动力接续"的课题成果单独结集为《找准转变农业发展方式的支点》（由中国发展出版社另行出版）外，团队成员的其他调研成果，凡适宜公开发表的均收录进这本《农村经济调查与研究》（第 2 部）。收入这本文集的调研报告和其他类型文章，大致可以分为六个方面：一是现代农业，提出了"十三五"时期应实施农业边际产能退出战略、构建以竞争力为导向的农业政策体系、推动农业绿色发展等新观点；二是乡村治理，在浙江、广东、河南案例分析的基础上，以问题为导向、以功能为准则、以效率为目标，提出了创新乡村治理机制、探索符合农村实际的村民自治有效实现形式的新主张；三是精准扶贫，在河北、陕西、贵州调研的基础上，对新时期扶贫面临的失能人口占比高、产业扶贫风险大等突出问题进行了新思考；四是农村改革，通过贵州六盘水、上海吴泾镇的案例分析把农村集体产权制度改革的思考引向深入，在建立内在激励机制、促进农业转移人口市民化等方面提出了新思路；五是粮食安全，通过改进预测方法、引入人口年龄和城乡结构变化等新因素，对我国粮食需求峰值作出了新预测；六是其他方面，通过对巴西、阿根廷、印度和泰国农业投资和贸易的调研，以及对日本"六次产业"发展政策的梳理，丰富了对我国农业发展战略调整的新认识。

选编这本集子的过程中，团队成员辛勤工作的画面时时浮现脑海。没有他们的付出，就没有这本还算厚重的文集。期待我们这个团队出更多成果，也敬请读者朋友不吝赐教。

叶兴庆

2016 年 8 月 5 日

目 录
Contents

第三部分
精准扶贫

第四部分
农村改革

第五部分

粮食安全

第六部分

其　他

第一部分　**现代农业**

"十三五"时期农业要做好四道减法题

叶兴庆

　　"十三五"农业发展势必遭遇一系列严峻挑战，价格天花板、成本地板、补贴黄灯、生态红灯等等不一而足，高龄农民工返乡、务农劳动力老龄化、农业自给率下降、农民增收减速等等接踵而至。这样一个时间节点上，考虑中国农业的中长期发展问题，确实需要冷静思考，需要稍微超脱一些。对中长期农业发展确实应该有一个顶层考虑。"中国要强，农业必须强"，这已成为大家的共识。在我们这种资源禀赋下，农业真正要强，不光要做加法，还要善于做减法。要以退为进，做好四道减法题。

一、减农业劳动力

　　尽管改革开放以来农业劳动力大量转向非农部门就业，目前农业劳动力总量已不及农民工总量，农业劳动力约 2.4 亿人，农民工约 2.7 亿人，但国家统计局的数据表明，农业就业人员占比仍高达 30% 左右（对此有不同看法，有专家估计为 20% 左右），农业增加值占比只有 9.2%。这带来三大问题：一是城乡居民收入差距难以从根本上缩小。30% 的劳动力只创造了 9% 的社会财富，农民收入不可能达到社会平均水平。农业的比较劳动生产率和城乡居民收入差距基本上是对应的，3∶1 的收入差距，是 3∶1 的比较劳动生产率差距的本质反映。二是农产品成本难以降下来。尽管我国主要农产品的物质费用成本明显低于美国，但人工成本和土地成本比美国高得多，导致总成本大大超过美国。三是影响新常态下的经济增长。发展经济学认为，劳动力资源从低生产率的农业部门向高生产率的非农部门再配置，是经济增长的重要源泉。据日本经济学家昌木青彦研究，农业劳动力占比下降到 20% 的临界点后转移速度会放缓。日本和韩国的农业部门就业比重分别于 1970 年和 1990 年下降到 20% 左右，此前农业劳动力转移速度很快、对经济增长的贡献度很高，过了这个临界点后，两国农业部门在总就业中的比重下降过程变得相当平缓、农业劳动力转移对经济增长的贡献率明显下降。中国的情况更为特殊。一方面，农业剩余劳动力转移到目前这种程度，留在农业中的劳动力多为"4050"人员，上有老下有小，很难像年轻人那样向外转移。另一方面，在农村集体所有制和城乡二元体制下，退出农村的成本和进入城镇的门槛都很高，已经转移出去的第一代农民工在逐步返乡。据国家统计局监测数据，2014 年 41~50 岁的农民工为 7200 多万人、占 26.4%，50 岁以上农民工为 4600 多万人、占 17.1%。这些人中的大多数很难在城市安家落户。高龄农民工返乡，会使农业就业占比下降的过程变得更加平缓，对新常态下的经济增长极为不利。

就业占比高、经营规模小、劳动生产率低是我国农业的软肋。"十三五"期间要把提高农业劳动生产率作为优先目标，放在突出位置。一要发挥土地集体所有制的长处，审慎界定所有权、承包权、经营权的权利边界。促进土地流转和集中，仅靠市场机制是不够的。应从日本、韩国、中国台湾农地流转僵局中吸取教训。二要推进农村集体产权制度改革，在锁定成员边界的基础上，建立成员权益的有偿退出机制，防止地权进一步细碎化。三要提高农村社会保障水平，使土地承载的生计保障功能逐步淡出，生产要素功能逐步彰显。四要准确把握一二三次产业融合的出发点，提高农业就业增收密度，但要处理好产业分工促进效率提高与产业融合促进农民就业增收的平衡。五要加大力度推进"三个 1 亿人"的新型城镇化战略，加快户籍制度改革、促进农民工市民化，引导工业化城镇化向中西部地区、向县域转移，为目前农业中的"4050"人员和今后将要返乡的高龄农民工提供就地就近非农就业机会。

二、减边际产能

长期以来，农业生产的资源环境代价没有充分反映在农业生产成本中。如果把农业生产导致的资源透支、生态退化、环境破坏等外部成本内部化，部分农业产能就失去了存在的经济合理性。与边际土地类似，这类产能可称之为广义的边际产能。据国务院发展研究中心农村部课题组测算，按现在的治理思路，仅退耕还林、退耕还湿、重金属污染治理和地下水超采治理，预计减产粮食 3919.5 万吨（见表 1）。

表1　　　　　　　　　　耕地生态治理对粮食产能的影响

	2014年治理面积（万亩）	预计减产粮食（万吨）	全部治理面积（万亩）	预计减产粮食（万吨）
退耕还林	500	75	8244	1236.6
退耕还湿	15	5.8	5064	1063.5
重金属污染治理	14	20	5250	892.5
地下水超采治理	85.3	37.35	5000	726.9
合计	614.3	221.37	14490	3919.5

　　要利用目前国际市场粮价低、国内库存压力大的机遇，把边际产能的退出放在非常重要的位置。一要加大退耕还林力度，在2014年500万亩、2015年1000万亩的基础上，从2016年开始，用3年时间把剩下的6744万亩全部退完。二要加快重金属污染耕地和地下水超采地区治理进度，湖南和河北的试点范围可以更大些，北京已大幅度调减高耗水作物的种植，天津甚至河北也应该这样。三要推进化肥和农药减量，全国的目标是2020年零增长，东部地区应争取率先实现减量，提高科学施用水平，做到减量不减效。

三、减比较劣势产品

　　2001年加入WTO以来，我国农产品进出口贸易快速发展。2001～2014年，农产品出口从161亿美元增长到720亿美元，年均增长12.2%；农产品进口从118亿美元增长到1225亿美元，年均增长19.7%。总体而言，出口水产品、蔬菜、水果等劳动和资金密集型农产品，进口大豆、棉花、食糖等土地密集型农产品，这种靠市场机制而非主观愿望形成的进出口结构符合我国资源禀赋特征。目前农产品价格倒挂问题非常严重，这既与石油价格下降、国外农业生产丰收导致国际市场农产品价格大幅下降等短期因素有关，也与我国农产品生产成本步入快速上升通道等长期因素有关。面向未来，只要我国工业化城镇化速度快于主要农产品出口国，我国农产品成本的上涨速度就会快于这些国家，农产品价格倒挂的品种范围会越来越宽、价差幅度会越来越大。目前我国农业政策体系中，有些政策工具与这一客观趋势在逻辑上不能自洽，导致高产量、高收购、高库存。

　　要尽快落实2015年中央1号文件"科学确定主要农产品自给水平，合理安排农业产业发展的优先序"的要求，用资源禀赋这个定位仪校正我国农业生产结构。在遵循"谷物基本自给、口粮绝对安全"的原则下，有些东西要保、要优先发展，但是有些东西不一定保、不一定要去追求。日本给人的印象是实行高度保护以维持最主要农产品高自给率，实际上大多数农产品的自给率非常低，这种有保有放的排序应能给我们以启发（见表2）。当前，首当其冲的是要对农产品托市性收购政策进行大幅度调整。在缺乏比较优势、国内生产成本大幅度高于进口到岸完税价格的情况下，实行目标价格补贴改革的宗旨，应当是为当地农民调整种植结构提供一个过渡期，在保护他们既得利益的同时，要让他们尽快面向市场调整种植结构。建议重新界定农产品目标价格补贴改革的出发点，政策目标应该是促进国内外价格并轨（减轻库存压力和加工企业成本）、让市场决定农民种什么（调整优化农业结构）。2014年，新疆棉花目标价格补贴改革实现了第一个目标，目前国内外棉花价格已完全并轨；但补贴与当期生产行为挂钩，没有实现第二个目标。应尽快调整补贴的发放办法，不宜长期与当期生产挂钩，可考虑以2014年补贴额为基数，2015年补100%，2016年补2/3，2017年补1/3，2018年不再补贴。在"价补分离、市场定价"的体制下，要接受和容忍棉花产能下降的客观趋势。广西的甘蔗迟早也要走这条路子。

表2   日本主要农产品自给率   单位:%

品种	1960年	1970年	1980年	1990年	2000年	2010年
大米	101.9	106.2	87	100.1	96.9	94.9
小麦	38.6	9.1	9.6	15.2	10.9	8.9
玉米	7.1	0.6	0	0	0	0
大麦	107.5	34	14.9	13.2	8.1	7.7
大豆	27.6	3.8	4	4.6	4.7	6.1
原糖	0.4	3	11.4	11.9	9.6	11.4
肉	93.4	89.3	80.4	69.5	52.5	55.7
乳品	89.1	89.4	81.8	77.5	68.4	67.1
植物油	100.7	98.9	84.4	79.9	77.1	5.9

四、减黄箱支持

与价格天花板已非常明显、形成了实质性约束不同，黄箱天花板总体而言还只是个概念。非特定产品黄箱支持空间还很大。需要注意的是，以价格支持为主要表现形式的黄箱支持，部分产品已超过上限。面向未来，从农业政策可持续性、合规性的角度考虑，要对我国的农业支持保护体系进行重新构造。要把黄箱支持空间尽可能留给必保的口粮、生鲜食品等敏感产品。

做好这四道减法题，是农业的一场深刻革命。必须减掉不合时宜的增产观念、自给观念、安全观念。只有这个减法做好了，前面四个才可以做好。

农业现代化的核心是提高劳动生产率

叶兴庆

同步推进新型工业化、信息化、城镇化、农业现代化，薄弱环节是农业现代化。实现农业现代化，短板是经营规模小、劳动生产率低。这一短板，导致农业生产成本居高不下、农业竞争力不断下降，农民收入难以达到全社会平均水平，经济增长过早失去劳动力再配置的库兹涅茨效应[①]。人多地少的资源禀赋和城乡二元体制的制度条件，使提高我国农业劳动生产率面临特殊的难题。"十三五"期间，应下决心把推进农业适度规模经营、提高农业劳动生产率，作为加快农业现代化步伐的核心。

一、劳动生产率低是我国农业的短板

经过多年努力，我国农业现代化建设取得明显成就。2014 年，全国农业科技进步贡献率达到 56%，农作物耕种收综合机械化率达到 61%，农田有效灌溉率超过 51%，农作物良种普及率超过 95%，三种粮食作物[②]平均商品率超过 86%。我国农业的良种化、水利化、机械化、商品化程度有很大提高，今日之农业远非传统农业可比。总体而言，我国已进入农业现代化实现阶段的中后期（见表 1）。

即便就农业劳动生产率而言，随着农业剩余劳动力转移和农业机械化发展，也有明显提高。农业全员劳动生产率[③]的年均增长率在稳步提高（见图 1）。由于亩用工量减少

---

① 即劳动力从低生产率的农业部门向高生产率的城市部门转移对经济增长的贡献，见青木昌彦（2015）。
② 包括稻谷、小麦和玉米，下同。
③ 第一产业增加值（按不变价计算）与全部第一产业就业人员的比率。

表1 农业现代化阶段划分

主要指标	传统农业阶段（1）	农业现代化实现阶段			后农业现代化阶段（5）	中国2014年实际值
		初期（2）	中期（3）	后期（4）		
农业GDP占比	>50%	20%~50%	10%~20%	5%~10%	<5%	9.2%
农业就业占比	>80%	50%~80%	20%~50%	6%~20%	<6%	29.5%
农业科技进步贡献率	<5%	5%~30%	30%~60%	60%~80%	>80%	56%
农业机械化率	<5%	5%~30%	30%~60%	60%~80%	>80%	61%
农业中间消耗率	<10%	10%~20%	20%~40%	40%~50%	>50%	40.7%

注：农业现代化阶段划分，系根据蒋和平、黄德林（2006）研究成果，经作者补充完善后确定。

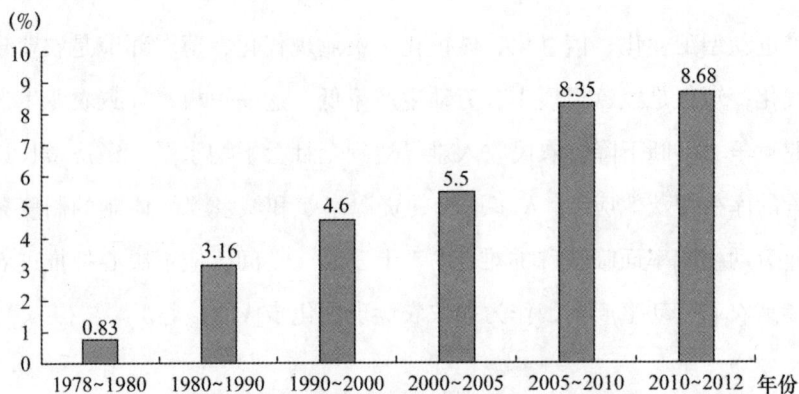

图1 农业全员劳动生产率年均增长率

和亩产量提高，以实际用工量和产品产量衡量的农业劳动生产率提高的速度更快。据全国农产品成本收益调查，1990~2013年，平均每个劳动工日生产的主要农产品，稻谷年均提高9.9%，小麦年均提高12.3%，玉米年均提高10.3%，大豆年均提高14.3%，棉花年均提高8.7%（见图2）。

但与先行国家比较，我国农业不同领域的现代化进展差异较大，农作物单产接近甚至超过世界先进水平，农业就业占比和农业劳动生产率则远低于世界先进水平，呈现"一条腿长、一条腿短"的畸形局面。据中国科学院中国现代化研究中心发布的《中国现代化报告2012：农业现代化研究》，尽管我国水稻和小麦单产达到发达国家水平、玉米单产达到中等发达国家水平，但我国农业劳动生产率约为世界平均值的47%、高收入国家平均值的2%、美国的1%。这种局面无论对我国农业发展还是对整个经济增长而言，都是不利的。

第一，农业劳动生产率低导致农产品价格缺乏国际竞争力。2001年加入WTO以来，

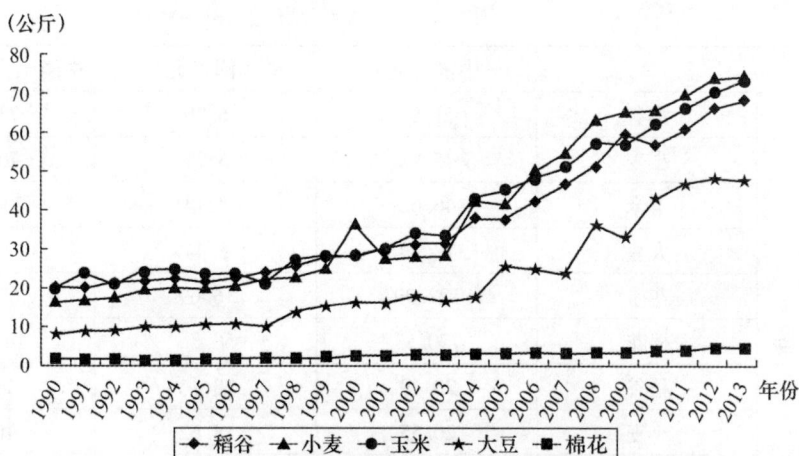

图2　平均每个劳动工日生产的主要农产品产量

由于农业劳动力价格起点低，尽管农业劳动生产率低，我国粮食等大宗农产品的成本和价格仍具有国际竞争力。随着农业剩余劳动力转移迈过"刘易斯拐点"，尽管农业生产的用工量减少，但农民工工资开始明显上涨，带动农业劳动力价格上涨，进而推动农业生产的人工成本快速上涨。2008～2013年，全国三种粮食平均亩总成本年均增长12.78%，其中亩人工成本年均增长19.68%。目前我国主要农产品价格已全面高于进口农产品到岸税后价，国内农产品价格上涨遭遇"天花板"制约。这种局面的出现固然与国际市场农产品价格下降有关，但更为深层的原因是国内农产品成本特别是人工成本已大大高于国外水平。2013年，我国稻谷、小麦、玉米、大豆、花生、棉花每50公斤总成本比美国高40%～80%，其中人工成本比美国高6～20倍，土地成本比美国高10%～170%，物质与服务费用比美国低5%～55%（见表2）。生产成本高、特别是人工成本高是我国农产品价格竞争不过美国的主要原因。

表2　　　　　　　　　　　2013年中美主要农产品成本比较

		中国（元）	美国（元）	中国比美国高（%）
每50公斤 总成本	稻谷	122.02	87.50	39.46
	小麦	122.18	91.20	33.98
	玉米	83.51	52.53	58.98
	大豆	226.71	123.72	83.24
	花生	263.20	169.00	55.74
	棉花	1233.85	811.36	52.07

		中国（元）	美国（元）	中国比美国高（%）
每50公斤 人工成本	稻谷	51.87	6.20	737.11
	小麦	45.92	5.72	702.95
	玉米	46.66	2.14	2084.71
	大豆	72.79	5.44	1237.67
	花生	128.99	16.69	673.11
	棉花	770.53	50.76	1418.06
每50公斤 土地成本	稻谷	20.49	18.16	12.82
	小麦	20.55	18.62	10.36
	玉米	20.18	13.02	55.01
	大豆	79.93	40.76	96.10
	花生	44.31	16.35	171.08
	棉花	142.97	99.85	43.18
每50公斤物质 费用等成本	稻谷	49.67	63.14	−21.34
	小麦	55.71	66.86	−16.67
	玉米	16.67	37.38	−55.39
	大豆	73.99	77.52	−4.56
	花生	89.89	135.97	−33.89
	棉花	320.35	660.75	−51.52

资料来源：《全国农产品成本收益资料汇编》（2014）。

第二，农业劳动生产率低导致农民收入无法达到全社会平均水平。城乡居民收入差距大是我国最大的结构性问题之一。按国家统计局原口径计算，2014年城乡居民收入比为2.97:1。尽管调整统计口径后，城镇居民人均可支配收入比原口径计算的要低，农村居民人均可支配收入比原口径计算的要高，但2014年城乡居民收入比仍高达2.75:1[①]。这在全世界范围都是少见的。在工农产品价格已市场化、"剪刀差"不复存在的情况下，城乡居民收入差距大的根本原因在于劳动生产率差距大。2014年第一产业就业人员占比

---

① 国家统计局实行了城乡一体化住户调查改革，按改革前口径，2014年城镇居民人均可支配收入和农村居民人均纯收入分别为29381元和9892元；按改革后口径，2014年城镇居民人均可支配收入和农村居民人均可支配收入分别为28844元和10489元。

为29.5%[①]、增加值占比为9.2%，近3/10的劳动力只创造了近1/10的增加值，这从根本上决定了第一产业就业人员的收入无法达到全社会平均水平。

第三，农业劳动生产率低导致经济增长过早失去库兹涅茨效应。在工业化进程中，劳动力从低生产率的农业部门转向高生产率的城市部门，是经济增长的重要贡献因素。据青木昌彦（2015）研究，在日本1955～1970年、韩国1970～1990年的经济高速增长期，库兹涅茨效应在人均GDP增长中发挥了重要作用。日本和韩国的农业就业占比分别于1970年和1990年下降到20%左右，过了这个临界点后，两国农业就业占比下降的过程变得相当平缓，库兹涅茨效应明显减弱，经济高速增长期随之结束。在我国1982年以来的经济高速增长期，大规模、快速度的库兹涅茨过程，即劳动力从农业向非农产业转移，同样在人均GDP增长中发挥了重要作用。问题在于，我国经济发展已进入新常态，农业剩余劳动力向非农产业转移的步伐将会明显放缓。这很有可能导致我国在农业就业占比还未下降到20%左右，就提前出现库兹涅茨效应减弱、经济高速增长期结束。

二、对提高我国农业劳动生产率的难度要有充分估计

在工业化进程中，随着农业剩余劳动力转移，农业劳动生产率会逐步提高。从国外情况看，这个过程顺利与否，取决于土地制度、农业政策等多方面因素。据对墨西哥土地制度改革的案例研究，1993年以前，农民从政府手中分配到的土地不能出售、出租和撂荒，要靠自己经营来维持土地产权，导致大量小农为守住土地而不得不留在农业，农业经营规模细小、劳动生产率低下；1993～2006年墨西哥进行了大规模的土地确权改革、为农户提供土地产权证，并允许土地自由交易，大量农民得以进城务工，农业经营规模和农业劳动生产率得以提高（王绍达，2015）。从我国情况看，受"地"和"人"两方面特殊因素的牵制，提高农业劳动生产率的过程尤为艰难。

从"地"的因素看，特殊的资源禀赋、产权制度和配置偏好不利于提高农业劳动生产率。我国人均耕地面积仅为世界平均值的40%、巴西的1/3、美国的1/6，我国户均

[①]　根据现行统计口径，农村户籍劳动力从事非农产业满6个月才计入农民工范畴，其他从事非农产业不满6个月、但从事农业也可能不满6个月的农村户籍劳动力计入了第一产业就业范畴，这在一定程度上导致第一产业就业人数"虚胖"、就业占比"虚高"。

经营规模约为日本的 1/4、欧盟的 1/40、美国的 1/400，人多地少的资源禀赋使种植业特别是粮棉油糖等土地密集型农产品生产的劳动生产率难以提高。我国农村土地实行集体所有、农户平均承包，所有权不能买卖使所有权主体以村（组）为界画地为牢、不能做大，承包权在集体成员中平均分配使地块进一步细碎化，经营权流转期限短使租地经营者缺乏扩大经营规模、增加农业基础设施投资的稳定预期。以色列、荷兰在人多地少的资源禀赋下，没有粮食自给率的包袱，充分发挥比较优势，发展资本和技术密集型农业，农业劳动生产率很高，农产品价格竞争力很强。但我国由于对粮食自给率有特殊要求，大量土地资源配置于缺乏比较优势的粮食生产，使按价值量计算的农业劳动生产率也难以提高（楼继伟，2015）。

从"人"的因素看，特殊的城乡二元体制和城镇化路径不利于提高农业劳动生产率。以户籍制度为核心的城乡二元体制，导致大量从农业中转移出去的青壮年劳动力未能实现市民化，家中的老人、妇女、儿童不得不留在农村生活，家中的高龄劳动力、辅助劳动力不得不留在农业中谋生，甚至部分转向非农产业就业的青壮年劳动力在农忙季节不得不回家务农。需要引起高度重视的是，由于不能市民化，第一代农民工开始返乡。据国家统计局监测结果，50 岁以上的农民工占比，从 2010 年的 12.9% 上升到 2014 年的 17.1%。据此推算，2014 年 50 岁以上农民工已达 4685 万人。这些人户籍仍在农村，今后落户城镇的可能性较小。据典型调查，部分返乡的高龄农民工不得不继续从事农业。这种劳动力转移轨迹，使我国扩大农业经营规模、提高农业劳动生产率面临着比其他国家更为复杂的体制难题。

三、用改革创新的办法提高农业劳动生产率

发展农业适度规模经营、提高农业劳动生产率，急不得，也等不得。应吸取日本、韩国、中国台湾地区在工业化城镇化进程中固守 20 世纪 50 年代初期的土改成果，丧失促进农用地流转与集中、扩大农业经营规模的最佳时机的教训，根据农民就业和收入结构的变化，与时俱进地创新户籍、土地等制度安排，尽快补齐农业现代化的短板。

（一）以新型城镇化吸纳农业转移人口永久定居城镇、彻底离开农村，从根本上改善农村人地关系

由于户籍制度改革进展缓慢、城镇公共服务覆盖不足、就业不稳定，农业转移人口

难以实现市民化。2亿多人处于游移不定的就业和生活状态，既不利于扩大消费需求、提高城镇产业工人素质，也不利于农村土地资源的流转与集中。推进新型城镇化，核心是促进农业转移人口市民化。应从三个方面加大力度：一是消除落户城镇的隐形障碍。《国家新型城镇化规划（2014－2020年）》根据现有人口规模提出了差异化的放开落户限制的要求，农业转移人口落户城镇的制度门槛大大降低。但各种隐形障碍依然存在，落户大门开而未放。实行积分制的地方，应降低积分标准，取消落户指标控制。二是加快剥离附着在户籍上的各种公共服务。禁止新出台任何与户籍挂钩的城市公共服务政策。对已经与户籍挂钩的各种公共服务政策进行全面清理，从易到难排出脱钩的路线图和时间表。三是加快实施"人钱挂钩"和"人地挂钩"。为调动城市政府开放户籍、扩大公共服务覆盖面的积极性，应尽快制定财政转移支付、新增建设用地指标与吸纳农业转移人口数量挂钩的操作办法。

（二）以"三权分置"改革促进农用地流转与集中，加快农业适度规模经营发展步伐

自1984年中央1号文件发布后，承包到户的农用地实行有偿流转在政策上是许可的。但30多年过去了，农用地的流转与集中并不顺利，副业化农业、兼业化农户占主导地位的格局没有根本改观。这固然与城镇化政策有关，与农村土地制度也有密切关系。尽管承包期从15年延长到30年，并作出了长久不变的政治承诺，但在集体所有、成员承包的体制下，大部分农业转移人口需要以"在村"来证明其成员身份和维持其成员权，农业在家庭总收入中的比重很低但仍要留守部分家庭成员务农，住房长期空置但仍要保留宅基地和住房。实行所有权、承包权、经营权"三权分置"改革，有望打破这一僵局。需要强调的是，农用地的各项权能在所有权、承包权、经营权之间的分配，应有利于农用地的流转与集中，而不能成为新的桎梏。应适当扩大集体所有权在占有、使用、处分方面的权能，鼓励有条件的地方，集体经济组织在股份合作、反租倒包、委托流转、土地整治、水利建设等方面发挥更积极的作用。在当前农村土地承包经营权确权登记颁证工作中，应鼓励探索"确权确股不确地"等承包权的多种有效实现形式，鼓励全家已在城镇稳定生活的承包户有偿退出承包权。在所有权和承包权不能买卖的情形下，实现适度规模经营的唯一途径是经营权流转，对与承包权分离、向家庭农场等新型经营主体集中的经营权应予以充分保护，以稳定经营者预期，调动其增加农业长期投资的积极性。

（三）以三次产业融合发展促进农业劳动力劳动时间的均衡利用

农业生产具有明显的季节性，农业劳动力如果全年只从事第一产业、特别是种植业，劳动时间的有效利用率就非常低。对这些就业不充分、又难以完全从农业中脱身的劳动力，要想办法让他们在农闲时间有事可做。促进农村一二三产业融合发展是提高农业劳动力就业充分程度的出路之一。关键要在融合上下工夫，以农户或农民合作社为融合的平台，以第一产业为融合的起点，以把二三产业的就业和增值空间留给农民为融合的根本出发点。对三次产业融合发展的农户或合作社而言，生产经营范围既包括农业也包括非农产业，产业边界不清晰导致政策适用困难。建议本着有利于促进农民就业增收的原则，将三次产业融合发展的新型业态视作农业，在用地、税收、贷款、保险等方面适用扶持农业的政策。

参考文献

［1］青木昌彦．从比较经济学视角探究中国经济"新常态"．新金融评论，2015（2）

［2］蒋和平，黄德林．中国农业现代化发展水平的定量综合评价．农业现代化研究，2006，27（2）

［3］楼继伟．中高速增长的可能性及实现途径，http：//www．sem．tsinghua．edu．cn/portalweb/sem？＿＿c＝fa1&u＝xyywcn/69292．htm，2015－05－02

［4］王绍达．土地确权的经济后果：来自墨西哥土改的经验，http：//cnpolitics．org/2015/06/mexico/，2015－06－15

建立竞争力导向的农业政策体系

叶兴庆

中国经济发展进入新常态后，核心任务是提质增效、转型升级。农业作为国民经济的基础产业、农业现代化作为"四化同步"的短板，同样也面临提质增效、转型升级的课题。实现这个目标，必须深刻反思增产导向的现行农业政策框架，在"十三五"时期加快建立竞争力导向的农业政策体系。

一、我国农业发展面临需求增长与比较优势消退的双重压力

30 多年来，我国农业发展的政策思路是非常清晰的，发展成就也是非常明显的。以粮食产量为例，1978 年为 30477 万吨，2014 年为 60710 万吨，几乎翻一番。尤其是 2004 年以来，粮食生产实现"十一连增"。2003 年我国粮食产量为 43070 万吨，与之相比，2014 年的粮食产量多出了 17640 万吨。这 11 年间，我国农业劳动力减少了 1 亿多人，耕地面积减少了 1 亿多亩，粮食产量却增加了 1 亿多吨。可以说，改革开放以来，特别是 2004 年以来的农业政策，是非常有效果的。所以，我国到目前为止还是非常自豪地讲，中国人的饭碗端在自己手里。从全球范围来看，目前我国所达到的粮食安全状况也是不错的。据英国经济学人智库发布的《全球粮食安全报告》，以包括食品价格承受力、食品供应能力、质量安全保障能力等 3 方面 27 个定性和定量指标构成的指数衡量，中国在 107 个国家中位居第 42 位，是为数不多的粮食安全水平大幅超越其社会富裕程度的国家之一。虽然目前我国粮食安全状况得到了很好的保障，但展望未来，我们必须清醒地看到，我国食品消费峰值还没有到来。2014 年，我国人均 GDP 仅 7000 多美元，城镇化水平仅 54.77%。我国仍处在从中等收入向高收入国家迈进、从城镇化中期向城镇化成

熟期迈进的关键阶段，食物消费结构转型升级将持续进行。我国的粮食、动物性产品能不能得到很好的供给保障？这是需要深入考虑的问题。之所以有这个担心，是基于三个因素决定的未来前景不容乐观。

第一是人口增长。2014 年末全国人口总量是 13.68 亿人。对我国未来人口峰值究竟是多少，学术界有很多预测。有的研究报告认为是 14 亿人，有的研究报告认为是 15 亿人。无论哪种预测，今后一个时期我国人口总量都是会增长的。增加一个人就是增加一张要吃饭的嘴。人口增长是影响未来粮食需求非常重要的因素。

第二是城镇化。研究表明，人口从农村转移到城市，对食物消费有明显影响。农村人口的食物消费与城市居民有较大差异，城市居民直接消费的口粮要少一些，但消费的肉蛋奶等动物性产品要多一些，总体上人口从农村向城市转移会放大对粮食的需求。

第三是收入水平。目前我国无论城市还是农村，随着收入水平提高，膳食结构还在变化。根据日本、韩国、中国台湾地区经验，人均 GDP 到 2 万美元的时候，膳食结构才能够基本稳定下来。在此之前，无论城市还是农村，居民收入水平增长后对动物性产品的需求都会增长。而动物性产品是粮食转化过来的，随收入水平提高而产生的膳食结构变化会增加对粮食的总需求。

从上述三个因素来看，未来我国粮食需求还有很大的增长空间。问题在于，我国农业比较优势已开始减退，未来我们能不能满足全社会对粮食不断增长的需求？2004 年以来，虽然我国农业产量大幅增加，但我国对谷物、油料、动物产品的进口都在增长，农产品贸易已连续 11 年出现赤字，且赤字规模在逐步扩大。可以说，今后农产品贸易赤字是一个常态。这种格局对我国未来粮食安全的战略目标会带来很多挑战。

我们最关心的当然是谷物，尤其是谷物当中的三大品种。长期以来，我国稻谷、小麦、玉米是紧平衡，多数年份还能够有少量的净出口。但是，2011 年以来，我国三大谷物品种连续 4 年出现净进口；稻谷，以前有少量净出口，近年来开始出现净进口；小麦，因为有结构性问题，我国缺少强筋小麦，历来要进口一些，最近几年仍然是净进口；玉米，以前我国曾经是出口国，最近 4 年也开始净进口了，而且玉米的替代品高粱、DDGS（玉米酒糟蛋白）的进口大幅度增长。

从畜产品贸易看，以前我国出口少量猪肉、禽肉，进口一些羊毛、皮革，总体上有少量贸易顺差。但是，最近几年我国畜产品贸易逆差快速扩大。在 2008 年三聚氰氨事件以后，中国人在全世界抢购奶粉。这两年牛羊肉进口增长也很快。最近几年中国企业收购境外猪肉、奶粉等畜产品加工企业的案例明显增多。企业家的逻辑是，中国发展到目前这个阶段后，很难再继续快速地发展畜牧业以满足国内不断扩大的畜产品需求，加强境外并购、提高资源掌控能力势在必行。

农产品贸易出现赤字与价格倒挂有关。国内外价格比较有多种方法，但国内批发市场价格与进口农产品交易价格的比较，最能准确反映国内农业生产面临的国际竞争压力。国际市场离岸价格，加了运费、保险、进口增值税、关税、港杂费等以后的到岸税后价格，才是实际可以在我国市场上交易的价格。到岸税后价格有两种情况，一个是按关税配额内的低关税计算，一个是按关税配额外的高关税计算。从我们最关心的稻谷、小麦、玉米等敏感产品看，按配额以内1%的低关税计算，目前我国已经没有价格优势。最近这两年，国际市场大宗农产品价格在下降，而国内市场价格受最低收购价和临时收储价支撑在提高，从而出现了价格倒挂。有些人认为，这种价格倒挂是暂时现象，当国际市场价格上升后就会消失。我们认为，从我国这种自然禀赋和发展阶段来看，未来我国农产品成本，包括人工成本、土地成本和物质费用，只会上升不会下降，从长远看我国农业确实没有比较优势，价格倒挂将是常态。

二、现行农业政策不足以应对未来农业发展面临的严峻挑战

尽管2004年以来的"十一连增"证明了现行农业政策很有效果，但面对农业发展已经和将要遭遇的严峻挑战，必须对现行农业政策框架进行深刻反思。

我国现行农业支持政策体系基本上是从2004年开始建立的。2004年在我国经济发展和农业发展上，是一个很重要的拐点性年份。从这一年开始，我国农业剩余劳动力转移出现了刘易斯拐点，沿海地区开始出现"民工荒"，农民工工资开始持续性上升。从农业本身看，也是从这一年开始，出现了粮食产量"十一连增"和农产品贸易"十一连赤"，出台了21世纪以来聚焦"三农"的连续11个中央1号文件，出台了种粮直补、良种补贴、农机购置补贴和农资综合补贴，出台了粮食最低收购价和重要农产品临时收储政策，出台了《农村土地承包法》和《农民专业合作社法》。

这样一套农业政策，跟日本、韩国和中国台湾地区20世纪60年代和70年代开始形成的农业政策极为类似。日本、韩国和中国台湾地区在工业化、城镇化发展到一定阶段后，小规模农业也没有比较优势了。在如何应对上，有三种思路：一是促进农民全方位

合作，通过合作社在产前和产后环节的规模化服务克服单家独户的规模不经济；二是建立以价格支持为核心的农业支持保护政策，既实施国内价格干预，又实施边境保护；三是促进土地流转、发展规模经营。总的来说，日本、韩国、中国台湾地区在合作社方面做得很好，在支持保护方面做得有些过头，非常遗憾的是在农地流转和集中方面没有做好，其结果就是农业劳动生产率难以提高、农业竞争力不断下降。

2004年以来，我国也面临工业化、城镇化发展到一定阶段后农业比较优势下降的问题。为了应对这一挑战，在促进农民合作方面下过一些工夫，农民合作社得到一定程度发展，产前和产后环节的社会化服务有一定进展，特别是市场化的小麦收割机跨区作业举世瞩目。在农地流转和集中问题上，政策立场比较纠结，政策举措也比较慎重，尽管最近这两年步伐快了一些，但总体而言做得不是很够。在农业支持保护方面，下的工夫最大，采取的举措最多，引发的争议也最激烈。现在需要反思的是，过去10多年努力构建起来的这套农业支持保护政策，其软肋在哪里？弊病在哪里？我认为有两点最为突出。

一是粮食最低收购价制度和重要农产品临时收储政策，已严重偏离当时政策的出发点，而且难以为继。2004年实行粮食最低收购价的出发点是，正常情况下由市场定价，只有在非正常情况下，国家才对短缺的重点品种在重点产区实行最低收购价。市场定价应该是一个常态，国家按最低收购价托市收购应该是非常态。实际上，现在倒过来了，过去的这10年，最低收购价、临时收储变成常态，国家不启动最低收购价、不启动临时收储才是非常态。这意味着最低收购价已经高于市场均衡价，必须用高于市场均衡价的价格把农民的产品收到国家库里。这么做的结果，是加剧了价格倒挂和库存积压。

二是主要补贴政策也已严重偏离最初的出发点，开始触及"黄箱"天花板。种粮直补、良种补贴和农资综合补贴已演变为以承包权为依据的普惠式收入补贴，对提高农业生产力发展水平帮助不大。虽然"黄箱"天花板对我国农业的约束还不是一个现实问题，非特定产品的"黄箱"补贴空间还很大，但部分产品包括价格支持在内的"黄箱"补贴空间所剩无几、未来操作空间明显收窄。

三、从增产导向转向竞争力导向

"十三五"期间我们究竟应该建立一套什么样的农业政策体系？我认为，要促进农业政策从增产导向转向竞争力导向。也就是说，要以提高竞争力为核心重构农业政策体系。关于提高农业竞争力问题，实际上中央也已意识到了。2007 年中央 1 号文件以建设现代农业为主题，明确提出要提高农业素质、效益和竞争力。2015 年中央 1 号文件也强调要注重提高农业竞争力。应该说农业竞争力问题已开始得到重视，下一步要围绕提高竞争力重新构造我国农业政策体系。下面简要谈谈初步想法。

第一，农业经营方式问题。我认为应把促进土地的流转和集中、新型经营主体的培育、农业劳动生产率的提高，作为下一步农业政策体系的核心目标。2014 年中办国办转发的《关于引导农村土地经营权有序流转发展农业适度规模经营的意见》，罕见地对农业适度规模经营给出了一个量化概念，即对"土地经营规模相当于当地户均承包面积的10 ~ 15 倍、务农收入相当于当地二三产业务工收入"的要给予重点扶持。这是我们目前所追求的比较理想的一种经营格局。我国平均承包面积是 7 亩多，达到 10 ~ 15 倍这个目标，也就是 80 ~ 120 亩。在全世界范围，这仍是小规模。但是，要达到这个目标，意味着 10 ~ 15 户的农地交给 1 户农民种，其他 90% 以上的农民要离开农地，这是一个很长过程。所以，培育和扶持新型主体应该有一个优先序。我认为农户间自发流转基础上形成的"十户变一户"应该排第一顺位，集体经济组织委托流转或返租倒包基础上培育的家庭农场应该排第二顺位，土地股份合作社应该排第三顺位，再后面是专业大户和工商企业。这 5 种新型经营主体都有其存在的必要性和发展空间。但是，从政策支持的角度还是要有一个优先序列。

第二，结构调整问题。这是 2015 年中央 1 号文件的亮点，包括由"生产导向"向"消费导向"转变，推动粮、经二元结构向粮、经、饲三元结构转变，由单纯在耕地上想办法到面向整个国土资源做文章，促进农村一二三次产业融合发展，利用信息化手段等。通过结构调整提高农业竞争力，是小规模农业的必由之路。

第三，农产品价格问题。2014 年和 2015 年国家对新疆棉花和东北大豆实行目标价格补贴改革试点。我认为，实行以"市场定价、价补分离"为核心的农产品目标价格补贴改革试点，检验成功与否有两个标准。第一个标准是，这个产品的国内价格和国际市场价是不是并轨？如果并轨了，说明目标价格补贴改革的第一个出发点达到了。第二个标准是，农民的农业生产行为、农民的农业资源配置是不是完全由市场决定？如果达到了，是由市场决定农民种植行为，那么第二个目标也实现了。非常遗憾，我个人评价，2014 年实行的棉花目标价格补贴改革试点，第一个目标达到了，第二个目标没有达到，因为补贴要与农民当年的棉花种植面积或交售量挂钩，农民生产这个环节仍然没有实现市场化。下一步，要考虑怎么达到第二个目标。

第四，农业补贴问题。财政部和农业部刚刚作出决定，对种粮直补、良种补贴、农资综合补贴进行改革，建立新的"农业支持保护补贴"，跟地力保护挂钩。总的方向应予肯定。但我认为"农业支持保护补贴"很容易被当成"黄箱"政策，对新补贴政策名称应仔细推敲和斟酌，使之更像一个"绿箱"政策。当然，是"黄箱"还是"绿箱"政策，要看一下步"农业支持保护补贴"是否与当期生产或贸易挂钩。面向未来，应把握好提高"黄箱"支持空间利用率的节奏，并向敏感产品倾斜；提高"黄箱"与"绿箱"支持政策的协同性，充分发挥支持保护政策的效力。

第五，利用两个市场两种资源问题。这其实是为我们国家大幅度或者放开手脚调结构、转方式争取空间。中央提出的新粮食安全战略中把"适度进口"作为重要组成部分，这是构建开放型经济新体制的重大战略举措。2015年中央1号文件明确要求，科学确定主要农产品自给水平、合理安排农业产业发展优先序。虽然这是原则性要求，但对完善农业政策，特别是完善财政支持农业政策，会从中得到很多启发。财政支持农业政策要跟国家战略结合起来。自给水平要求高、需要优先发展的产业和产品就是财政支持的重点，自给水平要求不高、非敏感产品就不应是财政支持的重点。培育真正的国际大粮商，对未来中国具有战略意义，这方面财政政策也应积极作为。

服务规模化是实现农业现代化的重要途径[①]

叶兴庆

在各方面高度关注转变农业发展方式的大背景下，有机会跟山东省供销社的同志一起就"服务规模化与农业现代化"从理论与实践的角度进行探讨，非常有意义。实地考察了郓城、汶上、高密供销社系统的"农业服务中心"，深受启发。下面，从三个方面谈谈自己的认识和体会。

一、中国农业现代化处在重要的节点上，需要认真地汲取日本、韩国、我国台湾地区在相同节点上应对农业现代化过程中出现的问题时所采取措施的经验和教训

在前面的讨论中，很多专家对我国农业发展到现在这个阶段正在发生的一些重大变化，谈了很深刻的认识。我也认为，我国农业现代化确实到了一个新的阶段。2015年上半年我们就这个问题做了一些研究。根据我们构建的一个很简单的指标体系推算，某些方面我国农业现代化已进入了实现阶段的中后期。例如，2014年农业占GDP的比重是9.2%，农业占就业的比重是29.5%，农业的科技进步贡献率是56%，主要农作物耕种收综合机械化水平是61%，农业的中间消耗率是40.7%。用这些指标衡量，我国现在确实已进入了农业现代化实现阶段的中后期。

不少人认为我国要实现"四化同步"，农业现代化是短版，是薄弱环节。这种说法

---

①　本文系根据作者2015年9月8日在国务院发展研究中心农村经济研究部、中国经济时报社、山东省供销合作社联合社举办的"服务规模化与农业现代化理论与实践研讨会"上的发言整理。

有道理。但对这个话要一分为二地看。在有些方面，我认为我国农业的现代化程度并不比工业化、城镇化差多少。但农业现代化也有它的短版，其中最突出的是经营规模小、劳动生产率低。这是中国农业的最大软肋。这个短板带来以下三个问题。

一是我国农业竞争力急剧下降。随着工业化程度的提高，我国农业生产的人工、土地成本不断上升。目前大宗农产品价格普遍出现倒挂，国内价格超过了国际价格。2001年我国加入 WTO 时，争取到了对 7 个敏感产品实行关税配额管理的边境保护措施，配额内征收低关税、配额外征收高关税。但这个保护措施的"防火墙"作用在逐步减弱。从 2013 年开始到现在两年多，包括稻谷、小麦、玉米三大粮食作物在内，按配额内 1%的低关税进口的到岸税后价已低于国内批发价格。按配额外 65%的关税计算，玉米在2014 年的某些时段和 2015 年 4 月 15 日之后的两个月时间段内，进口到岸税后价格也已低于国内批发价格。对 2013 年以来的价格倒挂问题，应当进行深入分析。这其中当然有短期因素的作用，如石油价格下降，美国对玉米的能源化利用和巴西对甘蔗的能源化利用下降，国际海运费也在下降，加上汇率变化，共同推动国际市场大宗农产品价格下跌。除了这些因素的影响外，更重要的是我国工业化城镇化发展的长期趋势。随着我国工业化城镇化的继续推进，农业生产的人工和土地成本还会长期持续上升。我国这种资源禀赋，决定了农产品价格就是要比国际市场贵。

二是农民增收很难。我国农业创造了 9.2%的 GDP，但农业从业人员占全社会从业人员的 29.5%。算大账，3 个农业劳动力创造的 GDP 才相当于全社会 1 个劳动力创造的财富。劳动生产率的倍差与城乡居民收入倍差基本接近，并不是偶然的。要缩小城乡居民收入差距，首先要缩小农业劳动生产率和非农产业劳动生产率的差距。

三是影响经济增长潜力。在工业化进程中，劳动力从低生产率的农业部门转向高生产率的城市部门，是经济增长的重要贡献因素。据日本经济学家青木昌彦研究，在日本1955～1970 年、韩国 1970～1990 年的经济高速增长期，库兹涅茨效应（即劳动力从农业向非农产业转移对经济增长的贡献）在人均 GDP 增长中发挥了重要作用。日本和韩国的农业就业占比分别于 1970 年和 1990 年下降到 20%左右，过了这个临界点后，两国农业就业占比下降的过程变得相当平缓，库兹涅茨效应明显减弱，经济高速增长期随之结束。在我国 1982 年以来的经济高速增长期，大规模、快速度的库兹涅茨过程，即劳动力从农业向非农产业转移，同样在人均 GDP 增长中发挥了重要作用。问题在于，我国经济发展已进入新常态，农业剩余劳动力向非农产业转移的步伐将会明显放缓。这很有可能导致我国在农业就业占比还未下降到20％左右，就提前出现库兹涅茨效应减弱、经济高速增长期结束。

农业经营规模小、劳动生产率低导致的这三个问题，有我国的特殊性，如城乡二元体制。但在日本、韩国、我国台湾地区也曾遇到过。他们在工业化、城镇化、农业现代化发展的过程当中，也遇到了这样的问题。在工业化初期，他们的农业也是可以的，农产品还可以出口创汇。随着工业化城镇化的发展，他们的农业竞争力、农产品自给率快速下降。在这个过程当中他们是怎么应对的？无非是以下三种应对办法。

第一是实行很高的支持保护。日本、韩国、我国台湾地区，农业的支持保护水平很高，包括财政性支付性补贴，也包括价格支持。通过很高的支持保护，应对农业面临的国际竞争挑战。但通过高水平支持保护，也使他们的农产品比国际市场贵很多。

第二是合作化，就是农协、农会。通过合作的途径来解决小规模农业竞争力下降的问题，来解决小规模农业在市场化过程中遇到的种种困难，包括共同作业、共同营销等。20世纪50年代到60年代，农协、农会之所以有这么大的发展，与很多因素有关，应对工业化进程中小农遭遇的重重困境是很重要的动机和出发点。

第三是以土地制度变革促进农地流转与集中。我认为这是日本、韩国、我国台湾地区做得不太好的方面。20世纪50年代他们实行土改以后，建立起小块土地私有制，保护了农民的利益。后来为了继续保护农民利益，强调土地制度不能动，对土地的买卖、租赁严加限制。最近10多年认识在变，土地制度也有一些微调，主要是促进土地流转，扩大农户经营规模，对法人农业更加包容。最近安倍政府的"三支箭"中，就包括改革农协、促进土地流转等措施，寄希望于以此提高日本农业竞争力。

我觉得，我们在学习他们的应对之策。在农业支持保护方面，我们已经学习了10多年，从2004年开始已经在步这个后尘。学习了10多年以后，各种问题接踵而至。包括我们的农产品托市政策、农业补贴政策，都需要改革。棉花、大豆实行目标价格补贴，食糖和油菜籽调整临储办法，都是改革农产品拖市政策的重要举措。2015年开始，对种粮农民直接补贴、良种补贴、农资综合直补进行改革试点。在合作化方面，20世纪50年代也搞了，但走了另外一条道路，现在又想回头学习走合作社的道路。现在全国农民合作社虽然说有100多万家，但按照张晓山老师的判断，大概1/3正常运作、1/3半死不活、1/3名存实亡。我们看到的很多合作社，只留下了"合作社"3个字，除了这个真是与"合作"没什么关系。在土地制度改革、农地流转与集中方面，虽然理论界、实践中都有争论，但我认为我们的认识比日本、韩国、我国台湾地区更早一些，实践探索也比他们更丰富多彩一些。

总之，对日本、韩国、我国台湾地区在工业化城镇化进程中应对小农遭遇的困境的历史经验要进行深入分析，尤其是要吸取过分重视支持保护、忽视提高农业自身竞争力的教训，通过各种方式克服农业经营规模小、劳动生产率低的问题。在"十三五"时期，应将农业适度规模经营和农业社会化服务，作为推进中国农业现代化的两个重要支点和两个主要抓手。

二、山东供销社系统"以服务规模化促进农业现代化"之所以成功的内在逻辑

山东供销社系统创造的"土地托管""以服务规模化促进农业现代化"的经验，我是从 2013 年《人民日报》新闻报道知道的。后来汪洋副总理经常提到，特别是汶上县的"土地托管"。对山东供销社系统"以服务规模化促进农业现代化"的实践经验，大家已经从很多方面进行了深入剖析和解读。这两天我一直在思考的是，山东供销社系统创造的"以服务规模化推进农业现代化"为什么会成功，为什么会有这么好的效果？它的内在逻辑是什么？我想从反问的角度，试图解析它为什么会成功。

第一问：为什么是现在而不是 20 年前？

1989 年之前，我国农业政策由原中央农研室主导。1993 年春成立中央农村工作领导小组后，由其主导我国农业政策制定。在这两个时期之间，我国农业政策一度由国务院研究室主导。那个时期，国务院研究室牵头制定了关于建立农业社会化服务体系的文件，明确提出完善"双层经营体制"中"统"的层次，重点是建立包括国家在农村基层的经济技术服务组织、龙头企业、合作社在内的农业社会化服务体系。当时社会上对"以家庭承包经营为基础、统分结合的双层经营体制"的批评声音很多，特别是一些人认为"分"的层次建立起来了，"统"的层次没了，必须重建"统"的层次。当时不少人对"统"的理解是要发挥集体经济组织的作用。国务院研究室牵头制定的关于建立农业社会化服务体系的文件，把"统"拓展为社会化服务。这是一个质的变化，把"统"的主体大大拓展了。此后 20 多年来，中央一直在倡导建立农业社会化服务体系，各地在创新农业经营体系方面也积累了一些经验，如土地股份合作社、四川崇州的"共营

制"等。但总的来说效果不是太理想。

山东供销社系统近年来创造的"土地托管"取得了明显效果。这件事情如果在 20 年前就推进，能取得现在这样的效果吗？不会！这里的经济逻辑是，劳动力供需关系发生了巨大变化，作业外包的经济临界点到来了。当农户劳动力的机会成本没有足够高时，他是不会愿意把部分作业环节外包出去、委托出去的。是自己做合算还是请人做合算，他要算账。自己做，劳动强度要增加，休闲时间要减少；如果是外出务工的话，农忙时回来参加农业生产，打工的收入要减少，来回的路费要增加。这都是自己做的成本。自己做的收益是，农业生产的经营收益全部归自己。以前一些地方搞"统"的时候，如生产队的统一灌溉、统一农机作业、统一植保，都是以加重农民负担为代价的。那时候农民负担确实很重，还要交税。农民现在愿意把部分或全部作业环节交给别人，愿意为此而付费，肯定也要算账。就是说，请人完成可能代价更低，综合收益更高。这是现在农户愿意把部分作业外包出的最根本原因。

第二问：为什么服务对象既包括普通的小农户，也包括家庭农场、大户甚至农民专业合作社？

郓城张营供销社的材料讲到，发展农业服务中心的一个重要措施，是培育重点服务对象，组织规模化种植大户、家庭农场、合作社负责人观摩。一些地方"土地托管"的服务面积中，这些"新型经营主体"经营的面积占 2/3。这给我一个启发：我们不是要解决农业规模经营问题吗？家庭农场、大户甚至合作社不是我们追求的规模经营的成果吗？为什么他们也需要有人为其提供社会化服务？

我理解，这背后的经济逻辑是，供销社系统的农业服务中心，以 5～6 公里为半径、5 万～6 万亩为服务范围，能够在部分作业领域更有效地捕获规模经济。我们在现场考察的时候看到，每个农业服务中心都有一个智能配肥机。家庭农场、农民专业合作社的规模不足以支撑这样一台机器的运转。仓储烘干、统防统治、机械深耕等作业，也是农业服务中心的规模优势所在。农业服务中心之所以能够在服务外包市场上竞争过其他主体，就是因为有了更大的规模。

第三问：为什么这件事情是供销社在做，而不是其他组织在做？或者，为什么供销社做成功了，其他组织没做成功？这中间又有什么奥秘，背后有什么经济逻辑？

我认为，可能有五个方面的因素决定了供销社的成功。

一是供销社系统在投入品采购方面有优势。供销社原来就从事农资采购，有这方面得天独厚的优势，能够以更大的规模采购，在市场上有更大的谈判能力，能拿到更大的折扣率，能够以更低的价格采购到化肥、农药。农民专业合作社也可以集中采购、降低成本，但一般的农民专业合作社比不上供销社系统的谈判能力。

二是供销社系统在技术服务方面有人才。长期以来，供销社为了推进"技物结合"，开办过"庄稼医院"等技术服务，储备了一些农业技术人才。现在以农业服务中心的形式提供测土配方施肥、统防统治等技术服务，是有人才基础的。

三是供销社系统在经营管理上有干部基础。长期以来供销社系统培养了不少管理人才，县和乡镇两级是有很多经营管理人才的。只不过后来流通体制变革了，受到很大冲击，这些人才没有得到很好利用。但因为老底子还在，有干部做基础支撑，所以现在做事情就比其他系统有优势。

四是供销社系统在争取政策方面有组织基础。从上至下的推动力量很强。每一个农业服务中心的投资中都有财政项目资金，这说明供销社系统有强大的争取政策的能力。如果没有这个做基础，农业服务中心这个模式很难搞起来。

五是供销社系统的治理结构和治理机制有创新。从每一个农业服务中心的展板上可以看到，农业服务中心的产权关系非常清晰，通过产权纽带，与县供销社、农民专业合作社建立了紧密的利益联结机制。每一个农民专业合作社背后都联系着上百、几百个农户，把农民专业合作社纳入进来，就能够大面积提供土地托管服务。如果由农业服务中心与分散的、小规模的农户一对一地进行土地托管交易，成本高、效率低，很难开展业务。

三、几点建议

第一，从理论层面深入研究"土地托管"与"土地流转"到底是什么关系。中国农业现代化的短板是经营规模小、劳动生产率低，如何通过农业经营体系变革解决这个问题是农业政策的焦点和核心之一。要解决好这个问题，土地流转和土地托管都很重要，各有优势，也各有适用条件。土地流转需要很长的过程，取决于城镇化的进展。土地托管在现阶段有很强的普适性，但也有局限性，突出的是没有解决好农民与土地的关系。土地托管与城镇化、农民离开农村这两者怎么耦合，怎么匹配，需要深入研究。我有一个不成熟的想法，现在是土地托管，如果今后条件成熟了，比如说农民能够在城市里面稳下来，能够稳定地在城市工作、生活，能不能从土地托管发展为土地收储？农业服务中心有没有可能变为法国农村土地收储机构那样，将自愿离开农村的农户的承包地收储起来，经过整理后变成适度规模的田块。

第二，从政策层面需要研究的两个现实问题。农业服务中心的用地，应该可以纳入农用地管理范畴，应该积极与土地管理部门沟通。财政补助形成的资产的归属，也需要明确相关政策。

第三，对农业服务中心的盈利模式和可持续性问题要做更深入的分析。特别是要做成本收益分析。在成本方面，有哪些特殊因素，如政府投资、土地划拨等，特殊性会影响到普适性。在收益方面，有哪些阶段性因素，现阶段有利可图，今后条件发生变化后是否还能产生收益，阶段性影响到持久性。可对若干个农业服务中心做些案例分析。

为农业绿色发展注入新动力[①]

叶兴庆

一、中国农业发展取得巨大成就

1979～2014年，中国农业生产年均增长4.5%（按不变价格计算的第一产业增加值指数，1978年为100，2014年为481.7），粮食产量年均增长1.93%（1978年为30477万吨，2014年为60703万吨），跑赢了同期中国人口增长（1978年为96259万人，2014年为136782万人，年均增长0.98%），也跑赢了同期全球农业生产增长。推动中国农业增长的贡献因素，包括制度变迁（实行家庭承包经营制度、农产品价格市场化）、技术进步（2014年农业科技进步贡献率达到56%、主要农作物耕种收综合机械化率达到61%、主要农作物基本实现良种化）、基础设施（有效灌溉面积1978年为4496.5万公顷，2014年为6572.3万公顷，增加了46%），也包括水土等农业资源开发强度提高、化学肥料和化学农药等现代农业投入品使用量大幅增长。目前，中国化肥施用量（1978年为884万吨，2014年为5996万吨）占世界35%，农药使用量（1991年为76.53万吨，2014年为180.69万吨）占世界14%，均高于中国耕地占世界的比重（10%）。

二、农业可持续发展面临重大挑战

农业资源过度开发、农业投入品过量使用、地下水超采以及农业内外源污染相互叠加，带来一系列问题。一是资源硬约束日益加剧，耕地面积减少、质量下降，农田灌溉

---

① 本文系作者在"中美农业创新战略对话"（2015年9月24～25日，华盛顿）的演讲提纲。

水有效利用系数比发达国家平均水平低0.2，华北地下水超采严重。二是环境污染问题突出，全国土壤主要污染物点位超标率为16.1%，化肥、农药利用率仅1/3，农膜回收率不足2/3，畜禽粪污有效处理率不到一半，秸秆焚烧现象严重，海洋富营养化问题突出。三是生态系统退化明显，高强度、粗放式生产方式导致农田生态系统结构失衡、功能退化，草原超载过牧问题依然突出。

三、农业面源污染问题突出

随着我国农业集约化程度不断提高和养殖业的迅速发展，化肥、农药等农业投入品过量使用及畜禽粪便、农作物秸秆和农田残膜等农业废弃物不合理处置导致的农业面源污染问题日益突出。据第一次全国污染普查（普查的标准时点为2007年12月31日，时期为2007年度），2007年全国农业源的化学需氧量（COD）、总氮和总磷排放分别达到1320万吨、270万吨和28万吨，分别占全国排放总量的43.7%、57.2%和67.4%。其中畜禽养殖源占农业源COD的96%，是农业面源污染的主要"贡献者"。畜禽、水产养殖，化肥、农药和农膜等农用化学品投入是污染主要来源。

四、农业绿色发展成为重要政策目标

《中共中央国务院关于加快推进生态文明建设的意见》明确要求，"协同推进新型工业化、信息化、城镇化、农业现代化和绿色化"。"绿色化"成为我国现代化建设的重要内涵，自然也成为农业现代化的重要遵循。"绿起来"是新阶段中国农业发展的新目标。2015年以来，《全国农业可持续发展规划（2015－2030年）》《农业突出环境问题治理规划（2015－2018）》《农业部关于打好农业面源污染防治攻坚战的实施意见》《到2020年化肥、农药使用量零增长行动方案》等纷纷发布。转变农业发展方式，提高农业可持续发展能力，成为新阶段中国农业发展的重要政策目标。

五、农业绿色发展的量化目标

2020年和2030年需要达到的目标已很明确，特别是"一控、两减、三基本"（见表1）。

表1   农业绿色发展的量化目标

	2013 年	2020 年	2030 年
农田灌溉水有效利用系数	0.52	0.55	0.6
农田灌溉水用量占总用水量比重	63% （3920 亿立方米）	56% （3720 亿立方米）	53% （3730 亿立方米）
主要农作物肥料利用率	34%	40%	
主要农作物农药利用率	35%	40%	
养殖废弃物综合利用率	50%	75%	90%
农作物秸秆综合利用率	76%	85%	100%
农膜回收率	66%	80%	100%
耕地基础地力等级	5.1	5.6	6.1
森林覆盖率	21.6%	23%	
草原综合植被盖度	54.2%	56%	60%

"一控"：严格控制农业用水总量。农田灌溉水有效利用系数，2013 年为 0.52，到 2020 年和 2030 年分别达到 0.55 和 0.6 以上；农田灌溉水用量占总用水比重，2013 年为 63%（3920 亿立方米、6183 亿立方米），到 2020 年和 2030 年分别保持在 56%（3720 亿立方米、6700 亿立方米）和 53%（3730 亿立方米、7000 亿立方米）。

"两减"：减少化肥和农药使用量。全国主要农作物肥料利用率，2013 年为 34%，2020 年提高到 40%，努力实现化肥施用量零增长；主要农作物农药利用率，2013 年为 35%，2020 年达到 40% 以上，努力实现农药施用量零增长。

"三基本"：畜禽粪便、农作物秸秆、农膜（农药包装废弃物）基本资源化利用。养殖废弃物综合利用率，2013 年为 50%，2020 年达到 75%，2030 年达到 90% 以上、规模化养殖场畜禽粪污基本资源化利用，实现生态消纳或达标排放。农作物秸秆综合利用率，2013 年为 76%，2020 年达到 85% 以上，2030 年农业主产区得到全面利用。农膜（农药包装废弃物）回收率，2013 年不足 2/3、2020 年达 80% 以上，2030 年农业主产区实现基本回收利用。

此外，还提出了其他重要目标。全国耕地基础地力，2013 年平均为 5.1 等，到 2020 年和 2030 年分别提升 0.5 个等级和 1 个等级以上，1 个等级意味着 100 公斤粮食生产能力；全国森林覆盖率，2013 年 21.6%，到 2020 年达到 23% 以上；全国草原综合植被盖度，2013 年 54.2%，到 2020 年和 2030 年分别达到 56% 和 60%。

六、实现农业绿色发展目标的制度性障碍

实现上述目标，需要搞清楚为什么农业资源过度开发、农业投入品过量使用、农业内外源污染未得到有效控制？这仅仅是个技术性问题吗？更为关键的原因是体制机制不健全。

定价机制不健全：农产品价格不能反应农业生产方式的绿色化程度，生产者激励不足，出现"劣币驱逐良币"现象；资源价格不能反应资源稀缺程度，特别是水价不能反映水资源稀缺程度；旨在降低农业生产成本的投入品价格政策，鼓励生产者过量使用（为优化农业生产投入结构、促进农业可持续发展，停止执行化肥增值税优惠政策，自2015年9月1日起，对纳税人销售和进口化肥统一按13%税率征收国内环节和进口环节增值税）。

补偿机制不健全：农业生产活动具有正外部效应，如保护性耕作，这种效应未得到利益补偿；水土保持、退耕还林、退牧还草等农业生态补偿政策不健全；农地经营权期限短，不利于农业生产者对耕地基础地力的投资。外部效益不能内部化，降低了生产者采取具有正外部效益的措施的动力。

惩罚机制不健全：农业生产活动具有负外部效应，如化肥和农药、畜禽粪便污染水体，秸秆焚烧污染大气；农业污染责任主体不明确，监管机制缺失，污染成本过低。外部成本不能内部化，降低了生产者控制具有负外部效益的行为的压力。

七、实现农业绿色发展需要创新机制

建立生产者激励机制：推进农业水价形成机制改革，促进水权交易，调动生产者节水积极性。深化农地产权制度改革，鼓励生产者进行耕地地力建设等长期投资。

建立消费者付费机制："谁受益、谁付费。"如何为绿色农业定价、让消费者为农业绿色化付费？一些地方的经验表明，培育农产品品牌、为产品贴上绿色标签是可行路径。有了品牌，消费者可以降低信息搜寻成本，增强消费信心和购买意愿。单家独户的小规模农业无法形成品牌，必须提高农业生产的组织化程度，发展农民合作社。一家好的合作社，不仅要遵循合作制的基本原则、发挥农民的主体作用，而且要有一个叫得响

的产品品牌。建立互联网平台，有利于农民合作社培育品牌、直销产品。

建立第三方治理机制：实行农作物病虫害专业化统防统治，为农民提供测土配方施肥服务，建立养殖小区、集中处理粪便。

建立政府补贴机制：农业环境问题具有很强的外部性，既需要加强法律的约束作用，也需要加强补贴政策的引导作用。

加快培育农业发展新动力

叶兴庆

2014年中央经济工作会议和中央农村工作会议强调指出，面对我国经济发展新常态，必须坚定不移加快转变农业发展方式，尽快转到数量质量并重、注重提高竞争力、注重农业技术创新、注重可持续的集约发展上来，不断提高土地产出率、资源利用率、劳动生产率，走产出高效、产品安全、资源节约、环境友好的现代农业发展道路。这是中央在深刻把握我国农业发展趋势性变化基础上作出的重大决策部署，是指导我国农业发展的总思路、总要求。

在我国持续30多年的经济高速增长阶段，农业发挥了关键性的基础作用。1978～2014年，全国粮食产量从3048亿公斤增长到6071亿公斤，几乎翻了一番，其他主要农产品产量成倍增长。特别是2004年以来，粮食生产实现"十一连增"，幅度之大、周期之长，创新中国历史纪录；蔬菜、水果、肉类、禽蛋、奶类、水产品等全面增产，农业形势之好历史鲜见。农业综合生产能力快速提高、农产品生产全面发展，极大地丰富了市场供应，显著改善了城乡居民营养状况。面向未来，我国人口总量将继续增长，城镇化水平将不断提高，随城乡居民收入水平提高而必然发生的膳食结构转型升级也将继续进行，全社会对粮食和其他主要农产品的消费需求将长期持续增长。

问题在于，支撑我国农业综合生产能力长期持续提高的主要因素已经或正在发生深刻变化。从农业投入品看，使用化肥和农药有利于提高农业单产水平，但我国单位面积化肥和农药使用量已分别达到世界平均水平的3.6倍和2.5倍，大大超出合理使用量，有效利用率很低，边际增产效果明显下降，今后不能再靠增加化肥和农药使用量来提高农业产量。从资源环境看，抽取地下水扩大农业灌溉面积，开垦湿地、陡坡和易沙化土地种植农作物，利用重金属污染耕地生产粮食，增加了当下的农业生产，但对生态系统带来严重破坏、给农产品质量安全埋下重大隐患，今后不仅不能再靠透支资源环境来扩大农业生产，而且要把超过资源环境承载能力的农业生产退出来。从支持措施看，逐年提高粮食最低收购价和重要农产品临时收储价，逐年加大各类农业补贴力度，调动了农民务农种粮积极性，但我国主要农产品的国内价格已全面超过国外进口农产品的交易价格，与生产或贸易行为挂钩的"黄箱"支持力度已接近甚至超过我国加入世界贸易组织时承诺的上限值，"天花板"效应已经显现，今后继续靠提高最低收购价和临时收储价、增加各种补贴来刺激农业生产的空间明显收窄。从经营方式看，"家家包地、户户种田"曾经使农业生产潜力得到充分释放，发展农民合作和农业社会化服务使小规模兼业经营的弊端得到一定程度的化解，但随着农村青壮年劳动力持续向外转移、以非农收入为主的兼业农户占全部农户比重的持续提高，农业劳动力老龄化、农业副业化、农户兼业化日益严重，农业劳动生产率难以提高，农产品生产的人工成本难以降低，今后继续靠小规模兼业经营农户提供更多商品农产品的潜力已非常有限。

面对农业发展内外部条件深刻变化和长期粗放经营积累的深层次矛盾，必须切实把握住转换农业发展动力、培育农业发展接续力量这个核心，促进农业发展由依靠拼资源、拼消耗转向依靠科技进步和提高劳动者素质，由依靠托市性收购和财政补贴的撬动、各种形式的行政推动转向依靠市场需求拉动、经营效益驱动，加快形成支撑农业发展的新动力体系。

以农业结构优化新增的内生动力接替受"天花板"制约而减弱的外部拉力。面对价格和补贴两个"天花板"的封顶约束，应逐步从一味依靠行政力量推动农业发展的政策惯性中走出来，更多地依靠市场力量，通过优化结构、提质增效，增强农业自身发展活力。优化农业结构要有新思维、新理念、新机制，由"生产导向"向"消费导向"转变，由大路货向品牌化转变，由单纯在耕地上想办法到面向整个国土资源做文章。要树立大食物观念，广辟食物来源，念好"山海经"，打好"果蔬牌"，唱好"林草戏"。适应畜牧业在农业中的占比将长期持续提高的发展趋势，加快推进农牧结合，把传统的粮食和经济作物二元种植结构调整为粮食、经济作物和饲料作物三元种植结构，提高农业内部的资源转化效率和综合经营收益。把产业链、价值链等现代产业组织方式引入农业，促进一二三次产业融合发展，提高农业附加值，让农民分享农产品加工、流通环节增值收益，让农业的休闲观光、文化传承、生态涵养等功能得到充分彰显。促进信息化与农业现代化融合，利用大数据为新型农业经营主体提供全方位服务，利用电子商务等新型业态促进地方特色"小产品"走向全国大市场。面向国际市场调整优化国内农业资源配置，把蔬菜、水产品等具有明显比较优势的产业做大做强。

以高标准农田建设新增的产能对冲生态环境治理退出的产能。中央已明确要求，把生态环境可持续作为农业现代化的重要目标，协调兼顾实现高产高效与资源生态永续利用，调整严重污染和地下水严重超采地区的耕地用途，实施新一轮退耕还林还草，有序实现耕地休养生息。退出这些"不健康产能"，既需要解决好受影响地区农民的长远生计问题，也需要避免对全国农业生产造成大的影响。为此，必须对那些不退出农业生产的耕地加强内在质量和基础设施建设。应深入实施《全国高标准农田建设总体规划》，以进一步提高农业水土资源利用效率为核心，集中力量推进土地平整、土壤肥沃、集中连片、设施完善、农电配套、生态良好、抗灾能力强，与现代农业生产和经营方式相适应的旱涝保收、持续高产稳产的高标准农田，努力到2020年完成8亿亩高标准农田建设任务、亩均提高粮食综合生产能力100公斤以上。创新体制机制，充分发挥新型生产经营主体的作用，积极引导各类社会资本投入，各类项目按标准化要求建成后应及时确权登记、明确管护主体和经费来源。特别是要配套推进农业水权制度和水价改革，用经济手段调动农民发展节水灌溉的积极性。

以农业全要素生产率提高应对农业投入品减量。现代农业区别于传统农业的一个重要特征，是使用化肥、农药等工业化产物。在早期发展阶段，这些工业制成品投入的增产增收效果明显，只要增加使用量就能增加农业产出。当使用量达到一定水平后，继续增加使用量不仅难以增加农产品产量，还加大成本、污染环境、降低品质。全国而言，要努力实现2020年化肥、农药零增长。但目前我国不少地区农业发展已经到了这样的拐点，从现在开始就应当控制甚至减少化肥、农药等的使用量。因投入品零增长而失去的农业增长动力，必须主要由农业全要素生产率的提高来接续。2014年科技进步对我国农业增长的贡献率为56%，比发达国家低20多个百分点，还有很大潜力。挖掘这个潜力，一方面要提高投入品的使用效率，减量不减效。提高科学施肥水平，按照土壤特征和作物的需肥量进行测土配方施肥，推广使用高浓度、缓控释效果好的肥料，提倡使用水溶肥、有机无机复合肥、生物肥等新型肥料。积极发展农作物病虫害专业化、机械化统防统治，研发和推广应用高效、低毒、低残留农药品种。另一方面，要着力发展物化率低的轻型技术。做大做强现代种业，加快农业生物育种创新和推广应用，开发具有重要应用价值和自主知识产权的生物新品种。加强高效栽培、疫病防控、农业节水等领域的科技集成创新和推广应用。加大农民技术培训力度，提高农民科学种田养畜水平。

以适度规模经营替代小规模兼业经营。大量研究表明，在就业和收入主要依靠农业的发展阶段，农户虽然经营规模小，但会精心务农，单位面积产出水平并不低。随着家庭主要劳动力转向非农产业就业、农业在家庭收入增长中的贡献度下降，越来越多的小规模兼业经营农户会选择粗放经营，甚至撂荒。但实行适度规模经营的新型经营主体，对新技术的使用更加积极，对单位面积产出量更加敏感。在相同条件下，适度规模经营比小规模兼业经营有更高的产出水平。应通过培育新型经营主体，发展多种形式的适度规模经营，把这部分潜在产能逐步释放出来。为此，要推进所有权、承包权、经营权"三权分置"改革，加快确权登记颁证步伐，让承包户放心转出经营权，让经营者稳定从事农业生产。鼓励创新土地流转形式，有条件的地方应当制定扶持政策，引导农户长期流转承包地并促进其转移就业。建立公益性农民培养培训制度，实施新型职业农民培育工程，提高青年农民农业技能和经营能力，解决好"谁来种地"的问题。发展适度规模经营要以家庭农场为主要形式，以"适度"为基本原则。现阶段，对土地经营规模相当于当地户均承包地面积 10～15 倍、务农收入相当于当地二三产业务工收入的，应当给予重点扶持。

农产品价格支持政策迫切需要改革

叶兴庆　秦中春　金三林

2004 年以来，适应工业化城镇化发展阶段的变化和农业农村自身的深刻变革，以连续 12 个中央 1 号文件为平台，我国逐步建立起以取消农业税、实行农业补贴为主要标志的农业支持保护政策体系。在这个政策体系中，以粮食最低收购价、重要农产品临时收储为主要工具的价格支持政策占有重要地位。这些政策工具的运用，有力地调动了农民种粮积极性，促进了粮食增产和农民增收。但没有一成不变的政策工具。经过 10 多年的创设、发展、运作，这些政策工具遭遇的约束开始加强、不适应性甚至弊端开始显现。面对农业市场化、国际化程度越来越深的大趋势，应对现行农产品价格支持政策进行全面审视，推动现行增产导向的农业支持保护政策体系向未来竞争力导向的农业支持保护政策体系转变。

一、农产品价格支持政策的形成背景

我国现行农产品价格支持政策的主体框架是在 2004 年以后逐步建立起来的。之所以在 2004 年后出现这一重大变化，主要有四个方面的影响因素。

（一）党的十六大明确提出统筹城乡发展，各方面在建立农业支持保护政策体系上逐步形成共识

2002 年 11 月，在党的十六大报告中，中央从实现全面建设小康社会的重点难点在农村的判断出发，明确提出了统筹城乡经济社会发展的战略任务。2004 年 9 月，在党的十六届四中全会上，中央明确作出"两个趋向"的重要论断，即在工业化初始阶段，农

业支持工业、为工业提供积累是带有普遍性的趋向；在工业化达到相当程度后，工业反哺农业、城市支持农村，实现工业与农业、城市与农村协调发展，也是带有普遍性的趋向。这一重要论断的提出，为实行农业支持保护政策奠定了思想和认识基础。

（二）21世纪初我国经济发展出现了一些转折性变化，农业生产发展出现新特点

世纪之交，随着亚洲金融危机逐步结束，我国一些重大经济体制改革取得突破性进展，工业化和城镇化进入加快发展阶段，农村劳动力大规模向工业和城镇转移，经济发展出现了一些转折性变化。一方面，农村劳动力供求关系发生重大调整，农村富余劳动力大幅减少，农民工工资结束长期徘徊不前的局面、步入上升通道，刘易斯第一拐点来临，工业生产和城市服务业的人力成本开始上涨。另一方面，农业劳动力的机会成本开始明显上升，土地流转现象增多。这既推动了农业领域机器替代劳动力的进程，也使农业生产的人工成本、土地成本以及物质费用成本明显上升。

（三）全国粮食产量下滑到8614亿斤的阶段性低点，国内粮食供需偏紧现象重新出现

1998年全国粮食总产量创历史纪录，国家库存积压严重，市场粮价下降，国有粮食收购企业亏损严重。国家出台了粮食流通体制改革举措，推进农业结构战略性调整，启动退耕还林等工程。此后5年，全国粮食产量连续下降，2003年降至阶段性低点的8614亿斤，比1998年的阶段性峰值低1632亿斤。由于粮食生产持续减产，粮食供求关系发生逆转，从阶段性供过于求转变为供求紧平衡乃至供不应求。2003年，南方地区大米价格率先上涨，带动国内粮食市场价格出现较大幅度回升，引发了全社会对国家粮食安全问题的广泛关注。

（四）21世纪第一个涉农中央1号文件出台，迈出了逐步建立农业支持保护政策体系的重大步伐

2003年，中央召开了两次农村工作会议。1月召开的会议，总结了2002年农业和农村工作，指出全面建设小康社会，必须统筹城乡经济社会发展，更多地关注农村、关心农民、支持农业，把解决好农业、农村和农民问题作为全党工作的重中之重。12月召开

的会议，总结了 2003 年农业和农村工作，着重研究了促进农民增收、提高粮食综合生产能力等问题。2004 年初，《中共中央、国务院关于促进农民增加收入若干政策的意见》正式印发，这是 21 世纪第一个涉农中央 1 号文件，迈出了逐步建立我国农业支持保护政策体系的重大步伐。

二、农产品价格支持政策的主要内容

我国农产品价格支持政策主要由粮食最低收购价政策、重要农产品临时收储政策组成，这些政策经历了一个发展演变的过程。

（一）粮食最低收购价政策

2004 年，国务院发布《关于进一步深化粮食流通体制改革的意见》（国发〔2004〕17 号），决定全面放开粮食收购市场，充分发挥市场机制在配置粮食资源中的基础性作用，实现粮食购销市场化和市场主体多元化。作为此次改革的核心内容，粮食价格形成机制实现了市场化，即"一般情况下，粮食收购价格由市场供求形成"。与此同时，这次改革也为国家定价和国家收购预留了一定空间，即"当粮食供求发生重大变化时，为保证市场供应、保护农民利益，必要时可由国务院决定对短缺的重点粮食品种，在粮食主产区实行最低收购价"。

与 1998 年粮食流通体制改革出台的"按保护价敞开收购"政策不同，2004 年粮食流通体制改革出台的"最低收购价政策"明显要审慎得多，留给市场机制发挥作用的空间也大得多。2004 年粮食流通体制改革的指导思想是走市场化道路，即"充分发挥市场机制在配置粮食资源中的基础性作用"，只是为"粮食供求发生重大变化"这一非常状态下的政府托市预留了操作空间。粮食最低收购价政策具有"三特"的特点：特定的情形，只在粮食供求发生重大变化时才实行，一般情形下不实行；特定的品种，只有短缺的重点粮食品种才实行，一般粮食品种不实行；特定的地区，只有粮食主产区才实行，一般地区不实行。

遵照这一指导思想，2004 年只出台了稻谷最低收购价政策，2006 年才出台小麦最低收购价政策。此后尽管地方有要求，但中央再也没有扩大最低收购价政策的品种范围。从历年出台的稻谷和小麦最低收购价执行预案看，有明确的价格、地区、时间要求。稻谷和小麦最低收购价水平经历了多次提高。特别是 2008～2014 年,稻谷最低收购价连续 7 年提高,累计提价幅度达到早籼稻 93%、中晚籼稻 92%、粳稻 107%;2009～2014 年,小麦最低收购价连续 6 年提高,累计提价幅度达到白小麦 64%、红小麦和混合麦 71%。出于多种因素考虑,2015 年未再提高稻谷和小麦最低收购价。

(二) 重要农产品临时收储政策

重要农产品临时收储政策是国家为解决部分重要农产品价格下跌和"卖难"问题,在主产区针对玉米、大豆、油菜籽、棉花、食糖等临时实施的托市政策。国家委托符合一定资质条件的农产品收储企业,按国家确定的收储价、收储量、质量标准收购农民当年所产的农产品。2007 年、2008 年和 2009 年,国家先后对东北主产区的玉米、大豆,以及湖北、安徽等省的油菜籽实行临时收储政策。从 2011～2013 年,国家连续 3 年对全国棉花主产区的棉花实行了临时收储政策,临储收购量接近当年棉花产量。从 2011/2012 年度到 2012/2013 年度,国家连续两个榨季对全国糖料主产区的食糖实行了临时收储政策;2013/2014 年度、2014/2015 年度改为制糖企业自主收储、自负盈亏,中央财政仅对企业短期储存食糖进行全额贴息,利息仅按照半年期银行基准贷款利率和半年储存时间计算。

临储政策与最低收购价政策,共同点在于都属于中央事权、由中央财政承担费用;不同之处在于,最低收购价在播种前公布、临储价在即将收获时公布,最低收购价收购不限量、临储收购量自上而下分配。总体而言,临储政策的"含金量"不如最低收购价政策。临储政策本质上是中央与地方、农口博弈的结果。从 2004 年粮食流通体制改革的宗旨和中央的意图看,本不想扩大粮食最低收购价政策的实施范围。但地方从当地利益出发,强烈要求中央将当地主产品种纳入国家托市收购计划,作为中央事权,由中央财政承担费用。在利益博弈过程中,地方、农口一度处于道德制高点,作为让步,中央不得不出台类似最低收购价政策、但实际含金量略逊一筹的临储政策,而且作为"临时"政策,随时准备退出。从 2014 年开始,中央在与地方、农口的博弈中开始占据主导地位,推行棉花和大豆目标价格补贴改革试点,实质性调整食糖临储政策;2015 年调整油菜籽临储政策,中央仅给主产区地方财政一定补助,临储政策的实施办法由地方自行确定,这实际上是将价格支持事权交给了地方政府,从中央层面看已退出油菜籽临储政策。

三、农产品价格支持政策存在的主要问题

从过去 10 年情况看，农产品价格支持政策具有三大效应：一是增产效应。自2004～2014 年，我国粮食生产出现恢复性增长并屡创新高，全国粮食总产量实现"十一连增"，提前达到《国家粮食安全中长期规划（2008－2020 年）》提出的 2020 年粮食总产目标。实践表明，价格支持政策是影响农民生产决策的重要因素，是促进粮食生产稳定发展的有效措施。二是增收效应。据国家粮食局材料，2014 年全国最低收购价和临时收储粮食2478 亿，通过提价托市、增加收购、优质优价、整晒提等、产后减损等措施，促进种粮农民增收550 亿元以上，全国农民人均受益 60 元左右。三是调节效应。2008 年、2010年、2012 年、2014 年，国际粮价 4 次大幅震荡，波动幅度超过40%，而国内粮食价格始终保持平稳上升的态势，最主要的原因就是我国实行了农产品价格支持政策。

但也必须看到，农产品价格支持政策毕竟是一种政府干预行为，随着内外部条件的变化，其弊端逐步显现，深化改革的迫切性日益彰显。

第一，频繁启动最低收购价和临时收储，"政策市"阻碍了农产品市场主体的发育成长。自粮食最低收购价格政策和重要农产品临时收储政策实施以来，只有少数年份没有启动政策预案。最低收购价和临时收储政策频繁启动，导致市场化购销主体难以参与购销活动，农产品市场在政府干预下呈现"政策市"特征：在产区，托市收购主体按最低收购价或临储价收购，市场化主体难以按预期的价格参与收购；在销区，国家拍卖政策性农产品的时机、数量、底价对市场价格有决定性影响，市场化主体难以作出经营决策。在"政策市"的影响下，农产品市场化收购主体及其收购量会减少，除了部分有稳定销售渠道的农产品加工或流通企业外，在市场参与收购的主体主要是以国有企业为主的指定企业。这些企业依靠国家所提供的购、销、存费用补贴和贷款等从事经营活动，形成了事实上的垄断，制约国有企业本身的深化改革，也挤压其他市场化企业的发展空间。对一般市场化企业，如果没有参与政策性购销，要通过正常的市场经营获利很困难。近 10 年来，中储粮公司的粮食购销储备业务不断扩大，中储粮管理体制饱受诉病，而参与临时收储的地方国有粮食购销企业改革滞后，在相当大程度上背离了 2004 年粮食市场化改革的初衷。"政策市"导致的其他问题是，"稻强米弱"和"麦强面弱"的市场格局，阻碍了粮食加工企业的发展；每年的新粮相当部分变为国家库存，市场化加工

企业不得不使用国家拍卖的库存陈粮,"储新推陈"降低了终端市场上粮食产品的品质,不利于提高消费者生活质量。

第二,托市价的刚性上涨使国内外价格倒挂的拐点提早到来。加入 WTO 以来的一个时期内,我国主要农产品的国内价格低于国际市场价格,这为阻挡国外农产品涌入国内市场提供了一道"防火墙",也为国内农产品价格上涨预留了空间。但近几年来,随着我国粮食最低收购价政策和重要农产品临时收储政策的实施,主要农产品国内市场价出现持续上涨,平均上涨速度明显快于国际市场价格上涨速度,使国内外农产品价格的对比关系逐步发生重大变化。从 2013 年左右开始,我国主要农产品价格从普遍低于国际市场转变为普遍高于国际市场。我国资源禀赋决定了主要农产品、特别是土地密集型农产品价格迟早要超过国际市场价格。这个拐点会随着工业化城镇化发展到一定阶段后自动到来。但最低收购价和临时收储价的刚性上涨,使国内外价格倒挂的拐点提早到来。目前我国主要农产品国内价全面超过国际市场离岸价和按配额内低关税计算的进口到岸税后价,部分产品甚至超过了按配额外高关税计算的进口到岸税后价。价格倒挂造成财政负担加重,部分产品包括价格支持和财政支付性补贴在内的"黄箱"补贴力度已接近甚至超过我国加入 WTO 时作出的上限承诺。

第三,"成本加合理利润"和"成本加基本收益"的定价原则,使托市价高于市场长期均衡价,造成供大于求、库存积压。在实施最低收购价和临时收储政策的背景下,我国主要农产品定价的基本原则是"成本加合理利润"和"成本加基本收益",其隐含的假设是据此制定的托市价格低于市场长期均衡价格,不会激励农民扩大生产,从而不会造成生产过剩。问题在于,这里的"成本"不是高效率生产者的成本,甚至不是全社会平均生产成本,往往照顾到了低效率生产者的生产经营情况;这里的"合理利润"和"基本收益",使生产者能够获得比种植其他没有纳入价格支持政策范围的农产品更多的利益。这使得实行价格支持政策的农产品的产能不断扩大。据分析,东北地区低积温带大量种植玉米、一些原先种植大豆和高粱等作物的地区改种玉米,与玉米临储价格逐年提高有很大关系;新疆大量边际土地被开发利用、棉花种植面积急剧膨胀,与棉花临时收储政策的刺激作用密不可分。同时,国内外价格倒挂导致世界过剩农产品向我国转移,加剧我国农产品市场供求矛盾。近两年主要农产品进口快速增长,大多属于"价差驱动型",而非"数量不足型"。国内增产与进口增加"双碰头",结果就是国家库存增加、亏损加重。

"十三五"时期农产品价格支持政策改革总体思路

叶兴庆　秦中春　金三林

以粮食最低收购价和重要农产品临时收储为主要内容的农产品价格支持政策，是2004年以来农业支持保护政策的重要组成部分。这一政策如何改革，对农业发展方式转变、生产结构优化、资源配置效率提高至关重要。应从国家战略、发展阶段、资源禀赋、WTO规则等出发，统筹推进"十三五"时期农产品价格支持政策改革。

一、对近两年农产品价格支持政策改革的评价

针对农产品价格支持政策带来的问题，近两年国家采取了一系列改革举措。改革食糖临时收储办法，不再实行国家收储，改由制糖企业自主储存、自负盈亏，国家仅对企业储存补贴半年利息。国家不再实行统一的油菜籽临时收储政策，改为地方自主决策，中央财政仅给予地方一定补助。这些改革，增强了农产品价格支持政策的弹性，但也降低了约束力和支持水平。

最引人注目的是棉花和大豆目标价格补贴改革试点。2014年中央1号文件提出，"启动东北和内蒙古大豆、新疆棉花目标价格补贴试点"。2015年中央1号文件进一步强调，"总结新疆棉花、东北和内蒙古大豆目标价格改革试点经验，完善补贴方式，降低操作成本"。实行目标价格补贴改革试点的基本背景是，按高于长期市场均衡价的价格水平托市收购容易给农民发出增产信号，造成国家库存成本居高不下，国家收储的产品难以顺价销售，既造成库存增加、潜亏加重，又抬高了下游企业的原料成本，甚至导致低价进口的农产品进入国家库存。因此，衡量农产品目标价格补贴改革试点成功与否的标准，应是以下三个方面：国内外价格是否并轨、农民是否按市场信号调整生产结构、

"黄箱"补贴力度是否在允许的上限之内。从 2014 年新疆棉花目标价格补贴改革试点情况看,第一个标准得到了实现,国内棉花价格与进口到岸税后价的价差基本消失;第二个标准未能得到实现,补贴仍与农民种植面积或(和)交售量挂钩,影响农民按市场价格决定资源配置行为;第三个标准也未能实现,按目标价格与固定外部参考价格的价差、试点地区棉花产量计算的"黄箱"补贴有可能超过 8.5% 的上限。

农产品目标价格制度,包括目标价格收购、目标价格补贴、目标价格抵押贷款和目标价格保险等多种具体形式。2014 年和 2015 年中央 1 号文件均提出,鼓励探索农产品目标价格保险,但国家层面未出台任何具体政策。近年来这方面的实践主要由地方政府自行开展。如北京市顺义区开展的生猪价格指数保险,上海、浙江、江苏等地开展的蔬菜价格保险。受地方财力、农民种植面积和市场价格数据采集困难等因素影响,农产品目标价格保险实施范围和实际发挥的作用有限。

二、"十三五"时期农产品价格支持政策改革必须在约束条件下进行

(一)从国家粮食安全战略出发确定"十三五"时期农产品价格支持政策的扶持重点

实施农产品价格支持政策要以公共资源为支撑,因而要服从和服务于国家公共政策目标,在农业领域就是要服从和服务于国家粮食安全战略。在 2013 年底召开的中央经济工作会议和中央农村工作上,习近平总书记提出了"以我为主、立足国内、确保产能、适度进口、科技支撑"的国家粮食安全新战略和"进一步明确粮食安全的工作重点,合理配置资源,集中力量首先把最基本最重要的保住,确保谷物基本自给、口粮绝对安全"的国家粮食安全新要求。2014 年中央 1 号文件强调,要更加积极地利用国际农产品市场和农业资源,有效调剂和补充国内粮食供给;抓紧制定重要农产品国际贸易战略,加强进口农产品规划指导,优化进口来源地布局,建立稳定可靠的贸易关系。2015 年中央 1 号文件进一步强调,科学确定主要农产品自给水平,合理安排农业产业发展优先序。这些重要政策表述表明,在需求增长和资源环境约束趋紧的双重压力下,我国主要农产品必须有保有放,以更加积极的姿态利用国内外两个市场两种资源。面向未来,我国不能再追求所有品种粮食都自给自足,关起门来解决吃饭问题,而是要"适度进口";

不能再追求所有农产品都靠自己解决，关起门来支撑工业化城镇化，而是要科学确定各种农产品的自给水平。实际上，各种农产品自给率水平的敏感性、相对重要性有较大差异。"十三五"时期的农产品价格支持政策，要把稻谷和小麦作为扶持重点，集中使用公共资源和"黄箱"政策空间。

（二）从国内外农产品价差走势出发确定"十三五"时期农产品价格支持水平的调整步伐

过去 10 多年来，我国之所以能够通过不断提高粮食最低收购价和重要农产品临时收储价来促进农业增产农民增收，是因为我国农产品国内价格普遍低于进口到岸税后价，有提价的空间。但随着近年来国内外价格的反向变化，主要农产品国内价格逐步超过进口到岸税后价，顶破了国际价格的"天花板"。我国加入 WTO 时作出承诺，对大豆、植物油等多数产品只征收单一关税；同时，也争取到了对部分农产品实行关税配额管理的政策，配额内实行低关税，配额外实行高关税。因而，根据关税的不同有两层国际价格"天花板"。第一层"天花板"是根据配额内低关税计算的进口到岸税后价，第二层"天花板"是根据配额外高关税或单一关税计算的进口到岸税后价。从目前已经达到的倒挂程度和"十三五"时期的价差走势看，可以分为以下三种类型。

一是已经持续性顶破第一层"天花板"、与第二层"天花板"尚有一定距离。主要包括大米和小麦。据农业部市场与经济信息司监测，大米和小麦分别于 2013 年的 7 月和 6 月开始出现持续性价格倒挂，配额内 1%关税到岸税后价持续高于国内市场价。从未来走势看，我国大米和小麦单产提高潜力有限，劳动生产率提高缓慢，在人工成本和土地成本的推动下生产成本将长期持续上升，国内价格有长期持续上涨的内在推力；大米和小麦主要进口来源国的价格上涨空间有限。综合判断，"十三五"期末，大米和小麦国内价格有可能持续性顶破按配额外 65%关税计算的到岸税后价，即第二层"天花板"。

二是已经持续性顶破第一层"天花板"，部分时点也已顶破第二层"天花板"。主要是食糖和玉米。食糖于 2011 年 2 月开始出现持续性价格倒挂，配额内 15%关税到岸税后价持续高于国内市场价。玉米于 2013 年 7 月开始出现持续性价格倒挂，配额内 1%关税到岸税后价持续高于国内市场价。值得注意的是，据农业部市场与经济信息司监测，配额外 50%关税的巴西糖到岸税后价已于 2015 年 2 月以来连续低于国内市场价，且价差从 2015 年 2 月的每吨 99 元扩大到 2015 年 7 月的每吨 1061 元。据农业部农业贸易促进中心监测，玉米已于2014年7月和9月短期出现过配额外65%关税进口到岸税后价低于国内市场价的情形，2015年4月15日以来美国2号黄玉米配额外65%关税进口到岸税后价再次低于国产玉米价格，且持续2个多月。从未来走势看，我国食糖原料生产成本极高，提高甘蔗生产效率、降低成本的潜力不大；巴西货币贬值，能源化利用需求疲软，蔗糖出口潜力和竞争力很高。国内玉米提高单产、扩大经营规模、提高劳动生产率等方面有较大潜力，但人工成本和土地成本仍将继续上涨；受国际市场石油价格疲软影响，玉米的能源化利用需求不振，国际海运费难以提高，玉米国际市场价格将长期走低。展望未来，食糖国内价格持续性顶破第二层"天花板"的趋势已经确立，玉米国内价格顶破第二层"天花板"极有可能在"十三五"期间常态化。

三是已持续性顶破第二层"天花板"。主要包括大豆和棉花。加入WTO以来，由于大豆仅实行3%的单一关税，国内大豆片面追求含油率、未能发挥蛋白质含量高和非转基因的差异化竞争优势，国内价格与进口到岸税后价几乎完全重合，国内市场几乎完全受国际市场左右；但从2012年10月开始，大豆的国内外价格出现持续性倒挂，按3%单一关税计算的到岸税后价持续高于国产大豆市场价。棉花于2011年10月开始出现持续性价格倒挂，按滑准税计算的进口到岸税后价格持续高于国产棉花市场价，直到2015年1月国内外价格倒挂现象基本消失。如果考虑质量等因素，目前国内外棉花价格已完全并轨。

（三）从"黄箱"补贴空间出发确定"十三五"时期农产品价格支持力度

按WTO规则，我国现行粮食最低收购价和重要农产品临时收储价属于典型的对生产和贸易有扭曲作用的"黄箱"补贴，各种财政支付性补贴中与当期生产和贸易挂钩的补贴也是典型的"黄箱"补贴。我国加入WTO时承诺，我国"黄箱"补贴必须遵从两个8.5%的上限约束，即特定产品"黄箱"补贴不得超过该产品产值的8.5%，非特定产品"黄箱"补贴不得超过农业总产值的8.5%。

从特定产品"黄箱"补贴来看，多数产品的"黄箱"补贴还有一定空间，但如果支持价格继续逐年提高并有较大的托市收购量，则很快就会遭遇8.5%上限的实质性约束。2004年以来，国家实行的财政支付性补贴政策呈现出比较规则的变化趋势，这也是各产品"黄箱"补贴额中比较固定的组成部分。尽管支持价格在逐年提高，但年度间和品种间实际托市收购量差异较大，因而年度间和品种间"黄箱"性质的价格支持水平波动较大。这表明，控制特定产品"黄箱"补贴水平，关键在于控制托市收购行为。需要注意的是，部分产品在个别年份的"黄箱"补贴已接近上限约束，如 2009 年的玉米（5.3%）、2012 年的大豆（7.2%）。

从非特定产品"黄箱"补贴来看，我国还有很大空间。最低收购价和临时收储都是针对具体农产品的，因而在非特定产品"黄箱"补贴中不存在价格支持部分。大致而言，目前我国非特定产品"黄箱"补贴力度不大。以 2014 年为例，全国农业总产值（不含渔业）为 91892 亿元，按 8.5% 计算的非特定产品"黄箱"补贴上限值为 7811 亿元，而实际的非特定产品"黄箱"补贴仅 1300 亿元左右，仅占农业总产值的 1.4%，补贴空间还很大。尤为重要的是，"十三五"时期我国农业总产值还会继续增长，按 8.5% 计算的非特定产品"黄箱"补贴上限值也会"水涨船高"。

三、"十三五"时期农产品价格支持政策改革的思路与建议

综合考虑过去 10 年我国农产品价格支持政策实际效果、先行国家类似发展阶段农业支持政策实践经验、"十三五"时期我国农业发展基本方向和农业支持政策空间等多种因素，重构"十三五"时期农产品价格支持政策体系的总体思路是："价补统筹、水平适度，一品一策、精准发力，分步实施、央地分担。"

（一）价补统筹、水平适度

就是要统筹运用价格支持和财政支付性支持，统筹运用"黄箱"补贴和"绿箱"补贴，统筹运用特定产品"黄箱"补贴和非特定产品"黄箱"补贴，使"绿箱"补贴水平符合国家财政承受能力，使"黄箱"补贴水平符合 WTO 规则要求。

一是调整最低收购价、临时收储价、目标价格的定价原则。按现行"成本加合理利润"和"成本加基本收益"的定价原则制定的托市价、目标价，本质上是一种促进增产增收的价格，也势必是一种高于市场长期均衡价的价格。国内外的实践已经充分表明，这么做的结果就是"高产量、高收购、高库存、高亏损"。我国农产品生产成本已经很高，部分农产品生产成本甚至超过国际市场价格，今后农业生产成本还将继续抬升，而国际市场价格将长期疲软。按现行定价原则，不断抬升的成本"地板"将不断推高托市价或目标价，国内外农产品价格倒挂现象将越发严重。必须尽快调整定价原则，使支持

价格低于市场长期均衡价，使政策目标从增产增收转向止损或保本，使托市收购从几乎年年都要启动的"常态化"转向仅在市场供求关系发生重大变化时才启动的"非常态化"。

二是打好财政支付性支持和价格支持、"绿箱"和"黄箱"、特定产品"黄箱"和非特定产品"黄箱"组合拳。能用财政支付性支持解决的不用价格支持，能用"绿箱"政策解决的不用"黄箱"政策，能用非特定产品"黄箱"政策解决的不用特定产品"黄箱"政策，把支持空间尽可能留给未来、留给稻谷和小麦。

三是加强部门协调。价格支持政策、财政支付性政策、"绿箱"和"黄箱"政策分别由不同部门负责实施，做好这些政策工具之间的协调，必须做好相关部门之间的沟通协调。

（二）一品一策、精准发力

就是要对目前价格支持政策覆盖的稻谷、小麦、玉米、食糖、棉花、大豆和油菜籽等7个重要农产品进行分类，按政治敏感性和自给率要求、未来支持政策空间、价格倒挂程度和走势等多种因素，确定国家支持保护的政策目标和政策工具组合。

一是稻谷和小麦是最重要的口粮品种，自给率要求高，必须把"保产能"作为政策目标。可长期维持目前已经实行的最低收购价政策工具，但要掌握好最低收购价的调整节奏和幅度，扩大经营规模、降低生产成本，尽可能延缓顶破第二层"天花板"时点的到来。财政支付性补贴要向粮食主产区和粮食适度规模经营者倾斜。

二是玉米是重要的饲料作物，需求增长快，进口压力大，必须把"增强竞争力"作为政策目标。近期内可继续实行临时收储政策，但要调整操作办法：调整定价原则，按国内市场价不高于第二层"天花板"的原则倒推主产区临时收储价；调整实施区域，将东北地区低积温带退出价格支持范围，促进边际产能退出；调整实施规模，每年只收购固定数量的临储玉米，不再敞开收购，让农民分担一定的市场风险。从中长期看，应将玉米"黄箱"支持量中的价格支持部分调剂给财政支付性支持，并按照不超过8.5%上限约束的原则，在种子、机械作业等方面定向加大对玉米生产的财政支付性支持，同时配套实施"绿箱"支持和非特定产品"黄箱"支持，协同解决制约玉米单产提高的瓶颈因素，切实提高我国玉米生产效率和竞争力。

三是棉花、大豆、糖料和油菜籽是重要的区域性作物，对新疆、黑龙江、广西和长江中游等特定区域的农民生计影响大，但进口依存度已经很高、进口来源稳定可靠，应把"调结构"作为政策目标。现行棉花和大豆目标价格补贴办法不利于边际产能退出，可考虑以2014年或2015年差价补贴为基数，在过渡期内一定几年不变或逐年递减，过渡期结束后只给予财政支付性支持而不再实行价格支持，理由是：节省操作成本，不必年年核实面积或产量；与当期面积或产量挂钩属于"黄箱"，而只与基期挂钩不属于"黄箱"，有利于为财政支付性"黄箱"政策腾出空间；有利于促进农民调整种植结构，促进非适宜地区和低效率生产者退出棉花和大豆生产。食糖第二层"天花板"对国内市场价形成压制，进而对国内甘蔗收购价格形成压制，甘蔗收购价格下降倒逼甘蔗生产方式转变和当地种植结构调整，这一方向应该坚持。2015年开始实行的将油菜籽价格支持事权移交地方政府的方向应当继续坚持，同时应加大对油菜生产机械化的支持力度，降低劳动强度。

（三）分步实施、央地分担

就是要在整体框架的指导下，根据价格倒挂、库存积压等情况，区分轻重缓急，逐步推进改革，并在中央和地方之间合理分配农产品价格支持事权。当务之急是完善棉花和大豆目标价格补贴办法，慎重稳妥制定玉米临时收储新政策，总结推广农业补贴改革试点经验。考虑到目前的社会生态、政策执行成本，要妥善应对中央与地方、地方与农户的利益博弈。在2014年大豆目标价格补贴改革试点中，目标价格的制定、市场价格的采集和大豆产量的统计掌握在中央手中，有利于锁定中央财政补贴总额；由地方按补贴总额和总种植面积确定单位面积补贴、按农户种植面积确定每户所得补贴，操作成本较低。尽管这种做法不利于维护单产水平高的种植地区和种植户的利益，从而不利于促进单产水平低的地区和农户退出，但有利于增强中央对地方、地方对农户在利益博弈中的主导权，值得在棉花目标价格补贴中参考借鉴。对生猪、蔬菜等产品的目标价格保险，宜继续由地方自主探索。

"互联网+"是发展农村六次产业的有效途径：
山东博兴的经验

何宇鹏　陈春良　金三林

推进农村一二三产业融合发展，促进农民就地转移，拓宽农民增收渠道，长期以来一直是一个"知易行难"的话题。从早年的农工商、贸工农一体化发展到后来的农业产业化经营，都难以破解产业分割和价值分享的整合困境。最近，我们对山东省滨州市博兴县的"淘宝村"和"淘宝镇"进行了调研，发现"互联网+传统产业"是整合发展农村六次产业的有效途径。其关键在于，互联网提供了一个与小农户直接对接的大市场平台，从需求端将贸易、农产品加工和农产品生产有机结合起来，使得农户可以集销售商、制造商和生产商为一身，从而解决了农业产业链整合和农产品附加值分享的问题。进一步，通过虚拟市场平台，不仅使得"一村一品""一乡一品"的专业化生产在空间上聚落成群，也使得"离土不离乡"的就地就近城镇化模式在动力上再度有了新的产业支撑。实践表明，"互联网+"对改造农村传统产业和重塑城镇化空间布局，具有革命性意义。

一、博兴县"淘宝村"的发展情况

"淘宝村"是一个统计识别现象，指活跃网店数量达到当地家庭户数10%以上、电子商务年交易额达到1000万元以上的村庄。其形成不是政府部门组织发起和命名的，而是企业根据交易平台数据发现和定义的，是农村传统产业转型与现代物流及电子商务发展汇集叠加的新兴产物。2014年，全国共有212个"淘宝村"和19个"淘宝镇"（拥有3个及以上"淘宝村"的乡镇街道）。博兴县以湾头村草柳编产业和顾家村手织粗布产业为代表的"淘宝村"，以及以锦秋街道（湾头村、安柴村、孟桥村、南陈家村和院庄村）草柳编产业为代表的"淘宝镇"，是农村"互联网＋传统产业"发展的一个缩影。

（一）博兴县"淘宝村"的发展历程

博兴县草柳编和手织粗布行业发展具有悠久的历史。在网上销售大规模发展以前，湾头村的草柳编产品和顾家村的老粗布产品，主要通过外贸渠道销往国外。随着外贸体制改革和欧美市场萎缩，农村传统手工业产品的外销受到影响。内销则由于受到渠道制约长期难以发展。在这个背景下，从2005年起，一些回乡的大学毕业生开始尝试利用淘宝等电子商务平台从事网上交易，逐步形成了5个草柳编"淘宝村"和1个手织粗布"淘宝村"及在前者基础上聚集而成草柳编"淘宝镇"。2014年，博兴县从事农村电子商务的网点达到8374家，农村电子商务交易总额达到6.9亿元。其中湾头村线上销售额达到2.2亿元，顾家村达到4亿元，分别比上年增长88%和33%。2015年上半年，博兴县"淘宝村"线上日均成交1.37万单，日均交易额159万元。

（二）"淘宝村"的发展机制和主要形态

与传统专业村只从事农产品生产或加工，是产业链条的一个环节相比，"淘宝村"集生产、加工和销售为一体，是一个完整的产业链条，这就使得农户能够获得加工和销售的增值利益，大大拓宽了增收渠道。以往，产品通过外贸和批发渠道销售，农民只能获得代工费，产品零售价格中50%～70%的部分让代理商拿走。以顾家村的一款粗布颈枕为例，生产加工成本为17元，批发商收购价为20元左右，利润为3元；而农户线上直销零售价为49元，扣除快递费用4元，利润为28元。即便在竞争价格达到29元后（网上销售具有较强的学习和仿制效应），农户利润也比传统销售渠道多5元。据测算，线上销售使博兴县从事传统手工业的农户平均销售净利润率达到20%左右，是原来的3～5倍。在实体市场下，农户无法承担过高的渠道成本，只能作为生产者，无法成为销售商。"互联网＋"使得农户变商户成为现实并进而获得了在实体市场下无法取得的流通利润，有效整合了农村三次产业，催生了农村六次产业的发展。

目前，博兴县的"淘宝村"主要有如下几种类型的产业连接模式。

一是"家庭作坊＋网商"模式，即农户家庭直接或少量雇工从事草柳编和老粗布生产并在网上开店自产自销。这类"前店后厂"式商户占多数，年销售额一般在40万~50万元，纯收入在8万~10万元间。

二是"网商采购＋农户订单"，即专门从事线上交易的当地网商，向农户下订单收购草柳编产品或定制的老粗布产品，在线上进行销售。这类商户除有自己的工厂外，主要向没有电子商务技能的农户采购定制产品和提供网上店铺代运营托管服务，部分还作为当地电子商务公共服务中心（政府购买服务）培训农户进行线上交易。这类"厂商＋批发商"式商户在湾头村700多家网店中占30多家，年销售额一般在100万元以上，规模大的销售额在1000万元以上。

三是"工艺厂商＋订单农户＋分销网商"，这种模式有些类似于传统做批发渠道厂商的线上转型，即当地有一定工艺技术的厂商自己工厂开发和生产一些新产品，较为成熟的产品或工序的某些部分，派分给订单农户的家庭作坊进行生产，工艺厂商统一回收半成品、成品，做品质检验和贴牌等工作。最终成品大约一半走传统的线下批发及专卖店渠道，另一半按照统一价格供货给当地小型的分销网商，由他们在线上平台上进行销售，带有孵化器性质。这类厂商规模较大，有自己的品牌，走中高端路线。

二、发展"淘宝村"的贡献和意义

"淘宝村"的兴起，给博兴县农村发展注入了新的活力。从产业带动贡献上看，像草柳编和老粗布这样濒临失传的传统非物质文化遗产，在加互联网后，不但焕发出了新的生机，而且形成了特色产业，并且带动了现代物流快递点的集聚和配套产业（例如木架、包装箱、装订等）的发展，农村工业化迎来了新的机遇。从就业贡献上看，2014年，博兴县农村电子商务从业人员达2.7万人，间接带动10万人就业。一年间，全县在册淘宝商户、直接从业人员同比分别增长160%、110%，成为名副其实的"大众创业"工程。

"淘宝村"不仅带动了农村劳动力就地转移和吸引了大学生返乡创业，而且充分利用了农业劳动力的剩余劳动时间，当地40岁、50岁以上岁数的农户，通过兼职、计件等灵活就业形式，在草柳编和老粗布加工企业赚取的月工资收入，和进城务工的农民工相当。正如当地老百姓形容的"上深圳、下江南，不如在家编花篮；东也奔、西也跑，不如上网搞淘宝"。湾头村和顾家村成功达到了"四无"，即无零就业家庭，无留守妇女家庭，无留守儿童家庭，无留守老人家庭，因青壮年劳动力外流引致的村庄发展"空心化"困局被破解，农民就地城镇化和新农村建设出现了新的转机。从增收贡献上看，据草柳编"淘宝镇"锦秋街道测算，2014 年，全镇农民人均纯收入 11000 元，来自电商的直接贡献占 36% 左右，农民增收拓宽了渠道。

"淘宝村"是信息化推动农村工业化和城镇化深入发展的产物，对"新常态"下促进农村经济持续健康发展具有重要意义。

一是加强了市场的连接性。长期以来，农户进入市场一直缺乏有效的载体，制约了农民增收。平台型电子商务构建了一个全国性的虚拟大市场，大大降低了小农的市场进入门槛，增强了家庭生产的市场稳定性，促进了家庭经营产加销一体化和分工专业化，拓宽了农民的增收渠道。如果没有电商平台，很难想象草柳编、老粗布这样的传统手工业产品能够在博兴的湾头村和顾家村建成江北最大的专业市场。

二是加强了产业的连接性。传统批发贸易渠道下，草柳编加工户大致是自产或有限收购一部分编织原料进行加工，并被动接受批发商的产品定价，零星有限的产业连接不足以支撑分工深化和配套集聚，使得草柳编产业链上各环节较为分立，难以形成有显著集聚效应的产业生态。加互联网以后，市场连接的急剧扩展，带动了产业链的整合和分工的深化。一方面，前端原材料专业市场在当地发展起来，如今湾头村已经成为山东省最大的蒲草交易市场，并带动其他原料如麦秸甚至南方蕉叶等进入市场交易（有意味的是，秸秆焚烧问题就此得到了解决），多数农户集原材料生产供应商、编织加工商和线上销售商为一体，并形成了村镇的产业集聚效应。另一方面，与电商相配套的物流、包装、设计、创意等新兴行业在当地迅速兴起，产业链上下游协作互动变得更为紧密，带动了当地农村服务业的蓬勃发展。如今，湾头村和顾家村分别有 24 个和 10 个物流快递受理点，不但银行网点下到了村里，加油站、宾馆、各色商店等也一应齐全。

三是加强了区域的连接性。实体经济下，城市经济的溢出效应靠交通基础设施连接，距离区域中心城市越远，接受辐射的可能越小。网络虚拟基础设施大大改变了经济关联性对地理位置的依赖，使得城市群、都市圈以外的地区具备了起飞的条件。对全国212 个"淘宝村"的空间布局分析发现，它们多分布在潮汕、粤北、浙西、苏北、鲁西南、鲁东北这些都市圈经济覆盖不到的相对欠发达地区，扶贫示范意义显著。另外，农村电子商务发展，让区县城市城镇和农村经济的连通性进一步加强，有利于形成城乡互动、互促、互惠的县域经济新形态。

三、通过"淘宝村"发展农村六次产业的政策建议

"淘宝村"兴起的经验表明,"互联网+传统产业"是促进三产融合和发展农村六次产业的有效途径。为此,我们认为下一步应当着重做好以下几个方面的工作,进一步推动农村电子商务的发展。

(一)加大对农村电子商务基础设施建设的支持力度

"淘宝村"的发展,是传统产业加互联网技术辅以现代物流支撑的结果。现阶段,农村电子商务发展的一个突出瓶颈是,无线宽带网络和物流配送网点覆盖不足。博兴县农村电子商务的迅速发展,得益于县政府把无线网络提升建设作为民生实事加快推进,全县移动网络基站达到400多个,年内将实现4G网络全覆盖。当前,多数农村地区物流快递还不能实现村级配送,"最后五公里"亟待打通。即便在能够实现村级配送的地区,单件商品快递配送到县城和从县城到村里,物流快递费用也接近1:1或甚至1:2,这种物流状况显然不利于农村电商的发展。为此,应进一步加大对农村电子商务基础设施和物流布局的建设支持力度。利用好现有邮政、供销社系统在农村的网点资源,加强与知名电商企业的合作,加速布局物流网络和区域仓储节点,为农村电子商务蓄势发展铺好道路。

(二)加强对农村电子商务人才培训的支持力度

除了基础设施方面的配套支持,发展农村电子商务另一个关键是,需要有一批懂得现代电子商务理念和技术的专业人才。"淘宝村"的兴起,在很大程度上得益于大学生返乡创业及其示范带动。博兴的经验是,以政府购买服务的方式,依托经营成功的网商,挂牌成立农村电子商务公共服务中心,为农户提供培训服务、管理咨询、营销推广、技术支持等专业化全方位无偿服务。这种政府支持、市场主导的"回乡创业大学生示范户+农户"的培训方式,更具技能实用性和市场针对性,值得推广,对创新当前的农民和农民工培训方式具有借鉴意义。同时,应该鼓励有条件有经验的农村电商企业和传统工艺厂商,通过多样化的合作方式和模式,设立微型电商孵化器部门,吸引更多大中专学生及外出务工青年返乡加入创业队伍。

（三）通过行业自律促进农村电子商务向良性发展

当前，农村电子商务发展过程中暴露出的一个突出问题是，缺乏规制，模仿重复较为严重，有些"淘宝村"产品甚至退化为低品质的代名词。对此，一是在发展中加强行业秩序建设，通过组建行业协会等自治组织，对恶性竞争和假冒伪劣等不良现象，加强自律监督和自我管理；二是工商质检等部门要适时加大监管检查力度，对假冒伪劣等破坏市场秩序的行为坚决予以查处，切实维护好市场秩序；三是通过鼓励建立协同创新中心以及设立柔性聘任机制等方法，促进当地行业与对口的高水平院校及研究机构进行合作，通过定期不定期的创作班、联合展示和实践互动等形式，切实提升农村电子商务产品的品质。

（四）促进农村电子商务和农业经营方式创新有效结合

农村电子商务的发展，也为创新农业经营方式和培育新型农业生产经营主体搭建了一个平台。一方面，要发挥好现有涉农电子商务规模企业的作用，通过"电商企业＋基地＋农户"或"电商企业＋合作社＋农户"的形式，增强涉农电商企业对农业、农民的带动作用。另一方面，要鼓励和扶持现有的农业龙头企业、合作社，特别是农业产业化企业通过开设网店、自建平台、线上和线下结合等方式，积极发展农产品电子商务，更好地连接市场，规避风险。通过农村电子商务和农业经营方式创新的有效结合，促进农村一二三产业深度融合为第六产业。

发展农村电商面临的突出问题及建议

——江西省于都县调查

周群力　程　郁

发展农村电商，有利于构建工业品下乡和农产品进城的现代农村流通体系，有助于带动农民增收、倒逼农业转型升级，促进农村一二三产业融合。近日，我们赴江西省于都县调研发现，农村电商目前处于发展的起步阶段，发展势头迅猛，但也面临着农产品生产标准化、品牌化程度低，新型供应链组织者尚不成熟，物流通达率低、配送成本高，以及农户参与的主动性不够等问题，亟须给予政策扶持。

一、于都县发展农村电商的做法和成效

于都县自 2014 年被纳入国家首批农村电商综合示范[①]试点县以来，制定出台了加快农村电子商务发展的 17 条措施，以农村电商的快速发展促进农产品流通，促进农业的产业升级和一二三产业融合，带动农民创业致富。2015 年 1～5 月，全县实现网销额近 3 亿元，同比增长 48.2%；其中农产品网销额达到 1.4 亿元，占比近 50%。

（一）拓销路、抓物流，促进农产品流通

一是加强与电商平台的合作，拓宽农产品销路。阿里巴巴、京东、居无忧、农村 e 邮等近 10 家电商企业已陆续进驻于都，开设了乡村服务站 126 个，招募合伙人近 300 名

---

① 2014 年商务部和财政部投入 18 亿元，支持了 8 个省 56 个县开展电子商务进农村综合示范，每个县投入 2000 万元。2015 年投入资金增加到 37 亿元，支持包括新疆生产建设兵团在内的 200 个县，其中近一半是贫困县，80% 是革命老区。于都县是国家扶贫开发重点县和罗霄山脉连片扶贫开发县，也是中央苏区县、革命老区县。全县总人口 109 万人，其中贫困人口 13.55 万人，占全县总人口的 12.4%。

（参见表1）。于都县与阿里巴巴集团开展合作，建立了江西省第一家县级农村淘宝服务中心①，并给予了场所租金减免、人员招募、广告宣传等支持。农村淘宝罗江服务站负责人雷艳梅积极组织货源，帮助脐橙种植户解决"卖难"问题，2014年11月至2015年2月的4个月里，共卖出脐橙15万多公斤、柚子5万公斤，实现销售额180多万元。于都县供销社与1号店合作建立了"1号店于都馆"，积极推介高山青草奶、岭背大盒柿、贡品酱油等特色农产品。

表1　　　　　　　　　　　于都县电商企业服务站点情况　　　　　　　　　　单位：个

电商企业	县级	乡村点
农村淘宝	1	65
京东	1	22
农村e邮	1	27

数据来源：于都县在"互联网＋革命老区农村电商发展峰会"上的汇报材料。

二是采取多种措施加强物流保障。于都县财政计划从2015年起至2020年，每年挤出1000万元作为电子商务发展专项资金，采取"企业投入、政府补助"的方式，整合全县10余家物流企业的运力，对企业物流进农村实行物流补贴。于都县还加快物流园建设步伐，为电商企业物流仓储解决后顾之忧。

（二）推动产业升级，促进农村一二三产业融合

一是按照"企业＋电商＋农户"模式，企业向农户免费提供种苗、技术，并以高于市场价回购农户生产的优质农产品，再通过电商上线销售。于都绿通农产品销售公司在盘古山镇、梓山镇等地选点，向农户免费提供种苗、技术，发展水稻种植、蜜蜂养殖等生态产业，以高于市场价30％的价格回购农产品，再通过互农e家电商平台将农产品与城里的饭店、餐馆对接销售。

二是通过电商订单，引导农业生产向规模化、标准化转变。2015年1~6月，于都新增高产油茶林3万余亩、蔬菜基地2万余亩，新开发溯源生态脐橙果园8000余亩、标

---

① 阿里巴巴集团的"千县万村"农村淘宝项目于2014年10月启动，计划投资100亿元，用3~5年时间在全国建立1000个县级运营服务中心和10万个村级服务站。目前已覆盖69个县，这其中有10个国家级贫困县和18个省级贫困县；有45个革命老区县。

准茶园 1000 余亩；新增农民合作社 22 家、家庭农场 26 户。目前已形成油茶、脐橙、红心柚、茶叶等主导产业。

三是开发当地"红、古、绿色"资源，农旅结合，促进一二三产业融合。于都县积极发展集观光、体验、娱乐等于一体的乡村游，2015 年上半年共吸引 25 万游客走向农村，同比增长 21.6%；新开办农家乐 38 家，同比增长 32%。

（三）扶持电商企业发展，带动农民创业致富

于都县计划未来 5 年里，县财政每年挤出 1000 万元作为担保资金，与金融机构合作推出"电商信贷通"，按照资金池模式运行，银行按1:8的比例放大至 8000 万元的专项贷款，用于缓解电商企业资金困难。另外，于都县将财政部、省财政厅安排的 2100 万元电子商务发展资金全部用于电商大楼和电商孵化园建设，实行"免费注册、免费提供场地、免费提供信息、免费培训人员、免费提供网络、免费提供水电"政策，支持农民实现在家门口创业的梦想。孵化园里目前已入驻企业近 40 家。

于都县还在人才、技术等方面采取措施促进电商发展。邀请江西财经大学、淘宝大学等电商培训教师开展农村电商培训，目前已培训 2 万余人次，其中各级领导干部 3000 余人次，企业主及合伙人 1.6 万余人次。

截至 2015 年 5 月，于都县已发展个体网店 600 家，新增工商注册电子商务企业 56 家，新增微店 1466 家。已有 1000 余名常年在外务工、经商的人员陆续返乡，在家门口创业。岭背镇青年谢普兴 2015 年组建了手工棉被合作社，吸纳了 200 余贫困户参与，他们通过掌握手工棉被生产技能，提高了收入。于都县目前已有 200 余名贫困户作为村淘、京东、农村 e 邮等电商企业的乡村合伙人，每户每月平均可收获 1000～1500 元的佣金，交易旺季可达 2000 元以上。

二、当前农村电商面临的问题与挑战

（一）农产品的标准化、品牌化程度低

由于无法面对面地检验产品质量，电商农产品需要有更高的辨识度和品质保证。这就需要农业生产的标准化和品牌化。但目前于都县仍以分散的小农生产为主，全县拥有

QS 认证的农产品企业不超过 10 家，难以建立起涵盖生产过程控制、质量检验、清理筛选、分级包装、冷藏保鲜等环节的一整套质量管理体系。以于都脐橙为例，当地规模化种养大户和专业合作社发展滞后，组织货源非常困难，脐橙的电商销售规模甚至大大落后于赣州以外地区，市场上鱼目混珠，品牌难以树立。

（二）基于电商的新型供应链组织者尚不成熟

电商压缩了农产品流通的中间环节，但对供应链两端的组织能力提出了更高的要求，线下的供应组织能力是农产品电商发展的关键。目前，虽然农产品电商的创业非常活跃，但电商供应链各环节的互动联合与分工协作机制尚未形成，线上与线下的融合还存在很多障碍。面对农业生产和农产品运销的特殊性、农村关系型社会的复杂性，大量新型的互联网创业者进入农村后无所适从，而产地又缺乏专业化的组货供应者和服务团队给予充分支撑。传统农业生产者和经销商缺乏互联网运营技能和营销经验，难以维持稳定的网上客源和对接规模化的农产品电商和网络卖家。主要农产品电商平台以渠道为王的战略加强供销一体化布局，面临及时送达与自建渠道成本高、品质保障与生产基地控制难的矛盾而不堪重负。大量离散的农业电商创业者之间的供需信息不能整合，供应链的前端与后端无法形成规模化的供应集聚和需求集合，产地与销地之间网络卖家未能有效联合，电商的效率与成本优势难以显现。

（三）物流通达率低和配送成本高

于都县交通不便，道路网络还不够发达，物流通达率较低，许多地方不能被第三方物流覆盖。据介绍，修路资金上级财政给 1/3，地方配套 2/3，但 2014 年于都县本级财政收入仅 12 亿元，支出却高达 32 亿 ~34 亿元，资金配套压力大，影响了路网建设。

即便在有物流配送的村庄，物流成本也居高不下。首先，目前于都县的农村电商以生活用品的网购为主，农产品的网销较少，"满车来空车去"式的单向物流，难以有效分摊物流成本。其次，各公司的物流单据数据没有打通，不利于统筹安排运力，整体物流网络效率较低。再次，一些偏远地区由于人口稀少，"最后一公里"的物流成本过高。最后，生鲜农产品物流具有特殊性。生鲜商品易腐烂、具有地域性和季节性，加之不同城市间冷链物流水平的巨大差异，物流损耗普遍在 5% ~8%，有的甚至超过 10%，配送成本也基本超过 20%，其总体物流成本高出普通商品 1 倍。据调查，单件快递配送至县与县城配送到村庄的物流成本甚至高达1∶2；在30公里的范围内，包裹在农村的物流成本是城区的3倍，而到了60公里时，农村的物流成本是城区的5倍。

物流成本过高阻碍了利用电商实现农产品的产地直销和解决边远地区农产品"卖难"问题，也削弱了生产者通过缩短流通环节获取增值收益的空间。以雷艳梅的脐橙运输为例，因北京的需求大，她在京郊建有仓储中心，脐橙从于都县整车（20吨）运到京郊的仓储中心，这一环节的成本占到销售收入的6%~7%；然后拆卸，挑出损耗的脐橙（损耗20%左右），重新分装，对离得近的买家就自己送货上门，离得远的就通过快递公司，平均下来，运输总成本占到销售收入的12.5%。对其他地区的订单，她就只能通过快递公司零散发运，成本至少占到销售收入的35%。而对保鲜要求高的黑布李，只能从于都县直接通过顺丰冷链配送，物流成本占到销售价格的50%以上。

（四）参与的被动性致使农民增收效益不明显

由于缺乏上网技能和开设网店的经验，普通农户很难进行互联网创业。成为网络卖家的主要是返乡创业者、下乡新农人、转型的经销商或农产品经纪人、合作社等。在电商进农村的过程中，大多数农户只是被动性卷入，未能积极参与并分享农村电商带来的增值收益。我们在于都县调查发现，农村电商的发展给农业生产者带来的变化，只是把原来卖给传统经销商的产品卖给了本地网络卖家，而且因为相互熟悉和提前预订，价格甚至还会略低于传统经销商的收购价。对本地网络卖家来说，因为高昂的物流成本和推广费，利润空间非常有限，他们也难以给出比传统经销商更高的产品收购价。而在电商巨头对县域物流渠道控制加强的形势下，随着消费者农产品网络消费习惯的形成，电商平台将成为新渠道的垄断者，增值收益将被其所控制的物流、网络推广费用等蚕食。如果缺少大多数农业生产者参与电商经营的收益分享机制，当前农产品增值分配不合理、农民增收难的局面将难以得到有效改善。

三、支持电商进农村的政策建议

（一）提高农产品生产和交易的标准化水平

一是推动农业生产规模化和标准化。在支持农业新型经营主体适度规模经营的基础上，完善加强农产品"三品一标"① 的认证和监督，加强对生产过程的指导和规范。二是建立农户会用、市场认可、管理方便的农产品线上交易分类标准，引导对售前农产品进行初步的清理筛选、质量分级、保鲜包装等处理。三是加强对农产品质量安全的追溯管理。农产品质量安全追溯体系建设专项资金对电商交易给予倾斜性支持，让线上涉农交易产品可追溯，综合利用好线上线下监管资源，确保网络销售农产品的质量安全。

（二）完善服务体系、促进资源整合

一是提高产供销组织者的能力。培育专业化的产地农产品经纪人、运销组织者，打造线上线下互动联合的农商产业联盟。二是搭建产地农产品交易信息和供需信息平台。整合线上和线下农产品交易数据，及时公布产地交易价格和主要产品供求信息，合理引导农业生产和销售，促进产地经纪人与规模化网络卖家、产地电商与销地电商和规模化买家的对接。三是在县级层面建立物流资源的统筹调度平台，整合邮政、快递、供销社以及各类物流企业和农产品经销商的物流配送资源，充分利用闲置运力，完善到村到组物流的集体配送。四是鼓励农产品电商开放运营和纵横联合，广泛嫁接各类"互联网＋"农业的创新创业资源，扩大发展机会和市场空间。

（三）提高农业生产者参与电商经营的能力

一是加大对农业生产者的电商培训。整合农业、人社、商务、扶贫等部门的培训资源进行人才培训，加大财政扶持力度。二是设立"互联网＋"农业创业引导资金，重点支持新型农业经营主体、返乡创业者以及农村居民等的"互联网＋"农业创业。三是引导建立电商卖家与供货农户的收益分享机制。鼓励农户通过合作社电商销售或对接网络卖家，对于在保底价收购的基础上对供货农户有增值收益返利的电商平台或网络卖家，按其返利数额给予一定的奖补支持。四是联合电商平台开展公益性推广和众筹活动，广泛动员和组织社会资源支持贫困地区、革命老区的发展，着力解决这些地区的农产品"卖难"问题。

---

① 无公害农产品、绿色食品、有机农产品和农产品地理标志，统称为"三品一标"。

第二部分 **乡村治理**

提高村民自治效果的实践探索与政策建议

叶兴庆　　何宇鹏　　冯明亮

以"三个自我"和"四个民主"① 为本质特征的村民自治，是人民公社解体后，农民群众在实践中探索出来的与农村基本经营制度相配套、与农村社会发展阶段相适应的农村基层社会治理制度，是社会主义民主政治在农村的伟大实践。近 30 年来，这一制度模式对国家政策在农村得以有效实施、村庄内部公共事务得以顺利推进、农村社会得以保持稳定发挥了重要作用。但这项制度自产生之日起，就不断引发争论，部分地方出现的宗族势力控制、贿选等弊端引发一些人的担忧。

随着工业化、城镇化深入发展和国家、集体、农民关系的深刻调整，如何以问题为导向、以功能为准则、以效率为目标，与时俱进创新乡村治理机制，探索符合农村实际的村民自治有效实现形式，是完善国家治理体系、增强国家治理能力的迫切需要，也是全面推进依法治国的内在要求。2014 年中央 1 号文件明确要求："探索不同情况下村民自治的有效实现形式，农村社区建设试点单位和集体土地所有权在村民小组的地方，可开展以社区、村民小组为基本单元的村民自治试点。"2015 年中央 1 号文件进一步要求："在有实际需要的地方，扩大以村民小组为基本单元的村民自治试点，继续搞好以社区为基本单元的村民自治试点。"为此，我们对乡村治理的历史演变进行了系统回顾，对村民自治制度的形成背景、功能变化进行了认真梳理，对目前各地在完善村民自治制度方面所进行的探索进行了深入剖析，在此基础上提出了进一步完善村民自治制度的总体思路和政策建议。

---

① "三个自我"是指农民自我管理、自我教育、自我服务，"四个民主"是指农民民主选举、民主决策、民主管理、民主监督。

一、历史上的乡村治理

（一）新中国成立前的乡村治理

中国素有"皇权不下县"之说，县以下的乡村社会具有悠久的自治传统。无论是先秦时期以宗法分封为基础的封建社会，还是秦以后以皇权纵向控制为特点的郡县制时代，乡村社会中的农民都具有一定程度的组织性和自治性（田毅鹏，2012）。特别是绵延数千年的村落组织，具备超强的生命力，自在性、自治性和分散性的特征较为鲜明（陆益龙，2013）。

传统乡村治理是礼治和法治的混合体。传统村落是以血缘、地缘为基础形成的生产生活共同体[1]，绝大多数村庄以姓氏和山川命名，部分村庄随经济社会交往延伸拓展为市、镇，由此形成无清晰自然边界的乡里社会。族宗和士绅通过族规和乡约实施管理，主持经营家族和地方重要公共事务和民事调解[2]。虽然"皇权不下县"，但国家对乡村社会的管理，仍有类似行政建制性质的安排，汉代的"编户"、宋代的"保甲"制度，既具有以赋役管理为主的民事职能，又具有以治安管理为主的军事职能。清初实行"摊丁入亩"，失去了"编户"的赋役职能，废除了里社（甲）组织，"保甲"成为国家管理农村的基本建制，在此基础上形成了乡、村两级行政区划。这种人为法定的乡村行政建制与乡里自然建构有重合的一面，由此构成了传统乡村"礼表法里"二元的治理结构。

民国政府在一段时期内曾推行过乡村自治[3]。在乡镇编制上，以百户为标准，即百户以上之村为乡，不足百户者联合邻村为乡。在乡村自治体的组织上，有立法、执行、监察、调解四大机关，乡镇自治人员均由公民直接选举产生。但出于"剿共"军事需要，从1932年起，即废除自治、推行保甲。保甲的基本形式是10进位制，每乡编制在

---

[1] 对中国传统村落是否为"共同体"，学术界有不同看法，参见李国庆（2005）。

[2] 公共事务主要包括学务、教化、公产（庙产）、水利、桥梁、津渡等等。但乡约"十有九章听民讼"之说，更多在调解日常人际关系上发挥主要作用。

[3] 民国政府于1928年12月通过了《限期实行乡村自治案》。《乡镇自治施行法》《乡镇闾邻选举暂行规则》《乡镇坊自治职员选举及罢免法》等法规陆续出台，从而在理论上形成了一个比较完整的乡村自治制度体系。

600~1500 户之间①。在选举程序上，以乡（镇）民代表会议制度取代直选，户长甲长推选保甲人员，但最后选委大权控制在政府之手，保甲制成为辅佐官治的制度。在管理内容上，推行由保长兼任民团团长、民校校长的三位一体体制，并实行三个机构合署办公，使乡镇长、保甲长集行政、军事、教育等权力于一身。这就使原本属于地方自治内容的工作，都纳入了基层政权管制的范围。

（二）人民公社体制下"政社合一"的乡村治理

新中国成立后，为改造传统农业和加快工业化进程，实行了合作化和集体化运动。到 1962 年，形成了"三级所有，队为基础"的农村集体经济组织体系，以及相应的农村社会管理体系。在"政社合一"的体制框架下，三级集体经济和社会组织的功能作用、相互关系经过不断调整，最后定型为：公社兼有国家行政管理和集体经济经营管理双重职能，公社干部是"吃商品粮"的国家干部，公社代表国家提供公共产品，负责管理户籍、公粮、信用和供销合作、水利、文教卫生、民兵等；除少数地方以生产大队为基本核算单位外，绝大多数地方的生产大队通过集体提留、分摊、抵扣等形式和生产队调整经济往来关系，原先的生产核算功能虚化，变为农村公益事业的基层网点，负责合作医疗、五保供养、小学（初中）教育等；生产队是基本的农业生产组织单位、核算单位和土地等生产资料所有权单位，生活共同体和生产共同体的特征最为明显。

"政社合一"的人民公社体制将国家权力渗透到乡村治理的末梢，实现了乡村社会和国家政权的高度整合。家庭的生产决定被国家计划取代，乡村公共品的供给由村民合作被集体组织取代，族宗乡贤的作用被基层组织取代，乡规民约被国家法律和政策体系取代。在高度统一的行政管理体制下，乡村为推进国家工业化作出了巨大牺牲和贡献，但国家也为农民自主权的丧失付出了发展滞缓的代价。

二、村民自治制度的确立和演化

作为国家一项正式制度安排的村民自治制度，肇始于 1982 年《宪法》，并随《中华

---

① 保甲制以 10 户为甲，10 甲为保，10 保以上为乡镇，以 6 个下级单位为组成上级单位的下限，15 个下级单位为组成上级单位的上限，乡镇原则上在 600~1500 户之间，比百户为乡的原自治区划为大。

人民共和国村民委员会组织法》的修订不断完善。与数千年来的传统乡村治理模式不同的是，当代村民自治是法定的基层民主制度，它和人民代表大会制度共同构成了中国特色社会主义民主政治的基石[①]。

随着农村实行家庭联产承包经营责任制，"政社合一"的人民公社体制失去了赖以存在的集中劳动、统一核算、按工分配等功能而逐渐解体。但县以下的农村公共事务管理仍需要组织载体，乡村治理制度开始进行重构。乡村治理秩序的重建，并非对里社社会传统的简单复归，而是基于对原有三级集体组织的改造，按"乡政村治"的总体框架进行。按时间顺序，大致可以分为三步。

一是按照共同产权和相近地域原则在村庄一级探索村民自治。全国多数地方以生产队为土地的发包方[②]，土地承包到户后，生产经营功能由生产队下沉到农户。"生产到了户，不再要干部"。基层公共事务和社会秩序陷入了无人管理的"治理真空"状态。在这一背景下，20 世纪 70 年代末、80 年代初，广西宜山（现宜州）、罗城一带出现了以一个或相邻数个自然村为基础自发形成的村民自治形式，定名为村民委员会[③]。

二是将农村原有三级组织体系改造为村民小组、行政村和建制乡（镇）[④]。1983 年

---

① 正如彭真（1992）指出的："10 亿人民如何行使民主权利，当家做主，这是一个很大的根本的问题。我看最基本的是两个方面：一方面，10 亿人民通过他们选出的代表组成全国人大和地方各级人大，行使管理国家的权力……另一方面，在基层实行群众自治，群众的事情由群众自己依法去办，由群众自己直接行使民主权利""没有群众自治，没有基层直接民主，村民、居民的公共事务和公益事业不由他们直接当家做主办理，我们的社会主义民主就还缺乏一个侧面，还缺乏全面的巩固的群众基础。"

② 据农业部统计，到 2011 年，全国集体所有耕地为 13.8 亿亩，归村民小组农民集体所有的面积为 7 亿亩，占 50.5%，归村农民集体所有的土地面积为 5.2 亿亩，占 37.9%。

③ 以村民自治"第一村"广西宜州市合寨村为例，村民自治萌生有如下特点：其一，以历史长期形成的自然村为基础。合寨是由多个自然村共同构成的，随着公社解体，生产队组织解散，但作为农民居住单位的自然村保留下来，合寨的村民自治起源于该村的果作和果地两个自然村。其二，基于村民内在需要的自我组织。合寨位于几县交界，偷盗问题比较严重，一家一户难以防治，只能共同解决。村民自发组织起来自我解决治安等公共问题，形成了自我组织，并定名为村民委员会。其三，具有共同体基础。自然村的居民产权共有、地域相近、利益相关、文化相连，具有共同体的特点，便于自治。合寨的村民自我组织起来不仅共同解决社会治安等公共问题，而且以村规民约建立起村民的自律性。参见徐勇、赵德捷（2014）。

④ 大体上，公社相当于现在的建制乡，生产大队相当于现在的建制村，生产队相当于现在的村民小组或自然村。1958 年，全国 74 万多个农业生产合作社改组为 2.6 万多个人民公社，参加农户 1.2 亿多户，占农户总数的 99%。1961 年，为解决人民公社"一大二公"和"一平二调"的问题，全国（27 个省、区、市）公社调整为 5.6 万个，生产大队 70.9 万个，生产队 454.9 万个。到 1985 年人民公社体制终结时，5.6 万个人民公社转变为 9.1 万个乡镇，生产大队调整为 94.1 万个行政村，生产队调整为 588 万个村民小组。参见国务院发展研究中心农村经济研究部（2015）、熊万胜（2008）。

10月，中央决定实行"政社分开"，恢复乡镇政府，接替原公社所承担的政权组织功能。广东、广西、云南等地，在乡镇和村之间设立了乡镇派出机构，形成"乡镇—管理区（村公所）—村民委员会"体制。多数省份则在原生产大队基础上设立行政村，在原生产小队基础上设立村民小组，形成"乡镇—行政村—村民小组"体制。将村民委员会设立在行政村（生产大队）一级，无论初始动机如何，都符合公共服务成本最小化的经济原则，也与原有体制下生产大队是承担农村公益事业的基本单元相一致。人民公社解体之际，每个大队平均人口为858人，生产小队为137人。在"农民事情农民办"的背景下，在行政村一级统筹农村公共事业，维持"千人一校一（卫生）室"的服务范围，有利于降低行政成本、减轻农民负担。

三是将农民的自发行为转换为国家行为，将村民自治的探索以法律形式固定下来。1987年通过的《村民委员会组织法（试行）》，确定的村民自治基本单元是自然村，规定"村民委员会一般设在自然村，几个自然村可以联合设立村民委员会；大的自然村可以设立几个村民委员会"。1998年通过和2010年修订的《村民委员会组织法》，不再提及有关村委会设置的层级，而是规定"村民委员会可以按照村民居住状况分设若干村民小组"，村民自治的实现形式就此以行政村为基础展开，村民自治初始以共同产权为基础构造的地缘相近利益共同体，被以服务管理为基础构造的规模相近人口集合体所替代。尽管法律仍然保留了村民委员会"根据村民居住状况、人口多少，按照便于群众自治"的原则设立，但也增加了按照"有利于经济发展和社会管理的原则设立"的要求。在行政村一级进行自治，更多是从后者出发考虑的。明显的例证是，在此后"合村并组"的行政村建制调整中，行政村的平均人口数量基本维持在千人左右（见表1），以维持基本的服务覆盖对象（见表2）。

表1　　　　　　　　　　　全国行政村数量和人口规模的变化

年份	行政村数量（万个）	农村常住人口（万人）	村均人口（人）
1985	94.1	80757	858
1990	74.3	84138	1132
1995	73.7	85947	1166
2000	73.5	80837	1100
2005	62.9	74544	1185
2010	59.5	67113	1128
2011	59.0	65656	1113

数据来源：历年《中国统计年鉴》和《中国农村统计年鉴》。参见何宇鹏，陈思丞（2013）。

表2 全国农村教育和卫生资源情况 单位：个

年份	乡镇数	村委会数	农村小学	村卫生室	村均小学	村均卫生室
1985	72153	940617		777674		0.827
1987	68296	830302	743975		0.896	
1988	56002	740375	725322		0.98	
1992	48250	806032	612681		0.76	
1996	45484	740128	535252	755565	0.723	1.021
2000	43735	734715	440284	709458	0.599	0.966
2004	36952	652718	337318	551600	0.517	0.845
2008	34301	603589	253041	613143	0.419	1.016
2012	33162	588407	155008	653419	0.263	1.11

数据来源：历年《中国统计年鉴》和《中国农村统计年鉴》。由于农村人口结构变化和政策导向，村小学数量仍在萎缩，但卫生室基本保持了一村一室的状况。

以2006年全面取消农业税为分界点，村民自治的内容发生了巨大变化。在取消农业税以前，村民自治延续了传统村庄治理的功能，即赋役和自我管理。前者是外生的国家职能，村民委员会承担国家经纪角色；后者是内生的社区需要，村民委员会承担村民代理角色。但村民自治在内容上却更趋繁杂，据研究，国家赋予村民委员会的法定行政职能多达100多项。赋役的项目，在20世纪80年代被形象概括为"五子登科"，即"交谷子、收票子、刮儿子、烧老子、拆房子"，涵盖了粮食定购、农业征税、计划生育、民政殡葬、征地拆迁等方面。由于上级政府下派的是硬任务，村民委员会的国家经纪色彩日增，基层干部与村民的关系日益紧张。自我管理的项目，就是"农民的事情由农民自己出钱办"，体现为从农村汲取资源的"三提五统"。"三提"是指村级收取的三项提留，包括向农民提取的用于村一级维持或扩大再生产、兴办公益事业、日常管理开支的公积金、公益金、管理费；"五统"是指乡镇收取的五项统筹，包括用于乡村两级办学、计划生育、优抚、民兵训练、修建乡村道路等民办公助事业的款项。这些原本属于村庄自治性质的公共事业，由于政府部门各种"达标"（如"普九"达标）工程的推行亦具备了行政管制色彩，致使额外的成本负担通常不是以协商而是以强制形式分摊到农民头上，村民委员会的国家经纪角色进一步压过村民代理角色，遂有"头税（农业税）轻、二税重（三提五统）、三税（各种附加和集资摊派）是个无底洞"之说，基层干群关系更趋紧张。在以国家意志而非农民意愿强力推动农村基础设施和社会事业发展的情况下，由于自然村过于分散，管理需要压过自治需要，村民委员会遂在行政村一级坐实，法律也不再提及村委会设置的基本单元，村民小组出现"去功能化"。但是，由于基层干群关系日趋紧张，自治实践和法律的侧重点，转到了选举形式和管理方式的完善上，以期由此改善干群关系。这一时期，在村民委员会建设中，推广了"海选"方法，并在自我管理、自我教育、自我服务的基础上，增加了实行民主选举、民主决策、民主管理、民主监督的内容。然而，程序性改进并没有改变村民委员会国家经纪角色增强的事实，因而基层干群关系紧张的局面成为税费改革前农村社会的主要矛盾，农民负担加重也成为这一时期国家大力治理却屡禁不止的痼疾。

进入 21 世纪后，国家经济实力不断增强，开始在农村实施"多予少取放活"的支农惠农政策，乡村治理的功能和内容发生了千年未有的巨大变化。全面废除"三提五统"、农村"两工"（劳动积累工、义务工）和农业"四税"（农业税、屠宰税、牧业税、农林特产税），使得乡村治理中汲取农村资源的赋役职能基本丧失，村民委员会的国家经纪功能淡化。公共财政逐步覆盖农村、城乡基本公共服务逐步均等化，使得农民事情由自己办逐步变为由国家办，村民委员会公共事务管理的委托代理关系也去繁就简，趋于单一[①]。少取，即取消税费，为农民每年减轻负担 1335 亿元，人均减负增收 140 元。多予，即国家给予农民的各种补贴和公共服务的直接转移支付，在 2010 年即《村民委员会组织法》修正的当年，人均达到 242 元[②]。据研究，国家实施"多予少取"政策，对农民增收的贡献在 10% 以上[③]。得益于国家汲取减少和投入增加，乡村治理中村委会国家经纪和村民代理的形象大为改观，基层干群关系趋于缓和。由于国家取消了乡村治理的赋役职能并承担了大部分公共服务职能，村民自治的内容被压缩到"乡讼"和集体资产管理等原本多在并适合在村民小组（自然村）一级开展的事项。为此，2010年修订的《村民委员会组织法》对村委会职能也进行了相应调整，承包地、宅基地、集体资产管理和征地补偿成为村民自治的主要内容，公益事业的范围也从公共品变成了俱乐部品，比如村庄内部道路修缮、"最后一公里"灌渠养护管理和村民互助等（见表3）。在此背景下，村民自治的发展前景如何，再次成为深化农村改革和推进农村法治的焦点。

---

① 2002 年起，国家开始农业税费改革试点，拉开了国家与农民关系调整的大幕，到 2006 年，实施了2000 多年的农业税全面废止；2003 年，开始建立新型农村合作医疗，2010 年实现全覆盖；2004 年，建立生产者"四项补贴"和粮食最低收购价政策；2006 年，农村义务教育实现"两免一补"；2007 年，建立农村最低生活保障制度；2009 年，开始建立新型农村社会养老保险，2012 年实现全覆盖；同时，逐年加大对农村基础设施和社会事业投入。这样，原来由农民办的农村公共事务逐步变为由国家承办。

② 参见陈锡文（2014、2011）。

③ 根据张娟（2006）、徐翠平等（2009）、李彬（2009）整理。

表 3 村委会的主要职能及变迁

	《村民委员会组织法（试行）》（1987 年）	《村民委员会组织法》（1998 年）	《村民委员会组织法》（2010 年修订）
主要职能	☑支持和组织村民依法发展各种形式的合作经济，承担本村生产的服务和协调工作	（延续）	（延续）
	☑管理本村属于村农民集体所有的土地和其他财产	（延续）	（延续）
	☑法律、政策宣传；发展多种形式的社会主义精神文明建设	（延续）	（延续）
	☑人民调解、治安保卫、公共卫生	☑人民调解、治安保卫、公共卫生与计划生育工作（修改）	（延续）
			☑支持服务性、公益性、互助性社会组织依法开展活动，推动农村社区建设（新增）
村民会议授权办理事项		☑乡统筹收缴方法，村提留的收缴及使用	（删除）
		☑本村享受务工补贴的人数及补贴标准	（延续）
		☑从村集体经济所得利益的使用	（延续）
		☑村办学校、村建道路等公益事业的经费筹集方案	☑本村公益事业的兴办和筹资筹劳方案及建设承包方案（修改）
		☑村集体经济项目的立项、承包方案及村公益事业的建设承包方案	（延续）
		☑村民的承包经营方案	（延续）
		☑宅基地的使用方案	（延续）
			☑征地补偿费的使用、分配方案（新增）
			☑以借贷、租赁或者其他方式处分村集体资产（新增）
		☑村民会议授权的其他事项	（延续）

三、提高村民自治效果的实践探索

农村税费改革后，村民自治的新探索，主要是在城镇化深入推进中沿着两个方向进行。一是按土地所有权的归属分解行政村，以土地所有权的成员集体（一般为村民小组或自然村）为单位实行自治。二是按公共服务规模效益的"人口门槛"不断"合村并组"，扩大行政村边界，以扩大的行政村或新型农村社区为单位实行自治。前者适应村民集体资产管理的利益需要，后者适应国家公共服务管理的行政需要，各有其存在的逻辑。

一方面，城镇化导致农村土地等集体资产迅速升值，集体资产管理特别是土地转让和收益分配，上升为乡村治理中最重要的议题。由于土地所有权多数在村民小组一级，而自治主体为行政村村委会，出现了集体资产所有者主体与治理主体不一致。特别是在那些人口多、小组众的较大行政村，村委会组成人员代表性不足，出现利益纠纷时，以行政村为单位的村民自治面临决策"合法性"挑战。为减少和平定"乡讼"利益纠纷，有些地方按照"组间差最大、组内差最小"的聚类原则，根据行政村内各聚居点的历史渊源、地理关联和产权构造等利益因素，缩小自治组织的设置半径，开始了将自治基本单元从行政村下沉到自然村或村民小组的探索。

另一方面，城镇化加速推进，农村常住人口不断减少，村庄空心化成为普遍现象。在此背景下，行政力量开始大规模推进"撤乡并镇"和"合村并组"，推动农村人口向中心村和中心镇集中居住[①]。农村居民点布局调整，是城镇化集聚效应的自身作用，也是行政体制对农村人口减少后降低乡村公共服务管理成本的一种适应性反应。设若 2011 年保持 1985 年的行政村数量，则村均人口规模将缩小到 698 人，公共设施的网点分布和管理人员将多出近 1 倍，较之"合村并组"后保持每村千人左右的行政运行成本为高。因此，传统意义上农村聚落的自然地理边界越来越为人口—行政边界所替代，以行政村为单位的村民自治范围随之发生了变化。为此，有些地方按照公共服务管理的需要，扩

[①] 2011 年，全国平均每个建制镇人口 43959 人，镇区人口 12525 人，镇域城镇化率 28.5%。建制镇镇区总人口近 2.5 亿人，相当于全国城镇人口的 35.7%。与 2002 年相比，建制镇镇区吸纳的人口增加了近 1.4 亿人，增长 1.2 倍。同期，行政村数量减少到 59 万个，村均人口 1113 人。参见何宇鹏、陈思丞（2013）。

大自治体的规模，通过建设新型农村社区来完善乡村治理机制。

（一）缩小自治半径，实行村民小组（或自然村）为基本单元的村民自治

以新型农村社区为单元进行村民自治，使得公共服务管理（社区）和集体资产管理（村庄）相分离，农民就此拥有了社区自治组织成员和村集体经济组织成员的双重身份，解决了集中居住农民生活和生产相分离的矛盾。但是，城镇化带来的土地增值收益和集体资产增值收益在不同村组之间如何进行分配的问题并没有得到解决，由此引发的纠纷日益增多。在城镇化和城乡基本公共服务均等化背景下，行政村承担的赋役功能完全退出历史舞台、承担的公共服务功能也在淡出，在那些土地所有权在村民小组的地方，村民小组的资产管理和分配功能被强化，村民小组一级的自治需求凸现出来。

1. 自治向传统复归的基本路径

为了解决提高农村公共服务规模效益和更加有效地开展村民自治之间载体不对称的矛盾，广东省清远市和湖北省秭归县等地试点开展以"自治下移、服务上浮、治管分离"为主要内容的乡村治理模式改革，将村民自治的重心下沉，缩小村民委员会设置半径，以1个或几个村民小组为自治单元，设立新的村民委员会，承担村民自治事务。将原行政村村委会承担的自治功能与行政职能分离，把原行政村村委会改造为乡镇政府的派出机构，独立承担社会管理和公共服务职能。以广东省清远市为例，从2013年开始，清远市在英德市西牛镇、连州市九陂镇和佛冈县石角镇开展试点，探索推进村委会规模调整，将现行"乡镇—行政村—村民小组"的乡村治理架构调整为"乡镇—片区（原行政村）—村民委员会（在1个或若干地域相近的村民小组基础上新设立的村委会）"的乡村治理架构。

2. 自治下移

清远市在原行政村下，以1个或若干个村民小组（或自然村）为单位重新设立村民委员会。以总人口5.4万人的英德市西牛镇为例，在改革之前，该镇下辖12个行政村和1个居委会，共302个村民小组。改革后，将302个村民小组调整为130个村民委员会，相应建立130个村党支部，平均每个村委会覆盖的村民人数从近4000人减少为400人左右。清远市的3个试点镇共建立了390个新村委会，取代42个原行政村村委会。

试点地区各村民小组如何整合才能有效推进自治，需综合考虑历史渊源、地理关联、利益基础和族群关系等因素。在村民自愿、充分协商的前提下，决定本村民小组是

单独组织村委会还是与同一自然村的其他村民小组共同组织村委会。村民委员会的范围调整需经过多个程序：一是调查摸底，各试点镇对拟调整村的基本情况进行全面摸底，对村民委员会调整范围进行研究。二是制订方案，由试点镇人民政府提出村民委员会的设立、撤销、范围调整方案，明确新设立村委会的名称、所辖村民小组名称、管辖面积、户数、人数、办公地址、调整后村委会的经费渠道和原村集体"三资"① 处置、工作人员安置等内容。三是民主表决，调整方案通过村民会议讨论表决，并将表决情况和调整方案进行公示。四是报请审批，村民会议表决通过后，各乡镇（街道）将调整方案向县级民政局上报审核，报请县（市、区）政府批准。五是组织实施，县级政府批准后，由乡镇（街道）做好被调整村委会、村民小组的成员和工作人员安置工作，处理好村集体"三资"、村档案移交、收缴封存印章等工作。六是建章立制，制定并完善村民自治各项规章制度，健全村务、财务公开制度。

试点地区通过"双直选"的方式民主选举产生新的党支部和村委会班子成员，村委会的组成仍然按照《村民委员会组织法》设置。调整后的村委会，完全成为村民自我管理、自我服务、自我教育和自我监督的自治组织，其职能主要是办理本村的生产发展、村庄规划、矛盾调解、政务协助、民意表达、村容整治等村民自治事务，引导村民依法依规制定村规民约，提高自治水平。

3. 服务上浮

清远市乡镇人口和面积规模普遍较大，为提高农民公共服务的可及性，在乡镇以下按照面积、人口等因素划分若干片区建立社会综合服务站。试点地区基本按原行政村划分片区，服务站即由原行政村村委会改造而来。原村委会的主要成员成为片区社会综合服务站的工作人员，不足人员向社会公开招录。

片区社会综合服务站是乡镇的派出机构，主要承担上级政府部门延伸到村级的党政工作和社会管理事务，内容包括从供销生产到便民生活等各服务职能，日常业务涵盖上级党委政府交办或群众委托代办的事项，以及农技、农资、农机、供销服务、卫生医疗服务、金融服务、电子商务和生活超市等。

4. 治管分离

改革后，片区社会综合服务站作为政府的派出机构承担了原村委会的行政职能，

---

① 即资金、资产、资源。

新村委会主要承担原村委会的自治事务。在新村委会与乡镇政府的关系上，清远市探索建立政府工作入村准入机制。政府部门新增需由村级基层组织承担的工作，按照"权随责走""费随事转"的原则，赋予相应职权和拨付专项经费。市县财政统筹安排"一事一议"奖补项目资金，为村办理公益事业提供支持，同时引导乡镇加大对农村的公共财政投入和资源整合力度，鼓励条件成熟的乡镇统筹农村社会治安管理和环境卫生治理。

5. 成效和问题

缩小半径、自治下移的改革，有利于增强村民的共同体意识、寻找村民利益共同点、达成自治共识，有效调动了村民参与自治的积极性，对于化解村庄内部矛盾、协调自治管理与行政管理之间的关系起到了积极作用。但是，这项改革也面临"钱、人、权"三大挑战。

第一，在"钱"方面，财政负担压力加大。随着村民自治下移，村委会数量急剧增加。在清远市的 3 个试点镇，村委会数量就增加了 8 倍。一旦全面铺开，财政难以按照现行做法，负担起数量庞大的村委会人员补贴开支和运行管理费用。如何保障村委会运转所需经费，成为自治下移的关键。

第二，在"人"方面，能够胜任村干部的人明显不足。随着农村劳动力大量流入城市，农村能人也越来越短缺。由于村委会数量增加，一些地方出现了村干部短缺和班子配备整体素质不高的问题。如一些试点地方，新一届村"两委"班子成员中，初中及以下学历的约占 90%。农村党员比例不高，也使得选举产生的村委会干部中党员比例下降，有些村甚至因党员人数太少而无法成立党支部。

第三，在"权"方面，增强后的村民自治权有可能阻挡国家行政权对农村的管控。改革后，村委会从选举到运作，完全体现了自治的原则，这有利于提高自治效果，但也使得一些基层党委和政府对村民自治心存疑虑，担心其选择性接受政府下派的任务。诸如执行计划生育政策等在农村"得罪人"的事务，村委会有可能推诿。村委会是否有权拒绝接受上级政府的任务安排，如何确保村民自治不损害政府行政的效力，需要认真研究。有些人还担心，自治下移后，在借助传统社会网络力量的同时，也在扩大宗族势力的影响。清远试点中发现，同姓氏人口多、有较强组织能力的宗族，往往不愿意与其他姓氏共同组建村委会，提出要独立成立村委会。一些宗族人口少的群体，没有村组愿意接受合并。在村庄治理中，出现了宗族事务与自治事务混杂的问题，如村委会提出筹资建祠堂，造成"一族独大"的村庄大姓与小姓矛盾增加。

（二）扩大自治半径，探索新型农村社区自治

以新型农村社区为单位的村民自治试点，主要出发点包括两个方面：一是降低农村公共服务管理成本。随着农村常住人口减少，传统农村居住分散的人口空间结构，不利于公共服务设施网点布局，有必要促进农民在一定地域范围内向中心区聚居。二是增加城镇建设用地和为农村建设融资。通过加强农村社区建设规划管理，推动农民集中居住，不仅能够改善农村人居环境，也能够通过土地置换增加城镇建设用地指标和为农村建设筹集资金。在这样的双重管理目标驱动下，城镇化的人口集聚效应被行政体制放大，集聚过程被人为加快。

1. 新型农村社区的构建

新型农村社区建设的推进，从全国来看，主要有两种情况：一是点上试，属于新建，即在业已形成的农村集中居住点新建立社区，以浙江嘉兴为代表。如桃源新邨是姚庄镇新农村建设的一个大型跨村集聚居住地，2008 年至今，已集聚姚庄镇 10 个行政村的 1800 个农户、近 7900 人。聚居后村民生活与原村脱离，但又没有管理实体。在这种情况下，新邨在民政部门注册了社区居委会的牌子，为自治构建合法性基础。二是面上铺，属于整合，即按照地域相近、规模适度、有利于充分利用现有公共资源原则，将几个村庄规划为一个社区，在全域范围整体推进，以山东省潍坊市诸城市和德州市齐河县、河南省新乡市为代表。以诸城为例，全市 1257 个村庄被规划为 208 个农村社区，社区服务半径一般设置在 2 公里、覆盖 5 个村庄、1500 户左右。齐河县将 1014 个行政村合并为 173 个新型农村社区。新乡市的做法类似，也是将 3 ~ 4 个行政村规划为 1 个覆盖数千人的新型农村社区。这样，新型农村社区就是在聚居和合村基础上建立的地缘共同体，由于居住地（生活）和承包地（生产）分离，打破了"逐水（草）而居"的传统乡村生产居住合一的生活方式，需要建立新的治理方式。

2. 新型农村社区的治理

新型农村社区的生活方式更像城市，因而通常参照城市社区标准进行规划和开展管理服务。在治理上，既需要搭建新的组织架构，进行自我管理，又需要处理和原行政村之间的关系，实现良性互动。

在组织架构上，新型农村社区管理一般套用了"两委"和"一中心"的模式，从协

作管理向自治管理过渡，目前多数地方还是协作管理。各地探索的具体做法虽有不同，但方向大体一致。诸城的新型农村社区组织由社区党总支委员会、社区发展协调委员会和社区服务中心构成。新乡则建立起"四委一中心"的社区管理架构，即社区党总支委员会、社区服务管理委员会、社区居民代表委员会、社区监督委员会和社区服务中心。一般来说，社区党总支书记由乡镇机关干部或中心村党支部书记担任，支部委员由原各村党支部书记担任；社区服务管理委员会（发展协调委员会）由原各村委会主任和社区服务中心负责人组成，主任由社区党总支书记兼任；社区居民代表委员会和社区居民监督委员会是居民参与社区事务管理和监督的群众组织，由社区居民推选代表产生，同时吸收驻区人大代表组成；社区服务中心承担党建、生产经营、公共事业、综合治理、社会保障、计划生育和文化体育等各项公共服务。嘉兴则已在社区一级做实居民自治，2013 年民主选举产生了社区党组织和居委会，开始正式履行民主自治主体职能。

在和原行政村关系上，社区原则上实行"双重管理模式"，即生产服务归原村管理，生活服务归社区管理。一般来说，社区组织和行政村组织不存在上下级隶属关系，不干涉村级日常事务。在管理运行上，社区管理机构吸纳了乡镇政府和村"两委"人员交叉兼职，为其顺利运转创造条件。但在职能分工上，基层政府、社区和村庄各司其职。社区组织主要通过乡镇层面的联席会议实现了和行政村公共服务管理的交接，相当于乡镇政府提供公共服务的片区承办机构。具体而言，社区组织在承接政府部门延伸到农村的政务和公共服务上，一般通过社区服务中心设立一个"一条龙"办事窗口，居民可就近办理户籍登记、劳动就业、技能培训、社会保险、婚丧嫁娶等事项，并标配警务室、卫生室、阅览室、计生室、学校、幼儿园、专业技术服务站、农资超市、便民超市等服务网点，成为统筹城乡公共服务的基本单元。村庄组织则负责管理旧村的债权债务、集体资产、农田灌溉和民事调解等事项。这样，原行政村承担的公共服务职能就被分离出来，由社区组织单独管理。

3. 成效和问题

新型农村社区提高了农村人口的聚集程度，方便公共服务覆盖到农村和基础设施延伸到农村，为统筹城乡发展搭建了有效平台。但是，从实际运行情况看，新型农村社区也面临一些突出问题。

第一，现有的财政和项目管理体制不适应新型农村社区的发展。由于国家和部分省份在对基层组织和农村建设项目的转移支付上，强调到村，将项目与村庄直接挂钩，项目资金根据村庄数量而非村民人数进行分配。新型农村社区作为原有村庄体系之外新成长起来的农村组织平台，目前在法律上还没有明确定位，很难适应这一管理体制。一方面，为了保证原来村庄所获得的财政投入不减，新型农村社区不愿意向民政部门申报原有村庄撤销、合并为一个整体。另一方面，项目申报要落实到具体村庄，而新型农村社区在财政管理体系中没有"户头"，这就使得新型农村社区要申请部分农村和农户公共设施建设类的项目，只能以原有村庄的名义进行，导致相关项目名实不符。

第二，集体产权制度改革相对滞后，与新型农村社区建设进度不一、无法配套。将原来分散在各村的农民整合到社区，不只是改变其生活空间，也涉及其原有的财产权利关系。农村土地等集体资产的所有者是原来的各个村庄范围内的农民集体，合并聚居后，集体产权关系并没有改变。由于集体产权制度改革相对滞后，社区居民缺乏共同的财产权利关系，利益联结不够紧密，难以真正实现整合和共同发展，这也直接影响到村民对社区事务参与的积极性。

第三，社区内的社会融合难度较大。受财产权利关系和村庄内部的宗亲关系影响，农民即便聚居到社区，其原有的社会网络也很难改变。这使得社区内的派系增加，公共事务决策的复杂性提高，加大了社区治理的难度。基层干部表示，一旦进行选举，各村庄的派系动员可能会加剧社区内部的社会裂痕。

（三）维持现有自治半径，着力完善自治机制和功能

村民自治在赢得国内外高度评价和充分肯定的同时，其制度设计的内在缺陷和运作过程中的种种问题也招来一些批评。突出的有：村两委的关系难以处理，党组织的领导作用往往替代了村委会的决策作用；地方党委政府干预村委会选举，税费改革后运转经费主要靠财政转移支付，村委会及村干部的民意代表性不够、独立性不强；即便民主选举公开程度足够高，但民主决策、民主管理、民主监督不充分，村干部"内部人"控制现象仍难以避免；在人口净流入较多的城郊农村，有资格成为村民自治组织成员的人与有集体经济组织成员身份的人的重合度显著降低。为决解这些问题，在继续坚持以行政村为自治单位的基础上，一些地方把着力点放在完善自治机制、调整自治功能上。

1. 以自荐直选为主要形式，把最合适的人选出来

民主选举是村民自治最重要的构成元素和最关键的组织制度。一些地方在民主选举方面，以自荐直选为主要形式，强化村民自治的基础性作用。与以往指定候选人不同，自荐直选方式下，符合条件的村民都可以自荐报名参加村干部选举，也就是所谓的"海选"。实践表明，这种做法有利于筛选优秀的村干部候选人，选出来的村干部在村民中更有威信。完善民主选举的另一个重要举措，是做实民主选举的每道程序。如浙江省嘉善县民主选举中提出的"先议事后选人"，德清县提出的民主选举的"四个明白"（明白今后三年干什么，明白以什么标准来选人，明白选什么人来干事，明白选的人干得怎么样），其内在逻辑思路都在于，在选举前通过事先村民认可的村庄发展规划，明确村庄未来几年发展的定位和主要任务，保持村庄发展的连续性和一致性，进而按照村庄管理和发展需要，物色合适做这类工作的候选对象。当选后，通过任期目标承诺、年度群众及村民代表的民主评议和离任审计等方式，对村干部的行为进行恰当的规范。这些完善民主选举程序方面的做法，不仅激发了村民在民主选举和村民自治中的积极参与，也让当选的村干部有了明确的目标。

2. 以完善制衡机制为切入点，规范村"两委"关系

在村级治理体系中，党组织、村委会，以及其他各种服务性、公益性、互助性社会组织究竟是一种什么关系，各自如何依法开展活动，是推进村民自治绕不开的难题。多数地方通过村支部书记与村委会主任"一肩挑"的方式解决这道难题，但也带来权力过于集中的负面效果。一些地方则通过建立健全制衡机制，较好地解决了这一难题（叶兴庆，2013）。例如，河南省邓州市探索出"四议两公开"工作法，要求所有村级重大事项的决策和实施，都必须在村党支部的领导下，严格按照"四议""两公开"的工作程序进行。"四议"，就是村党支部委员会提议、村"两委"会议商议、党员大会审议、联户代表会议或村民会议决议；"两公开"，就是决议公开、实施结果公开。又如，江苏省邳州市在村级治理中开展"四权"建设，通过规范和落实"村党组织决策权、村代会决定权、村委会执行权、群众监督权"，从制度和机制上解决"做什么、做不做、谁来做、做得怎么样"等问题。这些探索，在推进基层民主、密切干群关系、加强基层组织建设、促进和谐发展等方面取得了积极成效。

3. 理顺县乡村分工，为村民自治腾出空间

在理顺县乡村关系方面，一些地方结合群众路线教育实践活动，建立涉村（社区）

事务的减负长效机制。一方面，对县直各部门面向村级的各种考核、任务进行清理；另一方面，对乡镇向村级延伸的各项工作，进行清单式管理规范，要求新下村的事务和考核必须经过审批和备案管理，新增加给村级的任务必须有人员和经费配套下沉下达。如浙江省经过清理之后，县、乡下达到村级的任务，由原来每年多达40项，减少至18项，使村民自治的运转空间得到了扩充。

4. 实行政、社、经"三分离"，向城市社区治理模式转变

部分农村地区工业化程度高，集体资产量大，外来人口多，村企合一、政经不分的治理模式越来越不适应当地的经济社会发展，迫切需要进行治理体制改革。江苏省张家港市永联村在这方面进行了积极探索。2009年3月，成立张家港市南丰镇社会管理服务中心永联分中心，将应该由政府承担的公共管理、公共服务职能移交给该分中心；2011年4月，成立永合社区，行政关系隶属南丰镇政府，将计划生育、民事调解、征兵服役等社会管理职能移交给该社区；2014年3月，成立永联村经济合作社，将持有和管理集体土地、永钢集团25%股份等集体资产的职能移交给该经济合作社。原村企合一、政经不分体制下村委会承担的职能一分为三，分别移交给政府、社区、经济合作社。采取这三步改革后，实现了由村委会治理模式向现代社区治理模式的转变（丁拥军，2015）。这种做法对经济发达的农村地区具有借鉴意义。

四、进一步完善村民自治的思路与政策建议

"世易时移，变法宜矣。"在向现代化国家迈进的过程中，农业生产经营活动的规模化、社会化、组织化程度越来越高，帮助农户耕种收、防治病虫害、销售农产品等功能被专业合作社和社会化服务组织替代，村落的生产共同体功能在逐步消退；农民日常生活对外部世界的依存度不断提高，连红白喜事都可以"服务外包"，村落的生活共同体功能在逐步淡出；农村人口不断减少，空心化、老龄化日益严重，农村留不住年轻人，有地域、民族特色的建筑大量遭到毁坏，传承传统文化的载体越来越少，村落的命运共同体功能在逐步耗散；公共财政覆盖农村的广度和深度越来越高，"路、水、电、气、房"等基础设施和"教、科、文、卫、保"等公益事业由农民自己办转变为由国家办，一些地方连村庄保安、绿化、保洁等也纳入公共财政覆盖范围，村庄内部的俱乐部产品越来越多地转化为国家公共产品，村落的赋役征收功能已彻底退出历史舞台、其他国家

经纪功能也在减弱。村落虽然不会终结，但数量会减少、形态会调整、功能会变化。现代化进程中必然发生的村落变迁，要求我们不断探索符合变化了的农村实际的村民自治有效实现形式。

（一）综合考虑多重因素选择适宜的村民自治半径

我国农村存在多样性、差异性和复杂性，在实践探索中形成的不同层级自治主体都有其存在的合理性，在创新和完善村民自治时，要尊重民意，因地制宜，通过广大农民群众的实践夯实基层民主。推行自治下沉或上浮，应综合考虑各地实际情况和村民实际需要，依法有序推进。从试点情况看，以村民小组为基本单元进行村民自治，使得村治向地缘相近的自然村生产生活共同体复归，既有传统文化的根基，又在较大程度上和当代农村的集体产权结构相适应，代表了治管分离的一种方向。需要注意的是，自治下移、缩小自治半径需要满足以下条件：一是原行政村的村民小组数过多，村委会组成的民意代表性不足，达成共识难，决策成本高，不利于自治；二是原行政村面积过大，各村民小组分布散、距离远、自成体系，公共服务设施建设难以在全村共享，投票多数决定原则易造成组际对立；三是村民小组是土地等农村集体资产的实际所有者和发包方，长期形成的村民利益格局相对稳定。实行自治上浮、扩大自治半径，则需要考虑区位特点、地理条件、人口规模、生产生活习惯等多方面因素，并与城市扩张、工业发展、小城镇建设、扶贫搬迁、旧村改造等紧密配合。

（二）根据自治功能设定自治机制，进一步探索村民自治与行政管理职能分离

我国国情决定了现阶段村民委员会要继续承担国家委托的社会管理任务，不可能是纯之又纯、完全独立于政府的自治组织。但要在法律上进一步明晰界定村民自治功能和政府行政职能的边界。政府要承担农村属于公共品的基本公共服务提供职能，包括教育、卫生、社保和连接性基础设施建设等。自治组织要承担本地属于俱乐部品的公共事务管理和公益事业服务职能，包括村内和田间道路建设、沟渠治理、村容整治、纠纷调解等。创新基层社会共治模式，部分政府延伸职能，如社会治安、计划生育、环境保护等，可以通过专项资金、财政奖补、购买服务等激励方式，委托自治组织履约完成。引导和规范农村各类新型社会组织参与到村民自治框架中，扮演好村民自治决策的协商协调等辅助补充角色。

（三）探索完善集体产权的多种实现形式，为村民自治的创新厘清边界、拓展空间

人民公社解体后，纯公共品性质的社会管理和公共服务职能交给了乡镇政府，村庄内部具有准公共品性质的共同事务交给了村民自治组织，土地等集体资产的管理职能本应交给集体经济组织，但为了控制村干部职数、减轻农民负担，多数地方并没有成立集体经济组织。根据《村民委员会组织法》和《农村土地承包法》，由村民委员会代行土地等集体资产管理职能。现实生活中，集体资产使用、处置、收益分配等方面出现的问题，是引发村民与村干部、村民小组与行政村矛盾的主要导火索。据2014年清华大学中国农村研究院对村民自治现状进行的调查[①]，近年来农村治理的主要纠纷集中在土地上，其中，36.8%的纠纷是宅基地划分，36.8%的纠纷是安置补偿费分配，31.6%的纠纷是征地补偿。在这种情况下，村民对交往半径更大、相对松散的行政村的认同比例没有超过一成，而对村民小组内部关系的认同比例超过七成。在集体资产管理问题突出的地方，要进一步探索村民自治组织与集体经济组织分离，尽快建立农村集体经济组织承担经济管理职能（叶兴庆，2014）。特别是在城镇化背景下，村组边界的调整，不论是村组撤并还是跨村集聚，新村组和新社区的村（居）民自治，都面临集体产权的土地依附显著、生产共同体与生活共同体分离突出、集体成员身份与社区成员身份脱节的困境。为破解这种困局，当前要进一步探索完善集体产权的多种实现形式，依托农村集体产权制度改革的成果，进一步明确集体产权占有、使用、收益、处置的相关条件，让农民可以带产带权进入新居住地点，拓展村民自治创新的权利边界和制度空间。

（四）强化村民小组的自治能力建设，为完善村民自治搭建更加有力的组织架构

鼓励有条件的地方以村民小组为基本单元，搭建村民自治平台，让小组内的村民自治有更为常态稳固的组织架构。将提升村民小组组织化程度、扭转"去功能化"趋势作为完善村民自治的重要内容。提高村民小组治理平台的保障能力，把村民小组工作人员的待遇补助纳入地方财政统筹，增强对村民小组工作人员的激励。制定村民小组长能力提升计划，对他们进行培训，让村民小组长切实成为村民自治的一线能手，成为村民自

---

① 2014年暑期，清华大学中国农村研究院组织首都高校在校学生进行了"百村千户"农村调研活动，对全国219个村和4719个农户进行了问卷调查，对部分村干部、村民进行了深入访谈。

治的积极担当者和领路人。

（五）明确新型农村社区的法律定位，提高现有管理制度对村庄治理改革探索的适应性

新型农村社区建设的实践探索已经在河南、山东、浙江等全国多个地方开展。建议国家在政策层面和法律层面明确其定位，并进一步探索研究新型农村社区的选举问题、党组织设置问题和党组织功能等问题，为新型农村社区"报户口"。同时，调整完善项目管理体制和财政转移支付机制，建立更具有适应性的管理机制，改变现有按村庄数量安排经费的办法，使新型农村社区和其他乡村治理中的改革探索能够与之有效对接，为基层主动探索改善村庄治理创造条件。

参考文献

［1］ 陈锡文．接受《经济日报》记者的采访．中国经济网，2014－05－12

［2］ 陈锡文．当前农业形势与农村政策．在长安讲坛总第 129 期的演讲，http：//www.gjsq.com/shengtaicy/pages/xwzx/2011/1117a.html

［3］ 丁拥军．由村委会治理模式向现代社区治理模式转变．农民日报，2015－02－17

［4］ 国务院发展研究中心农村经济研究部．农村集体所有制有效实现形式研究．2015 年课题研究报告

［5］ 何宇鹏，陈思丞．城镇化背景下我国村镇发展的现状和趋势分析．国务院发展研究中心《调查研究报告》，2013 年第 128 号

［6］ 李国庆．关于中国村落共同体的论战——以"戒能－平野论战为核心"．社会学研究，2005（6）

［7］ 李彬．中国农业直接补贴政策实施评价．百度文库，2009，http：//wenku.baidu.com/link? url＝dq8SkJ8lcFTk2pWXYvYW3G－rwU_ saswUY7RTsxes9dUoDd6drr5A2FCAk0WVBH0E8TpctOunLyXBrYM80CO5DhTnXbbh2－03dmKUik5Mmvi

［8］ 陆益龙．村庄会终结吗——城镇化与中国村庄的现状及未来．学习与探索，2013（10）

［9］ 彭真．论新中国的政法工作．北京：中央文献出版社，1992

［10］ 田毅鹏．"村落终结"与农民的再组织化．人文杂志，2012（1）

［11］ 熊万胜．农村地权结构中的国家、农户和集体．三农中国网，2008－10－10

［12］ 徐翠平等．税费改革对农户收入增长的影响：实证与解释．中国农村经济，2009（2）

［13］ 徐勇，赵德捷．找回自治：对村民自治有效实现形式的探索．华中师范大学学报（人文社会科学版），2014，53（4）

［14］ 叶兴庆．新形势下亟须完善村级治理机制．农民日报，2013－08－10

［15］ 叶兴庆．牢牢守住乡村治理的红线．农民日报，2014－06－10

［16］ 张娟．农村税费改革对农民增收影响的实证分析．南京农业大学学报（社会科学版），2006，6（1）

浙江省完善村民自治的探索与思考

何宇鹏　陈春良　叶兴庆

　　随着城镇化快速发展，我国传统村庄在地理边界、人员构成和发展形态等方面发生了深刻变化，给乡村治理带来一系列新挑战。为应对这些挑战，浙江农村主要在现行村民自治框架下，从民主选举、民主决策、民主监督和村民自治的产权结构基础等方面，对以行政村为单元的村民自治制度进行完善。同时，在跨村合并集聚的新型农村社区探索新的自治办法，加强村民小组自治能力建设。这些做法对探索村民自治有效实现形式具有重要意义。

一、完善以行政村为单元的村民自治

　　本次调研的嘉善县和德清县，分别隶属嘉兴市和湖州市①。嘉善县下辖 3 个街道、6 个乡镇，共有 104 个行政村、14 个新农村社区和 1 个城乡一体化新社区；德清县有 11 个乡镇、1 个开发区，下辖 151 个行政村。近年来，两县主要从完善民主选举、优化民主决策、加强民主监督和量化集体资产等方面，对现行以行政村为单元的村民自治制度，进行了一系列改革。

---

　　① 2014 年，嘉善县城镇居民人均可支配收入 43126 元、农村居民人均纯收入 25048 元，德清县城镇居民人均可支配收入 39516 元、农村居民人均纯收入 22820 元。按照经济总量排序，嘉善县在浙江省 56 个县市中名列第 19 位，德清县位列第 22 位。从人均收入尤其是农村居民人均纯收入来看，两个县在浙江省县域的实力排序高于全省平均水平。

（一）以自荐直选为主要形式，完善民主选举程序

民主选举是村民自治最重要的构成元素和最关键的组织制度。从最近一次的换届选举情况看，两县的民主选举，都在村民自治的基本框架内，以自荐直选为主要形式，做好民主选举的各个环节，发挥民主选举在改善村民自治中的基础性作用。与以往指定候选人不同，自荐直选方式下，符合条件的村民都可以自荐报名参加村干部选举。实践表明，这种做法有利于筛选优秀的村干部候选人，选出来的村干部在村民中更有威信。在完善民主选举方面的另一个重要举措是，做实民主选举的每道程序。不论是嘉善县民主选举中提出的"先议事后选人"，还是德清县提出的民主选举的"四个明白"（明白今后三年干什么，明白以什么标准来选人，明白选什么人来干事，明白选的人干得怎么样），其内在逻辑思路都在于，在选举前通过事先村民认可的村庄发展规划，明确村庄未来几年发展的定位和主要任务，保持村庄发展的连续性和一致性，进而按照村庄管理和发展需要，物色合适做这类工作的候选对象。当选后，通过任期目标承诺、年度群众及村民代表的民主评议和离任审计等方式，对村干部的行为进行恰当的规范。这些完善民主选举程序方面的做法，不仅激发了村民在民主选举和村民自治中的积极参与，也让村庄管理有了更加健全的制衡机制。

（二）推行村民公决"八步法"，优化村民自治的民主决策机制

民主决策是村民自治有效运行的重要依托。源于嘉善县洪溪村的村民公决"八步法"，是村庄民主决策方法创新的一个重要代表。洪溪村的村民公决最早发端于2004年的修路纷争困局，现在已被应用于包括村庄道路修缮、二轮承包地调整完善、村河岸景观修筑等一系列村庄重大事情的决策。洪溪村也因为实施了村民公决，村庄层面的公共事务管理更加民主、公开、透明、规范，由上访大户村转变为"零上访"的民主法制示范村。

所谓村民公决"八步法"，就是按照涉及的公共事务大小，确定村民公决范围和标准（局部公决或是全村公决），通过"公决事项酝酿、公决事项论证、提出公决草案、合法性审查、完善公决方案、组织村务公决、决议实施及监督、实施结果公开"等八个步骤，让村庄公共事项民主决策的事前沟通摸底更加充分，民主决策的事中参与更加积极有效，民主决策的事后监督更有保障，将村民参与村庄公共事务管理的权利落到实

处。从运行理念看，与传统村民自治决策因袭"民可使由之"的为民做主的做法不同，村民公决"八步法"旨在通过"民可使知之"由民做主直接参与村庄公共事务决策。从运行程序看，与传统村民自治决策主要进行事后管理不同，村民公决"八步法"通过程序上的规范分解，让村民全程参与村庄公共事务管理。从运行结果看，与传统村民自治决策因事前少沟通、事中缺监督、往往事后起纠纷乃至发生上访等群体事件不同，村民公决"八步法"通过利益主体之间的协调协商最大限度地避免了矛盾，实现了村民自治由被动向主动、由消极向积极的转变。

（三）推行阳光村务"七步法"，加强村民自治的民主监督保障

民主监督是村民自治规范运行的重要保障。2008年以来，除了依法设立村务监督委员会这种规定性动作，源于德清县乾元镇的阳光村务"七步法"，进一步对凡涉及村民利益的村务事项，设定了"提案恳谈、制订方案、民主听证、票决、承诺、定期沟通、民主评议"等七个重点环节，由村两委按程序有步骤地逐一实施，村务监督委员会全过程对照监督，确保村务监督制度化、程序化、规范化，真正落实村民的知情权、参与权、表达权和监督权。

同时，嘉善县和德清县还以推进阳光村务为抓手，在创新乡村治理监督机制方面做了许多工作。嘉善县出台了村务公开目录，每年下发"村务公开民主管理工作要点"，洪溪村通过村务监督的电子化、简报化，让村务监督信息上网入户，提高了村务监督的可及性和常态化。两个县的村务监督委员会不仅对本村财务支出情况进行监督，还对村级重大事项的集体决策、工程项目的事前招投标、工程项目的开工建设、竣工事后的质量验收以及村级聘用人员的民主评议等，进行全过程全方位的监督，确保村级重大事项的监督有提前量，重要村务事项全程被置于公开公正的阳光环境下运行。

（四）以股份量化为基本手段，为创新村民自治夯实产权基础

产权结构是村民自治创新的权利基石，清晰的产权结构和权利边界，有利于村民自治具体实现形式的多样化创新探索。按照浙江省的统一部署，两县2011年开始启动集体资产的股份量化管理试点工作，截至2014年底两县村级的股份量化到户到人已全部完成，并在大多数村实现了股份量化的静态管理。

两县集体资产股份量化改革具有以下特点：一是改革的全面性和自治性相结合。辖

内所有村庄不论集体资产多寡，均进行清资核算股份改革。个人股（土地股）与集体股（不超过50%）的设定比例、争议成员资格认定和股权分配方案等具体做法，由本村或社（组）全体户主大会讨论决定。二是管理方式的机动渐进性和权能建设探索的可操作性相结合。股权量化之后，是实行动态调整，还是逐步固化，尊重村集体成员的意愿，不搞一刀切。通过租赁、抵押、分红系数设计、集体回购等多种方式，逐步赋予农民集体资产股份更大权能。

二、探索村民自治新的实现形式

嘉善和德清结合当地实际，在因农房集聚和合村并点发展而形成的新型农村社区如何自治、县乡村三级关系如何理顺、组级自治能力如何加强等方面，也进行了一些探索。

（一）创新村民自治形态，破解新型农村社区居民生产共同体与生活共同体分离、集体成员身份与社区成员身份脱节的治理困局

在传统自然村落中，虽然聚居在一起的农民以家庭为单元开展日常生产生活，但有些事务需要村落层面的共同应对，某种程度上，既是一个生产共同体，也是一种生活共同体；实行土地等生产资料集体所有制以后，集体经济组织成员与社区常住人口高度重合。对城镇化进程中形成的、跨村聚居的新型农村社区而言，村民自治面临的首要挑战是，新社区中居民从属的生产共同体与生活共同体分离、集体成员身份与社区自治成员身份脱节。这方面，嘉善县姚庄镇桃源新邨的例子有一定的典型性。桃源新邨是嘉善县姚庄镇新农村建设的一个大型跨村集聚居住项目，2008年至今，共集聚了姚庄镇10个行政村的1800个农户、近7900人，但这些新居民的户籍、集体经济组织成员身份和权益，仍在各自原来的行政村或村民小组。

针对生产共同体与生活共同体分离、集体成员身份与社区自治成员身份脱节引发的治理困局，桃源新邨在村民自治实现形式上，做了如下创新探索：一是构建自治的合法性基础。在民政部门注册社区居委会的牌子，为新的社区自治构建合法性基础。二是建设自治组织。除了成立之初镇政府派出的管委会，逐步成立了社区党总支、社区居民议事会和党员议事会，进一步丰富了新社区自治的组织资源。在2013年底嘉善县村级

（社区）统一换届选举中，由民主选举产生了社区党组织和居委会，社区居委会接替社区管委会，开始正式履行民主自治主体职能。三是创新管理方式。针对生产共同体与生活共同体分离、集体成员身份与社区自治成员身份脱节问题，探索了"双重管理模式"：一方面，和村民原隶属的行政村探索了结对工作机制，原则上按照"生产归原村管理，生活管理以新社区为主"对居民进行管理；另一方面，发挥党员在原行政村和新社区的"双岗"示范作用，在原行政村认领服务岗，在新社区认领奉献岗，党员的考核在原行政村和新社区同时进行。四是推进公共服务的转移接续。探索公共服务的先行对接，即通过镇层面的联席会议与行政村协商公共服务对接问题，把社保、医保、残疾人保障等逐步转交新社区管理，以公共服务转移接续为引领，统筹做好居民在社区生活的各项公共服务，逐步实现户籍与公共服务及生活管理脱钩。

（二）理顺县乡村分工关系，为村民自治腾出空间

在理顺县乡村关系方面，2014 年 5 月，嘉善县结合群众路线教育实践活动，对涉村（社区）事务的减负长效机制建设下达了专门文件。一方面，对县直各部门面向村级的各种考核、任务进行清理；另一方面，对乡镇向村级延伸的各项工作，进行清单式管理规范，要求新下村的事务和考核必须经过审批和备案管理，新增加给村级的任务必须有人员和经费配套下沉下达。经过清理之后，县、乡下达到村级的任务，由原来每年多达40 项，减少至 18 项，使村民自治的运转空间得到了扩充。

（三）扭转村民小组"去功能化"趋势，推进村民自治下沉到村民小组

强化村民小组作用，凡是土地发包主体在组层面的，征地事务、土地承包关系调整、接纳外来户口挂靠和资产分配涉及组内利益的，均由组内部自己协商解决。通常的做法是由组内开户主大会，将投票通过的分配方案和决定，以会议纪要的形式上报村里备案。村里负责协调组间事务，并代管组资产和财务收支。跨组的村集体资产、公共事务运作管理和集体经济发展，则由村层面全面统筹管理。

在强化村民小组的自治能力方面，两县也根据各自实际，在部分地方探索建立了组层面的自治组织架构，以此强化组层面的自治能力。比如，德清县武康镇五龙村，规模在 30 户以上的村民小组配备小组长、保管员、代理委员 3 人，规模在 30 户以下的村民小组配备小组长、保管员 2 人。三合乡上杨村，村民小组按每 10 户配备 1 名组代表，与

村民小组长一并选举产生，共同参与组级事务管理。雷甸镇双溪村，每个村民小组均建立了组委会，配备4~5名代理委员，分工明确，负责实施协调本组内部自治的相关事宜。

三、探索村民自治新形式存在的问题与挑战

城镇化的快速发展和新农村建设的深入推进，改变了千百年来村庄的固有形态，既对现行的以行政村为单元的村民自治制度造成冲击，也给探索村民自治的新形式带来新挑战。

（一）新型农村社区自治仍面临深层次矛盾

依靠行政力量推动形成的跨村集聚社区，居住其中的居民，以集体成员权为基础的各种资产收益分配和福利享受等，仍主要以原行政村或村民小组为基本管理单元。这种生产共同体与生活共同体分离、集体成员身份与社区居民身份脱节的状况，使得居住到新社区的居民，事实上与原行政村或村民小组仍旧存在"剪不断、理还乱"的诸多关联。扩展新型农村社区自治的广度和深度仍面临诸多掣肘。

（二）传统村庄人口减少与公共服务的规模经济之间存在冲突

随着农村人口外出和居住变动，使得逐水草而居的传统村落形态不再完整，出现了同村之内村民小组人口差别较大的情况。以德清武康镇为例，城西村红山二组有61户、205人，而同村另一组只有9户、36人；山民村白果树组有62户、255人，而同村的里二组只有11户、44人。从管理效率的角度看，临近的村民小组进行撤并似乎是题中之意，也是目前各地广泛推行的做法。然而，在土地所有权在村民小组的地方，由于不同组的土地禀赋差异，组集体资产存在差别，成员资格认定规则也不尽相同，让村民小组合并势必带来资产管理、收益分配等方面的一系列矛盾，使得一些地方的村民自治演化为基于原自然村为单位不同群体之间的利益角力。在土地所有权在行政村的地方，推进村庄合并面临同样的困境。在减少村民自治矛盾和提高管理效率间产生了两难。

（三）村民小组干部配备总体较弱，小组一级的自治受重视不够

现阶段，村民小组依然是行政村自治的基本行动单元。但从调研情况看，村民小组的自治管理密切依赖于集体经济。由于组层面大多已经没有产生稳定收益流的集体资产，因而不少村民小组的自治管理很大程度上成为行政村的事务性分解和"传话筒"，村民小组内部的自治架构建设不受重视。以德清县为例，主要表现为以下几个问题：一是小组长年龄老化，受教育程度不高，全县 2952 名村民小组长中，40 岁以下的仅占 2.8%，高中以上学历仅占 8.3%；二是小组长长期不换、轮流担任或空缺情况较为常见，平均任职年限达到 13.3 年；三是党建薄弱，政治面貌为党员的小组长仅占 16.2%；四是经费不落实，村民小组长目前每年的补贴收入平均为 1893.6 元，最低的只有 200 元，经费来源基本上由村组自行解决，乡镇财政资金安排很少。村民小组环节管理层建设不力的这种局面，对村民自治的稳固发展和村组之间利益关系的有效协调不利。

（四）新型社会组织在村民自治中的角色定位有待进一步明确

除了传统村两委和村民代表大会架构，近些年浙江农村的村民自治还涌现了一些新型组织，比如德清的乡贤参事会，嘉善的村务民主协商议事会。这些新组织在弥补传统村民自治决策框架的缺陷方面有一定的创新性贡献。但总体而言，新组织与既有自治主体之间究竟是一种什么关系，是补充、替代或对立，从目前观察来看并不十分清晰，新型社会组织在村民自治中的角色定位有待进一步明确。

四、思考与政策建议

（一）进一步探索完善集体产权的多种实现形式，为村民自治的创新厘清边界、延拓空间

集体资产的管理分配问题，是村民自治的基础，也是村民自治的利益所在。特别是在城镇化背景下，村组边界的调整，不论是村组撤并还是跨村集聚，新村组和新社区的村（居）民自治，都面临集体产权的土地依附显著、生产共同体与生活共同体分离突出、集体成员身份与社区成员身份脱节的困境。为破解这种困局，当前要进一步探索完

善集体产权的多种实现形式，依托农村集体产权制度改革的成果，进一步明确集体产权占有、抵押、继承和有限转让的相关条件，让农民可以带产带权进入新居住地点，延拓村民自治创新的权利边界和制度空间。

（二）进一步强化村民小组的自治能力建设，为完善村民自治搭建更加有力的组织架构

现阶段村民自治的提升，还需要进一步强化以村民小组为基础单元的自治能力建设，让行政村的村民自治有更为常态稳固的组织架构部件。鼓励有条件的地方，以村民小组为基本单元，搭建村民自治组织架构。研究如何增加对村民小组自治工作的支持力度，把村民小组工作人员的待遇补助纳入地方财政统筹，增强对村民小组工作人员的激励。制定村民小组长能力提升计划，对他们进行培训，让村民小组长切实成为村民自治的一线能手，成为沟通行政村自治和村民小组自治的有力桥梁，成为最基层村民自治的积极担当者和领路人。

（三）进一步健全农村治理体系，让村民自治健康发展

随着城镇化发展和新农村建设步伐的进一步加快，村庄发展将面临更加复杂多样的经济社会发展决策和各种新型的社会治理问题。为此，应当鼓励有条件的村庄，通过产权制度改造和管理体制变革，进一步探索多种形式的村庄行政管理与公共服务职能相分离、经济发展职能与社会管理职能相独立的新型农村治理体系。引导和规范农村各类新型社会组织参与到村民自治框架中，扮演好村民自治决策的协商协调等辅助补充角色。

广东清远"自治下移、服务上浮、治管分离"的调查与思考

冯明亮　　何宇鹏　　叶兴庆

随着我国城镇化和城乡基本公共服务均等化进程加快，农村常住人口数量不断减少，公共财政覆盖农村的广度和深度不断提高，村庄治理格局正在发生变化。据统计，2000～2012 年，全国行政村减少了 14.6 万个。大规模的村庄撤并以减轻农民负担、降低农村社会管理和公共服务的行政成本为出发点，取得了显著成效，但对村庄内部的自治因素重视不够，使得一些地方出现了村组关系和基层干群关系紧张的局面。为了解决在农村加强公共服务网络建设和更加有效地开展村民自治之间载体不对称的矛盾，广东省在部分地区试点开展以"自治下移、服务上浮、治管分离"为主要内容的乡村治理模式改革。最近，我们对清远市进行了调研。清远市改革试点的基本思路是：将村民自治的重心下沉，缩小村民委员会设置半径，以 1 个或几个村民小组为新的自治单元、设立新的村民委员会；将原先村委会承担的自治功能与社会管理和公共服务职能分离，将原行政村的村委会改造为乡镇政府的派出机构、承担社会管理和公共服务职能，缩小半径以后的村民委员会集中精力承担村民自治事务。这一改革探索对于完善乡村治理结构具有重要现实意义。

一、清远市为什么要推行"自治下移、服务上浮、治管分离"

清远市地处广东省东北部，总面积 1.9 万平方公里，总人口 410 万，是广东省地域面积最大的地级市。清远也是广东相对欠发达区域，2014 年人均 GDP 在全省 21 个地级市中排名第 16 位，不足全省平均水平的一半，农村在清远的发展全局中仍然举足轻重。

为减轻农民负担、降低农村社会管理和公共服务的行政成本，清远市自 2000 年以来经历了多轮村庄撤并，行政村数量从超过 3000 个减少到目前的 1022 个，下辖村民小组 18707 个。撤并后，平均每个行政村人口数量超过 3000 人，下辖 18.3 个村民小组。在面积大、小组多、人口众的情况下，行政村的村民委员会作为村民自治组织，其自治活动面临着一系列突出问题。

第一，规模过大的行政村难以有效开展自治。村庄撤并后，清远有些行政村辖区面积达到 50 多平方公里，部分行政村人口规模超过万人。最大的行政村有数十个村民小组，而村干部仅有 7 名。由于村委会委员数量少于村民小组数量，无法做到每个村民小组都在村委会里有本组的代表，严重影响了村委会的公信力，村干部难以有效管理村务，村民缺乏有效参与渠道。在规模过大的行政村开展自治，或因协调成本高流于形式，或因决策参与低隐患很多，难以形成良性的民主治理机制。

第二，以规模过大的行政村为单位组织的部分公共设施和服务建设难以实现共享，加剧村组间和小组间的对立。清远一些山区的行政村里，各自然村呈散点状分布，入自然村道路和田间道路、路灯、村庄环境整治等公共服务设施建设，具有"俱乐部品"属性，共享主体是自然村内的成员，难以在全行政村范围内共享。因此，建什么、何时建、谁来建等问题，通过行政村来组织协调，在不同村民小组间很难取得共识。特别是自治按多数票决定的原则，容易产生大组对小组的票决歧视，不利于人口规模小的村民小组。而按需决定，又缺乏民意共识，难以推进。

第三，村委会的行政职能与自治功能之间也存在冲突。在清远市，村委会承担的行政职能包括计生管理、扶贫、殡葬改革等 13 个大项，每一项都列入绩效考核，考核结果影响村干部的绩效报酬，而在自治方面却缺乏硬性约束。每个村委会仅有 5~7 名村干部，往往疲于应付行政职能，没有能力有效开展自治。村委会职能定位不清，重行政管理、轻村民自治，成为乡村治理中普遍存在的问题。

为解决上述问题，清远市试点将村民自治下移、剥离村委会的社会管理和公共服务职能。这一改革探索，对解决行政村规模过大导致的村民自治载体与农村传统生产生活利益共同体不匹配的矛盾，实质推进基层民主，发挥了明显作用。

二、清远市"自治下移、服务上浮、治管分离"的主要做法

2012 年 11 月清远市发布《关于完善村级基层组织建设推进农村综合改革的意见（试行）》，提出以创新农村社会治理模式、创新农村生产经营模式、创新农村基层党建模式为途径，进一步加强村级基层组织建设，深入推进农村综合改革。从 2013 年开始，在英德市西牛镇、连州市九陂镇和佛冈县石角镇开展试点，探索推进村委会规模调整，将现行"乡镇—行政村—村民小组"的乡村治理架构调整为"乡镇—片区（原行政村）—村（缩小半径、在一个或几个村民小组基础上设立村委会）"的乡村治理架构，从而实现"自治下移、服务上浮、治管分离"。

（一）缩小自治半径，重新设立村民委员会

在原行政村下，以 1 个或若干个自然村或村民小组为单位重新设立村民委员会。以总人口 5.4 万人的英德市西牛镇为例，在改革之前，该镇下辖 12 个村委会和 1 个居委会，共 302 个村民小组。改革后，将 302 个村民小组调整为 130 个村民委员会，相应建立 130 个村党支部，平均每个村委会覆盖的村民人数从近 4000 人减少为 400 人左右。3 个试点镇共建立了 390 个新村委会，取代 42 个原村委会。

试点地区各村民小组如何整合才能有效推进自治，需综合考虑历史渊源、地理关联、利益基础和族群关系等因素。在村民自愿、充分协商的前提下，决定本村民小组是单独组织村委会还是与同一自然村的其他村民小组共同组织村委会。村民委员会的范围调整需经过多个程序。

一是调查摸底，各试点镇对拟调整村的基本情况进行全面摸底，对村民委员会调整范围进行研究。二是制订方案，由试点镇人民政府提出村民委员会的设立、撤销、范围调整方案，明确新设立村委会的名称、所辖村民小组名称、管辖面积、户数、人数、办公地址、调整后村委会的经费渠道和原村集体"三资"处置、工作人员安置等内容。三是民主表决，调整方案通过村民会议讨论表决，并将表决情况和调整方案进行公示。四是报请审批，村民会议表决通过后，各乡镇（街道）将调整方案向县级民政局上报审核，报请县（市、区）政府批准。五是组织实施，县级政府批准后，由乡镇（街道）做好被调整村委会、村民小组的成员和工作人员安置工作，处理好村集体"三资"、村档

案移交、收缴封存印章等工作。六是建章立制,制定并完善村民自治各项规章制度,健全村务、财务公开制度。

在村委会的组成上,试点地区的村委会通过"双直选"的方式民主选举产生党支部和村委会班子成员,村委会的组成仍然按照《村民委员会组织法》设置。到2014年3月,3个试点镇顺利完成了村级"两委"换届选举,党组织书记、村委会主任"一肩挑"的比例为85.4%,"两委"成员交叉任职比例为80.7%,均超过广东省委提出的"两个80%"的目标。

调整后的村委会,完全成为村民自我管理、自我服务、自我教育和自我监督的自治组织,其职能主要是办理本村的生产发展、村庄规划、矛盾调解、政务协助、民意表达、村容整治等村民自治事务,引导村民依法依规制定村规民约,提高自治水平。

(二)在乡镇和村委会中间,设立片区社会综合服务站

在乡镇以下,按照面积、人口等因素划分若干片区建立社会综合服务站。试点地区基本按原行政村划分片区,服务站即由原村委会改造而来。原村委会的主要成员成为片区社会综合服务站的工作人员,不足人员向社会公开招录。采用"镇—片区—村"的治理模式后,英德市西牛镇在原有的13个村(居)委会的基础上建立了13个片区服务站。

片区社会综合服务站是乡镇的派出机构,主要承担上级政府部门延伸到村级的党政工作和社会管理事务,内容包括从供销生产到便民生活等8大类、108项服务职能,日常业务涵盖上级党委政府交办或群众委托代办的事项,以及农技、农资、农机、供销服务和卫生医疗服务、金融服务、电子商务、生活超市等。

(三)理顺基层政府与自治组织之间的关系

改革后,片区社会综合服务站作为政府的派出机构承担了原村委会的行政职能,新村委会主要承担原村委会的自治事务。这样,就将村庄的自治功能和基层政府的服务职能实现了分离,自治下移到了半径更小、村民关系更加紧密的新村委会。在新村委会与乡镇政府的关系上,清远市探索建立政府工作入村准入机制。政府部门新增需由村级基层组织承担的工作,按照"权随责走""费随事转"的原则,赋予相应职权和拨付专项经费。市县财政统筹安排"一事一议"奖补项目资金,为村办理公益事业提供支持,同

时引导乡镇加大对农村的公共财政投入和资源整合力度，鼓励条件成熟的乡镇统筹农村社会治安管理和环境卫生治理。

三、清远市"自治下移、服务上浮、治管分离"改革
取得的成效与面临的挑战

（一）初步成效

2014 年 7 月，清远市出台了《关于提高农村组织化水平进一步深化农村改革的实施意见》，将试点镇增加到 24 个。非试点镇也要选取试点村开展改革探索。按照安排，这一改革将在 2017 年全面铺开。

从 3 个试点镇两年来的运作情况看，改革探索产生了明显效果。

第一，有效调动了村民参与自治的积极性。由于自治体的边界缩小，自治体成员的身份意识更强、相互关系更加紧密，激发了村民参与村集体公共事务的热情。有村民表示："以前是政府要我们干事，现在是我们干自己的事。"村民更加主动参与到村庄公共设施建设和公共事务管理，公益事业组织开展和筹资筹劳的难度降低，集体行动的共识基础和组织能力显著增强。如西牛镇新城村，2014 年农民主动整合全村的种粮农民直接补贴资金共 4 万元，全部投入农田基础设施建设；河湾村自筹资金 100 多万元，用于建设文化室和新祠堂。有的村庄因为距离本乡镇建成区远、离邻县城区近，现有按行政区划配置资源修建通乡通镇公路的规划安排与村民实际需求并不一致，通过村民大会议决，自筹部分资金、并争取一部分政府补助，修建了通往邻县城区的道路，以自治促进了决策的民主化和科学化，使公共服务决策更具民意基础，更符合村民实际需要。

第二，有效化解了村庄内部矛盾。缩小半径后选举产生的村委会成员在村庄中能够借助乡村内部的社会关系网络和传统伦理规范进行纠纷调处，更容易得到信任，协调能力更强。3 个试点镇 2014 年第一季度的信访案件同比分别下降了 40%、40% 和 80%。其中，英德市西牛镇 2012 年曾因上访问题被全市通报批评，自开展试点以来，实现了全镇"零上访"；禾湾村在新的村委会协调组织下，有效化解了持续多年的山林纠纷。

第三，有效加强了党委政府的方针政策在农村的落实。以往农村政策在落实过程中，一旦涉及利益调整，往往面临较大障碍。即使是好的政策，在推进时也困难重重。

随着自治机制的充实，试点镇在推进美丽乡村建设、涉农资金整合、土地适度规模经营、加强集体"三资"管理等方面，能够获得多数村民的支持，并通过村庄内部的沟通和谈判化解阻力，最终达成共识。如西牛镇新城村通过村民自治机制"互换并地"，将农户承包耕地由分散细碎整合为聚集大块，提高耕作效率和土地产出率，且土地整合后新增的耕地由集体发包，增加了集体收入。在村容整治、环境治理等方面，自治机制都发挥了积极作用。

第四，有效协调了自治管理与行政管理之间的关系。改革后，村委会的基本功能就是自治，与上级政府之间的关系进一步理顺。一方面，上级政府更加放手让村民自我管理，选举公开竞争、民主性强，乡镇政府的主要职责是监督其依法产生、依法活动，直接干预大大减少。另一方面，通过村民自治机制容易达成村民发展农村公共事业的集体行动，政府通过财政奖补、专项经费等提供配套支持，使得基层政府与农村社会之间的合作关系进一步增强。

（二）新的挑战

一是自治组织运行成本增加。随着村民自治下移，村委会数量急剧增加。仅在3个试点镇，村委会数量就增加了8倍。一旦全市全面铺开，村委会数量将数倍增加，政府财政难以按照现行的做法，负担起数量庞大的村委会人员补贴开支和运行管理费用。如何维持村委会的运转，对于农村集体经济并不发达的清远市来说，成为实行自治下移的关键问题。

目前在试点中，政府不为新的村委会干部提供补贴。在选举中当选的村干部是社区内的成员，有"为自己人办事"的成就感，还没有提出工资或误工补贴的要求。清远市政府提出壮大集体经济和政府购买服务的办法，试图解决村委会运行成本问题。效果如何，还有待实践检验。

二是农村能人短缺。随着农村劳动力大量流入城市，农村能人也越来越短缺。随着村委会数量增加，一些地方出现了村干部短缺和班子配备整体素质不高的问题。如西牛镇新一届村"两委"班子成员中，初中及以下学历的约占90%。农村党员比例不高，也使得选举产生的村干部中党员比例下降。

三是如何实现基层政府对村民自治的有效指导和管理有待探索。村委会从选举到运作，完全体现了自治的色彩，这也使得一些基层党委和政府对村民自治心存忧虑，担心其选择性接受政府下派的任务。诸如执行计划生育政策等在农村"得罪人"的事务，村委会有可能推诿。村委会是否有权拒绝接受上级政府的任务安排，如何确保村委会在自治的过程中不损害政府行政的效力等，需要认真研究。

四是宗族势力影响扩大。自治下移后，在借助传统社会网络力量的同时，也在扩大宗族势力的影响。试点中发现，同姓氏人口多、有较强组织能力的宗族，往往不愿意与其他姓氏共同组建村委会，提出要独立成立村委会。一些宗族人口少的群体，没有村组愿意接受合并。在村庄治理中，出现了宗族事务与自治事务混杂的问题，如村委会提出筹资建祠堂，造成村庄内部的大姓与小姓的矛盾增加。

四、完善村民自治机制的政策建议

（一）综合考虑各地实际调整村民自治半径

推行自治下移，应综合考虑各地实际情况和村民实际需要，充分尊重民意，依法有序推进。从清远试点看，自治下移需要满足以下条件：一是原行政村的村民小组数过多，原村委会组成的民意代表性不足，达成共识难，决策成本高，不利于自治；二是原行政村面积过大，各村民小组分布散、距离远、自成体系，公共服务设施建设难以在全村共享，投票多数决定原则易造成组际对立；三是村民小组是土地等农村集体资产的实际所有者和发包方，长期形成的村民利益格局相对稳定。

（二）明晰村民自治和政府行政的边界

通过试点探索，在法律上进一步明晰界定村民自治功能和政府行政职能的边界。政府要承担农村属于"公共品"的基本公共服务提供职能，包括教育、卫生、社保和连接性基础设施建设等。自治组织要承担本地属于"俱乐部品"的公共事务管理和公益事业服务职能，包括集体资产管理和收益分配、村内和田间道路建设、沟渠治理、村容整治、纠纷调解等。创新基层社会共治模式，部分政府延伸职能，如社会治安、计划生育、环境保护、生产计划等，可以通过专项资金、财政奖补、购买服务等激励方式，委托自治组织履约完成。

（三）加强村民自治能力建设

增强村民自治能力，始终是有效实现村民自治的必要条件。要加强对村民自治的引导和规范，确保村民自治始终在法治的轨道上推进，对农村黑恶势力和族霸等垄断自治权力、破坏村民民主自治的做法，必须依法严惩。鼓励农村精英留乡、返乡，吸引更多能人参与村庄治理。将村庄管理人员培训纳入农村实用人才培养计划，为自治能力的提升奠定人才基础。

河南省新乡市新型农村社区治理调查

冯明亮　叶兴庆

近年来，一些地方在推进城乡发展一体化的过程中，把新型农村社区建设作为切入点，引导一定地域范围内的农村居民向新的定居地聚居，在此基础上形成新的生活共同体，并参照城市社区标准进行规划建设、提供管理服务。最近，我们对河南省新乡市新型农村社区建设作了专题调研。调研发现，新乡市的新型农村社区建设正在按照区位优势、群众入住意愿、建成规模等因素，分阶段分类推进。新型农村社区建设显著促进了农村人口集聚，对节省村庄建设用地、提高农村公共服务规模效益、发展农村第三产业、改善农村人居环境、提高农民生活质量具有重要意义。但在新型农村社区的法律地位、社会融合等方面还存在一系列深层次问题，特别是在政府的社会管理和公共服务职能、社区居民的自治功能、集体经济组织的集体产权管理职责三者之间，缺乏清晰的边界，错位、越位、缺位问题突出。新型农村社区的治理架构还需进一步完善。

一、新乡市新型农村社区建设基本情况

作为全国农村改革试验区和河南省统筹城乡发展试验区，新乡市将新型农村社区建设作为城乡发展一体化的切入点和统筹城乡发展的抓手。自2008年以来，全市共启动了272个新型农村社区建设，完成各类资金投入363亿元，完成建房3995万平方米，入住农户12.6万户，拆迁旧宅基地6.5万亩，复垦或恢复土地生态面积2.8万亩。按照规划，到2020年，已启动的272个新型农村社区将基本建成。

新乡开展新型农村社区建设，主要基于以下两个核心因素。

第一，村庄原有的房屋建设缺乏规划引导，农户超标占用宅基地的问题比较普遍。

通过发展农村新型社区、加强社区建设规划管理，不仅能够解决农户住房建设混乱问题、改善农村人居环境，也能够节约土地资源，并通过拆旧复垦、土地指标交易为农村建设筹集资金。以新乡市下辖的卫辉市为例，该市焦庄社区、倪湾社区、四和社区人地挂钩节余的建设指标交易了865.75亩，实现指标收益1.65亿元，有效缓解了农村建设投入不足的问题。

第二，原有的村庄空间布局和人口居住分散，在公共管理和服务的供给上效率不高。且随着城乡人口流动加剧，一些村庄日趋空心化。要统筹城乡发展、落实城乡基本公共服务均等化的要求，有必要促进一定地域范围内的农民向中心区聚居。

新型农村社区建设，按照"规划引导、群众自愿、尊重规律、分类指导、趋利避害"的原则，综合考虑自然生态、群众生活习惯、聚集人口规模等因素，一般为3~4个行政村向1个新型农村社区聚集，平均每个新型农村社区的人口规模可达数千人。如卫辉市将全市357个行政村规划为100个新型农村社区。各地根据自身实际，探索了"城市扩张模式""工业带动模式""小城镇带动模式""拆迁安居模式""新村完善模式""旧村改造模式""村庄整合模式"和"服务共享模式"等不同建设方式，将新型农村社区建设与城镇化、产业园区、土地规模经营等有机结合。

社区基础设施和公共服务设施的建设也同步跟进，并整合涉农项目资金作为建设投入的重要来源。如卫辉市在实际启动建设的39个新型农村社区中，已建成社区道路120公里、雨污管网铺设190公里，完成社区绿化面积8万平方米，栽植绿化树种近4万株，安装太阳能路灯900余盏，建成社区学校12所、综合服务中心14座、污水处理园11个。

在引导农民向新型农村社区聚集的同时，各地还采取措施加快当地经济发展，将新型农村社区建设规划与县区、镇区和产业集聚区的发展规划对接，为新型农村社区的农民到附近产业园区就业、实现就地就近转移创造条件。如卫辉市焦庄社区投资260万元，利用拆旧土地建成30座蔬菜温室大棚、10座拱棚；投资200万元，建设1座占地13亩，集育苗、有机蔬菜种植、观光采摘为一体的高效智能温室大棚；投资190万元，建成占地30亩，集养殖、休闲、垂钓为一体的人工湖。在卫辉市城郊乡和流庄乡，还建设了农民创业园，为返乡农民工创业提供平台。

二、新乡市新型农村社区是如何治理的

随着新型农村社区建设的推进，新乡市在 52 个重点社区开展了农村社区管理服务体系探索创新，初步建立起了一套不同于传统村庄的治理架构。由于农民向新型农村社区聚居需要较长的过程，而且土地承包、集体资产管理等财产权利和制度安排并没有改变，目前新型农村社区的治理架构与原行政村的治理架构同时存在。

（一）新型农村社区的治理体系

2010 年以来，新乡市相继下发了《关于构建城乡统筹的基层党建新格局的意见》《新型农村社区组织管理建设实施细则（试行）》等文件，指导新型农村社区建立起"四委一中心"的治理架构，即社区党总支委员会、社区服务管理委员会、社区居民代表委员会、社区监督委员会和社区服务中心。

社区党总支的职责包括：宣传和执行党的路线、方针、政策和国家法律法规以及上级组织和本组织的决议；讨论决定本社区建设、管理中的重要问题；领导社区服务管理委员会和群团组织；加强党组织自身建设；抓好社区精神文明建设和社会治安、计划生育等工作，化解社会矛盾，维护社会稳定。社区党总支成员一般 3~7 名，社区党总支书记由乡镇机关干部或中心村党组织书记担任，支部委员由原各行政村党支部书记担任。

社区服务管理委员会的职责包括：接受社区党组织领导和乡镇政府指导，完成上级布置的各项任务；负责召集居民会议和居民代表会议，并报告工作，组织落实会议决定；组织社区居民发展经济，做好协调服务工作；管理集体所有的土地和其他财产；兴办农田水利、交通道路、文化教育、社会福利等公共事务和公益事业；做好救灾、救济、低保、就业、养老保险等社会保障；协助政府做好计划生育、社会治安、民事调解等工作；开展精神文明建设活动。社区服务管理委员会由主任、副主任和委员共 3~5 人组成，主任一般由社区党总支书记兼任，副主任和委员由原各行政村的村委会主任担任。

社区居民代表委员会是社区居民参与社区事务管理的群众组织，职责包括：讨论、民主决定并监督本社区的重大事项和重要决策；监督社区服务管理委员会开展工作情况；监督社区干部、驻村服务机构工作情况；反映居民的合理意见、建议，督促社区服务管理委员会、驻社区服务机构及时办理。社区居民代表委员会由社区居民每 5～15 户推选 1 名代表，同时吸收驻区人大代表组成。委员会设主任 1 名，由本社区内威信高、参政议政能力强、组织协调能力强的社区居民担任。

社区居民监督委员会是独立行使监督权的社区监督机构，主要职责包括：监督居民大会和居民代表大会形成的决议执行情况，社区干部履职情况；监督落实"四议两公开"工作法和社区重大事项民主决策情况；监督社区居务公开和党务公开情况；监督社区财务管理、集体经济合同和项目招投标情况；监督居民代表大会或居民大会授权的其他事项。社区监督委员会一般由 3～5 人组成。

按照"政府推动、功能整合、职能下沉"的理念，社区内还建立了服务中心。社区服务中心承担了党建、生产经营、公共事业、综合治理、社会保障、计划生育和文化体育 7 大类 40 多项服务。目前，在全市 52 个重点社区中，已建成 46 个社区服务中心，28 个党政部门已进驻社区开展服务。

此外，还在新型农村社区成立了红白喜事理事会、老年协会、关爱留守儿童协会等社区群众组织和农民专业合作社，发挥移风易俗、尊老爱幼、和睦邻里以及增收致富等作用。

（二）新型农村社区的治理机制

在新型农村社区内部，各种治理组织在运行中相互协作、配合。在社区事务的决策方面，建立了农村社区事务管理协商机制，社区党组织定期召开党组织、社区服务管理委员会联席会议，讨论决定社区建设、管理中的重要问题。深化拓展"四议两公开"工作法，实行社区党组织提议、社区两委会商议、党员大会审议、社区居民代表大会决议，决议结果公开、实施结果公开。在社区组织的管理考核上，建立了社区组织任期目标践诺制度。社区党组织、社区服务管理委员会分别制定 3 年任期目标和年度工作目标，经党员大会讨论后分步实施，年底和任职期满接受群众评议。

新型农村社区治理架构与原有乡村治理架构双轨运行。一方面，人员交叉兼职，社区管理机构吸纳了基层政府和村庄组织的管理人员和工作人员，为其顺利运转创造条件。如社区党总支书记由乡镇机关干部或中心村党支部书记担任，总支委员由各村党支部书记担任；社区服务管理委员会的主任由党总支书记兼任，副主任由各村村委会主任担任。以新乡县古固寨镇祥和社区为例，该社区共有干部 25 人，其来源分别为镇干部 6 名、村干部 18 名、大学生村官 1 名。另一方面，在职能的配置上，基层政府、社区组织和行政村组织各自承担一定职能。公共管理和基本公共服务事项主要由基层政府负责。如祥和社区的治安管理和绿化管理由镇政府每年各提供 5 万元经费，垃圾收集则由县财政出资承担。社区组织主要负责本社区的建设规划、引导村民入住社区、管理社区内的门面房等公共资源、管理社区物业，以及低保、社保、养老、五保户管理服务等社会保障相关工作。原村庄组织则负责管理各村的债权债务、集体资产、各自村庄的农田灌溉、民事调解等事项。由于村民完全集聚到新社区需要较长过程，且即便完全迁入了新社区，仍然受原有的集体产权制度和村内社会关系的影响，村庄原有的组织仍然需要发挥作用。

三、新乡市新型农村社区治理的成效和问题

（一）新型农村社区治理取得的效果

从新乡情况看，新型农村社区建设提高了农村人口的聚集程度，提高了农村建设水平，在统筹城乡发展、繁荣农村经济等方面搭起了有效平台，促进了公共服务覆盖到农村、基础设施延伸到农村。

一是农村建设的规划管理水平明显提高。传统乡村治理中，村庄、农房建设缺乏有效约束，杂乱无章。而在新型农村社区建设中，突出规划引导。在农民房屋建设上，更加规范、组织化程度更高，可以做到"建一次房管三代人"，避免了以往农民自行建房"一代人建三次房"所导致的资源浪费。农户住房的占地严格按照规划管制实施，改变了以往农户住宅超标占地的情况，节约出来的土地经过复垦或恢复生态，又为发展农村现代产业创造了空间、为增加农村就业提供了机会、为农村建设筹集到资金。在基础设施建设上，可以将政府原来分散到多个村庄的投入整合使用，提高了农村社区的基础设施建设水平。

二是农村基本公共服务效率明显提高。人口集聚提高了公共服务的规模效益，在有限的公共财力约束下，能够有效地提高服务效率和服务水平。新型农村社区在医疗、治安、环卫、道路交通等公共服务方面，与城市的差距明显缩小。突出表现在社区内公共

服务的供给更加便捷，依托社区服务中心，基层政府各职能部门将服务向社区延伸，就近满足居民的公共服务需求。目前，新乡市 52 个示范社区"民事社区办"工作已全部开展，社区居民可就近办理户籍、就业培训、养老保险、低保等事项。

三是农村自组织能力明显提高。在全市新型农村社区建立起 1.8 万余人的志愿服务队伍，服务性、公益性和互助性的社会组织不断壮大。这些组织积极参与协助做好社区建设、社区管理、房屋拆迁、矛盾调处、反映社情民意、便民服务代理等工作。按照"谁投资，谁受益"的原则，引导和鼓励社会资本在社区投资兴办公共事业。引导金融、邮政、电信等机构在社区设立网点，"万村千乡"市场工程优先进入社区，同时鼓励企业和个人兴办农资超市等提供便民服务。

（二）新型农村社区治理面临的突出问题

第一，现有的财政资金和项目管理体制不适应新型农村社区的发展。由于国家和河南省在对基层组织和农村建设项目的转移支付上，普遍与原行政村数量直接挂钩，国家项目资金根据村庄数量而非村民人数进行分配。新型农村社区作为原有村庄体系之外新成长起来的农村组织平台，社区组织目前在法律上还没有明确定位，很难适应这一管理体制。一方面，为了保证原来村庄所获得的财政投入不减，新型农村社区不愿意向民政部门申报原有村庄撤销、合并为一个整体。另一方面，项目申报要落实到具体村庄，而新型农村社区在财政管理体系中没有"户头"，这就使得新型农村社区要申请农村和农户公共设施建设类的项目，只能以原有村庄的名义进行，导致相关项目名实不符。

第二，缺乏集体产权制度改革相配套。将原来分散在各村的农民整合到新型农村社区，不只是要改变其生活空间，也涉及其原有的财产权利关系。农村土地等集体资产的所有者是原来的村民小组或行政村范围内的"成员集体"，合并聚居后，集体产权的权利主体、集体成员边界没有改变。在这种产权制度下，与原来的村庄相比，新型农村社区的居民缺乏共同的财产权利关系、利益联结不够紧密，难以真正实现整合和共同发展。这也直接影响到村民对社区事务参与的积极性，也不利于利用各村的集体经济收入发展社区公益事业。

第三，社区内的社会融合难度较大。传统村落是在长期历史演变中形成的，在土地集体化之前，村庄内部主要靠宗亲关系等维护。来自不同村落的农民即便聚居到新型农村社区，其原有的社会网络短期内很难改变。在新乡县古固寨镇祥和社区调研时，我们了解到，初期迁入该社区的农民是随机选房的，后来呈现明显的"扎堆"现象，来自同一村落的农民往往"抱团"、要求聚居在同一栋住宅楼。这使得新型农村社区内的派系增加，公共讨论和决策的复杂性提高，加大了社区治理的难度。基层干部表示，一旦进行居民自治选举，各村庄的派系动员可能会加剧社区内部的社会裂痕。

四、完善新型农村社区治理的建议

2014 年和 2015 年的中央 1 号文件都对完善新型农村社区治理提出了明确要求。目前新型农村社区的治理架构还不成熟，有些地方社区整合程度较高、发展到了以社区为基本单元开展村民自治，有些地方的新型农村社区仍是一个松散的"联盟"、主要靠政府的力量维系社区的运转。新型农村社区作为农村人口聚居的一种新形态，迫切需要建立健全治理机制、提高治理水平。

一要明确新型农村社区的平台地位。新型农村社区建设已在河南、山东、浙江等地开展，日益成为这些地方乡村治理的重要平台。建议国家在法律层面和政策层面明确其定位，为新型农村社区"报户口"，研究探索新型农村社区的村民选举、党组织设置、政府公共服务机构延伸等问题。调整完善国家建设项目管理体制和财政转移支付机制，改变现行按行政村数量安排经费的办法，使新型农村社区能够顺理成章地得到国家资金项目的支持。

二要明确新型农村社区治理架构中各主体的职责边界。与传统村落相比，新型农村社区更接近城市社区，其公共设施和公益事业具有更强的公共品属性，政府应承担更多的责任。与城市社区相比，新型农村社区仍属于"农村"范畴，在城乡二元体制没有最终退出历史舞台之前，新型农村社区的部分公共设施和公益事业仍然要靠村民自治的方式来解决。有鉴于此，在新型农村社区的治理架构中，应对政府、社区自治组织、原行政村自治组织、原行政村或村民小组集体经济组织各自所起的作用进行清晰界定。

三要推进农村集体产权制度改革。原行政村或村民小组范围内的"成员集体"的继续存在，不利于新型农村社区"生产共同体"功能的发挥，也不利于实现新型农村社区居民的高度融合。可考虑在处理好各村（组）集体债务的基础上，将各村（组）土地等资产按原集体成员量化到人，以新型农村社区为基本单元实行土地股份合作制、组成新的集体经济组织。

第三部分　**精准扶贫**

新时期扶贫开发的问题、挑战与建议

叶兴庆　程　郁

"十二五"以来，我国扶贫开发工作取得巨大成效，2010～2014年在新的扶贫标准下，我国共计减少贫困人口9550万人。但到2014年末我国贫困人口仍有7017万人，贫困成为我国全面建成小康社会的最大"短板"。近日，我们在贵州省进行扶贫调研时发现，减贫效果日益递减、特困地区基础条件落后、扶贫政策无法全面覆盖、部分扶贫政策落实难等问题制约着扶贫开发工作的深入推进。确保2020年贫困人口如期脱贫面临着巨大的挑战，需要采取超常规举措。

一、总量扶贫目标的实现不能有效保证贫困程度的削减

《中国农村扶贫开发纲要（2011-2020年)》（以下简称《纲要》）的政策目标是以贫困地区来确定，无法反映出贫困地区内部的结构性差异。在省和县级层面2015年主要目标的中期完成情况都比较好，但真正落实到贫困村的实现程度就会比较低。

一是贫困县的经济和收入增长速度不能代表贫困村的发展情况。《纲要》总体目标是贫困地区农民人均纯收入增长幅度高于全国平均水平，但以我们调查的平塘县和雷山县为例，2010～2014年农民人均纯收入年均增长速度分别比全国高4.39和5.72个百分点，但平塘县贫困村农民人均纯收入年均增长速度则比全国低4.2个百分点，雷山县调查的贫困村农民人均纯收入年均增长速度也仅比全国高2.3个百分点。

二是总体的贫困人口减贫数量也不能反映贫困村的减贫程度。即使在同一贫困地区，不同贫困村的贫困程度存在较大差异，减贫效果主要反映在条件相对较好的贫困村。2011～2014年，贵州省减少农村贫困人口526万人，减贫比例45.78%，平塘县和

雷山县减贫比例也分别为 44.97% 和 43.69%。但从调查的贫困村来看，相当大部分贫困村的减贫效果不理想。2 个县 78 个村级有效调查样本的减贫比例只有 22.88%，只有 14 个村的减贫幅度超过 40%，仅占到了有效调查村总数的 17.95%，甚至还有 7 个村存在贫困人口不降反增的问题。

三是基础设施的通村率和保证率不能反映贫困村的真实现象。建制村道路通村率是以到达或贴近行政村为标准计算的，因此从数字上看贫困地区行政村道路通村率达到了比较高水平，平塘县和雷山县建制村道路通村率分别达到了 73.55% 和 87%。但实际上，大量的村民小组都没有硬化道路，调查的贫困村 1135 个村民小组中，只有 464 个村民小组通了硬化道路，仍有 40.88% 的村民小组没有通硬化路。同样，由于缺乏对安全饮水状况的普查，安全饮水的解决程度是以安全饮水工程计划的完成程度来衡量，不能反映贫困地区饮水安全的真实情况。贵州省农村居民安全饮水计划完成了 81.73%，但现实中仍有大量的农村贫困人口无法实现安全饮水。比如，平塘县 69 个贫困村仍有 14769 户不能解决安全饮水问题，占到总户数 41.66%。

二、强扶贫激励约束可能诱致"指标化"减贫

在习近平总书记对扶贫工作的高度重视下，扶贫工作已成为贫困地区的首要任务，日益强化的扶贫考核压力和绩效奖励可能诱致非合理性的"指标化"减贫。当前由于农户收入调查存在困难，对贫困人口的识别是采取总量规模控制和规模逐级分解的做法，过高的目标任务和过强的激励约束会导致人为压低贫困人口指标规模。特别是不同地区的贫困广度和深度是有差异的，指标分解的方式使得极度贫困地区大量贫困人口因"指标化"脱贫的需求，而丧失了扶贫政策和社会保障支持。

为实现《纲要》要求的"农村社会保障和服务水平进一步提升"，贵州省出台了《贵州省城乡低保减量提标方案》，提出"要在 2020 年农村低保标准与扶贫标准'两线合一'达到 6200 元（1000 美元），全省农村低保保障人数减至 213 万人"，并对各地区调减数量作了明确要求。这样的政策虽然有很好的初衷，但目标考核的压力导致了任务指标的层层分解，低保指标下调导致实际覆盖面过快下降，使得一些尚未真正实现收入提升的困难农户"被退出低保"。

实际上，不同贫困村的贫困程度和低保保障程度是有差异的，既存在低保指标过高

的村，也存在低保指标不够的村。比如，我们调查的 88 个贫困村，22 个村（占 25%）享受低保的人数低于本村实际需要低保人数，48 个村（占 54.54%）是低保指标刚好满足需求，18 个村（占 20.45%）享受低保人数高于实际需要低保人数。但在低保减量指标分解时并未充分考虑这样的差异，使得极度贫困地区的低保减量过快，导致大量生活困难人群陷入失保状态。平塘县克度镇金科村，因为生态自然条件恶劣，石漠化严重，耕地生产力低，有 400 多人在低保线之下，但 2015 年低保指标却从 2014 年的 640 人下降到了 128 人。雷山县丹江镇郎当村土地被征收导致一半村民缺乏稳定收入来源，低保线下的人口为 290 人，但低保指标却从 2014 年的 254 人调减至 237 人。为缩小村内矛盾，村里只有将不符合计划生育政策的低保户取消资格，但这些人可能因为人口负担率高而生活更加困难。

三、资金保障不足使得扶贫政策落实的效果不理想

尽管财政扶贫资金以超过 10% 的年均增长速度增加，2015 年中央财政安排扶贫专项资金 138.9 亿元，补助地方扶贫资金 460.9 亿元，但我国扶贫资金的缺口仍然很大，现有的支持措施还难以实现对贫困人口的全覆盖，从而使得部分扶贫政策的落实比较难、对最贫困人口的支持不足。

一是因资金投入不足，项目实施需要群众自筹资金，导致了部分扶贫政策实际上是逆向调节。易地扶贫搬迁和危房改造的中央补助不足，在地方无力配套的情况下，大量的资金仍需群众自筹，加大贫困家庭的负担。平塘县 2014 年扶贫生态移民搬迁要求群众自筹资金就达到 4279.45 万元，占到了项目总投资的 47.72%；雷山县 2011 ~ 2014 年扶贫搬迁工程总投资 20790 万元，群众自筹的资金规模达到 11202 万元（占总投资的 54%）。贵州扶贫搬迁每户至少需要拿出 5 万左右，这使得最贫困家庭无法搬迁出去，部分搬迁出去的贫困家庭也因为搬迁负债和丧失基本生活保障而陷入更加贫困状态，在所调查村中"易地扶贫搬迁村"贫困人口减少比例甚至不如"非易地扶贫搬迁村"。危房改造不仅补助资金不够，还要求先建后补，最贫困的家庭根本拿不出钱来垫资搞住房改造。同样，饮水工程由于缺乏运营资金的补助，使得边远贫困村的水费大大高于城镇水平，比如平塘县克度镇鼠场片区水价达到 3.8 元/吨（比正常水价高 1.2 元），一些更边远的村水价甚至高达 5 ~ 7 元/吨，大量贫困家庭因付不起水费而不敢用自来水。

二是基础设施投入不足，贫困县配套难导致工程延期现象普遍。交通、水利等基础设施建设，中央财政投入不足，在省级财政高负债支持下，仍需要县级配套 10% ~ 30%。在资金支持上中央没有考虑项目实际的投资需求，而是采取定额补助的方式，使得大量项目资金缺口很大。比如，省道改国道交通部只按 550 万元/公里补助，平塘县 312 省道改造就需要县级配套 3 亿元，而其本级财政年收入只有 2.91 亿元；中型水库建设中央只给予 2 亿元的补助，雷山县鸡鸠水库建设需要县级财政配套 1.97 亿元，而其本级财政年收入只有 1 亿元。基础设施项目配套成为贫困县难以承受之重，项目配套资金无法到位导致了大量的项目不能按期竣工。国家在贵州安排建设的骨干水源水库建设项目，2011 年开工并应当竣工完成的 20 个项目中，目前只有 2 个实现竣工验收。

三是集中投入的"整村推进"效果好，但因资金投入有限而覆盖面有限。仅按照每村 100 万元分散投入的方式，"整村推进"并不能取得很好效果，只有整合各部门资金协同投入才能取得很好的效果。因而，实际工作中很多地方是采取集中资金进行重点村打造或"整乡推进"的形式。"十二五"期间贵州省只有 42.22% 的贫困村纳入了国家"整村推进"计划，而在资金投入约束下需要集中投入达到效果的话，能够实际实施的"整村推进"范围就更小。比如，平塘县目前实际完成的"整村推进"只有计划的 35.48%。

四、产业扶贫存在与需求不匹配的问题

贫困县因为基础薄弱，难以从各部门推进的项目中获得发展资金。扶贫办虽掌握资金，但却缺少与需求方有效对接的平台，缺乏组织实施项目的专业能力和有力抓手，导致了很多项目不是当地农户所需要的、项目的要求不符合当地实际情况、项目的推进未能有效得到主管业务部门充分支持等问题。

一是项目投入缺乏延续性和互补性，难以形成有效的产业效益。扶贫办每年都在搞不同的新项目，缺乏对已发展项目的持续性扶持，各部门和定点单位扶贫也是各自推自己的项目，相互之间没有协调和互补，导致每个产业项目的效益都出不来。比如，雷山县山湾村反映，2013 年要求种 150 亩的核桃，2014 年又要求搞 200 亩的茶叶，但村里实际已经没有那么多土地来分别实施这些项目。如果要完成扶贫产业发展项目的指标只能进行套种，但会导致两者都达不到好的生长效果。

二是项目实施主体缺乏选择自主权，使得很多产业扶贫项目难以适应本地化生产而失败。按照扶贫专项资金的管理要求，农资超过 5 万元以上都必须要执行政府采购程序，但作为贫困农户无法了解和参入复杂的政府采购程序，一般只能由政府代为采购。而政府采购不允许指定品种，并遵循最低价格中标的原则，使得大量政府采购的产业扶贫种子、种苗、种畜（禽）等不符合当地生产发展的要求，也不是当地农户所希望种植（或养殖）的品种，不能有效调动农户生产积极性和促进其盈利增收。

三是项目支持重生产、轻市场，导致很多扶贫产业无法实现效益。产业的发展不仅需要对生产技能的掌握，而且更重要的是开拓市场和塑造品牌以有效地实现产品的价值，而这些是普通农户难以做到的，也是产业扶贫过程中一直被忽视的。因为缺少技能、劳动力和发展动力，一半以上的贫困人口没有能力实施好扶贫的产业发展项目。即使项目形成了一定的产出，却因为没有市场销售渠道，贫困户无法实现增收而极大打击了其参与项目的积极性。

五、政策建议

多年的扶贫努力已在基本面上解决了制约贫困地区发展的问题，剩余的贫困则是更深程度，存在着结构性差异和系统性约束，需要更有针对性、全部门和全社会统合性的政策支持。

一是扶贫目标设定需进一步精确化。扶贫目标不能仅看总量指标，而更需要关注到村到户的减贫情况，应以精准扶贫为基础制定精准化的减贫目标。

二是以收入核查为基础建立贫困人口的动态管理机制。民政、扶贫与统计部门定期联合开展低收入人群的专项调查，以收入核查为基础对贫困人口数据库进行动态更新，将收入降到贫困线以下的人群及时增补到贫困人口数据库，努力做到扶贫与低保政策的应扶尽扶、应保尽保。

三是加强对扶贫对象发展需求的综合调研和系统研判。搭建扶贫需求与扶贫资源对接的信息平台，形成供需双方有效的沟通互动，改变过去自上而下分配扶贫任务和派发扶贫资源的传统模式，建立以自下而上需求反馈为基础的、有针对性的扶贫资源协调配置机制，有效动员各部门、全社会资源形成互补性、接续性的支持。

四是以市场建设为核心突破口转变产业扶贫方式。应适度放宽扶贫资金支持的领域和范围，鼓励多样化的产业扶贫支持形式，从过去片断化的生产环节支持向产业链、产业生态系统支持转变。在扶贫产业生产布局的同时，需加强对销售渠道、品牌推广、物流保障以及产品与服务延伸等方面的支持，农业、林业、商务、旅游等部门需协同努力确保产业链的顺畅连接和价值链的有效实现。

五是加大资金投入保障贫困地区的扶贫开发建设。应按实际核算的建设、征地成本，提高中央对贫困地区危房改造、易地扶贫搬迁、以工代赈以及交通、水利等基础设施的财政补助比例，切实取消贫困县县级资金配套。支持贫困地区发行专项政策性地方债或由政策性银行给予长期性贷款支持，确保扶贫项目建设资金到位。

六是适度增加扶贫项目政府采购的灵活性。考虑地区生长的适应性以及对贫困地区特有品种和市场的保护，可准予扶贫项目采购的种苗、种子、种畜设定本地品种优先的条款。对于经过科学论证或实施地村民普遍认可适合当地发展的特色产业品种，可以在扶贫项目政府采购中提出特定的品种要求。对于生产季节性非常强的产品，为保证不延误最佳的种植或养殖时期，可适当简化政府采购程序、缩短采购的时间。

"十三五"做好扶贫工作的思考

金三林

"十三五"时期是我们确定的全面建成小康社会的时间节点，消除绝对贫困是全面建成小康社会的题中之意。全面建成小康社会最艰巨最繁重的任务在农村，特别是在贫困地区。必须按照习近平总书记的要求，努力补齐短板，科学谋划好"十三五"时期扶贫开发工作，确保贫困人口到 2020 年如期脱贫。

一、贫困人口仍然是全面建成小康社会的短板

从当前贫困形势看，"多、广、深"的贫困现状依然不容乐观。

贫困人口数量多。2014 年全国农村贫困人口为 7017 万人，全国贫困发生率仍然有 7.2%。其中河南、湖南、广西、四川、贵州、云南 6 个省份的贫困人口都超过 500 万人，部分省份的贫困发生率在 15% 以上。

贫困区域分布广。全国内地不仅有 14 个连片特困地区，除京、津、沪 3 个直辖市外，其余 28 个省级行政区都存在相当数量的生活在贫困线以下的群众。而且大多生活在生存条件恶劣、自然灾害频发、基础设施薄弱、社会事业落后的地区。

贫困程度依然深。贫困人口中，家庭收入普遍低。2014 年国家扶贫开发重点县农村人均可支配收入只有 6610 元，比全国农民低 3879 元。而且存在较大规模的绝对贫困现象。疾病导致贫困的为 42.2%，因残致贫的占 5.8%，缺劳动力的有 16.8%。扣除重合因素，失能（失去劳动能力）和半失能人口有近 3000 万人，而且主要集中在约 1000 万贫困家庭中。这些家庭收入基本靠低保、养老金等政府补贴，无法维持正常生活。

扶贫难度空前加大。经过几十年的开发式扶贫，能减贫的大多都脱贫了，剩下的脱

贫难度很大,"减贫效应"逐年递减,减贫人数从 2011 年的 4329 万人,下降到 2014 年的 1232 万人,逐年大幅下降。剩下的贫困人口中,除了上述失能人口,老弱危特征明显,60 岁以上的占 21%,小学及以下文化程度的占 54%,危房户占 21%。扶贫开发难度极大。

二、"十三五"做好扶贫工作的挑战

当前某些扶贫政策不适应、不协调、不聚焦的问题还比较突出,各项扶贫措施的整体精准性较差,失能人口等绝对贫困群体脱贫压力大。随着我国经济发展进入新常态,一些新的挑战又在出现。

(一)一些扶贫开发政策已不能适应城乡一体化、农业现代化发展的新趋势

《纲要》是 2010 年制定的,过去 5 年,我国经济社会发展发生了很多新的变化。十八届三中全会对全面深化改革作出了系统部署,国家出台了《国家新型城镇化发展规划(2014 – 2020 年)》及相关政策,我国经济发展进入新常态,农业农村领域正在发生并将持续发生一些新的变化,某些扶贫政策已不适应新形势的要求。一是产业扶贫政策与农业经营方式发展趋势不适应,未能有效发挥新型农业经营主体、社会化服务体系在产业扶贫中的作用。二是农村社会保障和社会救助体系与城乡一体化户籍制度改革不适应,城乡社会救助体系在标准、体制、管理等方面还存在二元分割。三是传统的以增量扩能为主的扶贫资金投入和使用模式与经济发展新常态不适应,在经济增速和财政收入增速双降的大背景下,财政扶贫资金使用效率不高的问题日益突出。四是扶贫工作与涉农电子商务等新兴业态的发展不适应,现行的扶贫措施对这些新业态、新模式重视不够。

(二)扶贫工作的整体精准性不够,各方力量未有效聚焦重点人群、重点地区、重点问题

2014 年国家下大力气给贫困村、贫困户建档立卡,而且动态更新。但从调研情况看,行业扶贫、社会扶贫的力量没有充分利用这一数据系统。特别是民政、住建等部门仍是沿用自身的评定标准和数据信息,与精准扶贫建档立卡数据信息没有任何关联。

一是政府扶贫力量不聚焦。2014 年建档立卡时，已将农村低保和五保等救助人口纳入建档立卡范围，收入、支出等指标也纳入统计监测体系，在理论上农村低保、五保救助对象都应该是建档立卡贫困人口。但从调研情况看，民政和扶贫部门信息不共享、工作不协调、调整不沟通，基本上是各干各的，导致有些新救助对象超出建档立卡范围，有些符合条件的贫困人口没能纳入救助范围。住建部门在开展农村危房改造时，也没有利用建档立卡数据，而是单独建立一套自己的数据信息系统，也产生类似问题。导致低保、医疗救助、危房改造等救助政策不能有效聚焦真正的贫困人口。二是缺乏持续的收入普查机制，对贫困人口难以实现有效的动态管理。贫困人口的脱贫和非贫困人口返贫是动态的过程。但目前对贫困人口的跟踪监测只能是基于建档立卡的贫困人口，未建档的新增贫困人口无法即时补充到该数据库中。而现实中，仍然会有大量的人群因为受灾、征地后无保障以及家庭危机（如主要劳动力意外伤残或死亡、家庭成员生病、上学等）而陷入贫困。但这些人群不易受到关注，也无法及时得到扶贫政策的支持和帮扶。

（三）扶贫资金使用机制不完善，经济增速下行对贫困县资金投入的影响开始显现

一是专项扶贫资金入户比例的要求不尽合理。政策要求，专项扶贫资金中要 30% 用于基础设施建设，70% 用于产业扶贫，其中的 70% 必须入户。但从调研情况看，如果某个乡村的产业基础较好，有一定规模，有合作社或龙头企业带动，入户的扶贫项目就能发挥较好的作用；反之，作用就很小。县里反映，对于那些产业基础薄弱的地区，应适当提高扶贫资金用于农业基础设施、农业服务体系建设的比重。二是资金不足与留滞并存。扶贫资金 10 万元以上项目要走政府招标采购程序，招标时间较长，并且给贫困村还造成了一定的经济负担。扶贫项目资金实行报账制管理，但一些大的项目由于受贫困村集体经济薄弱影响无法先期垫付，预拨资金很困难。这就造成，一方面县级扶贫资金普遍缺乏，另一方面又有大量资金留滞。三是行业扶贫项目资金权限仍未下放，县里无法整合使用，且仍有配套要求。地方反映，农业等行业中央项目仍有县级资金配套要求，有些项目（如饮用水安全工程）虽然没有明确的配套要求，但由于补助标准低，实际上仍需要村或户承担部分成本。四是经济增速下行使得县级财力更加紧张。一些贫困县受经济下行的影响，财政增速下降甚至出现负增长。需要县里配套或补缺的资金，2015 年普遍无法承担。五是由于自身条件和金融体制限制，贫困地区缺乏有效的融资平台和担保体系，资金筹措渠道窄、空间小、成本高。国家出台的一些金融支持扶贫的政策，基层金融机构很多不认可，不执行。

（四）贫困地区公共基础设施和公共服务设施的连通性、可及性差

一是道路的连通性差，质量低。省、县普遍反映，国省干线公路之间、县与县之间缺少县乡公路衔接，平原地区乡村之间互联互通道路不足。实施村村通工程10年以来一直维持在路基4.5米、路面3.5米宽的最低建设水平，通行能力差。早期建设的村村通工程超期服役，特别是2003年之前就通油路的建制村公路破损严重。自然村硬化路面率低，很多没有硬化。二是基本公共服务的可及性差。虽然以建制村为单位，通沥青（水泥）路、小学、卫生室等达标率很高，但由于行政区划调整后建制村的规模普遍扩大，贫困地区建制村地域面积更大、农民居住分散，村内公共服务均等化水平仍较低。大部分乡镇医院条件简陋，缺医少药，医疗水平低。有相当一部分患病群众得不到及时有效救治，导致小病变大病，给家庭造成沉重经济负担。调研的村，少数没有教学点，大部分只有3年级以前的教学点，高年级的小学生要到较远的地方上学，而去初中的距离就更远，住宿和交通成本增加很多。三是农村内部公共服务水平差异扩大，真正的贫困人口享受的公共服务水平低。贫困村里，相对富裕的家庭孩子在县城上学，中等的在镇里上学，留在村教学点的基本是绝对贫困家庭的孩子，贫困的代际传递仍然存在。

（五）产业带动弱，与贫困户的链接性差

虽然各地都在着力培育壮大特色产业，推进产业化、集约化经营，但总体上还处于起步阶段，尚未形成综合竞争优势。一是规模小。受人力资源短缺、生产要素不足等因素影响，贫困地区特色优势产业和龙头企业发展缓慢，产品档次、知名度和市场占有率低。二是新型经营主体发育慢。尽管合作社、家庭农场在全国蓬勃发展，但在一些贫困地区，这些新型经营主体还是个新生事物，既缺乏领头人，也缺乏政府的正确引导。农业生产经营组织化、社会化程度过低，千家万户小生产与千变万化大市场之间的矛盾突出，抵御市场风险能力不强，一哄而上、大起大落现象时有发生。三是效益链接性差。部分龙头企业与农户的利益联结机制没有真正建立，在农业产业化进程中农民利益难以得到有效保障。一些地方将扶贫资金折资入股到龙头企业，但贫困人口合计所占的比重很少，而且分散，能力不足，不能有效参与公司治理，长久增收机制不稳定。

（六）社会政策对绝对贫困人口的兜底作用不够

虽然国家出台了扶贫＋低保＋临时救助、新农合＋医疗救助＋大病医保等救助制度，但这些政策对这些失能的特困人口作用不大。一是保障标准低。失能贫困人口家庭收入，主要依靠低保、养老保险、残疾人补助等救助资金。而中西部省份的低保标准普遍较低，一些地区由于贫困人口较多，村里在发低保时，往往是多个人共享 1 个指标，低保人口每个月能拿到的补助大多在 100 元左右，而且 1 个家庭最多给 2 个人。养老保险 2015 年才涨到 70 元/月，残疾补助的标准也不高，很多失能贫困人口家庭无法维持正常生活[①]。二是获得的医疗保险和医疗救助补偿少。由于住院医疗费用高，新农合报销比例低，而且要个人先预付费用，门诊治疗费用不能报销，大多数失能贫困人口大病不住院，小病自己扛，从医保基金和医疗救助资金获得的支持很少。三是"底心层"问题严重。当前很多农村民生工程，如危房改造、饮水安全工程，都需要农民支付一定的费用，失能贫困人口家庭因拿不出这笔钱而不能享受政策。如各省对农村危房改造补助普遍不超过 2 万元/户（指新建房），而盖 3 间普通砖房的建造成本最低要 6 万元，一般在 10 万元，缺口很大，大部分失能贫困人口负担不起。

（七）片区规划实施机制不顺，贫困地区重大基础设施瓶颈问题仍十分突出

一是实施机制不顺。地方反映，牵头部委除了制订规划以外，实际上并未很好地起到牵头作用。而且在省级，仍然是通过发改、扶贫等部门来协调落实，上下级之间往往没有工作联系，机制不顺。二是项目落实情况差。片区规划的编制与各部门"十二五"规划未能很好地衔接，很多项目未能纳入部门规划。针对片区规划，各部门没有专门安排预算或给予特殊的审批通道，很多规划中的项目到部门层面得不到有效支持。三是片区扶贫规划的针对性不强，对于片区发展整体面临的重要问题、关键约束缺乏针对性的措施和政策支持手段，也是影响其实施效果的重要因素。

---

① 如河北易县某贫困户，户主是 82 岁的老太太，老伴早年去世。仅有 1 个智障儿子，只能干点简单的体力活，儿媳妇前几年因病去世，有 2 个孙子，都上小学。她还有 1 个聋哑弟弟跟她们一起生活，也 70 多岁了。家庭收入来源只有 3 项：她儿子农闲时外出打短工，一年能挣三四千元；2 个低保，每个月补差收入各 110 元；2 个老人的养老金，各 70 元/月。5 口之家，年收入不过几千元，还要供 2 个孩子读书，生活极其困难。

三、"十三五"做好扶贫工作的建议

"十三五"时期，要把扶贫工作放到城乡一体化、农业现代化的大趋势下来整体布局，根据贫困人口的新特征，特别是绝对贫困人口相对比重越来越高的形势，把开发式扶贫和救助式扶贫更好地结合起来，坚持片区扶贫和精准扶贫两条腿走路，确保各类贫困群体在 2020 年如期脱贫。

（一）把扶贫工作放到新常态下城乡一体化、农业现代化的大趋势下来整体布局

一是适应农业经营方式发展趋势，将产业扶贫与培育新型农业生产经营主体、建立社会化服务体系、发展农业产业化和三产融合相结合。二是适应城乡一体化发展趋势，特别是城乡户籍一元化的趋势，逐步将城乡低保、救助、医保制度统一。在推行城乡户籍制度一体化的省市，应同步实施这些政策。三是适应新常态下经济增速下行和财政收入增长放缓的趋势，在稳定财政投入的基础上，更加注重提高扶贫资金使用效率，更加注重鼓励和引导社会资金多渠道参与扶贫。四是适应信息化发展趋势，更加重视电子商务等新业态在扶贫中的作用，完善贫困地区网络、物流基础设施，将农产品进城和工业品下乡相结合，加快贫困地区涉农电子商务的发展。

（二）加大贫困地区基础设施建设力度

与 5 年前相比，贫困地区特色资源，生态环境的市场价值日益凸显，社会资本、技术都愿意进入，关键是基础设施薄弱，特别是骨干交通和村内交通这一大一小两类道路不通，发展潜力无法发挥出来。建议把支持贫困地区基础设施建设，作为当前稳增长的重大举措来实施。一是加快落实 11 个集中连片特困地区扶贫攻坚规划，以交通为重点，加快跨县重大规划项目的实施。二是在村村通工程的基础上，在国家级贫困县开展交通村内通工程，实现行政村村部到自然村的道路硬化，改善农村内部的交通条件，积极发展农村配送物流。三是以中央和省市财政资金为主，健全贫困地区农村水、路等公用事业养护长效机制，做到有钱养，有人养。

（三）始终把加快发展作为贫困地区脱贫的第一要务

只要基础设施条件改善，大部分贫困地区还是能发展起来，大部分贫困人口还是能通过发展脱贫。一是要持续提高贫困县工业化城镇化水平，增加贫困地区青壮年劳动力的非农就业。国家发展资金，土地指标应进一步向贫困县倾斜，支持其发展特色加工业、旅游业，支持县城和中心镇的建设，带动生活服务业的发展，吸纳更多的贫困人口本地转移就业。二是扶持农村内部的特色种养业和家庭手工业，带动中老年贫困人口致富。整合各类扶持资金，通过扶持农民专业合作社、互助资金组织、股份合作制经济、现代农业园区，把项目入户和区域特色产业发展结合起来，带动和帮助贫困农户发展生产。三是积极探索将扶贫资金入股加入合作社、每年分红等模式，解决失能和半失能贫困户持续增收问题。四是因势利导，鼓励发展乡村旅游、休闲农业、发展家庭式光伏发电等新产业，促进贫困地区三产融合。五是加强对贫困地区劳动力的职业技能培训。对50岁以上的人群，可采取相对简单的技术培训，指导其学习种植养殖实用技术；对于50岁以下有一定文化基础的人群，可以职业农民为目标开展定向培训。

（四）持续提升农村公共服务水平

对于贫困农村地区的公共基础设施和公共服务设施，不能通过达标验收后就不管了，应健全管护机制和升级机制，持续提升服务水平，不断缩小城乡差异。一是在教育方面，要通过走教等多种形式，加快在贫困地区开展学前教育；对小学教学点要合理保留甚至恢复，让1~3年级的孩子能就近入学，同时改善寄宿制学校的看护条件，提高困难家庭学生寄宿的补助，率先在贫困县实现12年义务教育。实施县内优质中学向贫困村定向招生制度，推进招生入学方面的机会均等。对于"两后生"要采取生活费、交通费补贴等扶持政策，引导其在职业学校学习就业技能。二是在医疗方面，要进一步健全贫困地区基层医疗卫生服务体系，按标准配足仪器装备，实现村医务室全部达标，提高县医院和乡镇卫生院的技术水平和服务能力，加大重大疾病和地方病防控力度。通过村医培训、城镇医师支援农村等措施，提高村卫生室的诊治水平。三是加强贫困地区农村养老机构和服务设施建设，使贫困地区老年人能老有所养。

（五）提高扶贫工作的整体精准性

建档立卡后，专项扶贫已基本做到精准扶贫，但行业、社会扶贫还没有做到。下一步，要在建档立卡数据信息系统的基础上，提高扶贫工作的整体精准性。一是要健全建档立卡动态更新机制。扶贫、民政、统计部门联合建立农村低收入人口的申报审核和定期农村人口收入普查制度，根据农村人口家庭经济状况的实际调查对贫困人口数据进行动态更新，确保新增贫困人口及时纳入保障体系，实现应扶尽扶、应保尽保。二是要推进民政部门、住建部门和扶贫部门的标准统一、对象一致、机制沟通和信息共享，明确将绝对贫困户（失能贫困人口以及家庭人均收入低于本村贫困家庭平均水平60%的家庭）确定为农村低保对象，将贫困户中的大病患者优先列为医疗救助对象，将贫困户中的危房户优先列为补助对象。三是对于行业扶贫、社会扶贫的各类项目和资金，在使用时要充分利用建档立卡数据信息，由县级统筹安排，将各种扶贫力量聚焦重点乡村、重点人群、重点问题。

（六）健全失能贫困人口的社会安全网

大量失能（失去劳动能力）和半失能贫困人口是全面建成小康社会的重中之重，必须加快整合资源，聚焦力量，健全这一群体的社会安全网。一是健全扶贫+低保+临时救助等救助制度，增强扶贫政策与社会救助政策的衔接。明确将失能贫困人口同时作为法定的扶贫对象和最低生活保障对象，将低保标准提高到与扶贫标准一致，并同步调整，保障失能贫困人口家庭生活达到当地平均水平。对因灾导致基本生活暂时出现困难的失能贫困人口家庭，要及时给予临时救助。二是健全新农合、大病保险、医疗救助政策的无缝对接机制。在贫困地区加快推进大病保险工作，将失能贫困人口全部纳入城乡居民大病保险政策范围，并适当提高报销比例。对失能贫困人口全面实施医疗救助政策，对其参加新农合的个人缴费部分给予全额补贴，对经新农合、大病保险支付后个人自负费用给予全额补助，并将门诊费用纳入救助范围。三是健全贫困人口的住房保障机制。在农村危房普查和贫困人口建档立卡的基础上，实施分类安置。对因老失能的贫困人口，参照五保户实行集中供养；对半失能人口，按现行政策给予补贴，大幅度提高标准；对成人全失能但有子女的家庭，由政府收购农村闲置房等形式，低租金或免费供其使用。

（七）进一步完善资金投入和使用机制

一方面，要进一步完善专项扶贫资金的使用机制，另一方面，要坚决下放行业扶贫资金管理权限，解决好资金流滞等问题。一是将扶贫项目支付采购管理权限下放到县级。由各县自行决定哪些项目、多大规模的项目要纳入政府采购，并向省级扶贫办报备。对超过30万元或50万元以上的项目，可以适度提高向贫困村预拨资金的比例。二是对扶贫资金用于产业项目和基础设施的比例实行弹性管理，并将权限下放到县级，由各县因地制宜确定资金用于产业项目和基础设施的比例，以及产业项目资金中用于入户的比例。三是改革村村通、饮用水安全等工程的补助政策，主要应根据贫困村的地形地质条件、工程建设成本来确定补助标准，不要简单地按地域划分。四是允许各地因地制宜探索资金项目到村到户的多种实现方式，鼓励以合作社等新型经营主体为主，推行扶贫资金折资入股，发展合作经济。五是提高对扶贫贷款监管的包容性，鼓励涉农银行增加扶贫贷款，鼓励发展"资金互助"等草根金融。

（八）改革片区规划实施机制，加快项目落实落地

吸取前期经验教训，建立健全跨区域、跨部门协调共治、共促的推进机制，进一步明确和聚焦片区规划的重点任务以及各个部门、各个地区的实施责任，确保片区规划项目实施落地。一是实现片区规划与"十三五"规划无缝对接。片区规划的项目应纳入到各个相关地区、相关部门的"十三五"发展规划中，各地区和各部门应安排资金和计划确保片区规划项目的实施。在明确省、部责任的基础上，建立"部出钱，省承担，县落实"的实施机制，并制定年度实施计划。二是建立片区规划的组织协调机制。设立片区规划专项，着重针对部门和区域责任边界不清晰的片区发展综合性、整体性、生态外部性的项目给予支持。各片区应建立片区规划实施协调小组，由相关部门和相关地区主要负责人共同负责，加强片区项目的协同推进。三是落实对片区的生态补偿机制。在国家层面建立11个集中连片特困地区的生态补偿机制，切实支持连片贫困地区将资源变资产、生态变产业，实现以生态建设增收脱贫。由片区扶贫专项对片区的生态治理项目给予集中支持，并确立发展受益省份与片区的生态补偿和对口帮扶机制，由发展受益省份根据水、电、矿、林木等资源从片区的输出量折算金额按2%的比例提取生态补偿资金，专项用于支持片区的发展和生态建设。

进一步健全失能贫困人口的社会安全网

金三林

当前，我国约有2700万失能或半失能贫困人口。虽然国家通过社会救助、扶贫等政策予以扶持，但由于保障标准低、缺乏整合机制等原因，面向失能贫困人口的扶持力度还很不够，这一群体总体上还处于绝对贫困状态，成为全面建成小康社会的最主要短板，需要加快整合资源，健全这一群体的社会安全网，保障其基本生活。

一、失能贫困人口是全面建成小康社会的最主要短板

一是规模较大。从2014年建档立卡数据来看，全国贫困人口中，因病致贫占到42.2%，因残致贫占5.8%，因老（缺劳动力）致贫占16.8%，扣除重复计算的人数，失能和半失能贫困人口①的30%左右。另据国务院发展研究中心农村经济研究部课题组（简称"课题组"）2014年的调查结果②能的占到10%，半失能的占到20%，合计也为30%。2014年全国建档立卡贫困人口是8962万人，以此估算，失能和半失能贫困人口约2700万人。

二是举家失能问题较为突出。课题组的调查表明，没有健康劳动力的家庭占到总贫困户的16.9%，比例最低的村为10.3%，最高的村达到35.7%。从入户访谈情况看，举家失能往往是因为家庭贫困，或家庭主要成员自身肢体残疾、智障，不得不娶个肢体残疾或智障的配偶，甚至生育的子女也是肢体残疾或智障。另外，在一些地方病（如大

---

① 指因大病、残疾、智障或年龄过大而失去劳动能力，或部分失去劳动能力的贫困人口。

② 调查范围为安徽、甘肃、云南3省的3个县，调查样本为290个贫困户，共1297人。

骨节病）高发地区，举家失能问题也比较突出。

三是贫困程度较深。根据课题组的调查，全失能贫困人口 2014 年家庭收入均值为 6900 元，不到普通贫困家庭的 60%，大部分家庭在 5000 元以下，最低的只有 1200 元；半失能贫困人口家庭的年收入均值为 7400 元，也很低。由于丧失劳动能力，没有稳定的增收机制，如果没有更有效的举措，这一群体的绝对贫困问题会更加突出，进而影响到全面建成小康社会的全局。

二、社会政策对失能贫困人口的兜底作用不够

一是失能贫困人口未全部纳入扶贫对象。2014 年建档立卡时，基本将农村失能贫困人口纳入建档立卡范围，收入、支出等指标也纳入统计监测体系。但由于我国实行开发式扶贫和农村最低生活保障制度平行推进的扶持政策，有些省份未将失能和半失能贫困人口纳入扶贫对象，有些只是将半失能贫困人口纳入扶贫对象，很多失能贫困人口无法享受国家扶贫政策。即使纳入扶贫对象，也由于自身丧失劳动能力，无法实施特色产业等扶贫项目，难以靠发展脱贫。

二是保障标准低。失能贫困人口家庭收入，主要依靠低保、养老保险、残疾人补助等救助资金。而中西部省份的低保标准普遍较低，一些地区由于贫困人口较多，村里在发低保时，往往是多个人共享 1 个指标，低保人口每个月能拿到的补助大多在 100 元左右，而且 1 个家庭最多给 2 个人。养老保险 2015 年才涨到 70 元/月，残疾补助的标准也不高，很多失能贫困人口家庭无法维持正常生活①。

三是获得的医疗保险和医疗救助补偿少。由于住院医疗费用高，新农合报销比例低，而且要个人先预付费用，门诊治疗费用不能报销，大多数失能贫困人口大病不住院，小病自己扛，从医保基金和医疗救助资金获得的支持很少。

四是"底心层"问题严重。当前很多农村民生工程，如危房改造、饮水安全工程，都需要农民支付一定的费用，失能贫困人口家庭因拿不出这笔钱而不能享受政策。如各

---

① 如河北易县某贫困户，户主是 82 岁的老太太，老伴早年去世。仅有 1 个智障儿子，只能干点简单的体力活，儿媳妇前几年因病去世，有 2 个孙子，都上小学。她还有 1 个聋哑弟弟跟她们一起生活，也 70 多岁了。家庭收入来源只有 3 项：她儿子农闲时外出打短工，一年能挣三四千元；2 个低保，每个月补差收入各 110 元；2 个老人的养老金，各 70 元/月。5 口之家，年收入不过几千元，还要供 2 个孩子读书，生活极其困难。

省对农村危房改造补助普遍不超过 2 万元/户（指新建房），而盖 3 间普通砖房的建造成本一般都在 6 万~7 万元，缺口很大，大部分失能贫困人口负担不起。

五是政府扶持力量不聚焦。一些地方，民政和扶贫部门信息没共享，标准和对象调整不沟通，工作不协调。住建部门在开展农村危房改造时，也没有利用建档立卡数据。这就导致扶贫、低保、医疗救助、危房改造等救助政策不能有效聚焦真正的贫困人口。

三、政策建议

1. 健全协作机制，整合政策资源

一是对《社会救助暂行办法》、各省《扶贫开发条例》的相关内容进行修改，明确将失能贫困人口同时作为法定的扶贫对象和最低生活保障对象，不再经过申请、评议等程序，并将失能贫困人口优先列为医疗救助对象和危房改造支持对象。二是健全信息共享机制。可由扶贫部门牵头，联合民政、人社、卫生、住建、统计等部门，建立统一的农村贫困人口和社会救助人口家庭收入调查体系，健全建档立卡动态更新机制，将动态更新数据作为各部门开展工作的基础信息。三是切实发挥好全国社会救助部际联席会议的作用，并将失能贫困人口作为联席会议关注的重点。

2. 增强扶贫政策与社会救助政策的衔接性

一是明确将低保标准提高到与扶贫标准一致，并同步调整，保障失能贫困人口家庭生活达到当地平均水平。二是积极探索折资入股的做法，将失能贫困人口的扶贫资金入股加入合作社，通过每年分红的方式解决其持续增收问题。因地制宜地发展家庭手工业、家庭式光伏发电等新产业，增加半失能人口的经营性收入。三是对因灾导致基本生活暂时出现困难的失能贫困人口家庭，要及时给予临时救助。

3. 健全新农合、大病保险、医疗救助政策的无缝对接机制

一是在贫困地区加快推进大病保险工作，将失能贫困人口全部纳入城乡居民大病保险政策范围，并适当提高报销比例。二是对失能贫困人口全面实施医疗救助政策，对其参加新农合的个人缴费部分给予全额补贴，对经新农合、大病保险支付后个人自负费用给予全额补助，并将门诊费用纳入救助范围。三是推进相关信息平台互联互享、公开透明，健全"一站式"即时结算。

4. 健全贫困人口的住房保障机制

在农村危房普查和贫困人口建档立卡的基础上，实施分类安置。对因老失能的贫困人口，参照五保户实行集中供养；对半失能人口，按现行政策给予补贴，大幅度提高标准；对成人全失能但有子女的家庭，由政府收购农村闲置房等形式，低租金或免费供其使用。

5. 引导社会力量关注和支持失能贫困人口

对于社会扶贫的各类项目和资金，在使用时要充分利用建档立卡数据信息，由县级统筹安排，优先用于失能贫困人口等绝对贫困群体。

河北省实施《中国农村扶贫开发纲要（2011－2020年）》情况调查

金三林　赵峥　赵晓亮

我们赴河北省省直相关部门以及易县和蔚县，就该省实施《中国农村扶贫开发纲要（2011－2020年）》（以下简称《纲要》）进行了调研。从调研情况看，河北省委、省政府把落实《纲要》、推进农村扶贫开发工作放在全省经济社会发展全局中统筹谋划、整体推进，全省用4年时间减少了54%的农村贫困人口。中期目标任务完成情况总体较好，对于纳入调研的15项指标，总体完成率达到85.3%。政策措施落实情况差异较大，专项扶贫政策落实到位，特别是整村推进政策效果明显，产业扶贫政策特色鲜明；行业扶贫政策落实有待改进，不同部门的政策、项目、资金投入参差不齐；社会扶贫以定点帮扶为主，形式较为单一；片区区域发展与扶贫攻坚规划落实情况不太理想，县级以下的规划项目基本没有落实。在调研中也发现，当前扶贫政策不适应、不协调、不聚焦等问题还比较突出，各项扶贫措施的整体精准性较差，失能人口等绝对贫困群体脱贫压力大。下一步，要适应新的形势，把扶贫工作放到实现全面建成小康社会目标的整体布局中统筹安排，把开发式扶贫和救助式扶贫更好地结合起来，确保各类贫困群体在2020年如期脱贫。

一、调研内容和对象的确定

（一）调研内容

本次调研要对《纲要》的实施情况进行全面、客观、系统的调研和总结，审慎分析当前扶贫形势，对扶贫政策措施执行情况进行客观评价。

调研重点包括：《纲要》提出的到 2015 年的各项目标任务完成情况；《纲要》制定的各项政策措施落实情况；《纲要》部署的专项扶贫、行业扶贫和社会扶贫各项措施的实施效果；片区区域发展与扶贫攻坚规划实施情况调研。

（二）调研对象

本次调研，在中部、西南、西北各选择 1 个代表性省份，开展实地调研。中部地区选择的是河北省。

河北省在 2014 年底有贫困人口 400 万，贫困发生率为 10.7%，高于全国的 7.2%。有扶贫开发工作重点县 62 个，其中，列入国家燕山—太行山集中连片特困地区（以下简称"燕太片区"）的县 22 个、片区外国定重点县 23 个、省定重点县 17 个，此外还有 3 个"十二五"期间继续扶持县（涉县、宽城、肃宁），扶贫任务重，在中部省份具有代表性。

在河北省选择了保定市的易县和张家口市的蔚县，开展实地调研。这两个县均位于燕太片区，易县是省扶贫重点县，蔚县是国家扶贫重点县。2014 年，易县和蔚县农民人均纯收入分别为 5916 元和 6648 元，低于全省贫困县农民人均纯收入（6839 元），贫困发生率则高于全省平均水平。两省贫困情况在河北省贫困县中具有一定的代表性。

（三）调研方法

本次调研，综合采用了以下方法。

一是梳理政策文件。系统梳理《纲要》出台后中央各部委在落实《纲要》方面出台的重要文件，包括 14 个集中连片特困地区区域发展与扶贫攻坚规划，也包括河北省落实《纲要》出台的相关文件。

二是召开座谈会。调研组召开了省、县、村三级座谈会 11 次，听取省级扶贫部门、相关行业部门，县领导、相关部门，村干部及贫困户代表的情况介绍，意见建议。

三是问卷调查。根据统一设计的村级调查问卷，调研组在两个县对 21 个村进行了问卷调查，录入有效问卷 17 份。

四是深度访谈。在问卷调查的基础上，调研组在 2 个县深度调查 8 个村，访谈 31 个贫困户，实地了解贫困村的生产生活情况，面对面听取贫困村干部、群众的看法。

二、对《纲要》实施进展及效果的调研

为落实好《纲要》的各项任务措施，河北省先后出台了《关于贯彻落实〈中国农村扶贫开发纲要（2011－2020年）〉的实施意见》《关于支持环首都扶贫攻坚示范区及阜平县加快发展若干政策的意见》《关于加快全省扶贫攻坚步伐的十项措施》等一系列重要文件措施，提出到2015年要确保扶贫对象年人均纯收入增幅高于全省平均水平，贫困地区基本公共服务主要领域指标接近全省平均水平，发展差距扩大趋势得到初步扭转，并提出了具体的省级目标任务。

（一）目标任务完成情况调研

此次调研，侧重考察四类指标：一是减贫人数指标，二是收入增长指标，三是贫困县经济增长指标，四是《纲要》确定的12项具体指标，一共有15个调研指标。从调研和问卷调查数据来看，全省平均水平完成情况较好，15项调研指标完成率为85.3%[①]，总体完成情况达到4★（其中，有7项达到5★，5项达到4★，3项达到3★），但县、村两级完成情况差异较大。

1. 从全省总体情况来看，主要目标任务基本完成

减贫人数指标超计划完成，完成情况达到5★。全省贫困人口从2010年底的872万人，减少到2014年底的400万人，平均每年减少贫困人口118万人左右，累计减少472万人，用4年的时间减少了54%的贫困人口；贫困发生率从21.8%下降到10.7%，也下降过半（见表1）。

表1   河北省贫困人口数和贫困发生率

指标	2010年	2011年	2012年	2013年	2014年
全省贫困人口数（万人）	872	795	694	512	400
贫困发生率（%）	21.8	20.2	17.9	13.5	10.7

---

① 星级定义：对于某个目标的具体任务，如果全部完成为5★，完成80%为4★，依此比例类推，没有完成的为0★。每颗★为1分，满分为75分（15×5），实际得分/75即为完成率。

收入增长指标完成很好，完成情况达到5★。全省贫困县农民人均纯收入由2010年的3950元，提高到2014年的6839元，年均增长14.7%（名义增速），增速高于全省农民人均纯收入名义增速（14.3%），也高于全国农民收入平均增速（13.7%）（见表2）。

表2　　　　　　河北省贫困县农民纯收入与国家、省对比情况（现价）

范围	指标	2010 年	2011 年	2012 年	2013 年	2014 年
贫困县	农民纯收入（元）	3950	4621	5273	6144	6839
	同比增长（%）		17.0	14.1	16.5	11.3
全省	农民纯收入（元）	5958	7120	8081	9102	10186
	同比增长（%）		19.5	13.5	12.6	11.9
全国	农民纯收入（元）	5919	6977	7917	8896	9892
	同比增长（%）		17.9	13.5	12.4	11.2

发展差距指标完成不太理想，完成情况为3★。调查县中，一个县2011~2014年地区生产总值增速高于全省平均增速，另一个县低于全省平均增速。而且，贫困县经济增速下降较快，难以保持较快增长，发展差距有可能转为扩大。

《纲要》确定的12项目标任务完成率为85%，总体完成情况达到4★。其中，有5项达到5★，5项达到4★，2项达到3★，完成情况总体较好。

总体来看，全省15项调研指标合计得分为64分，完成率为85.3%（见表3）。

表3　　　　　　河北省2011~2015年15项扶贫指标完成情况

指　　标	5★	4★	3★	2★	1★	0★
减贫人数	1					
收入增长	1					
贫困县经济增长			1			
《纲要》确定的12项具体指标	5	5	2			
合计	7	5	3			

2. 县级大多数目标任务已完成，但完成情况进展不一

调研的15项指标中，蔚县的完成率为84%，总体完成情况为4★；易县的完成率为78.7%，总体完成情况为3★。

从减贫效果来看，蔚县贫困人口从2010年底的21.98万人下降到2014年底的10.93

万人，累计减少 11.05 万人，减少 50.2%，贫困发生率从 51.1% 下降到 25.4%，下降过半，完成情况达到 5★。另一个调查县易县贫困人口从 15.11 万人下降到 10.55 万人，累计减少 11.05 万人，减少 30.1%；贫困发生率从 30.3% 下降到 21.5%，下降 8.8 个百分点，完成情况为 3★（见表 4）。

表 4　　　　　　　　　　　　两调查县贫困人口数和贫困发生率

县	指标	2010 年	2011 年	2012 年	2013 年	2014 年
蔚县	贫困人口数（万人）	21.98	21.13	17.23	13.63	10.93
	贫困发生率（%）	51.1	49.1	40.1	31.7	25.4
易县	贫困人口数（万人）	15.11			13.34	10.55
	贫困发生率（%）	30.3			26.7	21.5

从收入指标来看，蔚县农民人均纯收入从 2010 年的 3150 元，增加到 2014 年的 6648 元，年均名义增长 20.5%，远高于河北省农民人均增速略，也高于全国农民人均增速，完成情况达到 5★。易县农民人均纯收入从 2010 年的 3678 元，增加到 2014 年的 5916 元，年均名义增速为 12.6%，低于河北省农民人均增速略，也低于全国农民人均增速，完成情况为 4★（见表 5）。

表 5　　　　　　　　　　两调查县农民纯收入与全省对比情况（现价）

范围	指标	2010 年	2011 年	2012 年	2013 年	2014 年
蔚县	农民纯收入（元）	3150	4100	4809	5569	6648
	同比增长（%）	—	30.2	17.3	15.8	19.4
易县	农民纯收入（元）	3678	4037	4768	5220	5916
	同比增长（%）	—	9.8	18.1	9.9	13.3
全省	农民纯收入（元）	5958	7120	8081	9102	10186
	同比增长（%）	—	19.5	13.5	12.6	11.9

从发展差距看，两个贫困县前几年经济增长速度较快，与全省平均水平差距缩小，但近两年差距又在扩大。其中，易县 2011～2014 年地区生产总值年均增长 9.4%，高于全省平均水平增速，但 2014 年以后增速明显放缓，又低于全省平均增速，完成情况为 4★。蔚县年均增长 4.8%，低于全省平均水平增速，2013 年以后增速明显放缓，甚至出现负增长，完成情况为 2★（见表 6）。

表6   调查县经济增长速度与全省对比   单位:%

范围	2011 年	2012 年	2013 年	2014 年	平均
河北省	11.3	9.6	8.2	6.5	8.9
蔚县	11.8	12.0	-6.6	2.0	4.8
易县	11.7	12.2	8.3	5.4	9.4

对于《纲要》确定的2015年要实现的12项主要目标任务,易县完成率为80%,总体完成情况为4★(其中,有6项达到5★,2项达到4★,3项达到3★,1项为1★);蔚县完成率为85%,总体完成情况达到4★(其中,有5项达到5★,5项达到4★,2项达到3★)。

总体来看,蔚县15项调研指标合计得分为63分,完成率为84%;易县合计得分为59分,完成率为78.7%(见表7)。

表7   易县和蔚县2011～2015年15项扶贫指标完成情况

县	5★	4★	3★	2★	1★	0★	合计
易县	6	4	4	0	1	0	59
蔚县	7	5	2	1	0	0	63

3. 从村级调查数据来看,不同村完成情况差距较大[①]

从减贫人数来看,蔚县7个村贫困人口从2010年底的5821人下降到2014年底的5028人,累计减少793人,减少13.6%,有些村的贫困人口还有所增加。易县10个村贫困人口从2010年底的7819人下降到2014年底的6560人,累计减少1259人,减少16.1%(见表8)。

从收入情况来看,蔚县调查的7个村,2010～2014年农民人均纯收入平均仅增长9.2%。收入增长最快的村年均增速达到32.7%,增速最慢的村年均仅增长2%;2014年人均纯收入最高的村为4651元,最低的村仅2250元。易县情况要好一些,2010～2014年农民人均纯收入平均增速为19.2%,最快的达到56.5%,最慢的为5.5%;2014年人均收入水平最高的村是6000元,最低的才1620元,差距很大(见表9)。

---

① 由于此次村级调查,并不是随机抽样,因此不能据此来推断全县的整体情况。

表8   **蔚县和易县调查村贫困人口变化情况**

县	村	2010年末贫困情况		2014年末贫困情况		减贫情况	
		贫困人口（人）	贫困户数（户）	贫困人口（人）	贫困户数（户）	贫困人口（人）	贫困户数（户）
蔚县	南康庄	645	223	132	99	513	124
	丰富村	617	245	647	265	−30	−20
	北梁庄	345	80	218	55	127	25
	吕家庄	2064	580	2156	594	−92	−14
	烟墩庄	290	92	240	70	50	22
	留北堡	1010	305	935	300	75	5
	北马圈	850	310	700	150	150	160
	合计	5821	1835	5028	1533	793	302
易县	南百泉	1365	345	1201	321	164	24
	白水港	851	215	802	210	49	5
	下黄蒿	1165	330	1056	324	109	6
	豹子峪	980	274	960	256	20	18
	柳树片	207	68	171	63	36	5
	田岗	860	260	207	229	653	31
	南彭	798	323	799	323	−1	0
	东三里铺	650	170	494	157	156	13
	栗园	327	124	320	121	7	3
	台底	616	175	550	174	66	1
	合计	7819	2284	6560	2178	1259	106
总计		13640	4119	11588	3711	2052	408

表9   **蔚县和易县调查村农民人均纯收入增长情况**

县	村	2010年（元）	2014年（元）	年均增长（%）
蔚县	南康庄	1480	2484	13.8
	丰富村	2100	2300	2.3
	北梁庄	2400	2600	2.0
	吕家庄	2050	2250	2.4
	烟墩庄	2600	3000	3.6
	留北堡	1700	2300	7.8

县	村	2010 年（元）	2014 年（元）	年均增长（%）
	北马圈	1498	4651	32.7
	平均			9.2
易县	南百泉	980	2588	27.5
	白水港	1000	6000	56.5
	下黄蒿	1050	2235	20.8
	豹子峪	1550	6000	40.3
	柳树片	1960	2480	6.1
	田岗	1700	2730	12.6
	南彭	2000	2650	7.3
	东三里铺	1200	1620	7.8
	栗园	2200	2730	5.5
	台底	1740	2300	7.2
	平均			19.2

（二）专项扶贫政策落实情况

从调研情况看，省、县、乡、村各级专项扶贫政策落实得均较好。随着精准扶贫机制的建立，专项扶贫的精准性显著提升，政策效果也更加明显。特别是适应农业经营方式发展新趋势，创造性推进产业扶贫，走出了一条"从扶贫切入、从产业走出"的特色产业扶贫之路。

1. 健全建档立卡制度，精准扶贫机制基本建立

河北省按照国家统一的扶贫对象识别办法，扎实开展建档立卡工作，2014 年，全省共识别出贫困村 7366 个，占全省行政村总数的 14.8%；录入建档立卡系统贫困人口 499 万（其中扶贫对象 379 万），占全省乡村人口的 9%。在此基础上逐村安排了驻村工作队，逐户落实了帮扶责任人。坚持针对性扶持，探索了一条"目标到年度、规划到乡村、扶持到项目、受益到农户、责任到人头"的精准扶贫新路子，整村推进、产业扶贫等扶贫措施的精准性显著提升。

2. 以"十二有"为目标实施"整村推进"，重点村均能如期脱贫

河北省制定和实施了《整村推进"十二五"规划》，提出到 2015 年扶持的重点村达

到"十二有"目标：有群众信任、团结干事的村两委班子，有脱贫致富的好路子，有村庄建设规划，有通村公路，有安全卫生的饮用水，有进村入户的通电条件，有广播电视，有电话线路或信号覆盖，有学校（含联办），有合格的两委办公室，有医务室，有文体活动场所。对重点村，除财政专项扶贫资金外，还动员行业职能部门的涉农资金和社会帮扶资金给予倾斜。全省共有列入"十二五"整村推进的贫困村3688个，截至2014年底，已有2119个实现整村脱贫。从调研情况看，县级整村推进工作落实较好，如易县2011～2014年实施整村推进的贫困村67个，先后投入专项扶贫资金9000余万元，行业扶贫和社会帮扶资金2.3亿元，调研组实地调研的几个村村容村貌和农民生产生活都明显好于其他贫困村。

3. 适应农业经营方式发展新趋势，创造性推进产业扶贫

一是坚持把扶贫到户与连片开发、规模发展结合起来，积极打造特色突出、规模经营、持续增收的扶贫产业片区。目前，全省形成了太行山区优质干鲜果品产业带、黑龙港地区"富民大菜篮"、燕山地区食用菌产业集群、坝上地区错季蔬菜等一批扶贫产业片区。一批扶贫开发工作重点县已建设成产业特色明显的蔬菜（食用菌）大县、肉鸡肉鸭等养殖大县、优质果品大县、杂粮生产大县等，提高贫困地区产业化扶贫水平。

二是建立带动贫困户增收的利益连结机制。鼓励发展农民专业合作社和各类专业技术协会，充分发挥这些组织的纽带聚合作用，促进企业和贫困户结成利益共同体，实现共同发展。如易县精心谋划了紫荆关食用菌、西陵现代生态农业、良岗蜜蜂、易水湖生态旅游、狼牙山红色旅游等5个特色扶贫产业片区，大力推行"公司＋基地＋合作社＋农户"发展模式，探索出了一条"产业抓片区，片区有龙头，龙头带农户"的产业扶贫新路子。

三是大力推进旅游扶贫、光伏扶贫、电商扶贫等新业态。如蔚县依托重大旅游项目和传统剪纸工艺，做大"文化惠农"产业。并在300多个村建立了电商网点，成立了全国首家信息合作社，"电商扶贫"颇具特色。

在产业扶贫方面，全省直接扶持65.2万个贫困户发展了增收示范项目，贫困地区初步形成了县有龙头企业、乡有特色产业、村有合作组织、户有增收项目的扶贫开发新格局。

4. 积极落实其他专项扶贫政策措施，增强贫困地区自我发展能力

一是实施"雨露计划"改革试点工作。全省3年直接补助贫困家庭"两后生"2.3万人；开展贫困劳动力转移和农业实用技术培训，培训群众32万人次；组织开展创业培训，帮助 3.1 万人创业发展。

二是实施《河北省易地扶贫搬迁规划（2012 - 2015 年）》。2012~2014 年，共投入 8.1 亿元（其中省本级投入财政专项扶贫资金 1.4 亿元），搬迁 6733 户、2.19 万人，建成移民小区 74 个。

三是实施以工代赈项目。如易县 2010~2014 年争取到以工代赈项目 12 个，总投资 2185 万元（中央预算内资金 1997 万元，地方配套 188 万元）；蔚县 2011~2014 年争取到投资 1527 元（国家以工代赈资金 1369 万元，群众投劳 158 万元），主要用于贫困地区基本农田、农田水利等工程建设。

（三）行业扶贫政策落实情况

从调研情况看，各行业部门在贫困地区按部就班实施相关政策，扶贫工作力度参差不齐。教育、交通、水利等部门有专门性的扶贫政策，其他部门则是在实施项目时向贫困地区适当倾斜。

1. 教育等部门有明确的扶贫政策，落实情况总体较好

教育部门出台的扶贫政策较多，主要包括：加大片区义务教育投入力度，推进义务教育阶段学校标准化建设，对片区县高中硬件建设给予补助；实施面向贫困地区定向招生专项计划，扩大片区学生接受优质高等教育的机会；加强农村义务教育学生营养改善计划的组织管理，确保学生得到实惠；完善农村义务教育家庭经济困难寄宿生生活费补助政策，加大对家庭经济困难幼儿、孤儿、残疾幼儿入园和普通高中家庭经济困难学生的资助力度；实施对片区中等职业学校符合条件的学生按国家规定实行免学费和给予国家助学金补助的政策。从调研情况来看，这些政策在省、县、乡各级落实情况也较好，全省贫困地区高中阶段教育毛入学率达到 90%，调查村大部分都有学校（教学点）。

卫生计生部门将全省扶贫开发工作重点县全部纳入《卫生服务体系建设规划》，加强标准化卫生室和计划生育服务站建设。实施了燕山—太行山贫困地区 10 个县儿童营养改善项目，5 个县新生儿疾病筛查项目和 22 个县儿童医疗保健人员培训项目，全省贫困地区新农合参合率在 98% 以上，调查村大部分都有卫生室。

2. 交通水利等部门加大对贫困地区项目支持力度，调查村基础设施条件均有较大改善

省交通部门按照《燕山—太行山集中连片特困地区交通建设扶贫规划（2011 -

2020)》和省部共建协议①，对片区内重要县乡公路提高补助标准，除中央车购税补助外，再安排省燃油税给予资金补助，补助标准相当于其他地区的4~6倍，有效减轻了县乡村各级的资金压力。目前，全省贫困村已全部通水泥（沥青）路，具备通客车条件的行政村基本实现了通客车，通班车率达到99%。

省水利部门根据河北省因水受困、因水成疾、饮水致贫现象突出的特点，开展了贫困地区农民水利需求调查和水利扶贫项目库建设，从饮水安全、农田水利等方面入手，加大水利扶贫力度。2011~2014年，在农村饮水安全、地下水超采综合治理等重点项目时，对扶贫开发工作重点县给予倾斜支持，累计补助省级以上资金784596万元。预计全省饮水安全问题将在2015年底全部解决。

从调查情况看，蔚县调查的7个村中，有6个村村部通硬化公路（沥青、水泥路），5个村有小学（含教学点），7个村均有卫生室，6个村村部通宽带，7个村具有文化活动室，有399户还未解决饮水安全问题。易县调查的10村中，村部均硬化公路（沥青、水泥路），每个村都有卫生室，8个村有小学（含教学点），7个村村部通宽带，9个村具有文化活动室，有1146户还未解决饮水安全问题。总体来看，贫困村的公共设施建设情况较好（见表10、表11）。

表10   蔚县和易县调查村公共服务设施情况之一

县	村	目前本村是否有小学	目前本村是否有卫生室	目前本村有多少户通有线电视	本村是否有文化活动室
蔚县	南康庄	有	有	0	是
	丰富村	有	有	0	是
	北梁庄	无	有	0	是
	吕家庄	有	有	200	是
	烟墩庄	无	有	103	是
	留北堡	有	有	100	是
	北马圈	有	有	200	是
	选择是/有的村数	5	7	—	7
	合计			603	

---

① 协议规定，2013~2015年国家支持河北省燕太片区重要县乡道改造8.8亿元，建设里程约630公里。

县	村	目前本村是否有小学	目前本村是否有卫生室	目前本村有多少户通有线电视	本村是否有文化活动室
易县	南百泉	有	是	150	是
	白水港	有	是	0	是
	下黄蒿	有	是	0	是
	豹子峪	有	是	0	是
	柳树片	有	是	1	否
	田岗	有	是	0	是
	南彭	有	是	298	是
	东三里铺	无	是	20	是
	栗园	有	是	0	是
	台底	无	是	0	是
	选择是/有的村数	8	10	—	9
	合计			469	

表 11　　　　　　　蔚县和易县调查村公共基础设施情况之二

县	村	2014 年末，全村还有多少户未解决饮水安全	目前本村村部是否通硬化公路（沥青、水泥路）	目前本村村部所在地是否通宽带
蔚县	南康庄	0	是	是
	丰富村	357	是	否
	北梁庄	40	是	是
	吕家庄	0	是	是
	烟墩庄		否	是
	留北堡	2	是	是
	北马圈	0	是	是
	选择是/有的村数	—	6	6
	合计	399		
易县	南百泉	301	是	是
	白水港	275	是	是
	下黄蒿	101	是	否
	豹子峪	341	是	否
	柳树片	0	是	是

县	村	2014年末，全村还有多少户未解决饮水安全	目前本村村部是否通硬化公路（沥青、水泥路）	目前本村村部所在地是否通宽带
易县	田岗	0	是	否
	南彭	92	是	是
	东三里铺		是	是
	栗园	0	是	是
	台底	36	是	是
	选择是/有的村数	—	10	7
	合计	1146		

3. 农业等部门也增加对贫困地区的投入，但对贫困村和贫困户的带动作用不够

农业部门在贫困地区大力推进特色农业产业基地建设，实施农业品牌战略，瞄准京津等周边城市市场，打造绿色和有机食品基地。在扶贫开发重点县投入的资金从2011年的13.6亿元增加到2014年的28.3亿元，占全部资金的比重从28.6%上升到42.6%。但从调研情况来看，农业支持资金主要是投向农业产业化龙头企业、农业园区等，和贫困村、贫困户的连接性还不是很强。

（四）社会扶贫政策落实情况

从调研情况看，河北省制度化的社会扶贫主要是定点帮扶，其他社会扶贫工作基本是零星开展。对于定点帮扶，不同部门的力度差异很大。纵向来看，层级越高的部门帮扶力度越大；横向来看，权力越大的部门帮扶力度越大。而且，地方倾向于把条件较好的贫困村让更有实力的单位帮扶，条件差的贫困村获得的社会帮扶反而较少。

目前，有32个中直单位联系帮扶河北省40个贫困县（区），2012年以来共投入帮扶资金21.27亿元（其中直接投入资金1.37亿元，引进资金19.9亿元）；省内各级帮扶单位共投入各类资金23.4亿元（其中直接投入资金12亿元）。

在易县，中直定点帮扶单位工业和信息化部向帮扶镇的中心小学捐赠电脑60台，为易县协调张石高速建设通信光缆改造工程（免去了光缆移动施工费），并扶持一些企业发展壮大，帮扶力度较大。省直定点扶贫单位7个，由省民政厅、省政策研究室牵头，分包12个贫困村，共投入帮扶资金998万元，平均每个村获得的帮扶资金83万元。市直定点扶贫单位27个，到位帮扶资金900余万元，平均每个村获得的帮扶资金33万元。其余贫困村由县直单位负责，其中由财政、发改等部门帮扶的村，能获得10万~20万的支持，其他部门的支持力度很弱，有些部门没有任何实际帮扶措施。

（五）片区扶贫攻坚政策落实情况

河北省结合自身情况，确定了三大片区：一是国家确定的燕太片区，共22个县，有贫困人口219.7万，占全省贫困人口总数的42.9%；二是省委、省政府确定的黑龙港流域集中连片特困地区，共27个县，有贫困人口186.2万，占全省贫困人口总数的36.4%；三是省委、省政府确定的环首都扶贫攻坚示范区，共9个县（其中6个县为燕太片区县），有贫困人口98.4万，占全省贫困人口总数的19.2%。为做好片区扶贫攻坚工作，河北省先后出台了《燕山—太行山片区区域发展与扶贫攻坚实施规划》《关于支持环首都扶贫攻坚示范区及阜平县加快发展若干政策的意见》等文件，推进各部门建立健全联动机制，加大政策实施力度。截至2014年6月底，燕太片区、黑龙港流域跨县级行政区域的96个重大项目（涉及交通、水利、能源方面）已有79个项目开工建设，项目开工率82.3%；"十二五"期间规划投资3151.94亿元中已完成投资1448.86亿元，完成投资率46%。同时，环首都扶贫攻坚示范区攻坚也取得较大成效。

但县乡层面反映，燕太片区规划落实情况并不好。如易县反映，到目前只有一条规划的道路在准备开工，而蔚县反映规划的项目无一落实。

（六）扶贫政策保障和组织领导情况

由于省委、省政府高度重视，河北省在落实《纲要》方面的政策保障力度、组织领导力度都是很大的，并在一些方面进行了创新性的探索。

1. 加大财税支持力度

一是持续增加扶贫资金投入。2011~2014年，全省共争取中央扶贫发展资金35.9亿元，省级累计安排专项扶贫资金13.05亿元，年均增长41.42%，远远高于同期财政收入和支出增幅。从调研来看，县级获得的扶贫资金是逐年增加的。如易县收到市级以上各类专项扶贫资金从2011年的1415万元增加到2014年的12083万元（见图1）。

二是实施税收返还。2012~2014年，省财政对国定重点县实施增值税、营业税、企业所得税"三税返还"的财政体制激励政策，贫困县每年因此获益14亿元之多。

三是下放资金使用权限，鼓励县级整合资金。按照精准扶贫政策的要求，将专项扶

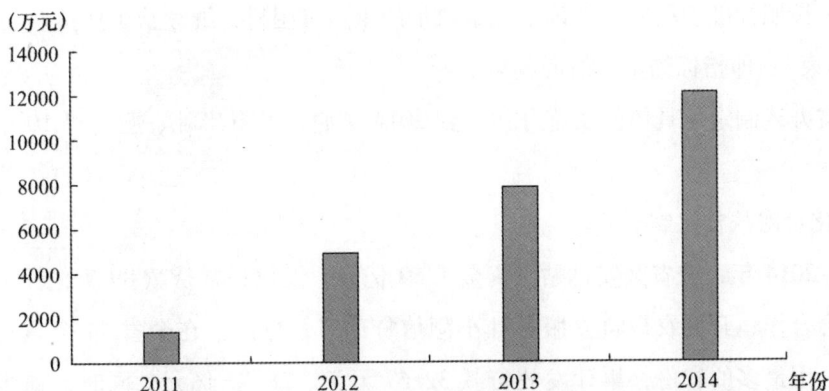

图 1　易县 2011～2014 年获得市级以上扶贫资金情况

贫资金下放到县，并强化县级政府的主体责任和省市两级的监管责任，确保资金使用安全规范。同时，鼓励县级政府整合相关资金。如易县把县级有限的专项资金，特别是"一事一议"资金、科技三项费、林业奖补资金主要用于扶贫攻坚示范区建设。

2. 积极探索权益到户、资本到户等资金使用新模式

河北省鼓励对无劳力无技能户采取引导土地流转、资产入股等措施，通过增加财产性收入实现脱贫。特别是在农民自愿的基础上，积极探索将扶贫资金由直接到户转变为项目到户、资本权益到户。即采取保障农民最低收益与股份盈利分红相结合，当企业经营分红水平低于最低保障收益时，企业按最低保障收益标准分配给农民，高于最低保障标准时，按实际利润分红，既保证了扶贫资金效益最大化，也保证了贫困群众增收持久化。

3. 健全贫困县退出机制

2014 年，河北省在全国率先出台了《关于鼓励扶贫开发工作重点县加快脱贫出列步伐的意见》，明确了"两步走""双激励""双约束"的总体思路，规划了贫困县脱贫出列的时间表和路线图。

"两步走"：第一步从 2014 年到 2017 年，片区外的重点县每年脱贫出列 10 个县，到 2017 年底，40 个省定重点县和片区外国定重点县全部实现脱贫出列，其中 17 个省定重点县 2016 年底出列；第二步到 2020 年底，22 个片区县全部脱贫出列。

"双激励"：一是对提前出列的重点县给予一定奖励，即 2014 年出列的一次性奖励 800 万元，2015 年出列的奖励 700 万元，2016 年出列的奖励 600 万元，2017 年出列的奖励 500 万元；二是对提前出列的重点县保持国家和省现有扶持政策不变，支持力度不减，出列后按照标准和程序重新确定一定数量的重点贫困村，继续给予扶持。

"双约束"：即指标约束、时间约束。

省扶贫办还制定了具体的实施办法，到 2014 年底，已有崇礼、肥乡等 10 个重点县脱贫出列。

4. 强化金融扶贫机制

2011～2014 年，全省共安排贴息资金 1.59 亿元，发放扶贫贷款 89.7 亿元；与中国扶贫基金会合作，开展农户自立服务社小额信贷项目，目前已在全省 44 个重点县开展业务，是全国最多的省份，累计发放贷款 32.67 万笔、28.77 亿元。同时，稳步抓好扶贫互助金试点，截至目前，全省试点村达到 1206 个，互助资金总量达到 2.49 亿元，入社农户 12.24 万户，累计发放借款 5.28 亿元。

5. 增加对贫困县的土地供给

2014 年，省政府从新增建设用地指标中拿出 5000 亩，2015 年上半年又拿出 5000 亩，专门用于支持贫困县重点项目建设，并明确土地占补平衡、增减挂钩等政策进一步向贫困县倾斜。

三、调研中发现的主要问题

在调研中也发现，当前某些扶贫政策不适应、不协调、不聚焦的问题还比较突出，各项扶贫措施的整体精准性较差，失能人口等绝对贫困群体脱贫压力大。

（一）《纲要》部署的一些扶贫开发政策已不能适应城乡一体化、农业现代化发展的新趋势

省、县干部认为，《纲要》是 2010 年制定的，过去 5 年，我国经济社会发展发生了很多新的变化。十八届三中全会对全面深化改革作出了系统部署，国家出台了《国家新型城镇化发展规划（2014－2020 年)》及相关政策，我国经济发展进入新常态，农业农村领域正在发生并将持续发生一些新的变化，某些扶贫政策已不适应新形势的要求。

一是产业扶贫政策与农业经营方式发展趋势不适应，未能有效发挥新型农业经营主体、社会化服务体系在产业扶贫中的作用。

二是农村社会保障和社会救助体系与城乡一体化户籍制度改革不适应，城乡社会救

助体系在标准、体制、管理等方面还存在二元分割。

三是传统的以增量扩能为主的扶贫资金投入和使用模式与经济发展新常态不适应，在经济增速和财政收入增速双降的大背景下，财政扶贫资金使用效率不高的问题日益突出。

四是扶贫工作与涉农电子商务等新兴业态的发展不适应，现行的扶贫措施对这些新业态、新模式重视不够。

（二）扶贫工作的整体精准性不够，各方力量未有效聚焦重点人群、重点地区、重点问题

2014年国家下大力气给贫困村、贫困户建档立卡，而且动态更新。但从调研情况看，行业扶贫、社会扶贫的力量没有充分利用这一数据系统。特别是民政、住建等部门仍是沿用自身的评定标准和数据信息，与精准扶贫建档立卡数据信息没有任何关联。

一是政府扶贫力量不聚焦。2014年建档立卡时，已将农村低保和五保等救助人口纳入建档立卡范围，收入、支出等指标也纳入统计监测体系，在理论上农村低保、五保救助对象都应该是建档立卡贫困人口。但从调研情况看，民政和扶贫部门信息不共享、工作不协调、调整不沟通，基本上是各干各的，导致有些新救助对象超出建档立卡范围，有些符合条件的贫困人口没能纳入救助范围。住建部门在开展农村危房改造时，也没有利用建档立卡数据，而是单独建立一套自己的数据信息系统，也产生类似问题。这导致低保、医疗救助、危房改造等救助政策不能有效聚焦真正的贫困人口。

二是相关政策不协调。突出表现为异地搬迁政策与其他政策不太协调。调研组实地调查了蔚县最偏远的一个村，离县城82公里。143户中，有贫困户125户，绝对贫困户50户。房子都是泥砖结构，全部是危房。农民最大的愿望是搬迁，县里也将其纳入了搬迁计划。但就近搬迁没有合适的宅基地，搬到镇上成本又太高。建3间普通平房要10万元，搬迁补助是每人补5000元，4口之家只能拿到2万元，加上危房改造补助1.5万元，合计3.5万元，远远不够建房成本，大部分农户搬不起。又由于是计划搬迁村，饮水安全、村村通、户户通等工程都未实施，村里不通电话，手机没信号，饮水夏天靠山泉水、冬天靠冰。像这样纳入搬迁计划但实际上又无法搬迁的村，全县还有30多个，人口达1万多人。

（三）扶贫资金使用机制不完善，经济增速下行对贫困县资金投入的影响开始显现

一是专项扶贫资金入户比例的要求不尽合理。河北省要求，专项扶贫资金中，30%用于基础设施建设，70%用于产业扶贫，其中的70%必须入户。但从调研情况看，如果某个乡村的产业基础较好，有一定规模，有合作社或龙头企业带动，入户的扶贫项目就能发挥较好的作用；反之，作用就很小。县里反映，对于那些产业基础薄弱的地区，应适当提高扶贫资金用于农业基础设施、农业服务体系建设的比重。

二是资金不足与留滞并存。两个县均反映，按照省里要求，扶贫资金10万元以上项目要走政府招标采购程序，招标时间较长，并且给贫困村还造成了一定的经济负担。扶贫项目资金实行报账制管理，但一些大的项目由于受贫困村集体经济薄弱影响无法先期垫付，预拨资金很困难。这就造成，一方面县级扶贫资金普遍缺乏，另一方面又有大量资金留滞。

三是行业扶贫项目资金权限仍未下放，县里无法整合使用，且仍有配套要求。两个县都反映，农业等行业中央项目仍有县级资金配套要求，有些项目（如饮用水安全工程）虽然没有明确的配套要求，但由于补助标准低，实际上仍需要村或户承担部分成本。

四是经济增速下行使得县级财力更加紧张。河北省明确要求自2012年起各市和重点县每年要拿出地方公共财政预算收入的1%专项用于扶贫开发，从调研情况看，县级基本处于"悬空"状态，2015年情况更为严重。如蔚县、易县均以资源开采等初级产业为主，受经济下行的影响，财政增速下降甚至出现负增长。需要县里配套或补缺的资金，2015年普遍无法承担。

五是由于自身条件和金融体制限制，贫困地区缺乏有效的融资平台和担保体系，资金筹措渠道窄、空间小、成本高。国家出台的一些金融支持扶贫的政策，基层金融机构很多不认可，不执行。

（四）贫困地区公共基础设施和公共服务设施的连通性、可及性差

一是道路的连通性差，质量低。省、县普遍反映，国省干线公路之间、县与县之间缺少县乡公路衔接，平原地区乡村之间互联互通道路不足。县乡公路作为县域经济主干道，三级及以上公路仅占 37.3%，有 2/3 为四级公路。实施村村通工程 10 年以来一直维持在路基 4.5 米、路面 3.5 米宽的最低建设水平，通行能力差。早期建设的村村通工程超期服役，特别是 2003 年之前就通油路的建制村公路破损严重。自然村硬化路面率低，全省 2 万个自然村中，仍有近半数没有硬化。

二是基本公共服务的可及性差。虽然以建制村为单位，通沥青（水泥）路、小学、卫生室等达标率很高，但由于行政区划调整后建制村的规模普遍扩大，贫困地区建制村地域面积更大、农民居住分散，村内公共服务均等化水平仍较低。大部分乡镇医院条件简陋，缺医少药，医疗水平低。有相当一部分患病群众得不到及时有效救治，导致小病变大病，给家庭造成沉重经济负担。调研的村，少数没有教学点，大部分只有 3 年级以前的教学点，高年级的小学生要到较远的地方上学，而去初中的距离就更远（调查村平均为 21 公里）住宿和交通成本增加很多。

三是农村内部公共服务水平差异扩大，真正的贫困人口享受的公共服务水平低。贫困村里，相对富裕的家庭孩子在县城上学，中等的在镇里上学，留在村教学点的基本是绝对贫困家庭的孩子，贫困的代际传递仍然存在。

（五）产业带动弱，与贫困户的链接性差

虽然各地都在着力培育壮大特色产业，推进产业化、集约化经营，但总体上还处于起步阶段，尚未形成综合竞争优势。

一是规模小。受人力资源短缺、生产要素不足等因素影响，贫困地区特色优势产业和龙头企业发展缓慢，产品档次、知名度和市场占有率低。

二是新型经营主体发育慢。尽管合作社、家庭农场在全国蓬勃发展，但在一些贫困地区，这些新型经营主体还是个新生事物，既缺乏领头人，也缺乏政府的正确引导。农业生产经营组织化、社会化程度过低，千家万户小生产与千变万化大市场之间的矛盾突出，抵御市场风险能力不强，一哄而上、大起大落现象时有发生。

三是效益连接性差。部分龙头企业与农户的利益联结机制没有真正建立，在农业产业化进程中农民利益难以得到有效保障。一些地方将扶贫资金折资入股到龙头企业，但贫困人口合计所占的比重很少，而且分散，能力不足，不能有效参与公司治理，长久增收机制不稳定。

（六）社会政策对绝对贫困人口的兜底作用不够

河北省因病、因残、因（智）障、因老而失去劳动能力的贫困人口占有较高比例[①]，局部地区还很高。如易县因病因残致贫的人口占扶贫对象的 20% 左右，少数贫困村甚至高达 50% 左右。虽然国家出台了扶贫＋低保＋临时救助、新农合＋医疗救助＋大病医保等救助制度，但这些政策对这些失能的特困人口作用不大。

一是救助标准低，不能保障基本生活。如调研组去的 1 个贫困户，户主是 82 岁的老太太，老伴早年去世。仅有 1 个儿子，智障，只能干点简单的体力活，儿媳妇前几年也因病去世，有 2 个孙子，都上小学。还有 1 个聋哑弟弟跟她们一起生活，也 70 多岁了。家庭收入来源只有 3 项：她儿子农闲时外出打短工，一年能挣三四千元；2 个低保，每个月补差收入各 110 元；2 个老人的养老金，各 70 元/月。5 口之家，年收入不过几千元，还要供 2 个孩子读书，生活困难。家里的房子还是几十年以前的，有病不敢去看，平时吃不起肉。另一户户主是 70 多岁的老太太，老伴早年去世，儿子年龄很大也娶不上媳妇，后来捡了个高度智障的女人做儿媳妇，连大小便都不能自理，还生了个孙子。儿子前年大病去世。现在家里没有任何劳动收入，全靠政府救助和乡亲救济。地方政府也是尽全力，把现行政策能给的照顾都给了他们，但是仍不能保障基本生活。

二是医疗保险和救助政策实际上是逆向调节。由于住院医疗费用高，新农合报销比例低，而且要个人先预付费用，门诊治疗费用不能报销，贫困地区那些绝对贫困人口大病不住院，小病自己扛，从医保基金和救助资金获得的支持很少。如调研组访谈的 1 个农户，家里主要劳动力大病手术花了 17 万元，新农合报销了 8 万元，医疗救助补助了 5000 元，家里尚需支付 8.5 万元。不仅陷入了负债，儿子也高中辍学外出打工了。

三是"底心层"问题严重。调研的村，都普遍存在一个问题：真正的绝对贫困人口享受不到国家扶贫、救助政策的好处。如上面所分析，不论是农村危房改造、饮水安全工程，还是医疗救助，都需要农民自己支付一定的费用，而绝对贫困家庭因拿不出这笔钱而不能享受政策。

---

① 河北省 2014 年建档立卡贫困人口 4991916 人，其中缺资金、缺技术和生病就医致贫的有 2080449 人，占 41.7%；因残致贫 320102 人，占 6.4%。

（七）片区规划实施机制不顺，贫困地区重大基础设施瓶颈问题仍十分突出

一是实施机制不顺。地方反映，牵头部委除了制定规划以外，实际上并未很好地起到牵头作用。而且在省级，仍然是通过发改、扶贫等部门来协调落实，上下级之间往往没有工作联系，机制不顺。

二是项目落实情况差。燕山—太行山片区规划的一些项目未纳入相关行业（专项）规划，列入规划的项目前期工作进展缓慢。如易县清西陵—易水湖—狼牙山公路2013年已列入交通部燕山—太行山集中连片扶贫开发项目，规划全长30.4公里，总投资2.79亿元。但目前已到位的资金只有4200万元，资金缺口大，一直未启动。

三是环首都贫困带问题突出。河北环首都地区长期承担着为北京净水源、阻沙源的重任，一些产业的发展受到限制，加之多种要素条件的制约（如人均水资源量不到全省的一半，远低于500立方米的国际公认极度缺水标准），基础设施历史欠账多，水电路讯建设明显滞后，贫困问题十分突出。

四、政策建议

"十三五"时期，要把扶贫工作放到城乡一体化、农业现代化的大趋势下来整体布局，根据贫困人口的新特征，特别是绝对贫困人口相对比重越来越高的形势，把开发式扶贫和救助式扶贫更好地结合起来，确保各类贫困群体在2020年如期脱贫。

（一）把扶贫工作放到新常态下城乡一体化、农业现代化的大趋势下来整体布局

一是适应农业经营方式发展趋势，将产业扶贫与培育新型农业生产经营主体、建立社会化服务体系、发展农业产业化和三产融合相结合。

二是适应城乡一体化发展趋势，特别是城乡户籍一元化的趋势，逐步将城乡低保、救助、医保制度统一。在推行城乡户籍制度一体化的省市，应同步实施这些政策。

三是适应新常态下经济增速下行和财政收入增长放缓的趋势，在稳定财政投入的基础上，更加注重提高扶贫资金使用效率，更加注重鼓励和引导社会资金多渠道参与扶贫。

四是适应信息化发展趋势，更加重视电子商务等新业态在扶贫中的作用，完善贫困

地区网络、物流基础设施，将农产品进城和工业品下乡相结合，加快贫困地区涉农电子商务的发展。

（二）加大贫困地区基础设施建设力度

交通、电力、水利、通讯等基础设施对于贫困地区的发展至关重要。我们在易县调研中，有两个贫困村都处于深山老区，离县城都有 80 多公里。其中的一个，因靠近前几年新建的一条省道，在县乡政府支持下，以专业合作社的形式发展蔬菜、中药材种植等特色产业，很快脱贫，目前农民人均纯收入已超过 6000 元。另一个村，因交通、通信不畅通，仍处于绝对贫困状态。与 5 年前相比，贫困地区特色资源，生态环境的市场价值日益凸显，社会资本、技术都愿意进入，关键是基础设施薄弱，特别是骨干交通和村内交通这一大一小两类道路不通，发展潜力无法发挥出来。建议把支持贫困地区基础设施建设，作为当前稳增长的重大举措来实施。一是加快落实 11 个集中连片特困地区扶贫攻坚规划，以交通为重点，加快跨县重大规划项目的实施。二是在村村通工程的基础上，在国家级贫困县开展交通村内通工程，实现行政村村部到自然村的道路硬化，改善农村内部的交通条件，积极发展农村配送物流。三是以中央和省市财政资金为主，健全贫困地区农村水、路等公用事业养护长效机制，做到有钱养，有人养。

（三）始终把加快发展作为贫困地区脱贫的第一要务

只要基础设施条件改善，大部分贫困地区还是能发展起来，大部分贫困人口还是能通过发展脱贫。一是要持续提高贫困县工业化城镇化水平，增加贫困地区青壮年劳动力的非农就业。国家发展资金、土地指标应进一步向贫困县倾斜，支持其发展特色加工业、旅游业，支持县城和中心镇的建设，带动生活服务业的发展，吸纳更多的贫困人口本地转移就业。二是扶持农村内部的特色种养业和家庭手工业，带动中老年贫困人口致富。整合各类扶持资金，通过扶持农民专业合作社、互助资金组织、股份合作制经济、现代农业园区，把项目入户和区域特色产业发展结合起来，带动和帮助贫困农户发展生产。三是积极探索将扶贫资金入股加入合作社、每年分红等模式，解决失能和半失能贫困户持续增收问题。四是因势利导，鼓励发展乡村旅游、休闲农业、发展家庭式光伏发电等新产业，促进贫困地区三产融合。五是加强对贫困地区劳动力的职业技能培训。对 50 岁以上的人群，可采取相对简单的技术培训，指导其学习种植养殖实用技术；对于 50

岁以下有一定文化基础的人群，可以职业农民为目标开展定向培训；对于"两后生"要采取生活费、交通费补贴等扶持政策，引导其在职业学校学习就业技能。

（四）持续提升农村公共服务水平

对于贫困农村地区的公共基础设施和公共服务设施，不能通过达标验收后就不管了，应健全管护机制和升级机制，持续提升服务水平，不断缩小城乡差异。一是在教育方面，要通过走教等多种形式，加快在贫困地区开展学前教育；对小学教学点要合理保留甚至恢复，让 1~3 年级的孩子能就近入学，同时改善寄宿制学校的看护条件，提高困难家庭学生寄宿的补助，率先在贫困县实现 12 年义务教育。实施县内优质中学向贫困村定向招生制度，推进招生入学方面的机会均等。二是在医疗方面，要进一步健全贫困地区基层医疗卫生服务体系，按标准配足仪器装备，实现村医务室全部达标，提高县医院和乡镇卫生院的技术水平和服务能力，加大重大疾病和地方病防控力度。通过村医培训，城镇医师支援农村等措施，提高村卫生室的诊治水平。三是加强贫困地区农村社区建设，发展各类适宜的文化体育设施，加快农村养老机构和服务设施建设，建设各类便民设施，丰富农民生活。

（五）提高扶贫工作的整体精准性

建档立卡后，专项扶贫已基本做到精准扶贫，但行业、社会扶贫还没有做到。下一步，要在建档立卡数据信息系统的基础上，提高扶贫工作的整体精准性。一是要联合扶贫、民政、住建、教育等部门，健全建档立卡动态更新机制，建立建档立卡贫困人口与其他社会救助人口的信息共享机制。二是要推进民政、住建和扶贫部门的标准统一、对象一致、机制沟通和信息共享，明确将绝对贫困户（失能贫困人口，以及家庭人均收入低于本村贫困家庭平均水平 60% 的家庭）确定为农村低保对象，将贫困户中的大病患者优先列为医疗救助对象，将贫困户中的危房户优先列为补助对象。三是对于行业扶贫、社会扶贫的各类项目和资金，在使用时要充分利用建档立卡数据信息，由县级统筹安排，将各种扶贫力量聚焦重点乡村、重点人群、重点问题。

（六）健全失能贫困人口的社会安全网

大量失能（失去劳动能力）和半失能贫困人口是全面建成小康社会的重中之重，必须加快整合资源，聚焦力量，健全这一群体的社会安全网。一是健全扶贫＋低保＋临时救助等救助制度，增强扶贫政策与社会救助政策的衔接。在明确农村救助对象的前提下，缩小救助面，并将救助标准提高到扶贫标准一致，保证绝对贫困人口家庭生活达到当地平均水平，同时通过精准扶贫政策提高家庭收入水平。二是健全新农合、大病保险、医疗救助政策的无缝对接机制，使因病致贫的家庭享受到补助，减轻医疗支出压力。对患有大病、慢性病、残疾、智障，且丧失劳动能力的建档立卡贫困人口，全面实施医疗救助政策。对患有重大疾病并造成家庭生活困难的贫困人口，实行医保基金预付费制度，并在明确药品和诊疗目录的基础上，对个人付费设立最高限额，超额部分由医疗保险和医疗救助资金负担。在贫困地区加快推进大病保险工作，优先将建档立卡贫困人口纳入城乡居民大病保险政策范围。推进相关信息平台互联互享、公开透明，健全"一站式"即时结算。三是健全贫困人口的住房保障机制。在农村危房普查和贫困人口建档立卡的基础上，实施分类安置。对五保户实行集中供养；对有劳动能力的家庭，按现行政策给予补贴，提高标准；对于夹心层，建立农村公租房，低租金供其使用。四是对季节性缺粮贫困家庭，发放食品券或直供口粮。

（七）进一步完善资金投入和使用机制

一方面，要进一步完善专项扶贫资金的使用机制，另一方面，要坚决下放行业扶贫资金管理权限，解决好资金流滞等问题。一是将扶贫项目支付采购管理权限下放到县级。由各县自行决定哪些项目、多大规模的项目要纳入政府采购，并向省级扶贫办报备。对超过30万元或50万元以上的项目，可以适度提高向贫困村预拨资金的比例。二是对扶贫资金用于产业项目和基础设施的比例实行弹性管理，并将权限下放到县级，由各县因地制宜确定资金用于产业项目和基础设施的比例，以及产业项目资金中用于入户的比例。三是改革村村通、饮用水安全等工程的补助政策，主要应根据贫困村的地形地质条件、工程建设成本来确定补助标准，不要简单地按地域划分。四是允许各地因地制宜探索资金项目到村到户的多种实现方式，鼓励以合作社等新型经营主体为主，推行扶贫资金折资入股，发展合作经济。五是提高对扶贫贷款监管的包容性，鼓励涉农银行增加扶贫贷款，鼓励发展"资金互助"等草根金融。

（八）改革片区规划实施机制，加快项目落实落地

一是要理顺片区规划实施机制。在明确省部责任的基础上，建立"部出钱，省承担，县落实"的实施机制，并制定年度实施计划。对于片区内跨省且属于省级事权的项目，要建立相关省的沟通机制，实现同步开工建设、建成投产。二是要加快规划项目的实施进度。对于已开工项目，要及时、足额安排项目建设资金；对于已纳入行业（专项）及地方"十二五"规划但未开工建设项目，具备条件的要尽快开工建设，不具备条件的应加强协调，纳入"十三五"相关规划。三是建立京津冀扶贫协同机制。从京津冀协同发展的战略高度，在国家层面上建立京、津等生态和水资源受益地区对河北省贫困县的补偿机制，协调北京、天津开展对口帮扶，在项目摆放、基础设施建设、科技支撑等方面予以支持。将环首都贫困带纳入国家"十三五"扶贫工作和京津冀协同发展的重要内容，帮助相关贫困县发展适宜项目，实现加快发展。

陕西省实施《中国农村扶贫开发纲要（2011－2020年）》情况调查

冯明亮　高　明

我们赴陕西省对《中国农村扶贫开发纲要（2011－2020年）》（以下简称《纲要》）实施情况作了专题调研。从调研情况看，陕西落实《纲要》力度较大、进展较快，各项政策措施推进总体顺利，平均每年减贫人口达到百万人。对照"时间过半，任务过半"的要求看，2014年部分目标任务已提前完成，预计2015年底能够全面实现《纲要》所确定的2015年目标任务，为"十三五"完成《纲要》目标任务奠定了基础。但是，随着贫困人口减少、减贫难度递增，要确保农村贫困人口到2020年如期脱贫、同步实现全面小康，在提高扶贫开发的精准性、增强区域发展对贫困人口增收的带动能力、完善金融扶贫与产业扶贫等配套政策、增强扶贫资源的可及性和贫困人口的获得感等方面，还需要调整完善扶贫思路，采取更加有效的投入机制和更加有力的开发举措。

一、调研基本情况

（一）调研内容和对象

本次对陕西省《纲要》实施情况的调研，主要围绕《纲要》提出的目标任务和各项政策措施展开，重点调研了减贫任务和发展目标的完成情况，以及专项扶贫、行业扶贫、社会扶贫和政策保障的落实情况与成效。

陕西省是我国西北地区贫困人口多、贫困面大、贫困发生率较高的省份。2014年陕西省建档立卡识别的贫困人口为575万人，贫困发生率为13.4%，比全国平均水平高出6.2个百分点。陕西省共有贫困村8808个，贫困县56个。六盘山区、秦巴山区、吕梁山区等3

个集中连片特困地区的 43 个贫困县分布在陕西。在自然条件、要素禀赋和经济发展、产业结构、收入水平等各方面，陕西省的贫困问题在西北地区具有一定的代表性。

对贫困县和贫困村的调研也一并纳入到本次对陕西省的调研工作中。一方面，"上面千条线，下面一根针"，扶贫政策措施的落实绕不开基层，对扶贫政策效应的评价也离不开基层；另一方面，对贫困县和贫困村的瞄准是扶贫开发的重要抓手，通过解剖贫困县和贫困村的扶贫开发工作，能够对《纲要》落实情况作出更加完整的评价。因此，本次调研还选择了陕西省宝鸡市千阳县和安康市石泉县作为典型贫困县开展实地调研。其中千阳县地处关中西部、渭北旱塬丘陵区，是六盘山区片区县，属省级扶贫开发重点县，县内既有山区，又有山塬结合区、山川结合区；石泉县地处陕南中部，地形呈"两山夹一川"之势，是秦巴山区片区县，属国家级扶贫开发重点县、全国革命老区县。两县立地条件差、贫困面大且程度深、基础设施落后，贫困问题和扶贫开发工作在陕西省内具有典型性（见表 1）。

表 1 　　　　　　　　　2010 年陕西省与千阳县、石泉县发展状况

	陕西省	千阳县	石泉县
农业人口（万人）	2749.1	11.4*	15.2
贫困发生率（%）	27.5	45.8*	43.4
地方一般预算收入（亿元）	958.2	4.201	5.430
财政自给率（%）	81.2	10.1	7.9
农民人均纯收入（元）	4105	4026	5101

注：* 为 2011 年的数据。

数据来源：陕西省统计年鉴和行业部门提供数据。

在千阳县和石泉县，调研组分别选取了 3 个贫困村作实地调研，并各选 10 个贫困村作问卷调查，包括了已经开展整村推进和尚未开展整村推进的、整村搬迁和就地开发的等各种类型（见表 2）。

表 2 　　　　　　　　　开展问卷调查的贫困村基本情况

	2010 年	2014 年
村均人口（人）	1155	1192
贫困发生率（%）	42.55	26.78
农民人均纯收入（元）	3310	5662

数据来源：调研组问卷调查数据。

（二）调研方法

本次调研主要采用了以下方法。

一是文献研究。系统研究了《纲要》实施以来陕西省出台和落实的扶贫开发工作政策文件，以及陕西省历年统计年鉴和扶贫行业统计中的相关数据资料。

二是座谈讨论。调研组在陕西省政府与16个行业部门和扶贫部门共同讨论《纲要》实施情况和问题，在千阳县和石泉县分别与县内10多个部门座谈讨论，并在6个村分别召开乡、村干部和贫困人口座谈会。

三是问卷调查。对2个县各10个村开展问卷调查，了解贫困村的有关问题和政策落实情况，共收集有效问卷20份。

四是深度访谈。在问卷调查的基础上，调研组与在2个县实地调研的6个村的贫困户代表和基层扶贫工作相关干部作深度访谈。

二、《纲要》中期目标任务和政策措施落实情况

（一）中期目标任务完成情况

从《纲要》所确定的中期目标、减贫任务和收入增长指标的完成情况看，到2015年陕西省在全省层面已基本完成《纲要》中期目标任务。从实地调研情况看，贫困县层面的总体目标任务也基本同步完成，但贫困村层面的发展具有较大的不均衡性。

1.《纲要》确定的2015年目标任务已基本完成

截至目前，陕西省已基本完成《纲要》所确定的2015年目标任务。除一户一项增收项目难以统计，以及中等职业教育在各地普遍难以达到要求外，2015年中期目标基本能够如期实现。千阳县和石泉县的中期目标任务也已基本完成。

2. 减贫任务基本完成过半

《纲要》实施以来，陕西省平均每年减少贫困人口百万人，贫困发生率大幅下降。国家在扶贫开发新阶段确定的扶贫标准为人均收入2300元（2010年不变价），按照这一标准，2010年陕西省共有贫困人口756万人，2011～2014年贫困人口分别减少为592万人、483万人、451万人、350万人，4年共计减少406万人，减贫比例达53.7%，贫困

发生率由 2010 年的 27.5% 下降到 2014 年的 13.4%。

陕西省在《关于贯彻〈中国农村扶贫开发纲要（2011－2020 年）〉的实施意见》中，将本省的扶贫标准提高到 2500 元（2010 年不变价）。按照这一标准，2010 年全省共有贫困人口 840 万人，2011～2014 年贫困人口分别减少为 775 万人、689 万人、575 万人、460 万人，减贫人数分别为 65 万人、86 万人、114 万人和 115 万人，4 年共计减少 380 万人，减贫比例达 45.2%，贫困发生率由 30.6% 下降到 17.7%。预计到 2015 年底减贫比例能够完成 50% 的中期任务。

按照陕西省定扶贫标准，千阳县的贫困人口由 2010 年的 5.1 万人，减少到 2014 年底的 3.02 万人，贫困发生率由 45.8% 下降为 27.1%，预计 2015 年底有望实现任务过半的目标。而石泉县的贫困人口由 2011 年 6.6 万人，减少到 2014 年的 4.6 万人，贫困发生率由 43.4% 下降为 30.4%，到 2015 年底也有望实现在 2010 年基础上任务过半的目标。

从贫困村的收入情况看，本次问卷调查的 20 个贫困村中，2014 年的贫困发生率比 2010 年平均下降了 36.36%。但不同村庄的减贫任务完成差异较大，减贫最少的村庄贫困发生率不降反增了 0.23 个百分点（见表 3）。

表3　　　　　　　　　　　　20 个样本村减贫幅度　　　　　　　　单位：%

样本号	2010 年贫困发生率	2014 年贫困发生率	贫困发生率变化
1	47.65	47.88	0.23
2	67.88	23.02	-44.86
3	64.23	50.46	-13.77
4	41.30	34.52	-6.78
5	26.90	26.86	-0.04
6	25.52	8.19	-17.33
7	55.04	41.55	-13.49
8	38.12	24.38	-13.74
9	54.78	13.94	-40.84
10	52.37	40.20	-12.17
11	56.28	44.08	-12.20
12	46.22	28.05	-18.17
13	29.74	23.66	-6.07

样本号	2010 年贫困发生率	2014 年贫困发生率	贫困发生率变化
14	29.09	22.85	-6.24
15	40.89	21.53	-19.36
16	31.26	17.32	-13.95
17	15.48	6.16	-9.32
18	49.62	35.98	-13.64
19	22.63	15.47	-7.16
20	55.98	9.45	-46.53
平均	42.55	26.78	-15.77

数据来源：问卷调查数据。

3. 贫困地区农民收入增长提速

2013 年陕西省 56 个国家级扶贫开发重点县农村居民人均纯收入达到 5953 元，较 2010 年的 3611 元增加了 2343 元，年均增速达到 18.1%，高出全国同期平均水平 3.6 个百分点（增速按现价计算，下同）。

千阳县贫困户人均纯收入由 2010 年的 1278 元增加到 2014 年的 2630 元，年均增长 19.5%，高于全县同期 2.5 个百分点；全县地区生产总值年均增长 17.6%，高于全市同期 3.1 个百分点。石泉县农民人均纯收入也由 2010 年的 4026 元增加到 2014 年的 7675 元，年均增长 17.5%。两县农民人均纯收入的增速均高于同期全国农民人均纯收入 13.7% 的年均增长率。

从问卷调查情况看，20 个贫困村 2010~2014 年的收入增长达到了 99.36%。从收入增幅的绝对数来看，20 个贫困村的农民收入增幅比全国农村居民纯收入的增幅高了 32.24%。但不同村庄的增速差异较大，仍有 50% 的贫困村收入增长低于全国平均水平。

（二）专项扶贫落实情况

1. 整村推进分批实施、成效明显，但总量偏低

陕西省编制了《陕西省扶贫开发整村推进规划（2011－2015 年）》和《陕西省整村推进扶贫项目三年实施规划（2013－2015 年）》，确定"十二五"期间完成 2070 个贫困村的整村推进任务，逐村制定了实施规划，明确了各类项目建设任务。

2011～2012年，全省分批启动建设769个规划村，每村一次性安排专项财政扶贫资金100万元，按照5∶3∶2的比例分别用于产业发展、基础设施和村居环境整治项目，并整合相关部门涉农项目资金，两年共投入资金33.65亿元（村均投入438万元），其中财政扶贫资金7.59亿元。从2013年开始，全面启动剩余的1301个贫困村建设规划，其中专项财政扶贫资金按照1000人以下村80万元、1000～1500人村100万元、1500人以上村120万元的标准，分3年安排到位，按照7∶2∶1的比例分别用于产业发展、基础设施和村居环境整治项目，两年投入各类资金40.94亿元（村均投入315万元），其中财政扶贫资金8.68亿元。

整村推进的重点在发展贫困村主导产业、建设小型基础设施、改善村居环境等。目前已覆盖贫困户58万户，发展种植业98万亩、养殖业546万头（只），建设产业园区191个，技术培训14.9万人次；新建和修复村组道路4682公里，建设人畜饮水项目440个，解决安全饮水3.1万户，新建灌溉渠道370公里，改造农田3.77万亩，贫困户改灶、改网、改圈，整治人居环境5.9万户。

从贫困村的问卷调查情况看，整村推进对于改善贫困村生产生活条件、增加村民收入具有重要影响。实施过整村推进的贫困村与没有实施整村推进的贫困村相比，2010～2014年的累计收入增幅平均高出39个百分点，水电路气房和环境显著改善的比例高出33.3个百分点。通过整村推进，贫困村的获得感显著提升，认为"2011年以来国家扶贫政策力度明显加大"的比例达到100%，比未实施整村推进的村庄高33.3个百分点。

但"十二五"期间确定的整村推进任务总量偏低，仅占全部贫困村的23.5%。剔除已开展整村推进或移民搬迁的村，下一阶段需实施整村推进的贫困村还有4000多个，任务量是"十二五"期间的两倍。

2. 异地搬迁力度大，投入缺口也较大

陕西省避灾扶贫搬迁规模较大，涉及贫困人口总计达249.1万人，为全国各省之最。2011年，陕西省在陕南陕北启动实施了大规模移民搬迁工程，计划10年搬迁75万户299万人，其中贫困人口43万户168万人。2014年起，又将关中地区的秦岭北麓和渭北旱原地区纳入全省规划，计划2014～2020年搬迁19万户76万人，其中贫困人口13万户52万人。2014年又在延安启动了避灾扶贫搬迁，计划5年搬迁23万户80万人，其中贫困人口9.9万户29.1万人。

在此轮移民搬迁中，陕西省探索了一系列新的思路和做法。一是以城乡统筹发展思路推进移民搬迁。积极引导农民进城安置，提高城镇化率和投资效益，彻底改变贫困群众的生产生活条件。据初步统计，2011～2014年，移民搬迁使陕北城镇化率提高了4.6个百分点，陕南提高了5.8个百分点。二是科学布局规划移民安置点。统筹工农业园区、重点镇建设、保障性住房、农村危房改造等工作，安置点选址尽可能靠近城镇和大社区，建筑风格体现当地民俗民居特点，功能设计要求设施齐全、功能完备，避免简单复制、重复建设。三是分类推进移民搬迁工作。对进城安置的，尽可能通过城镇保障性住房进行安置；对一般贫困户，主要安置在新型农村社区和中心村；对特困户，免费提供50平方米左右的安置房；对五保、孤残等无发展能力群众，通过集中养老等保障政策解决。四是同步配套发展产业。按照生产与生活并重、住房建设与产业开发并举的思路，将产业扶贫、"雨露计划"培训等项目优先用于搬迁户，帮助搬迁户发展生产，增加收入。

截至2014年底，陕西省累计投入630亿元，其中财政专项扶贫资金投入46.8亿元，搬迁38万户134.1万人，其中贫困人口21.9万户85万人。陕南地区累计完成投资479亿元，建设集中安置点2614个，搬迁群众26万户88万人，完成10年规划任务的43.3%。陕北关中地区移民工程已累计完成投资151亿元，建设集中安置点937个，搬迁群众12万户46.1万人，完成10年规划任务的21.8%，进展慢的主要原因在于延安避灾搬迁和关中秦岭北麓及渭北旱塬地区2014年刚启动实施。

从贫困村的问卷调查情况看，移民搬迁的需求量大，80%的贫困村有贫困户需要搬迁。而移民搬迁对贫困村发展的影响也较为明显。实施过移民搬迁的村庄，人均收入增幅较贫困村高出12.4个百分点。

移民搬迁所需投入较多，资金缺口也较大。按照规划，2015～2020年还有77.6万户272万人需要搬迁，其中贫困人口42.1万户147.4万人。平均每年需要搬迁12.9万户45.3万人，其中贫困人口7万户24.5万人。仅陕北及关中地区每年就需搬迁7.3万户25.4万人，其中贫困户4.5万户15.4万人，省政府每年需投入建房补助17.85亿元，基础设施配套14.4亿元，共需投入32.25亿元。但是从2014年投入情况看，省级每年仅安排12.7亿元、整合部门资金1.6亿元，资金缺口仍有18亿元。

3. 产业扶贫仍是财政专项扶贫资金的投入重点，但增收效应不明显，到户机制仍需进一步探索

陕西省按照"瞄准贫困、突出特色、整合资源、注重效果、民办公助、择优扶持"的原则，通过直接扶持贫困户发展主导产业、扶持培育龙头企业带动贫困户、完善配套服务提高产业化水平等，把发展区域特色产业与扶贫到户有机结合，引导经济组织与贫困户建立紧密的利益联结机制，增强贫困户收入水平和自我发展能力。4年来累计投放产业扶贫项目资金11.09亿元，扶持带动123万户贫困户发展生产增加收入。其中，产业化扶贫项目2.98亿元，扶持项目427个，扶持贫困户5.85万户；产业扶贫园区项目2.05亿元，扶持项目41个，扶持贫困户2.1万户；贫困户生产发展项目2.5亿元，扶持贫困户9.82万户；扶贫贷款贴息资金3.56亿元，投放扶贫贴息贷款84.28亿元，其中小额扶贫到户贷款36.21亿元，扶持贫困户25.46万户，扶贫龙头企业和合作社贷款48.07亿元，扶持项目436个，带动80多万户贫困户增加收入；互助资金项目村达到2006个，资金总规模5.16亿元，累计发放到户借款15.62亿元。

产业扶贫在扶贫开发投入中仍处于重要位置。问卷调查的20个贫困村中，实施过特色产业发展项目的比例达到50%。在2014年贫困村所获得财政扶贫资金中，平均43.99%是产业发展资金（见表4）。

表4　　　　　　　　　样本村财政扶贫资金中产业发展资金占比　　　　　　　单位:%

村庄序号	2013 年	2014 年
1	11.60	8.42
2	8.20	0
3	4.19	68.18
5	4.13	100.00
9	100.00	100.00
10	68.29	68.29
11	10.42	0
12	8.09	12.72
13	0	22.07
14	10.62	78.10
15	12.09	9.36
16	43.55	21.97
17	73.53	0
18	48.69	31.95
19	13.90	6.82
平均占比	29.81	43.99

数据来源：问卷调查数据。由于部分样本没有回答，本题的实际有效样本为15个。

与此同时，问卷调查也显示，产业发展项目对村庄增收的作用有限，实施过特色产业发展项目的村庄与没有实施过的村庄相比，收入增长不仅没有明显加速，而且2010～2014年间的收入增幅还低了32%。产业扶贫如何既增强产业发展能力、又增强贫困户增收效应，仍然面临较大困难。由于扶贫对象往往在市场观念和经营能力等方面存在短板，而产业扶贫资金直接到户所能够发挥的增收效应有限，仅仅依靠贫困户自身发展，难以实现预期效果。陕西各地探索了多种产业扶贫到户模式和典型做法，如大荔县既为贫困户提供技术服务和农产品销售渠道，又通过"企业担保、贫困户贷款、扶贫资金贴息"的"参股融资"模式；商州区通过贫困户参股和分户饲养相结合对项目村贫困户全覆盖的养殖模式；石泉县"园区＋合作社＋基地＋农户"的"套餐式"精准扶贫模式；陇县的奶牛托养、股份养羊、联户养鸡新模式等。但市场在不断波动，入股、参股等产业扶贫机制也面临着市场风险。如千阳县大力发展奶牛养殖，部分地方通过参股奶牛养殖合作社开展产业扶贫，而近年奶业市场持续低迷，不仅分红难以为继，入股的本金收回也面临风险。如何探索精准的产业扶贫机制，成为各级扶贫部门关注的焦点。

4. "雨露计划"对贫困村的覆盖面较大，劳动力培训的增收效果明显

2011～2014年，陕西省"雨露计划"项目共安排财政专项扶贫资金4.47亿元，培训农村贫困劳动力和资助中高职学生26万人。"雨露计划"以就业安置为导向，多方联系、广泛收集用工信息，采用与企业签订劳务培训输出协议，实行定向培训和定单培训等方式，努力实现"培训一人，输出一人，就业一人，脱贫一户"的目标。

据统计，"雨露计划"培训学员53%安置在陕西省外，47%安置在陕西省内，学员60%以上每月净工资在2500元以上，20%在3500元以上。此外，适应贫困地区旅游产业及绿色农产品加工不断发展趋势，采取上门培训、半天培训、半天实习方式，开展了为旅游产业配套的农家乐厨师、服务培训及旅游产品加工培训等，占到扶贫培训总数20%以上。

从2011年起，陕西省实施了扶贫助学项目，对国家计划内大学本科及大专院校录取、并报到就读的建档立卡贫困家庭学生，将助学金直接发放给受助贫困家庭大学生。2011～2014年共安排财政扶贫资金4.97亿元，资助农村贫困家庭大学生6.63万人，缓解了贫困家庭大学生上学难问题。

从2013年起，陕西省还开展了1000余人次的扶贫致富带头人培训，包括贫困村书记（村委会主任）培训，农业技术员及科技指导、服务人才培训，贫困村经济合作组织管理、流通、服务人才培训，贫困青年农民就业创业培训，为带动贫困群众脱贫致富提供人才保障。各市县也同步开展了农村致富带头人培训。

从对贫困村的覆盖来看，"雨露计划"的覆盖率较高。此次问卷调查的贫困村中，获得过"雨露计划"支持的贫困村达到100%。2011年以来，平均每个村参加实用技术培训的为144人次，享受劳动预备制培训的为18人次，分别占贫困人口总量的53.73%和7.03%。

（三）行业扶贫落实情况

1. 贫困地区特色产业发展加快，行业部门的投入机制还需理顺

针对贫困地区地形地貌复杂、土地和水资源短缺、基础设施薄弱等问题，陕西省在特色产业发展上以"粮食为基础，果畜为支柱、菜茶为特色"，形成优势产业板块，如秦巴山区生态农业区、六盘山区高效农业区、吕梁山区有机农业区。通过"稳粮保安全、优果提效益、兴牧转方式、扩菜保供给、增茶促增收"，促进了贫困地区产业发展和农民增收。

据不完全统计，2014年中央和陕西省对省内43个特困片区贫困县农业发展投入了7.9亿元资金，比上年增长了11.6%。在产业发展中，突出现代农业园区和新型经营主体的引领作用。2014年全省在扶贫片区建设现代农业园区27个，投资达1.4亿元，为贫困人口和搬迁群众创造就近就业平台。在贫困县实施合作社提升行动，解决合作社在生产经营、加工储运、市场营销等方面的困难，提高贫困户发展产业的组织化程度。

但在发展特色产业的投入机制上，还面临着两个突出问题：一是行业部门在安排示范园区建设等项目和资金时，往往考虑的是扶大、扶优、扶强，而贫困地区经济发展滞后、自然条件较差，其在申请产业发展项目时很难在与其他地区的竞争中脱颖而出。二是一些有一定区域特色的农业产业，如魔芋、木瓜等，对贫困县的脱贫致富影响大，但规模不大，也难以得到上级部门专门的扶持资金。因此，在特色产业发展上，还需要不断理顺投入机制和完善扶持政策。

2. 社会保障制度逐步完善，与扶贫开发政策的衔接正在磨合

在贫困人口的保障方面，陕西省构建了以最低生活保障和农村五保供养为基础，以医疗、教育、住房等专项救助制度为支撑，社会捐助为补充的社会救助体系，初步实现了保障范围的全面覆盖。

截至 2015 年一季度末，陕西省农村低保覆盖 178.4 万人，月人均补助 136 元，平均保障标准为每人每年 2336 元，比 2011 年的 1600 元增加了 40% 以上。农村五保供养 15.2 万人，全省 645 个五保供养服务机构集中供养 5 万余人，集中供养最低限定标准为每人每年 6000 元、分散供养最低限定每人每年 5500 元，分别比 2011 年增加了 87.5% 和 72%。2014 年共实施临时救助 24.6 万户次，较 2011 年增加了 132%。2015 年 1~5 月实施临时救助 7.2 万户次，支出资金 9447 万元，户均救助 1312 元。

在本次问卷调查的贫困村中，村均获得低保的人数为 85 人，占村全部贫困人口的 32.76%；村均获得五保供养的人数为 8 人。根据乡村干部估计，符合低保的人数中，多数已经获得了低保，低保"应保尽保"的程度达到 96.92%。针对基层的腐败、骗保、优亲厚友等问题，各级民政部门表示近年查处力度在不断加大，但各地基层反映的矛盾和问题仍然不少。

2010 年开始启动农村低保与扶贫开发制度的衔接。在精准扶贫实施后，民政部门与扶贫部门协同开展低保对象的识别工作，将有劳动能力和愿望的农村低保对象识别出来，帮助其通过项目扶持实现脱贫致富，并明确规定对接受扶贫开发项目取得收入尚不稳定、但已不符合最低生活保障条件的低保家庭，按原标准再给予 12 个月的低保补助。但由于现有低保制度并没有完全使用精准扶贫建档立卡的基础数据，民政部门与扶贫开发部门的信息平台尚未整合，二者的整合与衔接还需要一个过程。

3. 水利、交通等基础设施不断完善，但仍有短板

水利方面，"十二五"时期全面解决和改善了全省 608 万人的农村饮水安全问题，农村自来水入户率大幅提高。贫困地区水利基础设施建设加快推进，防汛抗旱减灾能力提升。2011~2015 年净增农田有效灌溉面积 186 万亩，人均旱涝保收面积达到 0.52 亩。优先开展贫困地区水土保持工作，新增水土流失综合治理面积 1.3 万平方公里。

交通方面，贫困地区交通基础设施建设加快。到 2014 年底，全省连片特困地区共有公路 7.8 万公里，比"十一五"末增加 1.16 万公里；高速 1730 公里，比"十一五"末增加 387 公里。等级公路比例达到 90%，普通国省干线二级以上比例达 47.9%，片区建制村通畅率达 82.7%。本次调研的贫困村中，硬化路通村的比例达到 100%，但客运班车的通达率仅为 50%。

基础设施的短板仍然存在，解决的难度不小。水利方面，第一，"十二五"末仍有部分饮水不安全人口。此次调研的 20 个贫困村中，还有 410 户未解决饮水安全问题，到

2015年底预计还剩90户。剩余的饮水不安全人口，多数分布在山大沟深的边远地区，远离水源，饮水工程的施工难度大、工程造价高，成为项目实施中难啃的"硬骨头"。第二，城镇化和移民搬迁使农村饮水对象和范围发生变化，这些区域的供水建设没有纳入国家规划，资金落实的难度很大。第三，早期建设的部分供水设施已超过使用年限，老化失修，急需改造更新。第四，部分已建成的工程运行管理机制不健全，管理人员和经费难以落实，维修基金不到位，工程的长效运行机制尚未建立。在交通方面，目前的发展重点仍在解决出行的问题上，但贫困地区的产业发展和生产道路急缺，生产物资和农产品、优势资源的运输缺乏通道。

4. 教育、卫生等公共服务改善明显，结构性问题仍然存在

教育方面，学前教育加快发展，学前3年毛入园率从2011年的80.07%提高到2014年的96.9%。对贫困人口实施学前1年"一免一补"，免除保教费、补助生活费，2011~2014年省级财政共投入17.42亿元，近70万名家庭困难儿童得到及时资助。在义务教育发展上，推进边缘贫困地区适当集中办学，加快寄宿制学校建设，逐步提高农村义务教育家庭经济困难学生生活补助标准，目前已达到小学4元/生/天，初中5元/生/天。2011~2014年财政投入20.47亿元，为195万名家庭经济困难寄宿生补助了生活费。贫困地区农村中小学生营养改善计划全面实施，43个片区县在国家补助3元/生/天的基础上，地方再配套1元/生/天，并将政策覆盖到全省全部的农村义务教育学生。

卫生方面，贫困地区县级医院、乡镇卫生院医疗条件改善明显，村卫生室建设得到加强。2012~2014年共安排三大特困片区实施医疗卫生计生规划基本建设项目投资82.22亿元。新型农村合作医疗参合率持续保持在95%以上，门诊和住院补助比例提高。农村低生育水平持续稳定。

但贫困农村教育和卫生仍然面临结构性问题：第一，在不同阶段的教育中，高中教育和中职教育是短板。长期以来，贫困地区高中阶段教育毛入学率比全国平均水平低5个百分点以上，劳动力平均受教育年限比全国平均水平低1.3年。陕西省的部分县市探索实施高中阶段免费教育，使当地高中阶段毛入学率提高了11个百分点，但限于地方财政能力，并没有在贫困地区全面推开。中职教育虽然降低了贫困学生的家庭负担，但吸引力不强。第二，公共服务资源布局问题突出。农村撤点并校、调整教育布局，优化了教育资源，但加重了山区农村学生的入学成本，服务的可及性相对下降。医疗服务的布局和保障也存在类似问题。

（四）社会扶贫落实情况

1. 定点扶贫全面到位，各定点单位的投入力度和效果不一

按照政府主导、部门参与、发挥优势、多措并举的工作思路，陕西省组织动员省、市、县三级机关企事业单位开展"两联一包"扶贫和干部驻村联户扶贫工作，建立定点扶贫工作领导带头参与制度，40多位省级领导带头包村，开展定点扶贫工作。

2011～2014年，在陕西省开展定点扶贫的中央、省、市、县各级机关、企事业单位共投入各类帮扶资金103.46亿元，举办各类培训班29703期，培训各类人员186万多人次。其中，34个中央单位向陕西省50个重点县派出挂职扶贫干部80多人次，投入引进资金3.72亿元，培训4.2万人次；省级"两联一包"扶贫单位直接投入资金5.34亿元，引进资金14.54亿元，培训10.9万人次；市县单位共向贫困地区直接投入资金39.2亿元，引进资金26.2亿元，培训143万人次。特别是2014年以来，按照"单位包村、工作队驻村、干部联户"的方式，开展了干部驻村联户扶贫，全省选派挂职副县长56人，组建驻村工作队7158个、选派驻村干部1.86万人，组织近12万名干部结对帮扶20.4万贫困户。

总体来说，定点扶贫在汇聚部门资源、增加扶贫投入、扩大扶贫力量等方面成效显著。此次调研的贫困村中，2011年以来有单位定点帮扶的贫困村的比例达到100%，显示定点帮扶机制已全面覆盖。村均投入帮扶资金（含物资折款）达到18.63万元，但最少的村仅投入1.5万元，而最多的村则达到了100万元。由于各个部门、单位的业务性质不同，所派出的干部能力强弱不同，对扶贫开发的重视程度和投入力度不一，在实际中产生的效果也各不相同。

2. 企业和社会各界参与扶贫开发的力度加大，机制逐步完善

按照政府主导、社会参与的原则，陕西省积极动员社会力量参与扶贫开发，组织企业开展千企千村扶助行动、动员社会组织和个人参与扶贫等形式，取得了明显成效。据不完全统计，2011～2014年，陕西省参与千企千村扶助行动的3000多家企业结对帮扶3328个贫困村，累计投入帮扶资金12.43亿元，实施增收帮扶项目7800多个。陕西省扶贫基金会、陕西省慈善协会等扶贫公益组织投入扶贫帮困资金8000多万元，西安宝石花志愿者爱心联合会组织各类扶贫志愿者1万多人，深入贫困地区开展扶贫济困送温暖献爱心等帮扶活动，营造了扶贫济困的社会氛围。

（五）政策保障落实情况

陕西省出台了贯彻《纲要》的《实施意见》《关于学习贯彻习近平总书记重要讲话精神扎实做好扶贫开发工作的意见》，省人大颁布了《陕西省农村扶贫开发条例》，省委办公厅、省政府办公厅印发了《关于创新机制扎实推进全省农村扶贫开发工作的实施意见》《关于支持集中连片特困地区发展的若干政策》，省扶贫开发领导小组印发了《关于实施"一村一策一户一法"方略促进贫困村贫困户收入持续快速增长的意见》等法规和政策，扶贫开发的政策体系不断完善。

1. 资金整合力度大，但与基层的整合需求相比，行业部门管理规范的适应性较差

陕西省以移民搬迁和整村推进等扶贫项目为平台，整合到村到户资金。移民搬迁方面，为了解决资金不足问题，陕西省相继出台了陕北和陕南扶贫移民搬迁安置建房《资金筹措方案》《陕西省移民搬迁安置税费优惠政策》《陕北移民搬迁安置若干政策规定》等，整合工赈移民、农村危房改造、灾后重建、地质灾害防治等项目，用于搬迁户建房补助。4年来，共整合资金630亿元，其中中央和省级财政资金111亿元，市县配套66.4亿元，部门专项资金72.68亿元，群众自筹379.92亿元。同时，集中安置点的公共服务设施项目由各县按照"项目捆绑、资金整合、统一使用、各记其功"的原则上报项目，经市级相关部门审查审定后，报省级各项目对口部门、单位统筹安排。整村推进方面，4年共投入资金74.59亿元，村均投入360万元，其中财政扶贫资金16.27亿元，整合资金58.32亿元，是财政扶贫资金投入的3.9倍，其中市县财政配套资金4.73亿元，行业部门资金25.3亿元，自筹资金28.28亿元。

但资金整合也面临行业部门管理规范的约束。调研中县级部门对此反映强烈，认为基层有整合资金、优化投入的实际需要，但上级部门的管理和审计严格，整合资金往往面临着违规违纪的风险。如何既优化投入机制、使行业资金能够集中力量办大事、更好地产生效果，又保证资金使用不违纪不违规、使更多人受益于行业项目，基层面临现实的两难处境。

2. 金融服务仍在探索，但进展缓慢

2014年陕西省出台了《关于创新机制加强金融支持贫困户和贫困地区小微企业发展生产的意见》，明确提出了落实贫困户贷款"5万元以下、3年以内、扶贫贴息、利率优惠和免担保、免抵押"的政策措施。开展了贫困村贫困户信用评级工作；建立抵押担保和风险分担机制，目前有 20 多个县由县财政出资设立了担保基金为本地区建档立卡贫困户和小微企业、农民专业合作社贷款提供担保服务；正在探索建立互助资金的投融资机制，按照"政府引导，扶贫搭台，银行协助，协会唱戏"的要求，利用现有互助资金协会的财政扶贫资金和捐赠资金组成的资本金作为担保金，金融机构按照1:5的比例发放贷款，放大互助资金协会资金量。

但总体而言，目前在金融扶贫方面的探索点少、面小，省、市、县、乡、村各级有关人员普遍认为，金融贷款门槛高、额度小，贷款难、担保难的问题仍未破解。缺乏资金是陕西贫困人口致贫的一个重要原因，占 36.81% 的贫困人口致贫与此有关，在陕西省贫困人口的全部致贫原因中居第二位。对贫困村的问卷调查也显示，贫困村获得的扶贫贷款规模小、户数少，村均 16 户获得了扶贫贷款，仅占总户数的 17.65%，户均获得贷款 2.54 万元（见表 5）。破解金融扶贫问题，还需要上级有关部门加大力度。

表5　　　　　　　　　　样本村获得扶贫贷款的户数与平均每户贷款金额

样本村序号	2011 年		2012 年		2013 年		2014 年		
	户数	金额（万元）	户数	金额（万元）	户数	金额（万元）	户数	金额（万元）	占贫困户比（%）
1	10	3.00	25	3.00	30	3.00	50	3.00	29.94
2	3	2.00	5	2.40	/	/	/	/	/
3	/	/	/	/	5	2.00	5	2.00	4.27
4	/	/	/	/	/	/	/	/	/
5	41	4.10	24	5.83	15	5.33	7	4.43	7.37
6	/	/	/	/	/	/	/	/	/
7	/	/	/	/	/	/	5	2.00	6.41
8	/	/	/	/	/	/	/	/	/
9	/	/	/	/	/	/	5	2.00	6.10
10	/	/	/	/	/	/	5	2.00	6.02
11	13	1.85	18	1.72	21	4.24	27	3.48	27.00
12	15	0.25	20	1.30	20	1.85	25	1.64	7.91
13	7	1.79	11	0.93	4	2.45	10	1.35	12.50
14	8	1.81	13	0.80	4	2.88	13	1.12	27.08
15	14	1.74	54	3.48	36	3.36	20	3.56	12.50
16	3	3.17	5	2.20	12	3.50	6	3.50	4.58

样本村序号	2011 年		2012 年		2013 年		2014 年		
	户数	金额（万元）	户数	金额（万元）	户数	金额（万元）	户数	金额（万元）	占贫困户比（％）
17	5	0.40	4	0.55	4	0.43	11	1.91	25.00
18	15	1.10	16	1.06	8	3.00	20	1.63	10.20
19	9	1.09	12	1.75	15	2.87	20	3.50	45.45
20	17	1.59	21	1.62	24	3.25	27	3.52	50.00
平均	11	1.84	18	2.05	15	2.93	16	2.54	17.65

数据来源：问卷调查数据。部分样本村在填写时未填相关问题，因此存在一部分样本村相关数据空缺的情况。

二、《纲要》落实中存在的主要问题

（一）扶贫开发效果的精准性需要加强

现有的扶贫开发工作中，除到户资金外，大量投入用于贫困地区基础设施和产业发展上。而以往的研究表明，对贫困地区基础设施建设和产业开发的投入，其对当地非贫困人口的增收效应强于贫困人口。因此，在加快贫困地区发展、补齐短板补足短边的过程中，如何更加精准地实现其对贫困人口的增收效应，是扶贫开发中需要着力解决的问题。

当前，中央提出了精准扶贫的要求，其实施难度超过了以往的扶贫开发。首先，在瞄准机制上，要根据贫困户状况设定并实施扶持措施，而贫困人口的脱贫和非贫困人口陷入贫困是动态的过程，每年建档立卡在剔除脱贫人口和加入返贫人口等方面需要做大量的基础性工作。以陕西省为例，该省"十二五"以来平均每年脱贫百万人，占全国脱贫人口总量的近 1/10，入户调查与建档立卡数据的核实、修正要投入大量的人力和物力，需要动员各层面各部门的广泛参与。

其次，由于瞄准对象更加具体，在发挥"区域发展带动扶贫开发""先富带动后富"的带动效应方面，也遇到了新的障碍。基层反映，在产业扶持等方面，由于扶贫对象的市场观念和经营能力的提升需要一个较长的习得过程，如果将产业扶持项目直接交由贫困户负责经营管理，往往难以收到预期效果；如果将产业扶持项目用于扶持龙头企业、合作社的发展，发挥其对贫困人口带动效应，又担心与精准扶贫的要求不一致。

而偏远地区的基础设施和公共服务短板仍然明显。这些地方贫困发生率高、贫困现象比较集中，贫困背后往往有着较大的共性问题。一家一户的帮扶不能完全替代瞄准贫困村和贫困地区的扶贫开发措施。但如何将精准扶贫与区域开发有机结合，为整体脱贫、精准脱贫创造更好的发展条件，还需要着力探索。

（二）专项扶贫、行业扶贫和社会扶贫进展不一，受实施机制影响较大

调研发现，专项扶贫由于部门责任明确、机制顺畅，落实情况较好；但行业扶贫和社会扶贫受各部门和社会力量自身的影响较大，进展程度不一致。特困片区攻坚等措施的实施机制没有理顺，影响了实施进展。

国家划定的11个集中连片特困地区涉及陕西的有秦巴山、六盘山和吕梁山三大片区，覆盖7市43个县。2011年，三大片区2500元以下的贫困人口401.44万人，占全省贫困人口总数的51.8%，贫困发生率达37.98%。按照国务院扶贫办、国家发展改革委备案的规划和实施规划，陕西省三大片区规划项目共6大类3965个，计划总投资11480亿元（"十二五"计划投资10642亿元、"十三五"续建项目投资838亿元）。但到2014年底，陕西省三大国家级片区累计完成投资4431.61亿元、仅完成"十二五"规划任务的41.64%。其中，基础设施建设2144.60亿元、完成32.35%，产业发展977.87亿元、完成39.41%，民生改善852.61亿元、完成69.09%，公共服务250.53亿元、完成40.15%，能力建设16.08亿元、完成39.21%，生态环境189.87亿元、完成40.23%。按片区区分，秦巴山片区累计完成投资3410.76亿元，完成规划任务6854亿元的49.76%；六盘山片区累计完成投资719.82亿元，完成规划任务2460亿元的29.26%；吕梁山片区累计完成投资301.03亿元，仅完成规划任务2166亿元的13.90%。

由于片区实施规划在2012年制定，比行业"十二五"专项规划编制晚，导致规划对接不到位，约50%的片区实施规划项目没有纳入行业专项规划，落地实施难度较大。加之片区扶贫攻坚的协调机制不够顺畅，在省内缺乏有力抓手，各行业承担片区攻坚任务的工作机构、管理办法、目标考核不尽完善，导致片区攻坚进展慢，对贫困地区的整体脱贫有直接影响。

（三）贫困群体中的特殊人群缺乏特殊扶持措施

随着农村青壮年劳动力大量进城务工，留守在农村的贫困老人的养老问题越来越突出。陕西省建档立卡数据显示，2014年全省65岁以上贫困老人共有58.34万人，占全省贫困人口的10.34%。尽管国家已经实施了新型农村养老保障的制度安排，但保障水平不高。一些县市探索在农村建立"互助幸福苑"等老年休闲活动场所，并按照每顿5元的收费标准为老人提供2顿饭，得到了农村老人的普遍欢迎。但由于缺乏上级政府稳定的政策支持，需要村集体收入进行补贴，"互助幸福苑"也未能在农村普遍建立。

贫困群体中的精神病人尽管占比不高，但社会影响较大，对于其家庭和基层社会来说，往往意味着巨大的负担和危险的隐患。以千阳县为例，全县的贫困群体中，共有57名重度精神病患者，往往是"一个人拖垮一家人""一个人有暴力倾向，一个村都不得安宁"。目前基层针对这一问题的实际做法只是提供低保补助，缺乏救治和管护，问题并没有解决。

（四）扶贫管理未统一，协调成本高

2014年建档立卡工作完成后，扶贫工作的对象相对明确。但由于低保、救助等政策由不同部门管理，在实施过程中，并未完全实现统一管理。由于管理平台不统一，各项政策在实施过程中出现的不一致在农村引发了新的矛盾。

扶贫开发的协调机制在各地的运转也表现不一，协调成效往往取决于当地党政主要领导的重视程度。尤其是在基层，扶贫办作为扶贫开发的协调机构，在实际运作中往往缺乏协调行业部门的能力，其协调职能并未充分发挥，需要党政主要领导出面协调。扶贫管理的不确定性强、成本高，影响了扶贫开发的运作。

（五）贫困群体转变观念难，内生发展动力难激活

激发贫困人群内生的发展动力，是扶贫开发中最大的困难之一。千阳县和石泉县基层工作人员表示，当地在生态脆弱地区和地质灾害易发多发地区贫困人口的搬迁过程中，扶贫开发的行动也并不完全能得到群众的理解和支持。一些人习惯了山区的生活，对新的陌生环境所带来的不确定感心生畏惧，宁愿守在深山中"熬日子"。部分贫困群

众只满足于基本的生活需求，自我发展意愿不强烈、内生动力不足，存在等、靠、要的消极思想，影响其脱贫致富步伐。

四、"十三五"期间全面完成《纲要》目标任务的建议

随着扶贫开发进入攻坚克难的决定性阶段，在经济增速下行压力加大的"新常态"下，"十三五"时期扶贫开发的任务更重，需要在总结现有扶贫开发经验的基础上不断完善思路。为此，提出以下建议。

（一）全面实施精准扶贫，完善精准扶贫政策体系

精准扶贫是在全面同步小康建设的决定性阶段我国扶贫开发的重要战略选择。当前贫困群体的分布，一部分集中在贫困县和贫困村，一部分散落在一般地区甚至发达地区，通过瞄准贫困户精准施策、精准发力，能够更好地对贫困人口产生直接效应。因此，有必要在建档立卡的基础上进一步完善精准扶贫的体制机制，并建立有效的绩效考核机制，使"十三五"减贫任务能够顺利完成。

与此同时，精准瞄准的对象，除贫困户外，也要将贫困村、贫困县和贫困片区纳入其中。由于贫困地区的贫困人口更加集中，而且往往与基础设施欠账大、生产生活条件差等问题如影随形，而这些问题不能完全靠瞄准一家一户的政策措施得以解决。因此，精准扶贫既要精准瞄准贫困户和贫困人口，也要精准瞄准贫困村和贫困地区。在系统总结30年扶贫开发经验的基础上，不断完善片区开发、整村推进等开发式扶贫的基本经验，继续将整村推进和片区开发作为下一阶段扶贫的重要抓手，使之与"到户""到人"的扶持政策互为补充，防止扶贫开发"只见树木，不见森林"。

（二）从解决发展问题入手做好扶贫开发

贫困地区作为欠发达地区，往往开发强度和人口密度较低，有较大的发展空间。当前我国正处在经济增长迈向中高速、中高端的进程中，有必要将扶贫开发作为增强发展后劲、扩大回旋空间、开发战略后备资源的重要载体。通过扶贫开发、改善贫困地区的发展条件，让贫困地区的资源要素和"绿水青山"带来"金山银山"。

贫困群体的人力资源开发和发展能力培养也应作为新阶段扶贫开发的重点。在当前

我国人口结构出现调整变化的背景下，可以将贫困人口的职业技能提升作为继续开发人口红利的抓手之一。将贫困人口的教育、培训、就业服务和健康保障作为扶贫开发的重要内容，使贫困群体更多地参与生产、交易等市场活动，通过直接参与发展进程更好地分享发展成果。

（三）提高协调能力，创新管理平台，增强扶贫开发合力

加强统筹协调，整合各行业部门共同参与扶贫开发。扶贫开发是各级党委政府的重要职责，不只是扶贫部门的工作任务，需要整合行业部门的力量共同参与。而行业部门的投入机制与扶贫的要求之间存在一定差异。以陕西省西安市至安康市的"西康高速"为例，这条高速穿越秦岭，将安康与西安之间的空间距离大大拉近，对带动陕南贫困地区发展起到了重要作用。但从行业部门的考虑来看，这条高速公路投入大、效益低，部分专家认为"不应该修建"，是失败的投资。行业部门所开展的示范性项目，往往也会选择条件较好的地区，贫困地区很难得到机会。因此，需要整合、协调行业发展与扶贫开发的不同逻辑，调动行业部门参与扶贫开发的积极性。

创新管理机制，整合社会资源共同投入扶贫开发。随着我国从中等收入阶段逐步迈向高收入阶段，形成"先富带动后富"的机制已经初步具备条件。通过扩大社会参与，能够有效扩充扶贫开发资源，有助于建立更加高效、完备的扶贫开发机制。有必要在现有基础上创新社会扶贫的管理平台，建立更加规范、透明的运行机制，激发和动员更加广泛社会参与，为社会资源投入扶贫开发创造条件，凝聚起党委政府和全社会共同参与扶贫开发的合力。

（四）关注宏观经济形势和政策对贫困群体的影响

随着我国经济发展进入"新常态"，经济运行呈现出一系列新的特点。本次入户调研发现，当前经济增速下行压力大、资源性行业不景气，对陕西当地初级劳动力的用工需求和收入增长造成的影响较明显。长期在外打零工的贫困人口普遍反映"活少了""钱更难挣"，2014年开始务工收入减少。

由于贫困群体和刚刚脱贫的群体在收入能力方面更加脆弱，宏观经济形势和政策的变化对其影响更加显著。2014年陕西省在省级扶贫标准下返贫人口约为6.83万人，返贫率达到5.62%，随着宏观经济环境的变化，这一比率可能出现攀升。因此，有必要对

经济形势和宏观政策作贫困影响评估，在产业梯度转移、劳动密集型产业发展等方面采取更加积极的措施，为贫困地区和贫困群体增收致富创造更加有利的外部条件。

（五）提高贫困群体的组织化程度

贫困人口往往既缺乏技能、又缺乏经验，产业发展、劳务输出等方面，可以通过提高组织化程度，一方面加强贫困群体的发展合力，发挥规模效应；另一方面，可以通过组织内部的分工协作，帮助贫困人口培训技能、积累经验。在石泉县的调研发现，该县池河镇大阳村通过"三集两合两分"，即集中劳力、集约土地、集聚资金、生产合作、资本合作、分工、分业，将 26 个贫困劳动力集中起来组成专业生产合作组，通过发展蚕桑和桑园养鸡产业，经过 1 年时间贫困人口的人均收入从 2013 年的 2700 元增加到 2014 年的 13600 元，成效明显。

推进扶贫开发还需要进一步加强贫困地区的基层组织建设。扶贫开发的资源配置，包括入户资金的分配和使用管理、技能培训等扶持措施的安排、产业发展的谋划和落实，都离不开贫困地区的基层组织。调研发现，基层组织得力，则扶贫开发的政策措施能够事半功倍；基层组织不力，则不仅扶贫开发缺乏抓手、政策措施难以落实，而且滋生腐败、在基层不断制造新的矛盾和问题。因此，要将贫困地区的基层组织建设作为扶贫开发的重点任务之一，通过下派第一书记、安排驻村工作组等各种方式不断充实基层工作力量，并将村庄基层组织建设作为第一书记和驻村工作组的重要职责。

贵州省实施《中国农村扶贫开发纲要（2011－2020 年）》情况调查

程　郁　崔海兴　陈思丞　王子骏

　　我们赴贵州省，在省、县、村三个层面对实施《中国农村扶贫开发纲要（2011－2020 年）》（以下简称《纲要》）的有关情况进行了调研。经过系统调研和实地考察，总体认为，贵州省建立了比较完善的政策与组织保障体系，确保《纲要》主要任务和工作的有效推进，并根据自身发展实际在产业化扶贫利益联结机制、减贫与低保的并轨联动、"减贫"激励机制等方面进行了积极创新。但产业化扶贫机制、扶贫资金管理、新增贫困人口的政策覆盖、行业和社会扶贫的协同等方面还存在较大障碍，影响了扶贫政策的实施效果。"十三五"期间，应针对个体贫困户实现项目难、片断化产业扶贫难以实现效益等问题，以科学发展规划为引导、以各部门资源整合为支撑、以创新产业化利益联结机制为基础，整村（乡）推进贫困地区产业基础设施、产业组织体系和市场服务体系建设。

一、调研方法及调研点的选择

　　为了避免特殊区域和特殊关注带来政策效果差异，本次调研有意回避了领导高度关注和政策重点聚焦的"毕节试验区"，而考察一般性区域的扶贫政策落实情况。调研组在贵州省贫困发生率最高的 2 个州黔东南州和黔南州①分别选取了雷山县和平塘县开展

_____

① 根据最新的建档立卡识别的贫困人口数据，黔东南州和黔南州的贫困发生率分别为 30.1% 和 24.12%，在各州市中贫困发生率最高。

重点调查。平塘县和雷山县是贵州贫困范围较广、贫困程度较深的地区，2014 年贫困发生率分别为 26.93% 和 25.15%，同时也是贵州省扶贫攻坚示范县（见表 1）。雷山县是贵州国家扶贫开发工作重点县中取消 GDP 考核的 10 个县之一，平塘县 2014 年以扶贫开发工作考核全省 A 等第八名的成绩实现了"减贫摘帽"。

表 1	2014 年调研县主要指标与全省比较		
	平塘县	雷山县	贵州省
人均地区生产总值（元）	17760	17943	26393
农民人均纯收入（元）	6666	6064	8803
贫困人口（万人）	8.0516	3.6021	623
贫困发生率（%）	26.93	22.02	18
人均扶贫专项资金（元）	1000.55	2405.96	2632.42

调研组在省、县分别召开了扶贫工作相关部门座谈会 3 次，对 2 个县 88 个村（平塘县 69 个村、雷山县 19 个村）进行了村级问卷调查，重点对平塘县平州镇京州村、掌布镇开花寨村、克度镇金科村和雷山县大塘镇山湾村、丹江镇郎当村、望丰乡公统村开展实地调研和入户访谈。对影响贫困地区发展的重大项目进行了专门了解，实地考察了雷山县鸡鸠水库的建设和平塘县大射电项目及天文小镇的总体规划。

二、《纲要》目标任务与政策措施落实情况

（一）中期目标任务的完成情况

1. 《纲要》的政策落实较好，2015 年目标任务基本完成

贵州省 2012 年出台了《关于贯彻落实〈中国农村扶贫开发纲要（2011 - 2020 年）〉的实施意见》（黔党发〔2012〕3 号）、颁布了《贵州省"十二五"扶贫开发规划》，各部门围绕中央各部委相关扶贫政策也基本对应出台了实施意见或工作方案。2014 年，贵州省委办公厅和省人民政府办公厅印发《关于以改革创新精神扎实推进扶贫开发工作的实施意见》（黔党办发〔2014〕23 号），进一步明确了在省级层面各个部门的责任分工。

2015 年，贵州省委办公厅和省政府办公厅又印发了《贵州省"33668"扶贫攻坚行动计划》，并配套出台了《关于建立贫困县约束机制的工作意见》《关于建立财政专项扶

贫资金安全运行机制的意见》《关于进一步动员社会各方面力量参与扶贫开发的实施意见》《贵州省公募扶贫款物管理办法〈暂行〉》和《贵州省创新发展扶贫小额信贷实施意见》等 5 个政策性文件，形成了较为完善的扶贫政策体系。

截至目前，贵州省对于《纲要》要求的大部分中期目标都已经取得较好的进展，除一人一户增收项目不好评价外，交通、电力、教育、人口、森林覆盖等目标基本实现或临近实现，水利、安全饮水、危房改造已按计划完成了"十二五"的任务。

2. 2015 年的减贫目标基本实现

从减贫效果看，贵州省贫困人口从 2011 年的 1149 万人减少到 2014 年的 623 万人，减少农村贫困人口 526 万人，减贫比例 45.78%，农村贫困发生率从 33.4% 下降到 18%，下降 15.4 个百分点。从调查的 2 个县看，平塘县和雷山县减贫比例分别为 44.97% 和 43.69%。预计到 2015 年贵州省能够完成到 2015 年贫困人口减少一半的目标（见表 2）。

表 2　　　　　　　　　　　调查县贫困人口数和贫困发生率

县	指 标	2011 年	2012 年	2013 年	2014 年
贵州省	贫困人口数（万人）	1149	923	745	623
	贫困发生率（%）	33.4	26.8	21.3	18
平塘县	贫困人口数（万人）	14.6315	13.1918	10.1818	8.0516
	贫困发生率（%）	48.89	43.96	34.02	26.93
雷山县	贫困人口数（万人）	6.3965	5.3921	4.9243	3.6021
	贫困发生率（%）	43.4	35.7	28	25.15

但从调查的贫困村来看，减贫效果的差异比较大，相当大部分贫困村的减贫效果不理想。78 个有效调查样本的减贫比例只有 22.88%，只有 14 个村在减贫幅度超过 40%，仅占到了有效调查村总数的 17.95%（见表 3）。甚至还有 7 个村存在贫困人口不降反增的问题。

表 3　　　　　　　　　　　调查的贫困村贫困人口及户数变化

	2010 年末贫困人口（人）	2014 年末贫困情况（人）	减贫人口（人）	减贫比例（%）
雷山	7399	6664	735	9.93
平塘	81121	62446	19519	24.06
合计	88520	69110	20254	22.88

贵州省《关于贯彻落实〈中国农村扶贫开发纲要（2011-2020 年）〉的实施意见》

确定，2015 年的减贫目标是"按照国家扶贫标准，贫困人口数量比 2010 年减少一半"。按照全省的统计来看，2015 年减贫目标已经实现 91.56%。但具体到贫困村来看，存在较大的差异性，部分贫困程度较深的贫困村减贫非常困难，贵州的减贫任务仍然很重。

3. 贫困县农村人均收入增长还难以实现目标水平

从农民收入增长情况看，2011~2014 年贵州省 50 个重点贫困县农民人均纯收入增长速度分别比全省农民人均纯收入的增长高 2.48、1.59、1.59 和 1 个百分点，调研组调查的 2 个县的农民人均纯收入的增长也明显高于全省和全国农民纯收入增长水平（见表 4）。

表 4　　　　　　　贵州省贫困县农民纯收入与国家、省对比情况（现价）

		2010 年	2011 年	2012 年	2013 年	2014 年
全国	农民纯收入（元）	5919	6977	7917	8896	9892
	同比增长（%）		17.9	13.5	12.4	11.2
贵州省	农民纯收入（元）	3471.93	4145	4753	5434	6671
	同比增长（%）	15.52	19.4	14.7	14.3	13.1
50 个重点贫困县	农民纯收入（元）	3153	3843	4469	5179	5909
	同比增长（%）		21.88	16.29	15.89	14.10
平塘县	农民纯收入（元）	3428	4210	4955	5728	6666
	同比增长（%）		22.81	17.70	15.60	16.38
雷山县	农民纯收入（元）	2982	3880	4560	5299	6064
	同比增长（%）		24.1	17.5	16.2	15.2

从调研组调查的贫困村来看，2014 年农民人均纯收入比 2010 年平均增长 48.48%，比全省农民人均纯收入的增幅（92.14%）低 43.66 个百分点（见表 5）。平塘县由于贫困程度比较深，贫困村农民人均纯收入的增长较慢，雷山县调查的贫困村农民人均纯收入的增长幅度接近全省平均水平，仅比全省低 11.05 个百分点。

表 5　　　　　　　调查的贫困村农民人均纯收入增长情况

	2010 年农民人均纯收入（元）	2014 年农民人均纯收入（元）	收入增长幅度（%）
雷山	1761.22	3189.33	81.09
平塘	3185.88	4580.55	43.78
合计	2891.13	4292.71	48.48

贵州省《关于贯彻落实〈中国农村扶贫开发纲要（2011－2020 年）〉的实施意见》

对 2015 年的目标是，"集中连片特困地区和重点县农民人均纯收入增长幅度高于全省农民人均纯收入平均增幅 2 个百分点以上"。由此可见，贵州省贫困县的农民人均纯收入增长比全省高 1~2 个百分点，特别是到 2014 年贫困县农村人均纯收入的增幅明显放缓，离目标还有一定差距。而且从调查的贫困村来看，更难以达到农民人均纯收入增长高于全省平均水平的目标，贫困村的农民增收任务具有较大挑战。

4. 贫困县人均 GDP 增速高于全国平均水平

贫困县人均 GDP 增长提速很快，50 个重点贫困县人均 GDP 的增长从落后于全省水平快速实现了超越全省水平，2012 年和 2013 年人均 GDP 的增速分别比全省高 2.46 和 5.4 个百分点。调研组调查的 2 个贫困县的人均 GDP 的增长速度明显高于全省水平，2014 年平塘县和雷山县人均 GDP 增长速度分别比全省快 16.87 和 6.01 个百分点（见表 6）。

表 6　　　　　　　　　　调查县经济增长速度与全省对比

年　份		2010	2011	2012	2013	2014
贵州省	人均 GDP（元）	13119	16413	19710	23151	26393
	人均 GDP 增长（％）		25.11	20.09	17.46	14.00
50 个重点贫困县	人均 GDP（元）	8675	10721	13139	16143	
	人均 GDP 增长（％）		23.59	22.55	22.86	
平塘县	人均 GDP（元）	5867	8025	11653	13571	17760
	人均 GDP 增长（％）		36.78	45.21	16.46	30.87
雷山县	人均 GDP（元）	7629	9728	12527	14951	17943
	人均 GDP 增长（％）		27.51	28.77	19.35	20.01

（二）专项扶贫政策落实情况

1. 多方整合资源，集中力量实施"整村推进"

贵州省"十二五"期间在 5000 个贫困村实施"整村推进"，其中：纳入国家规划的村 3800 个、纳入省级规划的 1200 个。截至 2014 年，已累计完成贫困村"整村推进"计划 4000 个，其中：纳入国家规划的村 3120 个、纳入省级规划的 880 个。

整合部门资金的能力大幅提升。2011~2013 年，贵州省"整村推进"共投入资金 45.33 亿元，其中中央财政 33.30 亿元（占 73.46%），整合部门资金 7.51 亿元（占

16.56%)。2014 年，共投入资金 19.58 亿元，其中中央财政 12.80 亿元（占 65.36%），整合部门资金 5.63 亿元（占 28.75%），整合部门资金投入的比例提高了 12.19 个百分点（见表 7）。通过有效整合部门资金，大幅改善了贫困村的基础设施，为产业发展提供了基础性的支撑。部门资金的整合投入，降低了地方配套的压力，地方配套资金比例从2011 ~ 2013 年的 6.67% 下降到 2014 年的 3.33%。

表 7　　　　　　　　　　　　贵州"整村推进"资金投入情况　　　　　　　　单位：万元

	2011 ~ 2013 年	2014 年
投资总额	453336	195809
其中：中央财政扶贫资金	333042	127977
地方财政扶贫资金	30240	6532
部门整合资金	75084	56300
其他资金	14970	5000
纳入国家规划贫困村投资总额	408126	176228
其中：中央财政扶贫资金	299868	115179
地方财政扶贫资金	27306	5879
部门整合资金	67482	50670
其他资金	13470	4500

　　"整村推进"集中投入强度提高。调研组此次在平塘县和雷山县调查的 84 个村中，有 27 个"整村推进"村（占 32.14%）。从表 8 可以看出，2011 ~ 2014 年，"整村推进"村财政性资金投入总额平均为 569.51 万元、为非"整村推进"村的 3.1 倍，其中：扶贫资金投入平均为 412.04 万元、为非"整村推进"村的 4.3 倍，部门资金投入平均为134.14 万元、为非"整村推进"村的 1.6 倍。一些地区还采取了"整村推进"资源向重点村镇高度聚集的方式。以平塘县为例，"整村推进"完成村的数量大大少于计划的数量，主要因为如果每个村分散投入 100 万很难达到理想的实施效果，该县采取了每年

表 8　　　　　　　　　　　　2011 ~ 2014 年样本村资金投入对比

	样本数（个）	平均投入财政性资金（万元）	其中	
			扶贫资金（万元）	部门资金（万元）
"整村推进"村	27	569.51	412.04	134.14
非"整村推进"村	57	185.64	95.67	86.45

将资金集中投入 2~4 个村的做法，加大对重点村的投入力度，使平均每个村的投入达到 300 万~500 万元，2014 年 2 个"整村推进"村的平均投入超过 1000 万元（见表 9）。

表 9　　　　　　　　　　2011~2014 年平塘县整村推进的情况

年度	村数（个）	财政扶贫资金（万元）	完成村数（个）
2011	8	994.64	2
2012	7	773.58	3
2013	9	1842.63	4
2014	7	2037.13	2

"整村推进"有利于形成完整产业配套。调研组实地走访的 2 个"整村推进"，均有着明确的产业发展规划，并围绕确立的主导产业强化了基础设施和产业配套投入。平塘县平舟镇京舟村是全县集中打造的"整村推进"村，计划全县 3 年各部门对其投入 7000 万元，完善道路交通、灌溉、大棚等农业基础设施，省里提供 100 万的资本金支持壮大村集体经济组织，重点发展高端蔬菜与乡村旅游产业。雷山县望丰乡实施"整乡推进"战略，雷山旅游局规划从郎德镇到望丰的乡村旅游线路，在公统村依托国家非物质文化遗产苗医药传承人王增世，打造占地 10 余亩的苗药文化发展园区，以杨梅采摘、茶叶加工体验和农家乐为支撑配套，形成完整的乡村旅游产业链。

"整村推进"与"集团帮扶"相结合。2010 年贵州省把以县为单位开展的集体帮扶作为大扶贫格局的重要平台，按照"党政领导、部门负责、群众主体、社会参与"的原则，1 名在职省领导负责牵头联系 1 个扶贫开发重点县，将全省党政机关、高等院校、科研院所、军队、大中型国有企业等扶贫资源进行有效整合，组建扶贫集团，实行整体推进。目前，共有省委、省人大、省政府、省政协的 39 位在职省领导在 39 个重点县开展"集团帮扶"工作。对省领导定点扶贫重点县的定点扶贫乡镇和拓展帮扶乡镇，分期分批实施"集团帮扶、整乡推进"项目。每个乡镇集中投入 1000 万元财政扶贫资金用于产业扶贫，并按 1:3 以上比例整合资金用于基础设施建设和社会事业发展。2010 年至今，已在 46 个重点县的 127 个贫困乡镇实施了"集团帮扶"项目，集中投入了 12.7 亿元财政扶贫资金，整合发改、财政、交通、教育等部门资金 50 亿元以上。

2. 加大配套保障，实施扶贫生态移民搬迁工程

2012 年贵州省委、省政府决定将易地扶贫搬迁工程纳入扶贫生态移民工程统筹实施，制定了《贵州省扶贫生态移民工程规划（2012-2020 年)》，计划对生活在深山区、石山区、高寒山区以及不具备生存条件的地质灾害易发区的 47.71 万户、204.3 万人实施扶贫生态移民搬迁。在中央易地扶贫搬迁人均 6000 元补助的基础上，省级财政整合资金增加安排人均 7000 元（其中 6000 元住房补助，1000 元基础设施补助），使人均补助标准达到 13000 元。2011~2014 年，贵州省搬迁农村贫困人口 11.0405 万户、46.1242 万人，总投资完成 93.35 亿元，其中易地扶贫搬迁中央预算内投资 19.75 亿元，中央财政专项扶贫资金 8 亿元，整合中央部门相关投资（中央财政专项扶贫生态移民资金）13.4 亿元，省级配套 23.3 亿元，地市和县配套 11.2 亿元，群众自筹资金 17.7 亿元。

因为地质灾害频发和生态环境脆弱，贵州需要扶贫搬迁的面比较广。问卷调查的 87 个村中，有 51 个需要实施扶贫搬迁，占到了 58.62%，其中 45 个村是因为地质灾害和生态压力需要搬迁，只有 6 个是因为城镇化、交通不便和大射电项目需要搬迁。但因为资金缺乏和对搬迁后的生活保障有所担心，扶贫搬迁推进比较困难。在需要搬迁的各个村中，2011 年以来共实现搬迁的只有 437 户，还有 2503 户需要搬迁，搬迁任务只完成了 17.46%。截至 2014 年，贵州省只完成了扶贫生态搬迁移民计划的 22.57%，到 2020 年完成计划仍有较大挑战。

3. 创新利益联结机制提升产业扶贫效率

"十二五"以来，贵州省累计投入产业化项目财政专项扶贫资金 66.5 亿元，实现总产值 813 亿元，实施到村项目 4 万多个，累计发展核桃 700 万亩、发展生态畜牧业发放种畜禽 184 万只（羊单位）、中药材 458 万亩、茶叶 611 万亩、精品水果 505 万亩、脱毒马铃薯 1000 万亩、油茶 210 万亩、乡村旅游 300 个示范点、支持 2000 万元以上加工企业 497 个，实现总产值 813 亿元。

针对贫困户实施产业项目能力不足、增收困难的问题，2015 年贵州省出台了《关于创新产业化扶贫利益联结机制的指导意见》，鼓励各地通过企业订单、合作社、互助联营、土地/扶贫资金入股等多种利益联结形式，支持贫困户参与农业产业化经营并分享相应的收益，以产业的发展带动农民增收。只要贫困户与产业化经营主体有利益关联机制，扶贫资金对产业化经营的支持都算是到村到户，这极大拓展了扶贫资金使用的范围，使扶贫与区域发展相统一，通过促进区域产业发展真正解决了贫困地区增收机会缺乏的问题。

4. 以工代赈实施的难度加大

每年下达的以工代赈项目数量较少，难以满足贫困地区发展的需要。2011~2014

年，平塘县实施以工代赈项目 25 个，其中县乡村道路项目 20 个，片区综合开发项目 4 个，小型农田水利 1 个；总投资为 2252 万元，其中以工代赈资金 2128 万元（含项目管理费 33 万元），省财政配套 50 万元，地方配套 74 万元。2011～2014 年，雷山县实施以工代赈项目 24 个，其中道桥项目 19 个、片区项目 4 个、人饮项目 1 个；总投资 2008 万元，其中中央预算内投资 1305 万元，省级投资 650 万元，地方配套 53 万元。

以工代赈项目规定了 10% 是给予投工的群众，而现在农村大部分是老弱病残，很多家里根本就没有办法出劳力，贫困村的劳力缺乏尤为严重，没有劳力的家庭只能请人来修。但随着工程成本的上升，以工代赈项目能够给老百姓投劳补助的标准比较低，此标准不足以支付请人的酬劳，使得很多家庭还需要自己花钱，这反而加大了贫困家庭的经济负担。

（三）行业扶贫政策落实情况

1. 加强贫困地区基础设施建设

保障农村居民安全饮水。2011～2014 年，全省农村饮水安全工程累计完成投资 610764 万元（其中中央资金 483996 万元，省级及地级配套资金 126768 万元），占计划总投资的 100%，共建成农村饮水安全工程 15331 处，累计解决了 1062.36 万农村居民及 167.55 万学校师生的饮水不安全问题。按照"十二五"规划规定的解决 1299.8 万农村人口和 200 万农村学校师生饮水安全的任务，农村人口和农村学校师生饮水安全的目标已分别完成了 81.73% 和 83.78%。其中，属国家 3 个集中连片贫困地区的 70 个贫困县共下达投资 514186.81 万元，累计解决了 901.31 万农村居民及 149.44 万学校师生的饮水不安全问题，分别占农村居民和农村学校师生安全饮水计划任务的 69.34% 和 74.72%。

加强连片特困地区农田水利基础设施建设。2011～2014 年，全省在 3 个连片特困地区 70 个贫困县，投入农田水利基本建设资金 42.26 亿元，其中中央财政资金 27.04 亿元，省级配套资金 15.22 亿元，新增灌溉面积 102.63 万亩，改善灌溉面积 47.42 万亩、恢复灌溉面积 124.19 万亩。2014 年，贵州省在思南、惠水、紫云等 3 个贫困县开展了山区现代水利试点工作，探索建立以"建管养用"一体化体制机制，实现水利工程的良性运行。

加大贫困地区交通路网建设。2012 年，交通运输部与贵州省政府签订关于促进武陵山区、乌蒙山区、滇桂黔石漠化地区交通运输发展的《共建协议》，明确将进一步加大对贵州特别是3个集中连片特困地区的扶持力度。2015年，全省高速公路通车里程将达到5100公里，其中贫困地区达4041公里，占80%以上；建设普通国省干线二级及以上公路3500公里，其中武陵山区、乌蒙山区、滇桂黔石漠化区三大集中连片特殊困难地区国省干线二级及以上公路比例分别达到47%、56%、53%，均高于国家下达的45%、50%、50%的目标。2012年底，全省已实现100%乡镇通油路、100%建制村通公路。2015年，武陵山区、乌蒙山区、滇桂黔石漠化区三大集中连片特殊困难地区建制村通沥青（水泥）路比例分别达到76.4%、70.1%、72.4%，超额完成国家规定的75%、70%、70%的目标。贵州省专门安排了资金推进集中连片特困地区县乡公路改造，已累计完成1872公里的贫困地区县乡公路改造。但由于贵州农村居民居住比较分散，通村公路一般只能通到行政村村部，大部分村组之间尚未通硬化路。而且全省普遍省道二级及以上公路比例不到10%，县乡公路砂石比例高达50%，再加上雨季山体滑坡、塌方频发，道路"晴通雨阻"的现象普遍。尽管2011～2014年全省交通安保投入15.269亿元，实施安保工程6458公里，但保障交通通行的压力仍非常巨大。交通条件的滞后及交通通畅的保障困难仍极大制约着贫困地区的发展。

推进农村危房改造。截至2013年，贵州省已将2008年摸底调查的192.48万户农村危房改造完毕。针对新增的220万户农村危房，编制了《贵州省农村危房改造工程总体规划方案（2014-2020）》，2014年改造完成35万户农村危房，其中三大集中连片贫困地区农村危房改造30.4万户。2014年将乌蒙山片区威宁县、赫章县地震带土坯房改造，全部纳入农村危房改造范围，按照一级危房标准予以补助。

2. 有序推进贫困线与低保线的"两线合一"

贵州省出台了《关于进一步做好扶贫开发与农村低保有效衔接的指导意见》（黔扶通〔2015〕46号），以"两线合一、减量提标"为重点，实现"两无"人口兜底全覆盖。按照"县负总责、乡镇统筹、一次识别、应扶尽扶、应帮尽帮、分类管理、数据共享"的要求，确保农村低保工作与扶贫开发工作做到目标、对象、管理无缝衔接。目前，全省已经实现了低保收入核算数据与贫困人口建档立卡数据的合并，低保人口全部进入贫困人口数据库。通过不断减少贫困人口，扶贫低保人口不断退出低保政策覆盖范围，民政部门逐年提高低保标准，缩小低保覆盖面，实现低保和扶贫标准合一。到2016年，全省农村低保年保障标准与扶贫标准实现"两线合一"，将无业可扶、无力脱贫的

160万"两无"贫困人口实行制度兜底，并将50万返贫人口及时纳入保障范围。通过持续提高保障标准，到2020年"两线合一"达到6200元，确保困难群众的基本生活水平与全面小康社会相适应。

3. 实施教育扶贫工程

教育投入向贫困地区倾斜。贵州省编制了《贵州省三大集中连片特殊困难地区教育扶贫工程实施方案》，旨在推进教育强民、技能富民、就业安民，阻断贫困代际传递，要求全省各有关部门加强对各项教育和扶贫经费的统筹，确保70%以上经费安排向贵州省武陵山片区、乌蒙山片区和滇桂黔石漠化片区等三大集中连片特殊困难地区倾斜。加大地处高寒地区的小规模学校（含教学点）公用经费保障水平，对不足100人的小规模学校（含教学点）按100人核定公用经费补助资金。

改善贫困地区学生的食宿条件。2014~2015年，集中对三大集中连片特殊困难地区乡镇及以上中小学教室进行了建设维修，达到抗震、消防等安全要求，对食堂进行扩容改造，满足学生营养改善计划的需求，2014年底前完成了该片区学生宿舍建设任务。中央和省每年投入20亿元，实施以食堂供餐为主的营业改善计划，惠及380万农村中小学生。按每人每餐4元钱的标准对农村学生的营养餐进行补助，每个学校配备工勤人员负责做饭，对粮油肉由县里集中采购，保障营养餐的安全问题。

推进免费中等职业教育。2013年启动实施"9+3"计划，即巩固9年义务教育，实行3年免费中等职业教育。全省免除中职学生学费16.424亿元，惠及学生150余万人次。对职业学校就读并建档立卡的农村贫困户子女，给予"雨露计划·助学工程"每人每学年1500元资助。中职学校一、二年级学生享受国家助学金比例达到75%以上。实施中职学校"百校大战"，组建职教扶贫基地100个，成为"雨露计划·1人1户"3年行动的主要基地。三大集中连片特殊困难地区推行初中毕业班整班交接就读普通高中和中等职业学校。

推进学前教育突破工程。在《贵州省学前教育三年行动计划》的基础上，创新山区学前教育的建设机制。2012年中国发展研究基金会在毕节市织金县和铜仁市松桃县启动实施贵州贫困县"山村幼儿园行动计划"。以企业公益资助为支撑，招募山村幼教志愿者，每位志愿者每月可获生活补助1500元，交通补贴500元。铜仁市出台了《铜仁市山村幼儿园建设两年行动计划（2014-2015年）》，决定用两年时间，建设2060所山村幼儿园，实现全市行政村幼儿园全覆盖。山村幼儿园建设主要利用村小（教学点）闲置校舍等村级公共设施进行修缮，市级财政采取"以奖代补"的方式，每年对每个山村幼儿园按 1 万元进行奖补。截至 2014 年 9 月，已完成的 1235 所园舍改造的山村幼儿园全部开园。目前，全市配备山村幼儿园师资 1755 名，其中招募志愿者 862 名、调剂小学富余教师 893 名。

稳定农村师资队伍。放宽三大集中连片特殊困难地区农村中小学教师招聘条件限制，放宽专业、学历、户籍、招考比例等条件限制，对引进的高学历、高层次专业技术人才、紧缺专业人才，采取"绿色通道"形式简化考试程序聘用。乡镇教师公租房、农村艰苦边远地区教师周转宿舍项目和"特岗计划""国培计划""省培计划""农村学校教育硕士师资培养计划""千校万师培训工程"向该片区倾斜，积极鼓励免费师范生、优秀大学毕业生到该片区从教。

4. 改善公共卫生服务

2011～2014 年，中央及地方财政在贵州乌蒙山、滇桂黔石漠化、武陵山三个集中连片特困地区建设公共卫生项目 5073 个，建设规模 202.7 万平方米，总投资 45.62 亿元（其中中央投资 23.04 亿元，地方投资 22.57 亿元），基本实现了每个乡镇 1 所卫生院、每个行政村有卫生室。但在调研组调查的 87 个村中，仍有 9 个没有卫生室（占到了 10.34%），而且有 2 个村虽然有卫生室，但村卫生室的房子破旧，村医只能另租房子给村民看病。

（四）社会扶贫政策落实情况

1. 建立以"驻村工作队"为基础的定点扶贫机制

2014 年，按照省委、省政府"一村一同步小康工作队，一户一脱贫致富责任人"的要求，从省、市、县、乡四级选派驻村队员 55864 人，组建 11590 个驻村工作组，赴全省 11590 个村（含 9000 个贫困村）开展为期 1 年的驻村帮扶工作，实现驻村工作队对贫困村贫困人口全覆盖。2014 年，同步小康驻村工作队就筹措资金和物资 11.3 亿元，帮助引进各类资金 17.8 亿元，组织实施了各类项目 6976 个。从调研组的调研情况来看，"驻村工作队"实现了对所调查贫困村的全覆盖，但 10 个村（占 11.9%）没有选派干部驻村。派驻单位的能力差异决定了"驻村工作队"的扶持力度存在较大差异，41 个村（占 48.8%）支持力度不超过 20 万元，28 个村（占 33.33%）支持力度不超过 10 万元，最低的只有 3000 元，最高的支持高达 535 万元。

2. 动员社会资源开展对口帮扶

根据《国务院办公厅关于开展对口帮扶贵州工作的指导意见》（国办发〔2013〕11号）精神，上海、大连、苏州、杭州、宁波、青岛、广州、深圳 8 个东部发达城市"一对一"对口帮扶贵州 8 个市（州）。据统计，两年多来，8 个帮扶城市已向贵州投入各类帮扶资金和物资折款累计近 7 亿元。2015 年，国务院扶贫办引进万达集团定点帮扶贵州省丹寨县，在全国首创开展"民营企业对口帮扶整县脱贫行动"。从 2015～2019 年，万达集团计划在丹寨县投资约 10 亿元实施帮扶项目。贵州省明确贵州茅台等 12 个国有企业"一对一"结对帮扶望谟等 12 个扶贫开发任务重的县。2014 年，贵州省铜仁市深化与阿里巴巴集团发展农村电子商务战略对接合作，真正实现"网货下乡""农产品进城"的双向流通。目前，贵州省共开展了 21 家民营企业与 21 个贫困村的"村企共建扶贫工程"试点，164 家扶贫龙头企业结对帮扶 164 个贫困村"百企帮百村"活动。但因为实施的范围比较有限，大部分贫困村难以获得集团帮扶的支持。调研组调查的 84 个村中，只有 16 个（占 19.05%）村获得定点帮扶以外的其他机构的支持，且 10 个村获得的支持力度在 20 万元以下。

（五）政策保障机制落实情况

1. 建立扶贫资金向片区倾斜的分配机制

按照《财政专项扶贫资金管理办法》和《贵州省财政专项扶贫资金管理办法》，2012 年起贵州省转变财政专项扶贫资金的分配方式，按照扶贫对象规模及比例、农民人均纯收入、人均财力和贫困深度等贫困因素为主安排分配财政专项扶贫资金。2014 年因素法分配资金达到了中央和省级财政专项扶贫资金总量的 60%。2011～2014 年，省级共安排 3 个集中连片贫困地区财政专项扶贫资金 154.94 亿元，占省级下拨资金总量的88.9%。2011～2014 年，中央和省级安排财政专项扶贫资金 192.71 亿元，其中省级资金为 64.91 亿元，80% 以上投入到了三大集中连片的贫困地区。

2. 创新金融扶贫措施

通过调整差别准备金动态调整公式相关参数，增加贫困地区法人金融机构年度合意贷款增量，促进扶贫信贷投放。通过支农再贷款杠杆化运作模式，安排一定额度支农再贷款专项用于贫困地区扶贫开发。对符合涉农贷款比例不低于 70% 等标准的贫困地区法人金融机构新发放支农再贷款，利率在现行优惠支农再贷款利率基础上再降低 1 个百分点。加大对扶贫贷款的政策支持力度，对扶贫龙头企业贷款，利率在其同类同档次贷款加权平均利率的基础上下浮不低于 2 个百分点，对建档立卡贫困农户贷款执行基准利率，并对两者均按年利率 5% 给予贴息补助。多方动员扶贫信贷资源，与国家开发银行、农业发展银行、农村信用社合作，探索建立扶贫资金与信贷资金有机结合的新型扶贫融资模式。

3. 强化对贫困县的考核激励

省委办公厅、省政府办公厅下发《贵州省贫困县扶贫开发工作考核办法》，相应制定了《贵州省贫困县扶贫开发工作考核指标解释及计算方法》和《贵州省扶贫项目资金管理办法》两个附件。贫困县考核指标包括组织领导、减贫增收、基础设施、产业发展、民生事业 5 个部分，推动贫困县工作考核由主要考核地区生产总值向扶贫开发工作成效转变。

2011 年，贵州省委、省政府出台《关于对国家扶贫开发工作重点县加快脱贫攻坚步伐进行奖励的意见》，开始实行"摘帽不摘政策"的退出机制，省级预算安排奖励资金33.7 亿元。贫困县乡（镇）"摘帽"后，财政扶贫资金安排总量原则上以 10% 的增幅逐年递增，并从"摘帽"当年起至 2018 年，每年奖励县 1000 万元、奖励乡（镇）100 万元。从 2011 年至今，贵州省 50 个国家扶贫开发工作重点县中已累计有 25 个县、525 个贫困乡（镇）实现"减贫摘帽"，省级财政已安排"减贫摘帽"专项资金 17.5 亿元进行奖励。省委组织部对"减贫摘帽"县的 17 名县党政正职提拔重用，其中 7 名县委书记和 4 名县长提拔任职，6 名县长转任重要岗位。

（六）片区规划的落实情况

在国家制定和发布三大集中连片特殊困难地区区域发展与扶贫攻坚规划的基础上，贵州省按要求编制了乌蒙山片区、武陵山片区和滇桂黔石漠化片区贵州省实施规划。按照规划要求，各部门相应承担在三大集中连片贫困地区内产业发展、基础设施建设、民生改善、公共服务、能力建设、生态环境方面的投资任务，使得各部门的项目资源向三大集中连片贫困地区有所倾斜。但对三大片区扶贫的针对性措施缺乏有效的政策手段给予支持，目前主要只有发展改革委的以工代赈项目和石漠化治理项目有对片区的针对性。而且三大片区在跨省扶贫资源的协调和整合上缺乏相应的措施和机制。

三、调研中发现的主要问题

（一）贫困人口"只出不进"难以提供动态化的保障

以对贫困人口的建档立卡为基础，贵州已经初步建立起精准识别、精准帮扶、精准管理和精准考核的长效工作机制。但因缺乏对贫困人口的进一步动态调查，一次性的建档立卡工作建立的贫困人口数据库是一个相对静态的数据，新增的贫困人员无法及时补充到该数据库中。按照精准扶贫政策，只有建档立卡的农户才能获得扶贫项目的支持。在当前日益强化的减贫目标管理和考核压力下，扶贫部门既无激励和动力，也无能力和手段，去关注和帮扶因突发事件致贫或返贫的新增贫困人口。这可能导致部分贫困群众得不到及时的扶持和救助。调研组在雷山县调研时了解到，县城周边新近被征地农民因缺乏稳定生计来源而普遍陷入贫困状况，2015年洪灾又形成一批新的贫困人口，因为他们在建档立卡后产生，而无法纳入到扶贫支持范围。

（二）"指标化"的低保减量使部分困难群众丧失保障

为了实现2020年全面建成小康社会的目标，《纲要》提出了"农村社会保障和服务水平进一步提升"的要求。贵州省为此出台了《贵州省城乡低保减量提标方案》，逐步提高低保保障水平，提出"要在2020年农村低保标准与扶贫标准'两线合一'达到6200元（1000美元），全省农村低保保障人数减至213万人"。按此要求，2015年全省农村低保人口要减少20.4万人，减少至396.4万人，并对各地区调减数量作了明确要求。这样的政策虽然有很好的初衷，但目标考核的压力导致了任务指标的层层分解，低保指标下调导致实际覆盖面过快下降，使得一些尚未真正实现收入提升的困难农户"被退出低保"。

例如，按照任务分解，黔东南自治州2015年要减少4.7万农村低保人口，黔南自治州要减少1.4万农村低保人口，相对应地对各个乡镇和村都下达了低保减量指标。但不同地区贫困范围和深度不同，指标化的管理不适应扶贫的实际情况。一些条件比较好的村，原来存在低保指标过多的问题，调减低保指标符合实际情况。比如，平塘县开花寨村和京舟村低保指标调减后，真正保障最困难的人，大家都没有意见，降低了过去村内因争低保指标而产生的矛盾。但在平塘县克度镇金科村，因为生态自然条件恶劣，石漠化严重，耕地生产力低，有 400 多人在低保线之下，但 2015 年低保指标却从 2014 年的 640 人下降到了 128 人。雷山县丹江镇郎当村土地被征收导致一半村民缺乏稳定收入来源，低保线下的人口为 290 人，但低保指标却从 2014 年的 254 人调减至 237 人。为缩小村内矛盾，村里只有将不符合计划生育政策的低保户取消资格，但这些人可能因为人口负担率高而生活更加困难。

（三）政府采购制约了扶贫项目选择本地适应性产品

为加强和规范财政专项扶贫资金使用与管理，财政部、发展改革委和国务院扶贫办 2011 年 11 月制定了《财政专项扶贫资金管理办法》（财农〔2011〕412 号）。该办法第三章第十五条规定："财政专项扶贫资金使用中属于政府采购范围的，应当按照政府采购有关规定执行。"按照此规定，农资超过 5 万元以上都必须要执行政府采购程序，而政府采购的程序复杂、周期长，如果遇到流标的情况，将可能延误农时。而且政府采购要求采购价格低于市场平均价格，这导致了大量政府采购的产业扶贫种子、种苗、种畜（禽）等不符合当地生产发展的要求，也不是当地农户所希望种植（或养殖）的品种，不能有效调动农户生产积极性和促进其盈利增收。

贫困地区不便利的交通条件决定了，其在大宗产品上不具有价格优势，只有发展特色名优产品，才可能具有市场竞争力。在政府采购低价中标原则下，雷山县当地特有的乌杆天麻和黑毛猪①因价格较高，难以成为产业扶贫支持发展的品种，而中标的广东天麻和山东猪，既存在本地生长适应困难的问题，也存在因为价格低廉不能弥补贫困地区的高昂运输成本的问题，致使贫困农户的生产无法实现盈利增收。同时，政府大量采购的外地产品会冲击本地产品市场，导致本地农产品卖难现象加重，影响本地特色产品品牌的打造，导致引入品种未能扶起，既有的产业发展出路却受到限制，导致农户减贫增收更加困难。

在平塘县克度镇的调查还发现，扶贫项目所提供的核桃苗种下到 6 月份后 60% 都死亡，目前正在对其原因进行调查；类似的，扶贫项目支持的金银花种苗被当地老百姓所

---

① 雷山乌杆天麻和黑毛猪已经成为国家地理标志保护产品，其市场价格大大高于同类产品。乌杆天麻市场价格已经高于贵州省财政扶贫资金项目建设补助标准，无法获得相应的支持。

摒弃，因为认为不如当地品种，而自己上山采苗种植。因为选择产品品种的不当和采购品种的不适应，多次扶贫产业选择均出现了失败，耗费了大量农工、农时而没有获得好的成效，老百姓由此增加了对政府的埋怨和不信任。

（四）基础设施建设项目资金配套是贫困县难以承受之重

交通和水利设施建设对于贫困地区具有迫切性和必要性。国家已加大对贫困地区交通和水利项目建设的支持，然而项目实施要求地方财政资金配套投入，却让财力微薄的贫困县难以承受。雷山县和平塘县仅扶贫建设项目所要求的县级资金配套，就分别占到了县可支配财力的74.16%和27%（见表10）。

表10　　　　　　　　2014年雷山县和平塘县扶贫项目县级配套要求　　　　单位：万元

		水利项目	交通项目	扶贫搬迁	危房改造	扶贫项目
雷山县	各项配套资金	15626.27	1212	16236.68	1667.72	701.3
	配套资金合计	35443.97				
	可支配财力	47801				
	配套占比（%）	74.16				
平塘县	各项配套资金	872.95	26851.95	1971.56	1000	0
	配套资金合计	30696.46				
	可支配财力	113700				
	配套占比（%）	27.00				

注：扶贫搬迁包括易地扶贫搬迁和扶贫生态移民两项总和。

以雷山县的鸡鸠水库为例，在2015年5月27日的特大暴雨中，正在建设的水库被动性蓄水，拦蓄洪水近600万立方米，大大减轻了洪水对下游及县城的危害。但其建设投资需要雷山县配套达到1.6亿元（水库建设配套1.517亿元，移民搬迁1000万人左右），而雷山县2014年的财政可支配收入只有4.78亿元（且一半是转移支付），在县各项支出压力巨大的条件下，项目配套资金难以到位，政府融资平台关闸后，项目建设融资面临极大困难，在防洪和水源质量保障上发挥重要作用的鸡鸠水库将有可能面临停工，而最终成为难以竣工验收的半拉子工程。

平塘县2014年交通建设配套压力巨大。2014年，312省道升级改造并入552国道的工程，因为山区工程造价较高，交通运输部只按550元/公里补助，需要县级配套资金就达到 1.97 亿元。而县里实际只给了 2451 万元的配套资金，用于解决农民工工资问题，其他配套资金无法到位。另有 1 条省级高速公路①建设需要县财政按照工程造价的 20% 出资本金，80 亿元的工程就需要 16 亿元的资本金投入，县级财政根本就拿不出来，融资平台又贷不了那么多钱，目前只贷了 1 亿元，工程实施面临巨大困难。

中央财政转移支付已经不再要求地方进行资金配套，但在各部门的项目实施中仍然对地方配套有要求。2009 年中央 1 号文件明确提出："国家在中西部地区安排的病险水库除险加固、生态建设、农村饮水安全、大中型灌区配套改造等公益性建设项目，取消县及县以下资金配套。"2012 年《国务院关于进一步促进贵州经济社会又好又快发展的若干意见》（国发〔2012〕2 号）明确提出："中央安排的公益性建设项目，取消县以下（含县）以及集中连片特殊困难地区市地级配套。"但到各个具体部门，该项政策很难落实，中央对项目未能充分投入，要求地方配套的比例仍然较高。贵州省级财政已竭力匹配，在"省直管县"体制下大部分的市（州）级财政几乎无力投入，剩余的资金需求基本都压到县里让其自己解决。2011～2015 年国家在贵州安排建设的 79 个已开工骨干水源水库建设项目中，中央投入占项目总投资比重为 34.11%，市县配套投入达到 92.37 亿元，市县配套投入占到了项目总投入的 28%；其中，48 个国家级贫困县项目中，中央投入占项目总投资的比重甚至还略低，只有 33.44%，而市县配套投入达到 61.75 亿元，市县配套占项目总投资的比例为 29%，甚至比总体还高 1 个百分点（见表 11）。因为县级资金无法到位，到目前为止 2011 年开工的 20 个项目中只有 2 个实现竣工验收。

表 11　　　　　2011～2015 年贵州骨干水源工程开工项目资金构成

		中央（亿元）	省级（亿元）	市县（亿元）	合计（亿元）	中央资金比例（%）	省级资金比例（%）	市县配套比例（%）
已开工	全省项目	114.22	128.23	92.37	334.82	34.11	38.30	27.59
	贫困县项目	72.30	82.16	61.75	216.21	33.44	38.00	28.56
下达计划的小型水库	全省项目	16.25	14.53	14.62	45.40	35.79	32.00	32.20
	贫困县项目	13.78	11.60	11.02	36.40	37.86	31.87	30.27

---

① 国家级高速公路可以不用缴纳资本金，但省级高速路要求县级匹配资本金投入。

（五）贫困户无力负担相应成本而无法实现安居和饮水安全

为保障贫困人口的基本生活条件，贵州省 2011～2014 年期间在易地扶贫搬迁、农村危房改造和安全饮水工程方面做了大量工作，但由于项目实施的补助资金不足，部分成本仍需要贫困户自己分担，最贫困的家庭因为无力负担相应的成本而搬不了家、改不了房和喝不起安全的水。

易地扶贫搬迁的补助标准为人均 1.9 万元①，一般三口之家的搬迁补助为 5.7 万元，但易地建房成本 1 户至少在 10 万元以上②，搬出来老百姓至少还要自己出 5 万元以上。全省 46 万已经搬迁的贫困人口，自筹的搬迁资金就达到 17.7 亿元（占到了总投资的 18.96%）。在县级层面，扶贫搬迁资金缺口大的问题更加突出。雷山县 2011～2014 年扶贫搬迁工程总投资 20790 万元，中央、省、州投入只有 7414 万元，地方配套能力有限，需自筹的资金规模达到 11202 万元（占总投资的 54%）。但真正的贫困户没法拿出搬迁的钱，因而实际上能够搬出来是家庭条件相对较好的，最贫困的家庭根本无法实现移民搬迁。从本次调查的情况看，在需要易地扶贫搬迁的贫困村中，一般都有 10～20 户需要搬迁但因为没钱而无法搬迁，而搬出的家庭很多也因负债而陷入生活困难状态。为降低群众搬迁的负担，雷山县只能将扶贫生态移民、农村危房改造和保障性住房资金进行整合，但这存在资金利用"违规"的风险。

农村危房改造最高的补助标准为低保户 2.23 万元/户，一级危房补助为 1.23 万元/户，其他在 6000～8000 元/户，一般都还需要农户自己出一些钱才能改造。而且危房改造需要农户自己先建后补，最贫困的家庭根本拿不出钱来垫资搞住房改造。雷山县部分乡镇针对此情况，对低保户和五保户的危房改造采取了村乡代建代改的形式。但就我们调查的几个村来看，每个村一般都有 10 户左右房屋严重破漏，但没钱实施改造。

安全饮水工程只保证项目建设的投入，而对后续供水没有补贴支持机制。贵州贫困山区居住比较分散，农村饮水工程的管网建设比较分散，成本也比较高，使得管网建设之后没有后续的资金，所以几乎都没有配备净水设备。而且很多自来水实际上直接是引

---

① 房人均补助 1.2 万元，配套基础设施人均补助 0.6 万元，征地人均补助 0.1 万元。

② 造房成本每平方米为 1000 元，即使将住房面积控制在 60 平米，造房成本就达到 6 万元，再加上配套建设和征地的费用，易地搬迁的成本至少在 10 万元以上。

山泉和河水入户，没有经过任何净化处理，一些地区的水质难以保障。而一些水源缺乏的边远地区因为输送水的成本较高，还出现了通了自来水仍然不敢用的情况。平塘县克度镇通过水库建设和安全饮水工程，使部分缺水严重的乡村用上了自来水，但鼠场片区因为输水距离比较长，水价达到 3.8 元/吨（比正常水价高 1.2 元），因为水价太贵，贫困家庭也不敢用自来水，仍然去提井水。而因为用水的人少，自来水厂经营的成本更难以下降，可持续的安全供水机制难以保障。由于缺乏供水的补贴支持，偏远地区水价过高的现象在贵州比较普遍，有些地方水价高达 5 元/吨、甚至 7 元/吨。

（六）产业化扶贫的需求与扶贫资金使用限制的矛盾

经过多年的扶贫努力，大部分有一定能力和愿意发展的农户基本上都已经通过产业支持实现了脱贫，剩下的贫困户大多是缺乏发展能力和发展意愿，无法有效独立参与和实施扶贫生产项目而成为扶贫最难啃的"硬骨头"。2014 年，贵州省精准识别建档立卡共识别出贫困人口 745 万人，因为缺技能和劳动力致贫的就占到了 52.11%。从我们调查的雷山县和平塘县来看，因为缺技能和劳动力致贫的分别占到了 41.75% 和 20.59%，另外分别有 4.62% 和 6.73% 的人自身缺乏发展动力（见表 12）。平塘县将贫困原因归为缺技能和劳动力的相对比较少，主要是因为大部分的贫困人口不考虑贫困的主观因素而将贫困原因归为了缺乏资金，占到了 61.59%。而从贫困人口的技能与教育结构看，大部分的贫困人员仍然是获得的教育不足和技能缺乏，文盲、半文盲及小学以下的就占到 57.34%，无劳动力的占到了 30.28%，有技能劳动力仅有 234 人（占 0.29%）。

表 12　　　　　　　　　　贵州省致贫因素及其占比（2014 年）

		致贫原因							
		缺乏动技能	缺乏劳动力	因病	因学	因灾	缺土地	自身缺乏发展动力	交通落后
贵州省	贫困人口（万人）	242.54	145.68	131.42	56.57	45			
	比例（%）	32.56	19.55	17.64	7.59	6.04			
雷山县	贫困人口（人）	11712	3327	1841	967	252	1182	1664	1392
	比例（%）	32.51	9.24	5.11	2.68	0.70	3.28	4.62	3.86
平塘县	贫困人口（人）	12274	4301	1597	950	287	728	5422	4520
	比例（%）	15.25	5.34	1.98	1.18	0.36	0.90	6.73	5.61

注：有比较高比例的贫困人口将贫困原因归为缺资金，但这不是贫困发生的内因，这里不予以考虑。

由此可以看出，因为缺少技能、劳动力和发展动力，一半以上的贫困人口没有能力实施好扶贫的产业发展项目，扶贫资金直接到户难以取得好的效果。从根本上解决一个区域的贫困问题需要推动产业的发展，而产业发展不单是生产出产品，更重要的是要开拓市场和塑造品牌以有效地实现产品的价值。这需要在不断完善产业配套服务体系和基础设施、制度、市场环境建设的基础上，支持和培育产业带头人来实现。贵州省在建立与贫困户利益联结机制的基础上支持产业化发展主体，创新了扶贫资金的到户方式，以产业发展带动了贫困户增收脱贫取得一定成效。但当前对扶贫资金投向的严格要求，仍制约了扶持产业的发展，具体表现在以下几个方面。

第一，扶贫资金只能用于生产性投入，而无法支持市场发展。扶贫项目支持生产出的产品难以有效销售出去，是当前产业扶贫的最大困境，因为收益无法实现也致使参与项目的贫困人口的投入得不到回报，而出现"扶贫致贫"的现象。

第二，扶贫资金要求70%用于发展产业项目，对基础设施的支持有着严格的比例限制。但交通、水利等仍是制约产业发展的关键环节，而交通、水利部门只负责大项目的实施，对于大量存在的断头路、通组路、小型农田水利等基础设施建设需求，扶贫资金又难以按需投入支持，致使贫困村基础设施的改善非常滞后，制约了扶贫项目支持产业效益的实现。

第三，利益联结机制缺乏制度上规范和保障，难以保障农民有效分享收益。在利益联结机制的建立上，一方面难以选择到有较强经营能力的产业带头人，很多小的企业、大户和合作社等自身的盈利都存在困难，更难以向贫困户分享收益；另一方面，即使找到盈利能力强的企业，在没有制度保障对收益和分配环节的有效控制和监督条件下，企业会设法压低向弱势贫困户的收益分配。

（七）扶贫项目实施缺乏有效的供需协调和部门协同机制

贫困县因为基础薄弱，难以从各部门推进的项目中获得发展资金。扶贫办虽掌握资金，但却缺少与需求方有效对接的平台，缺乏组织实施项目的专业能力和有力抓手，导致了很多项目不是当地农户所需要的、项目的要求不符合当地实际情况、项目的推进未能有效得到主管业务部门充分支持等问题。比如，雷山县山湾村反映，2013年要求种150亩的核桃，2014年又要求搞200亩的茶叶，但村里实际已经没有那么多土地来分别实施这些项目。如果要完成扶贫产业发展项目的指标只能进行套种，但会导致两者都达不到好的生长效果。而且在我们调查的各个村普遍反映，扶贫办每年都在搞不同的新项目，而缺乏对已发展项目的持续性扶持，导致每个产业项目的效益都出不来。

扶贫作为一项全社会共同投入支持的工作，各部门、各定点帮扶单位以及社会扶贫力量都会从不同的方面开展扶贫，但扶贫办对不同扶贫主体的项目实施缺乏沟通和协调，使得多渠道扶贫项目存在低水平重复问题，多元化扶贫资源难以发挥互补性和接续性支持的作用。雷山县的公统村作为2015年整村推进的重点项目，各个部门都给予了大力的支持，但各个部门的支持缺乏协同性，支持项目存在极大分散性，难以形成有效的产业合力。比如，扶贫办早期支持发展1050亩杨梅，现在又支持发展100亩核桃、50亩稻田养鱼和400亩药材，农业局支持发展100亩玉米、100亩辣椒、50亩土豆，定点帮扶单位省财政厅和县检察院分别支持发展100余亩茶叶和3000只鸡，县农村办支持乡村旅游。

（八）产业发展与生态脆弱的矛盾

贵州省地处长江、珠江"两江"上游，是"两江"上游的生态屏障区。近年来不断加强生态建设和环境保护，大力实施天然林保护、退耕还林、防护林建设、石漠化综合治理等重点生态工程，2014年森林覆盖率提高到49%，2020年将达到60%。可以说，贵州省为中国生态建设特别是华南地区的生态保护起到了重要作用，作出了巨大贡献。但贵州省在作出生态贡献的同时，也失去了相关产业发展的机会。雷山县的雷公山属于国家级自然保护区，限制了周边的产业开发，没有产业的支撑使农村居民缺乏增收的渠道和途径。

在石漠化比较严重的地区，比如平塘县，土地贫瘠、灌溉条件缺乏，生产力非常低，种植业生产难以维持农村居民家庭生计，而相对效益较好的黑山羊养殖又存在对植被的进一步破坏，加剧水土流失和土地的石漠化。而当前，生态补偿机制没有建立，退耕还林、公益林建设补助标准太低，不足以维持家庭生计，贫困地区尚难以在生态保护中找到致富增收之路，将"青山绿水"变成"金山银山"缺乏可实现的途径，生态保护与经济发展仍存在矛盾性。

四、完善扶贫政策的建议

（一）以收入核查为基础建立贫困人口的动态管理机制

促进扶贫与低保的有效衔接，将民政部门收入核查数据与扶贫部门建档立卡数据进行合并，确保低保户全部成为扶贫对象，并将收入低于低保线的贫困人口全部纳入低保范畴。民政、扶贫与统计部门定期联合开展低收入人群的专项调查，以收入核查为基础对贫困人口数据库进行动态更新，将收入降到贫困线以下的人群及时增补到贫困人口数据库，努力做到扶贫与低保政策的应扶尽扶、应保尽保；对于脱离贫困线的贫困人口仍需建立持续跟踪机制，及时给予必要的帮扶防止脱贫人口返贫。

脱贫与低保减量应以完善收入核查制度和提高收入调查准确度为基础，遵循实事求是的原则，防止下指标带来的"被脱贫"和"被退保"问题。应该根据实际情况允许不同区域实施不同的减贫策略，比如减量提标只在经济条件较好地区推行，而对于贫困范围广、贫困程度深的地区（比如一类贫困村），仍应确保对困难群众的广覆盖保障，年度超过20%以上低保指标削减必须要有确定性的增收依据支持。

（二）以加强各部门协同投入为重点优化"整村推进"机制

结合贫困村产业基础与地理资源优势，加强对贫困村（镇）长期发展的规划研究，充分挖掘贫困村特色自然、生态、文化和物产资源，遴选重点村（镇）分批次、分类型、分功能进行特色化的整体打造，创建一批休闲农业示范村（镇）、乡村旅游名村（镇）、电商村（淘宝村）以及特色产业村，以重点产业培育和配套环境营造为基础，创造产业发展的新增长点和塑造小区域内的经济增长极，通过户户合作、户企联结、村村联动等多元化的利益关联机制，实现逐点突破、点点连线、以线带面、集聚连片的"整村（镇）推进"、成片带动式发展。

对每个"整村推进"村制订发展规划，确立村庄建设与产业发展的重点和主线，明确住建、交通、水利、发改、商务、农业、林业等部门对"整村推进"贫困村的建设具体项目投入任务，全面改善村容村貌、道路交通、水利设施、农田基础设施等，有效保障产业发展所需生产设施、灌溉条件、物流运输、能源、市场平台以及吸引消费者的环境等，解决过去扶贫所面临的产业发展基础条件和配套支撑不足的问题。

（三）以市场建设为核心突破口转变产业扶贫方式

扶贫不能狭隘地局限于帮扶贫困人口，而更需要的是通过扶持产业为贫困人口创造更多发展机会。应适度放宽扶贫资金支持的领域和范围，鼓励多样化的产业扶贫支持形式，从过去片断化的生产环节支持向产业链、产业生态系统支持转变。产业扶贫的关键是要通过市场渠道和物流网络体系建设解决产品的销路问题，从而才能真正帮助贫困人口实现增收。在扶贫产业生产布局的同时，需加强对销售渠道、品牌推广、物流保障以及产品与服务延伸等方面的支持，农业、林业、商务、旅游等部门需协同努力确保产业生产、流通、销售环节的顺畅连接和产业价值的有效实现。

积极培育农产品电商，利用电商平台扩大销售市场的规模和范围，探索利用众筹模式对贫困地区进行预定农产品销售和聚合社会扶贫资源提供支持，支持贫困县（乡）在电商平台开设特色商品馆，鼓励电商平台对贫困地区销售的农产品组织和策划专项营销推广活动。在产地集聚区选择一个村或乡镇规划建设产地商贸与物流集散中心，完善农产品物流、标准化包装分级、质检以及市场信息服务与交易机制，培育一批产地市场的农产品经纪人与贫困户建立产销合作关系，将分散贫困户生产的产品收集集中后送到市场销售或送给订单企业。支持贫困地区特色农产品的品牌塑造和产品推介，通过社会扶贫组织动员大型零售终端对贫困县的产品销售给予支持，对超市等零食终端上架销售国家级贫困县特色农副产品给予一定的流通成本补贴。

（四）确保利益连接下贫困户对产业发展增值收益的分享

充分保障利益联结中贫困户入股分红的权益，规范土地、扶贫资金以及扶贫产业形成固定资产的量化入股，建立健全贫困人口集体成员代表对入股企业（或合作社）经营和监督的充分参与，确保企业盈利向贫困人口股东的有效分配。将接受贫困人口入股的企业视为社会扶贫机构，鼓励其将企业盈利分配状况向社会公开，营造企业扶贫的社会公益形象，政府在政策上对其发展给予充分的支持。

在有效联通销地市场基础上，促进建立产地市场价格信息公开和市场竞价机制，培育多元化的市场渠道主体和订单企业，形成对农产品原材料采购的有序竞争格局，充分利用市场竞争提高向贫困户的收益分配比例。

通过发展启动资本金支持、重点项目扶持、集体经营性资产配套建设以及集体内部经营能人的培育等，帮助发展和壮大贫困村集体经济实力，强化集体经济组织的自我发展能力，以村集体的自强为产业发展的利益连接奠定重要的"谈判力"基础。

（五）降低县级财政基础设施建设资金配套的压力

充分考虑物价上涨导致的建设成本提高，应在重新核算实际建设成本的基础上，适度提高危房改造、易地扶贫搬迁、以工代赈中央财政的补助标准，确保项目的实施不会存在太大的资金缺口。根据地方的实际情况，对于贫困人口向城镇搬迁的，应准予地方将危房改造、易地扶贫移民搬迁以及保障房建设的资金整合使用，有效增加政府能够向贫困人口提供保障住房数量，切实降低县级财政资金配套的压力和老百姓搬迁和改造的负担。

国家在贫困地区安排的交通、水利等重大基础设施建设项目，应提高中央财政的支持比例，取消贫困县对重大基础设施项目建设的资金配套。对于省、市级财政全额配套保障项目建设确实仍还有困难的，应支持发行专项政策性地方债或由政策性银行给予长期性贷款支持，确保项目建设资金的到位。

（六）考虑生产适应性给予扶贫项目政府采购一定灵活度

考虑地区生长的适应性以及对贫困地区特有品种和市场的保护，可准予扶贫项目采购的种苗、种子、种畜设定本地品种优先的条款。对于经过科学论证或实施地村民普遍认可适合当地发展的特色产业品种，可以在扶贫项目政府采购中提出特定的品种要求，为保证获得所需的品种及其品质符合要求，准予采用单一来源方式采购。对于生产季节性非常强的产品，为保证不延误最佳的种植或养殖时期，可适当简化政府采购程序、缩短采购的时间，如遇到招投标流标的情况，可直接从投标者中遴选候选人进行竞争性谈判。

（七）建立扶贫供需对接与资源协调平台

加强对扶贫对象发展需求的综合调研和系统研判，构建扶贫需求的信息数据库，搭建扶贫需求与扶贫资源对接的信息平台，形成供需双方有效的沟通机制，及时帮助扶贫部门和社会帮扶机构了解帮扶对象期望获得什么样的帮助支持，有效对接扶贫资源。通过对扶贫需求信息的系统梳理后，积极借助现代信息手段，向全社会发布扶贫的需求信息，收集和汇总社会各部门所能够提供扶贫支持资源，进行供需匹配，从而改变过去自上而下分配扶贫任务和派发扶贫资源的传统模式，建立以自下而上需求反馈为基础的、有针对性的扶贫资源协调配置机制，有效动员各部门、全部资源形成互补性、接续性的支持。

（八）加大生态补偿以及资产性收益的扶贫支持

提高贫困地区生态公益林补偿标准，建立护林员制度。现行的国家公益林补偿标准为每亩每年15元，地方公益林补偿标准为每亩每年8元，使农户对保护生态没有积极性，陷入越保护越贫困的恶性循环。建议2020年前生态公益林标准提高到每年每亩20元，2020年以后提高到每年每亩30元，并建立护林员制度为缺乏劳动技能的贫困人口提供就业机会。

建立流域生态补偿机制，实现区际之间的经济社会公平公正发展。贵州省是"两江"上游的生态屏障区，生态区位十分重要，为下游地区的省区提供了清洁充足的水资源。建立"以水资源为主体，其他生态资产为补充"的流域生态补偿制度，确立流域环境资源的价值和价格，建立水资源费征收返还机制，下游受益的省份和地区对贵州省采取一对一扶持或提供生态补偿基金的方式，为贵州提供涵养水源、保持水土等生态保持支持，帮助贵州省贫困人口通过保护生态资源实现脱贫。

发展生态型产业，充分挖掘生态资源的经济价值，形成保护生态资源环境和生态型生产的市场激励机制。增加退耕还林操作的灵活性，准予选择能够保障森林覆盖率经济林种。支持发展家庭林场，大力发展各类林下经济，着力塑造贫困地区生态产品品牌，并以休闲农业与乡村旅游带动特色生态农副产品的销售，将生态资源变成产业资本。

第四部分　**农村改革**

准确把握农村集体产权制度改革的方法论

叶兴庆

2015 年中央 1 号文件明确提出，要推进农村集体产权制度改革，探索农村集体所有制有效实现形式，出台稳步推进农村集体产权制度改革的意见；健全农村产权保护法律制度，抓紧研究起草农村集体经济组织条例。这是 21 世纪以来聚焦"三农"工作的 12 个中央 1 号文件中，关于农村集体产权制度改革最全面系统的部署。在全面深化改革的关键之年，突出强调推进农村集体产权制度改革，有其深刻寓意；在涉及农村集体产权制度的部分具体改革方案已经公布实行的情况下，仍然要求对农村集体产权制度改革进行顶层设计和整体谋划，有其深远考虑。对个中寓意和考虑，仅从文件的具体条文难以明了，必须站在方法论的高度才能洞悉。

一、从增强农村改革协调性的角度理解推进农村集体产权制度改革的必要性

党的十八届三中全会《决定》提出的 336 项改革举措中，涉及农业农村的大约有 50 项，包括放宽农村集体经营性建设用地入市限制、扩大土地承包经营权权能、改革完善农村宅基地制度、推进农民住房财产权流转、赋予农民对集体资产股份更大权能、建立农村产权流转交易市场、完善集体林权制度、推行水权交易制度等。党的十八届四中全会《决定》明确要求加强对各种所有制经济组织和自然人财产权的保护，部署了创新适应公有制多种实现形式的产权保护制度、加强对集体资产所有权和经营权的保护，制定和完善土地管理、农业等方面法律法规的法治建设任务。最近一个时期，《引导农村土地经营权有序流转发展农业适度规模经营的意见》《积极发展农民股份合作赋予农民对

集体资产股份权能改革试点方案》《关于农村土地征收、集体经营性建设用地入市、宅基地制度改革试点工作的意见》《关于引导农村产权流转交易市场健康发展的意见》等改革方案陆续公布。

按照目前的改革工作部署，这些改革举措的方案制订和实施分别由各业务主管部门牵头负责。这有利于发挥业务部门熟悉体制沿革、了解具体情况、便于利用前期工作基础的优势。但也必须看到，这些体制改革和法治建设任务，相互之间存在紧密联系，会遇到需要解决的共性问题。如果找准牵一发而动全身的牛鼻子，做好顶层设计，就可以避免改革的碎片化，增强改革的整体性、系统性、协同性，从而提高改革效率。农村集体产权制度改革正是这样的一个牛鼻子。

例如，实现赋予农民更多财产权利的改革目标，需要扩大农民对集体资产股份、承包地、宅基地、住房等的处置权，流转交易的对象范围势必要突破原来的集体经济组织边界。虽然在"三权分置"的掩护下，赋予承包经营权抵押、担保、入股权能，抵押、担保、入股的客体是经营权，不至于导致承包权流向外部人员，但承包权的退出和继承问题并未得到解决，未来仍存在流向外部人员的可能性。推进农民住房财产权抵押、担保、转让，在房地不可分离、受让人范围扩大到本集体以外人员的情况下，势必导致宅基地使用权一并流向外部人员。赋予农民对集体资产股份有偿退出、抵押、担保、继承权，使外部人员持有集体资产股份的几率大大提高。同时，由于土地承包关系长久不变和"生不增、死不减"，以及一些地方在股份合作制改革中实行股权固化和"进不增、出不减"，新增成员不再自动拥有对集体资产的各项权能。集体所有制的核心特征是成员权，即取得成员资格的人天然拥有对集体资产的各项权能，只有本集体成员才能获得土地承包权、宅基地使用权等权利。落实党的十八届三中全会《决定》部署的上述农村改革任务，势必使成员权的内涵发生深刻变化。这要求我们从历史上讲清楚农村集体所有制的来龙去脉、实践发展的主要线索，从理论上说透彻农村集体所有制的基本特征和存在逻辑，从法理上辨明白农村集体资产的权利主体与行使主体，从而对集体所有制下的产权体系进行重构。

从某种程度上讲，2015年中央1号文件部署的农村集体产权制度改革是"纲"，党的十八届三中全会《决定》部署的有关赋予农民更多财产权利的各项具体改革是"目"，"纲"举才能"目"张。

二、推进农村集体产权制度改革需要回答三个关键问题

农村集体产权制度改革并不是新鲜事。改革开放以来，实行家庭承包经营，实现了土地所有权和承包经营权的分离；推行乡镇企业改制，建立起现代企业制度；推行股份合作制改革，把集体资产折股量化到集体成员，实行按股分红；推行集体林权制度改革，把林木所有权和林地承包经营权落实到户；一些地方还实行了小型农田水利产权制度改革。但这并不意味着我们对农村集体产权制度的认识有多么深刻。改革越往前走，需要回答的理论、法律、政策、实践问题越是复杂。其中，最为关键的是三个问题。

第一，集体产权归谁所有。根据《宪法》第六条规定，集体所有制是我国两大公有制形式之一。但长期以来关于农村集体资产归谁所有、集体所有权的权利主体究竟是谁，一直没有一个明确、统一的说法。《宪法》第六条使用的是"劳动群众集体所有"，《民法通则》第七十四条使用的是"劳动群众集体所有""村农民集体所有"和"集体经济组织所有"，《土地管理法》第八条使用的是"农民集体所有"，《物权法》第五十九条使用的是"成员集体所有"。由此可见，在集体产权的权利主体上，按时间顺序，先后有"劳动群众集体所有""农民集体所有""集体经济组织所有"和"成员集体所有"等4种不同表述。我们主张沿着《物权法》的思路界定集体产权的权利主体，明确规定集体产权属于成员集体所有，而不是集体经济组织或村民委员会所有，更不是村干部所有。

第二，集体产权归谁支配。由谁代表"成员集体"来支配集体产权、集体所有权的行使主体是谁，也是长期以来没有理清的一个关键问题。根据《民法通则》第七十四条、《土地管理法》第十条、《农村土地承包法》第十二条和《物权法》第六十条的规定，村（组）集体经济组织或者村民委员会（村民小组）都可以经营、管理土地等集体资产。根据《村民委员会组织法》第八条规定，由村民委员会管理本村属于村农民集体所有的土地和其他财产。我们认为，尽管集体成员与自治成员的成员权取得方式有本质区别，但在农村人口不流动的情形下，是由村（组）集体经济组织还是由村民委员会（村民小组）支配集体资产，并没有本质区别。随着农村人口流动现象增多，一些地方，特别是城郊农村，集体成员与自治成员的重合度逐步下降，继续由村民委员会行使集体资产的支配权，容易导致对集体经济组织成员财产权利的侵犯。在这些地方，有必要尽

快建立集体经济组织，由其代表"成员集体"行使对集体资产的支配权利。

第三，集体产权归谁用益。成员权制度是农村集体所有制区别于全民所有制、城镇集体所有制的重要方面，也是农村集体所有制区别于共有、合有、总有等团体所有制的重要方面。进一步健全成员权制度，明确界定什么人有权成为集体成员、集体成员具有什么权利，是推进农村集体产权制度改革最基础、最重要的一项工作，也是最容易引起纠纷的一项工作。虽然《物权法》已经有成员权制度的萌芽，但成员权的内涵需要具体化，"成员集体所有"的法律性质和内涵需要进一步明确，成员资格认定的具体标准需要作出法律规定，集体经济组织成员权利与村民自治权利的关系有待厘清。一些地方提出，集体资产股份应"量化到人、确权到户"，以家庭为单位实行股权固化和"增人不增股、减人不减股"，这种做法的利弊究竟如何权衡？实行土地承包关系长久不变和"生不增、死不减"，特别是一旦外部人员通过行使抵押权、继承权等途径获得原先只有集体成员才能取得的宅基地使用权、集体资产股权，将对成员权制度、进而对农村集体所有制和农村社会治理体制带来怎样的影响？这些问题都需要回答清楚。

三、推进农村集体产权制度改革需要采取差异化战略

农村集体产权制度改革涉及我国基本经济制度和农村基本经营制度，涉及经济、法律和社会的方方面面，涉及不同主体的利益诉求，问题十分复杂。不能齐步走、一刀切，必须区别不同情况分类推进。

第一，国家、集体、成员利益统筹兼顾。推进农村集体产权制度改革，核心是要在国家、集体与成员之间合理分割集体资产的产权。在国家与集体之间，重点是按照规划和用途管制的要求，赋予农村集体经营性建设用地直接进入城乡统一的建设用地市场的权能；改革征地制度，缩小征地范围，赋予农村集体更大的土地发展权。在集体与成员之间，重点是赋予成员对承包地更完整的权能、对集体资产股份更大的权能、对宅基地和住房财产权更充分的权能。推进这些领域的确权赋能，涉及国家、集体、农民之间利益关系的深刻调整。比如，集体经营性建设用地入市产生的增值收益，如何在国家与集体之间分配，需要有各方能够接受的解决方案。又如，实行承包地"三权分置"后，所有权如何体现、承包权如何稳定、经营权如何放活，需要清晰界定各自的权利边界。再如，在宅基地长期持有和住房流转交易中，集体所有权如何体现，也需要有个说法。

第二，资源性、公益性、经营性资产分类推进。农村集体资产类型多样，包括土地等资源性资产、学校等公益性资产、厂房等经营性资产。各类集体资产产权制度改革进展不一、要求各异，必须分类推进。由于土地不能实行私人所有，各类集体土地的产权制度改革重在寻找更有效的集体所有制实现形式，在国家、集体、成员之间重新分割占有、使用、收益、处分权能。对公益性资产，重点是探索有利于降低运行成本、提高服务效能的管理模式。经营性资产的可变现、可分割、可交易性更高，可以实行灵活多样的改制模式，对物业、集体经营性建设用地使用权等以租赁经营为主、收益稳定而透明的集体资产，可实行股份合作制改革，在维持集体统一经营与明晰成员权利之间达成新的平衡；对征地补偿费等现金资产，可以直接分配给集体成员。

第三，一般农区、城郊地区、城市化地区各有侧重。各地农村发展不平衡，有些地方除土地外没有其他集体资产、土地增值空间很小，有些地方经营性资产较多、土地增值潜力较大，必须因地制宜推进农村集体产权制度改革。一般农区主要是对各类土地资产和农民住房财产进行确权登记颁证，完善承包地经营权流转制度，建立集体成员认定制度。城郊地区集体资产产权制度改革任务较重，既要对经营性资产进行全面清产核资、折股量化到人，也要对各类土地资产进行改革，而且土地产权制度改革的侧重点也有别于一般农区。在土地已全部城市化、集体成员已全部市民化、社区公共产品已全部由政府承担，集体成员对集体资产管理意见较大、问题较多的城市化地区，集体所有制的存在逻辑不复存在，改革的尺度可以更大些。

以产权制度改革提高资源配置效率

——六盘水"资源变股权、资金变股金、农民变股民"调查

叶兴庆

随着农业副业化、农户兼业化、农民老龄化程度的加深，已承包到户、高度分散的耕地等农业资源如何流转集中、提高使用效率？随着精准扶贫战略的实施，国家用于扶贫的资金如何有效覆盖到"无业可扶"和"无力脱贫"的贫困人口？村集体拥有的资源、资产、资金和国家投向农村的项目资金如何得到有效利用？贵州省六盘水市探索总结出的"资源变股权、资金变股金、农民变股民"（以下简称"三变"）的经验，对其他地区解决这些现实问题有一定借鉴意义，对推进全国农村集体产权制度改革有一定参考价值。

一、"三变"的具体做法

贵州省六盘水市地处乌蒙山区，是一座资源型山地城市，也是一座城乡二元结构特征非常突出的城市。全市9965平方公里国土面积中，石漠化面积占32%。全市463万亩耕地面积中，25度以上的坡耕地占47%。全市总人口328万人，居住着44个少数民族。所辖4个县（特区、区）中，有3个国家级扶贫县、1个省级扶贫县。当地从山高坡陡、居住分散、农民文化程度低和贫困程度高的实际出发，创新土地和国家扶持资金使用方式，取得了初步成效，出现了一批"三变"的典型案例（见表1）。

表1　　　　　　　　　　　　　六盘水市"三变"典型案例

经营主体	领办人情况	产业类型	资源变股权	资金变股金	农民变股民
六枝特区郎岱镇贵州天地人和农业产业发展有限公司	彭贵军，39岁，本科，之前从事电子商务、贸易、酒店等行业	猕猴桃种植	4个村的3000户农民以6000亩土地经营权入股	1755户、4986人的扶贫对象以3000万元扶贫资金入股	土地经营权占10%股份，扶贫资金占8%股份，村集体占2%"干股"
六枝特区新华乡永兴种养殖农民专业合作社		茶叶种植	4000个农民以8000亩土地经营权入股		土地经营权占30%股份，村集体占10%"干股"（协调服务费）
盘县岩博农民养殖专业合作社	余留芬，45岁，本科	绿壳蛋鸡、野猪、芙蓉香鸡养殖	村集体以22亩土地、每亩作价3万元入股	36户农民自筹资金2314万元入股，国家财政资金200万元增资配股	村集体占2.8%股份，36户农民占97.2%股份
盘县红果老黑山特色农业有限公司	周阳伟，52岁，本科	核桃种植	218户农民以1.5万亩山地及林地经营权入股		土地经营权占34%股份，村集体占5%"干股"
盘县淤泥河红米综合开发农民专业合作社	周彩霞，38岁，大专	红米种植、加工	110户农民以300亩稻田经营权入股		土地经营权占5%股份
水城县鸿源农业开发有限责任公司	夏虎翼，48岁	猕猴桃种植	3682户农民以9600亩土地经营权入股		土地经营权占30%股份
钟山区水群农业科技有限公司	杨旭，46岁，之前从事煤矿开采	良种猪繁育	11户农民以29.2亩土地经营权折价94.9万元入股		土地经营权占27%股份
钟山区大河镇周家寨村民润蔬菜种植农民专业合作社	任龙勇，30岁，之前从事矿产开发	葡萄、蔬菜种植，养鸡，农业休闲观光	95户农民以843亩土地经营权入股，村集体以210亩茶山使用权入股		95户农民占843亩土地经营收益的30%，村集体占合作社总股本的5%

经营主体	领办人情况	产业类型	资源变股权	资金变股金	农民变股民
月亮河农业开发有限公司	夏虎跃，43岁	猕猴桃、蓝莓种植	156户农民以605亩土地经营权入股		土地经营权占30%股份，村集体占10%"干股"
六盘水市农村商业银行		金融		钟山区政府委托2家区级国有农业公司以684万元财政扶贫资金购买六盘水农村商业银行股份400万股	股权收益（预计年收益率15%）按10∶1的比例在钟山区农村与城市扶贫对象间分配

（一）以"资源变股权"，促进已承包到户、高度分散的耕地等农业资源流转集聚和规模经营，盘活闲置的、未承包到户的集体资源和实物资产

六盘水市喀斯特地貌突出，耕地细碎，坡耕地多，发展高山特色农业，需要在平整土地、引水修路等方面进行较大投入，实现适度规模经营的投资门槛较高，普通农户没有这个实力。引入规模经营主体，农民和村集体以土地经营权入股，是实现土地流转和集中、发展高山特色农业的现实路径。

一是农民以承包土地的经营权入股。钟山区大河镇周家寨村的70户农民以20年的土地经营权入股民润蔬菜种植合作社，合作社理事长承担入股农户保底分红及各项生产开支，农户和合作社分别占30%和70%的股份。截至2014年底，全市共有17142户农民以承包土地的经营权入股合作社、龙头企业等规模经营主体，入股土地面积19.53万亩。

二是村集体以土地经营权入股。各地农村或多或少都有一些园地、林地、草地、荒山、滩涂、水面等集体资源未承包到户，要么闲置，要么以很低的承包费被少数人占有。为改变这个局面，在清理核实、确定权属的基础上，将这些未承包到户的集体资源的经营权折价入股。盘县滑石乡岩脚村以37.8亩集体荒山和河滩地经营权，参照该市28600元/亩的征地补偿费标准折价108.1万元，入股贵州农熠农业开发有限公司。截至

2014年底，全市共有15.5万亩集体土地、7.4万亩集体"四荒地"、6.3万平方米集体水面入股合作社、龙头企业等规模经营主体。

三是村集体以实物资产入股。村集体将投资兴建或购买的房屋、建筑物、机械设备等实物资产作价入股，参与分红。六枝特区陇脚乡花德村将常年闲置的1000平方米原集体养殖场办公用房作为出资，入股驰诚养殖专业合作社。

（二）以"资金变股金"，创新财政扶持资金的使用方式，提高农民和村集体闲置资金的使用效率

多年来，各级财政投入到农村的资金基本上是一次性投入、一次性使用，投入分散、效益不高，形不成集体积累。在"三变"改革中，六盘水市把财政投入到农户的扶贫资金、投入到村集体的项目资金，作为农户和村集体的股金，集中投入到合作社、龙头企业等规模经营主体，按股份比例分享收益，提高资金的使用效益，形成农民和村集体稳定增收的长效机制。

一是财政扶贫资金折资入股、股权收益落实到扶贫对象。财政性扶贫资金如何瞄准扶贫对象，是实现精准扶贫的难题。"折资入股、权益到户"，是措施精准的有益尝试。位于六枝特区郎岱镇的贵州天地人和农业产业发展有限公司建设6000亩猕猴桃产业基地，预计到投产后总投资共1.5亿元，其中使用国家扶贫资金3000万元形成的股权收益，由全镇精准扶贫户（1755户、4986人）长期分享。在六盘水市农村商业银行增资扩股过程中，钟山区政府委托2家区级国有农业公司以684万元财政扶贫资金购买400万股，股权收益按10∶1的比例在农村与城市扶贫对象间进行分配。

二是财政项目资金折资入股、股权收益落实到村集体。在不改变资金使用性质及用途的前提下，将财政投入到农村的生产发展类资金、农业生态修复和治理资金、农村基础设施建设资金、支持村集体发展资金等量化为村集体的股金，入股到合作社、龙头企业等规模经营主体，按股份获得收益。六枝特区落别乡抵耳村将财政壮大村级集体经济资金100万元入股朝华农业科技有限公司，种植高标准茶叶，在项目建设前3年每年保底分红8万元，第四年起每年递增1万元，最高至每年15万元，股权及其收益纳入村级集体资产管理。

截至2014年底，全市共整合扶贫、农业、林业等11个部门各类财政资金2.6亿元投入合作社和龙头企业，变为农民和村集体持有的股权。

（三）以"农民变股民"，在农民、村集体与规模经营主体之间建立紧密的利益联结机制，化解规模经营主体在取得流转土地、获得当地村干部和农民的支持保护、争取国家扶持政策等方面可能遇到的难题

农民和村集体以资源、资金入股，比单纯的土地出租、资金出借，更有利于改善农户、村集体与规模经营主体的关系，调动各方积极性，降低今后的摩擦成本。

一是通过农民变股民，既增加农民财产性收入，又赢得农民支持保护。现实生活中的很多案例表明，如果与周边农民的关系处理不好，规模经营主体种植的特色水果、养殖的特色产品，在实际效益远远超过农民起初的预期时，极易遭到农民的偷盗、哄抢。农业生产存在劳动与收获不同步、监督成本高的天然障碍，如果规模经营主体与周边农民仅仅是土地租赁和劳动雇佣关系，当需要雇佣他们参加农业生产时，这些农民往往不会像经营自家土地那样精心劳作。周边农民以土地经营权、自筹资金入股后，经营收益与自身利益密切相关，他们就会自觉保护规模经营主体的产业、精心从事雇佣劳动。

二是通过村集体变股东，既增加村集体收入，又赢得基层干部支持保护。村集体在协调土地流转、争取国家扶持、维护生产秩序等方面可以发挥重要作用。村集体以土地使用权、国家扶持资金等入股，甚至"入干股"，可以显著降低规模经营主体与分散农户的交易成本。

二、"三变"是我国农业改革发展关键节点的重要探索

实行农户家庭承包经营制度后，耕地、林地等集体所有制资源的经营权落实到了集体成员，当时农户就业和收入主要靠这些资源，他们的生产积极性得到了充分调动，农业生产实现了快速发展，全国多数地方因此而解决了农民温饱问题。随着农业劳动力向非农产业转移，农业副业化、农户兼业化、农民老龄化问题越来越突出，继续提高耕地、林地等农业资源使用效率缺乏动力支撑。另一方面，规模经营主体进入农业往往会遭遇难以获得足够规模耕地、林地等农业资源的瓶颈。如何把分散的耕地、林地等资源经营权集中起来，与规模经营主体对接，成为我国实现农业现代化必须解决的一个紧迫课题。

国家扶持农村集体的项目资金越来越多，扶持贫困户的力度越来越大，随着收入的

增长农民的自有资金也在增加，这些资金迫切需要提高使用效益。规模经营主体虽有一定资金实力，但要适应农业投资需求大、回收周期长的特征，也面临一定的压力。如何把分散在农户、村集体的各类资金集中起来，委托给有经营能力的人管理、投向有长期回报的建设项目，使村集体有长期稳定的收入为村民提供服务、使贫困户有长期稳定的收入以维持生计，成为我国实现农村治理现代化必须解决的一个紧迫课题。

在这一时代背景下，贵州省六盘水市创造的"三变"经验，为解决上述课题拓宽了思路，值得深入总结和剖析。"三变"的实质，是以产权为纽带，实现农村资源资产资金的规模聚集、治理改进、效率提升。资源变股权、资金变股金、农民变股民，核心在于"股"。以"股"为纽带，促进耕地、林地等资源和门面房、建筑物等资产向规模经营主体流转，促进农民和村集体资金向规模经营主体集聚，促进农民、集体、规模经营主体合作共赢。从"三变"实践，我们可以得到以下启示。

第一，贫困地区在推进农村集体产权制度改革方面同样可以大有作为。中国改革是从农村开始的，农村改革是从贫困地区开始的。当时的改革逻辑，是自下而上，自弱而强。在全面深化改革的新阶段，改革的逻辑是"依法改革"，顶层设计，自上而下。这有其必要性。但要注意防止在全面深化改革的新阶段，贫困地区成为被改革遗忘的角落。推进农村集体产权制度改革，城郊地区、发达农村容易成为人们关注的焦点。六盘水的"三变"实践表明，贫困地区、纯农业领域，同样需要做好深化农村集体产权制度改革这篇大文章，同样可以释放产权制度改革红利，同样可以让农民有改革的获得感。

第二，"三变"成功的关键是引入了外部企业家资源，即合作社、龙头企业等规模经营主体的投资人、领办人。农民作为集体成员有获得承包地的权利、作为扶贫对象有获得扶贫资金的权利，村集体作为扶持对象有获得国家扶持资金的权利，但他们不一定有有效使用这些资源和资金的能力。以前为什么一家一户不能有效利用承包地、扶贫资金？以前办村集体企业，为什么办一个跨一个，造成大量乡村债务？关键在于农民和村集体缺乏技术、资金、经营管理能力。在六盘水"三变"的典型案例中，无一例外都以规模经营主体为平台。引入规模经营主体，就引入了资金、技术、管理、市场，弥补了农户和村集体的短板，产生聚合效应、裂变效应。

第三，"三变"成功的基础是规划和培育了区域性主导产业。从表1可以看出，每一个案例中都有一个经营主体，每一经营主体都要依托当地主导产业，如猕猴桃、茶叶、核桃、刺梨、蓝莓等。是"三变"成就了主导产业，还是主导产业促成了"三变"？

事物的真实逻辑是：地方政府规划主导产业，围绕主导产业引进经营主体，通过"三变"把分散的资源和资金聚合到经营主体。选对、规划好区域性主导产业，才能对经营主体产生吸引力。这么看来，是主导产业的规划和培育，为"三变"提供了可能和保障；"三变"降低了经营主体获取资源和资金的交易成本。

第四，"三变"是个大课堂。在"三变"过程中，农民和村集体增强了产权意识，从以前看重眼前的一次性货币补偿，转变为看重资源和资金的增值潜力，眼光更加长远。农民和村干部增强了民主意识，村两委要组织农民以土地经营权、扶贫资金入股，需要与农民平等协商。农民和村干部增强了团队意识，集体行动的观念明显增强。

三、深化"三变"改革的几点建议

（一）应注重配套改革的跟进

以集体建设用地使用权入股，一般参照国家征地时的土地补偿费标准作价，股份占比相对容易确定。但从表1列出的案例看，农户、村集体以农用地经营权入股，缺乏完善的定价机制，所占股比差异较大，最低的仅5%，高的达到30%以上。这取决于入股土地的质量，也取决于农户与规模经营主体的博弈。规模经营主体的实际投资额不透明，农户和村集体以资源入股所占股比普遍偏低，这为以后可能出现的纠纷埋下了隐患。应加快培育农村资产评估市场，尤其是要加快完善农村资源性资产的定价机制。如果当地有成熟的农地租赁市场，应按租金除以长期利率的方法对农地估值。应建立农村产权流转交易机制，为农户、村集体、规模经营主体股权转让或资金募集提供服务平台。发展特色农业保险，降低自然灾害和市场波动风险。

（二）应注重"合作社"出资和治理结构的完善

在"三变"案例中，不少规模经营主体自称是"合作社"。但其出资、分配、管理并没有采用合作制原则，基本上是一股独大或纯粹挂牌式"合作社"。应引导这些规模经营主体按合作制原则进行股权结构和治理方式再造。既然是"农民变股民"，就要让农民和村集体履行股东的职责、行使股东的权力，参与重大决策的制定，而不仅仅只是被动地参与分红。

（三）应注重公平公正

财政性资金所形成资产的占有、使用、收益、处分权需要进一步明确。盘县淤泥乡岩博村的"岩博农民养殖专业合作社"，由村集体以22亩土地使用权作价66万元，与36户农民出资2314万元共同成立，村集体和36户农民各占2.8%和97.2%的股份。该合作社成立后，通过各种渠道申请到财政资金200万元（包括中央财政基建项目资金60万元、省级扶贫资金100万元、县级财政补助资金40万元），全部按原股权结构量化到村集体和36户农民，成为股东持有的新增配股。这36户农民户均原始出资62.3万元，显然不是普通农户，更不可能是贫困户。由他们占有财政资金（含扶贫资金）形成的资产，有失公允。必须明确，作为精准扶贫措施，扶贫资金折资入股所形成的股权，一定要落实给真正的贫困户、特别是"两无"（无业可扶、无力脱贫）人员。用国家扶持村集体的资金入股形成的股权，是村集体资产，应归全体成员集体所有。应防止用支农资金、扶贫资金形成的股权，被少数农户、非贫困户占有。

赋予农民集体以土地发展权，建立征地拆迁长效增收模式

——上海市吴泾镇改革案例调查

张云华　　伍振军

土地制度改革是篇大文章，党的十八届三中全会提出了改革方向，2015 年国家开始推进土地制度改革试点工作。在此改革背景下，上海市闵行区吴泾镇进行的土地制度改革探索具有一定的借鉴意义。

一、土地制度改革的几个焦点问题与政策导向

（一）土地制度改革的几个焦点问题

征地补偿标准的合理确定、集体建设用地的规范入市、土地增值收益的公平分配是土地制度改革的几个焦点问题。

1. 征地补偿标准不合理

《土地管理法》第四十七条规定："征收土地的，按照被征收土地的原用途给予补偿。征收耕地的补偿费用包括土地补偿费、安置补助费以及地上附着物和青苗的补偿费。征收耕地的土地补偿费，为该耕地被征收前三年平均年产值的六至十倍。征收耕地的安置补助费，按照需要安置的农业人口数计算。需要安置的农业人口数，按照被征收的耕地数量除以征地前被征收单位平均每人占有耕地的数量计算。每一个需要安置的农业人口的安置补助费标准，为该耕地被征收前三年平均年产值的四至六倍。但是，每公顷被征收耕地的安置补助费，最高不得超过被征收前三年平均年产值的十五倍。征收其他土地的土地补偿费和安置补助费标准，由省、自治区、直辖市参照征收耕地的土地补偿费和安置补助费的标准规定。""土地补偿费和安置补助费的总和不得超过土地被征收

前三年平均年产值的三十倍。"由此可见，征地补偿按照被征收土地农业产值计算且有上限控制，而与被征地的区位、经济社会发展水平、土地供求状况等地价因素以及土地征用后的用途和市场价值无关。作为永久丧失土地（不含房屋）代价的补偿，农民每亩土地一般只能得到数万元的征地补偿费和安置补助费，以及少量的青苗补偿费等。

2. 农民集体缺乏土地发展权

《土地管理法》第四十三条规定："任何单位和个人进行建设，需要使用土地的，必须依法申请使用国有土地；但是，兴办乡镇企业和村民建设住宅经依法批准使用本集体经济组织农民集体所有的土地的，或者乡（镇）村公共设施和公益事业建设经依法批准使用农民集体所有的土地的除外。"这一规定意味着，农村集体土地即便是集体建设用地也没有直接入市用于开发建设的途径，集体土地与国有土地同地不同权，不能直接进行商业开发，农民集体缺乏其所有土地的发展权。

3. 农民难分享土地长期增值收益

城镇化、工业化进程中，农民失去土地大部分只是获得一次性补偿，即便持续的社会保障金也是来自于此。农民基本上不能参与土地开发建设的长期性增值收益分配。这种一次性"买卖"置农民于被动和不利境地，有碍于失地农民群体的长期可持续发展。

（二）土地制度改革的方向与试点内容

针对土地制度中存在的一些问题，十八届三中全会《中共中央关于全面深化改革若干重大问题的决定》提出了改革的指导意见，指出："建立城乡统一的建设用地市场。在符合规划和用途管制前提下，允许农村集体经营性建设用地出让、租赁、入股，实行与国有土地同等入市、同权同价。缩小征地范围，规范征地程序，完善对被征地农民合理、规范、多元保障机制。扩大国有土地有偿使用范围，减少非元保障机制。扩大国有土地有偿使用范围，减少非增值收益分配机制，合理提高个人收益。完善土地租赁、转让、抵押二级市场。"

2015 年 1 月，中共中央办公厅和国务院办公厅印发《关于农村土地征收、集体经营性建设用地入市、宅基地制度改革试点工作的意见》，提出完善土地征收制度，建立农村集体经营性建设用地入市制度，改革完善农村宅基地制度，建立兼顾国家、集体、个人的土地增值收益分配机制这 4 项改革试点主要任务。提出要缩小土地征收范围，完善对被征地农民合理、规范、多元保障机制；要完善农村集体经营性建设用地产权制度，赋予农村集体经营性建设用地出让、租赁、入股权能；要建立健全土地增值收益在国家与集体之间、集体经济组织内部的分配办法和相关制度安排。

目前，全国 33 个试点县（市、区）已经开展了土地制度改革试点工作。试点内容一是农村集体经营性建设用地入市方面。暂时调整实施《土地管理法》第四十三条第一款、第六十三条，以及《房地产管理法》第九条，暂时调整实施集体建设用地使用权不得出让等的规定。在符合规划、用途管制和依法取得的前提下，允许存量农村集体经营性建设用地使用权出让、租赁、入股，实行与国有建设用地使用权同等入市、同权同价。二是农村宅基地制度改革方面。暂时调整实施《土地管理法》第四十四条第三款、第四款，第六十二条第三款，暂时调整实施宅基地审批权限的规定。使用存量建设用地的，下放至乡（镇）人民政府审批；使用新增建设用地的，下放至县级人民政府审批。三是征收集体土地补偿方面。暂时调整实施《土地管理法》第四十七条第一款至第四款、第六款，暂时调整实施征收集体土地补偿的规定。综合考虑土地用途和区位、经济发展水平、人均收入等情况，合理确定土地征收补偿标准，安排被征地农民住房、社会保障；加大就业培训力度，符合条件的被征地农民全部纳入养老、医疗等城镇社会保障体系；有条件的地方可采取留地、留物业等多种方式，由农村集体经济组织经营。

二、改革探索：上海市吴泾镇赋予农民集体以土地发展权

近几年，上海市闵行区吴泾镇以农民集体参与土地开发为突破口探索解决土地制度中存在的关键问题，取得了初步成效。

（一）背景：吴泾镇农民曾因不满征地拆迁补偿而大规模集体上访

吴泾镇地处上海市闵行区的南部，城市化、工业化进程比较快。在近 30 年的城镇化过程中，吴泾镇相继有 5500 多户农民的土地与农宅被征收和拆迁，约 2.1 万农民进入城镇。在此过程中，由于征地拆迁补偿低，土地增值收益分配不合理，农民不满情绪集聚。第一，失地农民长远生计缺乏保障。长期上访的老瞿家耕地、宅基地在 1989 年被征收，当时上海市采取"谁用地谁负责安置"的办法，老瞿被安排进入发电厂工作，但后来发电厂项目未投产就停工，老瞿长期失业。征地拆迁后，许多失地农民和老瞿一样，只获得一次性补偿，长期生产生活缺乏充分保障。第二，农宅拆迁补偿安置标准低。长

期以来，吴泾镇农宅拆迁安置面积为宅基地使用证面积的70%。前几年，吴泾镇宅基地使用权补偿价格只有1480元/平方米，而安置房定价3200元/平方米，拆迁补偿算下来只够房款的85%，失地农民购买安置房还需自筹一部分资金。此外，由于不同时点的征地拆迁补偿政策不同，补偿差别大，补偿少的农民感觉不公平。

2009年，吴泾镇失地农民开始小规模上访。2011年2月，吴泾镇爆发大规模集中上访，并持续到2012年8月。期间，上访农民最多达到5000人，镇政府办公楼被打砸而无法办公，政府每天需安排1000多名警力维持秩序。失地农民上访影响了闵行区、吴泾镇政府的正常运转，造成了极差的社会影响。

（二）改革探索：吴泾镇创新农民集体参与土地开发方式，让农民共享土地增值收益

首先，政府将国有土地低价定向出售给农民集体。农民集体在自己所有的集体土地上没有开发权利，按《土地管理法》规定，除兴办乡镇企业、村民住宅、乡村公共设施和公益事业建设外，农民集体所有的土地只有被征为国有后才可以进行开发和建设。而在土地市场上，农民集体走"招拍挂"程序很难拿到土地。为解决征地拆迁农民与地方政府之间的尖锐矛盾，在闵行区人大与政协参与协调后，在上级政府和国土部门支持下，吴泾镇政府以低价、定向挂牌方式，政府让利，以约为土地市场一半即每亩260万元的价格，将镇区内区位较好的A3及212-3两个共计465亩国有建设用地地块出售给农民集体。

其次，农民集体投资组建集体股份制企业进行土地开发。吴泾镇镇级集体经济组织、镇集体企业与8个村集体合作制企业等共同出资成立上海泾绣房地产有限公司，引入现代企业制度，对土地进行市场化开发，建设房地产并经营部分物业。目前，已经开发"万乐城"商业项目，总建筑面积约12万平方米，于2014年5月开始销售公寓楼，到2015年7月已销售完毕。

最后，为农民建立长期增收机制。吴泾镇采取让征地拆迁农民代持集体所有制企业份额的办法，让征地拆迁农民获取先期收益。农民代持份额的依据是拆迁签约时认可的拆迁农宅、家庭人口和可建建筑面积。农民与集体企业签署出资份额代持协议，代持期限为10年。在10年内，集体企业每年给予每户征地拆迁农民代持出资份额1.2万元/年的固定报酬。10年期满，征地拆迁农民可选择实际出资，真正持有集体企业的份额，也

可以选择不出资，在取得 10 年的收益之后，放弃代持权利。

吴泾镇为征地拆迁农民建立长效增收机制的做法获得较好成效。一是征地拆迁农民获得长效收益。"万乐城"项目开发完成之后，农民集体经济组织出资的企业将经营其中保留下来的 39.4 万平方米的商业物业。按照租金收入 1 元/天·平方米，征地拆迁农民分配泾绣公司 46% 收益计算，每年可分配收益为 6622.1 万元。按照已经拆迁农户 5726 户计算，户均年收入 1.2 万元；按照 2.1 万人计算，人均可获得年收入 3135.4 元。二是有效解决农民就业问题。据吴泾镇估算，该项目开发总建筑面积 48.8 万平方米，按照建筑面积 100 平方米产生 2 个服务岗位的惯例计算，可解决 9760 个就业岗位。通过对征地拆迁农民进行培训，还可以进一步开发生产性服务业的就业岗位，解决农民被征地后失地失业的困境。三是有利于解决征地拆迁农民与地方政府之间的矛盾。农民对长效增收机制高度认可，该方案推广实施不到 1 年，吴泾镇 5726 户征地拆迁农户中，入股协议签约率就达到 98.9% 以上。吴泾镇上访农民"领头羊"从原来的 30 多个，减少为三四个。2014 年吴泾镇农民人均收入 27257 元，比上年增长 8%。

（三）模式推广：检验做法是否有生命力在于能否可复制可推广

吴泾镇因为动迁补偿问题引发大规模、长时间的群众集访，作为城市化进程中的一个普遍性问题，引起上海市委、市政府乃至中央的高度关注。闵行区委、区政府最后通过"增量物业投资"方案，拿出两块土地，由征地动迁农民投资入股参与开发建设，建立农民长效增收机制，全镇近 99% 的征地动迁农民都参与了这个长效增收平台，有效化解了群众集访矛盾。闵行区委、区政府从吴泾模式中得到启示，要解决城市化进程中的城市病，包括解决征地动迁农民历史遗留问题、违法建筑和违法用地整治、城中村改造等难点问题，最有效的办法就是建立利益平衡机制、让农民真正享有土地上的发展权。为此，在化解吴泾群众集访矛盾的同时，闵行区委、区政府从 2014 年起开始构想搭建一个全区农民长效增收的大平台，并拿出最好的土地资源给这个大平台开发建设和运营。由此引发了借力九星改造，搭建全区农民长效增收平台的设想。

九星市场改造升级将以确保九星市场总体经营有序、确保九星市场持续繁荣发展两个"确保"为前提，通过规划调整，提高物业开发量，放大九星区位、土地、市场等资源效益，通过聚焦国家及上海市"城中村"改造政策，在确保九星村集体经济组织利益的前提下，将腾出的土地资源用于搭建区级农民长效增收平台，由全区经济薄弱村、困难村集体经济组织投资人股，促进农村集体经济组织发展，真正实现农民长效增收。

在具体的操作上，通过借力九星市场转型发展，全区所有经济薄弱村和相对困难村可按一定比例参股改造后的九星区级农民长效增收平台，获得的收益主要用于农民社会保障、农民福利、公共事务和困难群众的补助，能够有效带动其经济发展和农民增收。在平台架构设计上，重点考虑经济薄弱村困难村，体现政府帮困扶贫的责任，合理设置经济薄弱村困难村进入增收平台的条件，明确利益发放对象；同时设定标准以便于根据经济薄弱村困难村的发展实际，动态调整平台入股对象。考虑到以农民户为单位进入平台容易引发矛盾，且困难农户可能无资金入股，从有利于平台融资、开发等原则出发，原则上以镇、村一级集体经济组织为单位进入农民长效增收平台，农民增收利益通过相应的集体经济组织来兑现，待到条件成熟时，再把股权分到户。借鉴吴泾的做法，目前九星升级改造这项工作正在紧锣密鼓进行中。

三、启示：赋予农民集体以土地发展权，建立征地拆迁长效模式

（一）赋予农民集体更多土地发展权

近年来，征地拆迁中农民和地方政府间矛盾突出，引发了大量的集体上访和影响很大的群体性事件，根本原因是征地拆迁后农民集体没有参与原本集体所有的土地开发的路径，只是被动接受一次性、低标准的征地补偿，农民没有长远收益，土地增值收益分配不合理。吴泾镇以低价定向挂牌方式让农民集体参与土地开发，这是在现行土地制度下赋予农民集体以土地发展权利的一种途径。十八届三中全会《决定》提出，在符合规划和用途管制前提下，允许农村集体经营性建设用地出让、租赁、入股，实行与国有土地同等入市、同权同价。这为农民集体参与集体土地开发指明了土地制度改革的方向。今后，在征地拆迁相关土地制度改革中，应重视农民集体的参与权，赋予农民集体更多土地发展权利，让农民集体以出租、入股、优先使用、按一定比例留用土地或物业等多种方式参与集体土地开发，建立长效土地增值收益分配机制。让农民从看着城市发展转变为与城市共同发展，让农民从"被动城市化"转变为"主动城市化"。

（二）实现农民集体的土地权利主体地位，引入现代企业制度助推集体经济组织进入市场

农村土地等资产的集体所有权利主体虚化、行使主体缺位是农村集体所有制由来已久的问题。吴泾镇建立农民集体持股、收益共享的集体所有制企业，集体产权和收益权属于农民集体，实现了农民集体的权利主体地位。为解决集体经济组织这一集体资产的行使主体的法人缺位问题，吴泾镇引入现代企业产权与管理制度，改造传统集体经济制度，建立现代化的、集体所有的股份制企业，促使农村集体经济组织参与市场经济活动具有法人载体和制度基础。

（三）有效发挥人大与政协的沟通桥梁作用

闵行区人大与政协在吴泾镇政府已经无法正常运转的情况下及时参与进来，发挥起地方政府与上访群体之间的沟通桥梁作用。人大与政协建立起规范的社会协商与对话机制，参与解决社会公共矛盾，与上访农民进行协商、交流，引导社会各个利益群体以理性合法的形式表达自己的利益诉求，在社会公共治理方面发挥了积极作用。

第三方经营者土地经营权的权利性质与权能内涵

张云华　李伟伟

一、第三方经营者土地经营权是独立于承包权的债权

（一）第三方经营者土地经营权是流转情况下独立于承包权的一项权利

一般说来，土地承包经营权是承包农户作为集体经济组织成员，享有的对承包地占有、使用、收益以及流转等权利。承包农户可以自己在土地上从事农业生产经营，也可以流转给第三方，由其从事农业生产经营。未流转情况下，承包农户享有土地承包权与土地经营权"合二为一"的权利，此时既作为集体经济组织成员，享有体现为承包权的成员权；又作为承包地的实际经营者，享有对土地占有、使用等的经营权。土地承包经营权较好地涵盖了承包农户的权利，可以理解为承包权和经营权二者的"耦合"。也就是说，在承包农户那里，这些权利都是属于自己的，因此只要不涉及承包农户流转、处分自己的农地权利，就不需要将承包权和经营权"丁是丁，卯是卯"地分得特别清楚。

而在流转（主要指出租）情况下，第三方经营者通过合同的形式，在一定期限内，以支付给原承包方租金为对价，"借用"承包方对土地的占有、使用等权能从事农业生产经营，并获得相应收益。法理上，这其实是承包农户（流出方）和第三方经营者（流入方）通过租赁合同，以土地使用为主要标的物的一种土地债务债权关系，不涉及土地承包经营权自身的分离问题。但是，为了更好地界定和维护承包农户与第三方经营者各自的农地权利，也便于农民群众的理解与接受，就可以将承包农户的土地承包经营权"一分为二"地分为土地承包权和土地经营权，承包农户将土地经营权"租借"（并非完全、彻底转移或移交）给第三方经营者，后者获得相应的经营权利，而前者保留承包

权。可以说，在单独谈及土地经营权时，一般就是指第三方经营者的土地经营权。

（二）土地经营权是债权而不是物权

《物权法》明确规定，土地承包经营权是用益物权。那么，第三方经营者的土地经营权是物权还是债权？随着农地流转规模的日益扩大，需要在政策与法律层面予以明确界定。以下从对抗力、存续期间、转让性、利用内容及对价五个方面进行辨析①。

第一，从对抗力上看，物权是对物的排他性支配权，能够对抗第三人，债权是对某人之请求权，不能对抗第三人。土地经营权是流入方（第三方经营者）通过合同形式，请求流出方将其土地经营权"给付"，是流出方与流入方二者之间的法律关系，一般不对抗第三人。

第二，从存续期间上看，物权以长期存续为原则，而债权因合同取决于当事人的合意，可以是1年，也可以是5年、10年，甚至更长。从各地土地经营权流转合同来看，有3年的，有10年的，还有到二轮承包期末的，这主要取决于双方当事人的合意。

第三，从转让性上看，物权以有转让性为原则，租赁债权如无出租人同意不能转让。目前，土地经营权的再流转，都需要得到发包方和承包农户的书面同意，不能随意再流转。

第四，从权利内容上看，物权人"拥有"占有、使用、收益权能，而债权人只是在一定期限内"借用"物权人的相关权能（物权性占有、使用等权能依然归物权人），具体内容依合同而定。也就是说，并未将物权本来的使用、收益等权能真正转移、给予租借人。通过土地经营权流转合同，流入方只是"借用"了流出方的土地占有、使用等权能，合同期满后就将这些权能归还于流出方，并没有获得物权性权能。

第五，从对价上看，物权不以对价为要素，而租赁债权以对价为当然要素。流入方在获得土地经营权的同时，需要支付相当的土地租金为对价。

综上分析，我们认为，土地经营权的性质为债权，而非物权。这符合物权的"一物一权主义"，即一物之上只能成立同一内容的一个物权，土地承包经营权已经是用益物权的情况下不能再设立土地经营权为物权，在立法上行得通。然而，随着今后对实际耕作者保护的重视，土地经营权物权化属性可以得到加强，但其债权的"底色"和本质不会变。

---

① 〔日〕近江幸治：《民法讲义Ⅱ：物权法》，北京大学出版社2006年版，第194～195页。

二、土地经营权债权物权化的国际经验及启示

（一）将租赁权性质界定为债权并进行物权化，是国际通行做法

国际上，租赁权与我国土地经营权较为类似，日本、德国、瑞士、法国的《民法》都将租赁权界定为债权。同时，一般因为所有权的优势地位，承租人的地位（即租赁权）显得比较脆弱，考虑到租赁权的脆弱可能会阻挠社会生产进步和生活安定，各国的立法也在努力地强化承租人的地位，推进租赁权物权化。特别是第二次世界大战时各国制定的紧急对策对这种物权化倾向产生了促进作用。

虽然二战后经济状况趋于稳定，各国逐渐废止了紧急对策立法，但是租赁权的物权化作为这些立法的核心部分，已经作为恒久性制度在各国的《民法》中扎下了根。可以说，不动产租赁权物权化，使契约产生的债务关系中的承租人的权能具有物权效力是各国的共同倾向，特别是，赋予租赁权对抗力以及抑制出租人的自由终止权利这两点几乎没有例外。德国专门对"农地用益租赁"进行了规定，并努力强化承租人的地位①。日本则很早就制定了《租地法》和《租房法》等特别法②，将租赁权（租地权、租房权）按物权处理。这样一来，租赁双方，特别是承租人的权利得到了有效保障。

日本通过《农地法》等法律对农地租赁权物权化进行了具体规定。

第一，在租赁权的对抗力上。"买卖不破租赁"，即承租方的租赁关系与租赁权不因出租方的变动而破灭，可以对抗买主（标的物受让人）。《农地法》规定，即便没有对农地或草地的租赁合同进行登记，如果出现了土地的移交情况，那么承租方对其后取得该土地物权的第三者，可以主张其合同的正当性。

第二，在租赁权的损害赔偿请求权和妨害排除请求权上。日本民法解释租赁权人以租赁权的侵害为理由可以取得损害赔偿请求权，也可以请求妨害排除。最高法院作出的许多判决，确立了具有排他性及优先效力的租赁权，其中包含了妨害排除请求权。

---

① 陈卫佐译：《德国民法典》，法律出版社 2004 年版，第 218～228 页。

② 〔日〕我妻荣著：《债法各论（中卷一）》，徐进译，中国法制出版社 2008 年版，第 158～195 页。〔日〕关谷俊作著：《日本的农地制度》，金洪云译，三联书店 2004 年版。

第三，在租赁权的可处分性上。对于出租人，如果租金有保障，承租人是谁无所谓。此时，依据其程度，租赁权的处分性得到了承认。日本《民法》有前提地支持租赁权可处分性。《民法》第六百一十二条规定，承租人非经出租人承诺，不得让与其权利或转租租赁物；承租人擅自对第三人提供租赁物的使用收益时，出租人可以解除租赁契约。可处分性的认可虽然给承租人以回收投入资本的便利，但同时容易发生中间榨取，农地转租中此弊害较多。因此，日本从源头上就设立"关卡"来防止赚取农地租金差价的投机问题。比如对于个人而言，承租者本人或家庭成员不仅要具备有效从事农业生产的能力，而且要切实、长期地（从业天数 1 年 150 天以上）从事必要的农业生产。

第四，在租赁权的永续性上。一般说来，物权的存续期间长而债权比较短。《农地法》以相关规定使租赁权的存续期间变长，以保证作为耕作者的承租人经营上的稳定，这也是物权化的一个体现。

（二）土地经营权物权化的目的是平衡权利关系

我们认为，借鉴其他国家经验，在今后相当长时期，我国农村土地经营权的性质应界定为债权。同时，随着对实际耕作者保护的重视，土地经营权物权化属性也理应逐步得到强化。但是，无论如何强化，都应该在债权这一基本制度框架下进行。

说到底，土地经营权性质的界定根本上是今后要逐渐在承包权和经营权二者之间找到一个权利的"平衡点"。从现实来看，今后一段时期，作为承包经营权人的农户应当是制度设计中的优先保护对象，土地承包经营权确权登记颁证、规范土地经营权流转行为等工作都应把保护农户承包权作为重点，在农户承包权尚未做实、到位的情况下，不宜过早、过快地强调土地经营权的物权化特征。但同时，也需要合理保护第三方经营者，以利于提高土地经营权的稳定性以及对农业生产投资的信心和积极性，使二者各自权利义务明确，井水不犯河水。必须清楚地认识到，过度地保护任何一方，都会使二者的权利天平"失衡"，从而影响另一方的心理预期与稳定。特别是，对于承租人的过度保护，会给出租人带来"出租地难以收回"的心理不安感，从而不愿意出租流转土地。这一现象在日本表现得尤为突出，值得我们借鉴。

三、土地经营权的主要权能内涵

（一）继受间接占有

占有权能是指权利主体对权利客体实际掌握、控制的权能。行使占有权是行使使用、收益及处分权能的前提。因此，对一物的占有是使用、收益和处分该物的必要条件。

对于占有的取得方式，有"原始取得"与"继受取得"。前者需要占有人创设占有的意思，而后者则需要原占有人的"交付意思"与取得人之"取得意思"。土地承包农户与第三方经营者签订流转合同后，作为原占有人的承包农户就将土地及相关权利"交付"给第三方经营者，后者也即"取得"土地及相关权利。直接占有是对物实施事实管领，间接占有则是通过他人——直接占有人——的媒介而行使占有。法律关系上，第三方经营者对土地的占有是通过承包农户"交付"而获得的，其结果表现为间接性占有土地。当双方当事人的法律关系成立后，第三方经营者就转为对土地的实际占有。

（二）自主有偿使用

一般认为，使用权是指不改变权利客体的本质而依法加以利用的权利。第三方经营者获得土地经营权后，对流转土地在一定期限内享有事实与法律上的占有，在不改变土地用途和不对耕地造成永久损坏的情况下，可以根据合同的约定以及对市场行情的把握，自主决定在流转土地上"种什么、种多少、何时种"等生产销售过程中的具体问题，承包农户和发包方都不得干涉第三方经营者依法进行正常的生产经营活动。

实际操作中，有三点需要特别注意和明确。一是第三方经营者在得到原承包户同意且不违背法律的情况下可以对土地进行整理及相关地上附着物（如大棚）的建造，以利于机械化作业和田间生产管理等，后者无正当理由，不得不同意；对于临时建筑物（如临时仓库）的建造，需要按照有关规定审批。二是参照"买卖不破租赁"原则，明确在第三方享有经营权期间，承包方将承包权互换、转让或退出承包的，其承包地上设立的经营权继续有效，第三方经营者的权利不因承包方的变动而灭失。三是合同期满后，第三方经营者有优先继续使用土地的权利。

此外，使用分为有偿使用和无偿使用，第三方经营者从承包农户手中获得土地经营权，同时需要支付"地租"性质的流转费作为对价。

（三）全额农产品处置收益及相关补贴收益

第三方经营者在土地上进行耕种，通过劳动生产出一定的产品，获得产品的所有权，有权自主处置产品，既可以自己消费这些产品，也可到市场上出售，获得经济上的全额农产品处置收益。农业补贴是国家对弱势农业的一种扶持，实际从事农业生产的第三方经营者理应成为补贴的直接受益者。实践中，今后新增农业补贴应逐步向实际耕种者倾斜。

（四）发包方和承包方同意下的再流转与抵押

民法理论上一般认为，处分权能是权利体系中的一项核心权能，是最基本的权能。日本、德国《民法》对租赁权的转让以及租赁物的转租，都规定需得到出租人的同意，而非自由处分。对于第三方经营者是否可以处分其经营权，我们认为，其处分权能主要表现为第三方经营者对经营权的流转权。由于经营者的经营权来自于承包方，属于债权，故经营者对经营权再次流转的，应当征得承包方和发包方共同同意，不能滥用其权利，同时应明确经营权再流转应限定在一定次数内（比如两次），以防止对农地的投机炒作。此外，第三方经营者可以在征得承包方和发包方同意后将经营权抵押，但抵押不能影响承包方的承包主体地位。

（五）土地妨害排除与防止

对于土地第三方经营者来说，当其流转土地遭受无需容忍的妨害时，其有权请求妨害排除。例如，当流转土地因周边化工厂的污水排放而导致土地变性，结果土地上农作物产量大幅下降时，第三方经营者有权请求化工厂排除这一妨害，并可要求赔偿。同时，如果第三方经营者得知其流转土地附近将建造的化工厂会对土地造成污染，他就有权请求妨害防止，而不必等到化工厂建好以后污水流入土地造成作物减产危害之时再请求妨害排除与赔偿。

（六）土地征收地上物补偿

当土地因公共利益而被依法征收时，除承包户有权获得足额补偿外，第三方经营者作为土地的实际耕作者，对其投资的地上物也需要给予合理的补偿。

四、土地经营权的义务

权利和义务是统一的，土地经营权权利主体既享有权利也负有相应的义务。

（一）按时足额支付租金，并保持合理的浮动

第三方经营者有义务按时足额支付租金，这是其最主要义务。有三点需要明确：一是租金形式以实物形式为一般原则，如一定数量的水稻或小麦，可根据当年的价格折合成现金，以减少因通胀给承包农户造成的损失。二是租金支付方式采取预付制，即在年初支付当年的租金，具体几年一付，由双方协商决定。三是租金应保持合理的上浮机制，如每年或几年递增一个比例，但不能随意上涨。如果流入方不按时足额支付租金，流出方有权立即终止合同，而不必等到流入方迟延支付达到一定程度。

（二）合法利用农地，不得改变农地用途，确保农地农用

农地用途管制是国际通行规则，作为具体从事农业生产的第三方经营者，在获得土地经营权的同时，就伴有接受用途管制义务。第三方经营者必须接受国家土地用途管制和规划控制，不得擅自改变土地的农业用途，使农用地转为非农业用地。一些第三方经营者打着农业旗号，但并非真心地从事农业生产，而是打擦边球，建造农业庄园，甚至开发房地产，以图获取巨额增值收益，对此应进行严格管控。

（三）合理利用农地，不得对农地造成永久性损害，确保农地可持续利用

在流转期限内，第三方经营者必须主动按照合同约定内容，合理地利用土地，不能对农地进行掠夺性开发和经营，更不能对农地造成永久性损害。例如，不能随意在土地上挖坑、挖鱼塘、水田改旱地等。此外，第三方经营者必须接受发包方和承包农户日常的监督，未能合理利用农地的，发包方和承包农户有权制止。在合同期满后，第三方经营者有义务将土地恢复原状后返还给流出方。对投资建设的基础设施等地上附着物，第三方经营者可以请求流出方给予补偿。

农村土地集体所有制的理论新解

秦中春

我国农村土地集体所有制是一个按马克思主义的政治经济学理论设计的制度，随着社会经济条件的不断变化，需要在理论上进行完善。改革开放以后，人们对这种制度开始引入西方经济学理论进行分析，但在方法上还存在缺陷，特别是以西方发达国家的私有产权制度为模板，认为我国农村集体所有制存在重大缺陷（陈志武，2005），甚至是一个"怪胎"。本文也以西方经济学的理论为基础进行分析，但改进了分析方法。结果发现，现代西方经济学理论与马克思主义的政治经济学具有内在一致性，我国的农村土地集体所有制是一种设计十分精巧的制度结构，这种制度与现代市场经济条件是兼容的。随着社会经济条件的深刻变化和农村劳动者的不断分化，对这种制度也需要进行改革完善，但改革的方向不是简单地肯定或否定，而是通过实行保留、取消和修改相结合，顺应劳动分工深化趋势，将制度设计所隐含的思想、假设和条件显性化，使之更加适应时代发展的新需要。

一、对农村土地集体所有制的现有解释及其存在的缺陷

农村土地集体所有制是我国农村的基本经济制度。对这种制度的现有的理论解释，概括起来，可以分为经典的传统解释和发展的主流解释两种。目前这两种解释都存在一定问题，不适应现代经济社会快速发展的需要。

对农村土地集体所有制的经典的传统解释，理论基础是马克思主义的政治经济学，主要内容体现于《中华人民共和国宪法》和相关历史资料及学术文献，主要观点是：这种制度是国家为了发展社会主义公有制经济而实行的农村土地由劳动群众集体所有、实

行共同劳动和按劳分配的一种制度安排。在这种分析中，农村土地是一种自然资源及生产资料，由农村集体经济组织所有；农村集体经济组织的成员共同劳动，劳动成果由劳动者共同享有，实行按劳分配，特别是按劳动时间进行分配；集体的土地边界是明确的，集体的成员为劳动者个人及其家庭，土地所有权的性质是清晰的。在这种分析中，将集体所有制作为和国有制并列的社会主义公有制的两种形式之一，强调统一经营、共同劳动和按劳分配，强调中国不能实行土地私有化或者我国实行土地私有化是有害的（简新华，2014），强调要通过走合作化道路，将小农组织起来（徐俊忠，2013 年）。这种解释存在的主要问题是，对集体组织管理面临的复杂性及潜在的负面影响考虑不足，在现代科技发展不断进步、社会劳动分工不断深化和农村劳动者不断变化的背景下，农民在劳动上进行自由选择的空间和范围狭小，个人投入回报时间长、不确定性大和引入创新因素难以得到合理回报，人们的社会流动性差，市场机制难以在资源配置中发挥重要作用，影响知识增长和资本积累对经济增长的贡献。

改革开放以后，人们对农村土地集体所有制开始引入西方经济学的理论进行分析，主要内容体现于有关学术文献和改革开放以后推进农村改革发展的政策文件，主流观点是：这种制度是国家为了解放和发展农村生产力而实行的农村土地由农民集体所有、实行双层经营和按劳动贡献及生产要素贡献分配的一种制度安排；农村土地是一种财产权利及生产要素，为本区域内全体成员所共有，每个成员都有他那一部分所有权，并且每个成员都可以使用它，外来的人没有享受这个共有地的权利；如果没有得到大家的同意，就不能够把它用来换取别的东西。在这种分析中，集体的土地边界是明确的，集体的成员为农民个人及其家庭，土地所有权的性质是不清晰的。在这种分析中，强调个人权利、市场交易和按要素贡献分配，将个人、集体与国家之间的利益关系截然分开并完全对立，认为市场经济的前提是产权清晰，目前的农村土地集体所有制虚化了产权主体，农民不是自己土地的所有者，要改变农民的贫困状况，就必须彻底改革农村土地集体所有制（彭真怀，2012）。这种观点存在的主要问题是，分析方法存在缺陷，以交换价值论简单替代劳动价值论，以农民简单替代劳动者，以农民的绝对产权简单替代农民的相对产权，使制度在实践中发挥作用的内容及运行结果可能偏离制度设计的最初目标。

目前这两方面的解释都存在一定问题。从两种解释存在的共性问题看，主要不足或缺陷是将作为制度实施环境的现实复杂状态简单按静态假定状态处理，忽视了这个制度设计背后的思想性、隐含假设和前置条件，从简单、静态和封闭的角度看待集体在制度中的角色以及集体与农民和国家的关系。一是忽视对制度结构与制度安排的区分。在两种解释中，都存在将引入一项制度结构简单按照引入一项制度安排进行对待和处理。二是忽视对劳动价值论与交换价值论的区分。在完全竞争市场条件下，劳动价值论与交换价值论是等价的（茅于轼，2006），但当存在不完全竞争时，二者就会存在差异，并不能相互替代。在经典的传统解释中，以劳动价值论作为制度设计依据，对交换价值论的作用和影响考虑不足。在发展的主流解释中，以交换价值论作为制度设计依据，对劳动价值论的作用和影响考虑不足。三是忽视对按劳分配和按要素贡献分配的区分。在经典的传统解释中，主要是按劳分配，特别是以按劳动时间分配为主，默认土地的取得是无偿的，这可能造成对土地上凝结的长期投资的利益保护不足。在发展的主流解释中，主要是按照要素贡献分配，默认土地的取得是有偿的，部分不属于按劳分配，这可能造成土地上劳动者的利益从一开始就被土地出让者不合理侵占。四是忽视对从属关系和对立关系的区分。在国家、集体、个人之间的关系中，既有对立性的一面，也有从属性的一面。在经典的传统解释中，个人、集体、国家之间的关系主要是从属关系。在发展的主流解释中，个人、集体、国家之间的关系主要是对立关系。五是忽视对相对产权和绝对产权的区分。产权是财产权利的简称，凡是在法律上有效并能给人带来利益或责任的权利都是产权。产权的界定不仅需要清晰，而且需要合理。产权分为绝对产权和相对产权，二者差异很大。在两种解释中，都存在将农民对农村土地所享有的相对产权按绝对产权简单对待和处理的问题。

二、对农村土地集体所有制进行新解释的角度和方法

对农村土地集体所有制进行重新解释，基本方法是从现代制度经济学（［美］埃里克·弗鲁博顿，2006；［美］道格拉斯·诺斯，2009；盛洪，2003、2004、2009）的角度入手，将个人作为经济分析的起点，将人的努力作为经济增长的源泉，将农村土地作为一种具有特殊性的稀缺资源，将国情因素、技术因素、社会因素和政治因素作为约束条件，将资源配置和利益归属结合起来，深入界定引入制度需要解决的问题，系统考察现行制度设计背后所隐含的思想、假设和条件，按照对稀缺资源进行优化配置的思路，提出一种新观点和新框架。

（一）确立问题导向，明确建立制度的基本目标是要解决问题

国家建立农村土地集体所有制，不是要简单地搞一种公有制形式或发展社会主义公有制经济，而是要从根本上解决经济发展中的公平和效率两个重大问题。从经济学的角度看，就是要激发人的生产性努力，在约束条件下求解，提高稀缺资源配置效率。美国经济学家阿瑟·刘易斯（2010）指出，经济增长取决于自然资源和人的行为，而决定经济增长的人的行为取决于直接原因（人从事经济活动的努力、知识的增长及其运用和资本积累）和间接原因（人口、观念和制度以及政府的行为）；制度促进或限制经济增长取决于制度对人的努力的保护、为专业化提供的机会以及所允许的活动的自由。我国建立农村土地集体所有制所要解决的问题，在内容上从属于这三个方面，具体由市场经济条件下土地资源配置面临的普遍性难题和我国特殊的国情因素、技术因素、社会因素和政治因素等决定。

（二）区分制度结构和制度安排，从制度结构角度进行解释

"制度安排"和"制度结构"是不同的两个概念，一项制度安排是在特定领域内约束人们行为的一组规则，而制度结构是经济社会中所有制度安排的总和，它包括组织、法律、习俗和意识形态（林毅夫，2000）。农村土地集体所有制是我国农村的基本经济制度，这种制度并不是一项简单的制度安排，而是一种制度结构的设计，是一系列相关制度安排的总和，隐含了重要的思想、假设和条件。从制度结构出发，引入制度是为了解决问题，在制度结构上需要长期保持稳定性和连续性，而具体的制度安排则是随着经济条件的变化可以不断有所更新，这样，制度改革就是一个将隐含假设条件显性化的过程，是一个稳定、取消和修改相结合的过程，制度改革不是越多越好，也不是越新越好，而是要真正解决问题。

（三）区分私人占有和私人垄断，将私人垄断作为问题进行解释

现实中农村土地的占有者和利用者是人。这种人可以是私人，包括自然人、以私人为代表的家庭和法人单位，也可以是不同于私人的社会组织，包括集体和国家；可以是个人，也可以是个人的联合或合作组织，包括家庭、单位、集体和国家等。从农村土地

的利用看，要解决的问题是土地的私人垄断①而不是私人占有。土地的私人占有是中性的，是允许的，而土地的私人垄断是一个需要解决的问题，是不允许的。土地的私人占有分为有条件的私人占有和无条件的私人占有以及私人非垄断性占有和私人垄断性占有。在实践中，土地的私人占有可能存在私人垄断问题，也可能通过引入国家或集体的规范和调节后，不再存在私人垄断问题或者能够将私人垄断问题的危害降低或控制到在人们可以接受的限度和范围之内。

（四）区分劳动者与农民及自然人，以劳动者为对象进行解释

现实中的农村土地具有自然资源和长期投资的双重属性。现实中的农民及自然人的状态和行为是复杂的。现实中的劳动者也是复杂的，但相对于农民及自然人而言，劳动者的资格是开放的，同时劳动者的界定更加可行。一个人只有处于劳动年龄阶段并实际参加村庄劳动及相关劳动才属于劳动者。如果人们不在劳动年龄阶段，肯定不属于劳动者。如果人们不在劳动状态，是很容易判断的。这样，人们离开村庄土地和不从事相关劳动，肯定不属于村庄劳动者。在人们不属于村庄劳动者时，就应该退出对村庄土地的所有权。

（五）区分劳动价值论和交换价值论，以劳动价值论为依据进行解释

在马克思主义的政治经济学中，以劳动价值论为基础，将土地上的利益归劳动者所有而不是土地占有者所有。随着社会分工的深化，劳动者和劳动本身是不断变化的，土地也不是原来的土地，现实中的土地是自然资源与劳动者投资的结合，土地收益、资本收益从属于劳动收益，是劳动价值论在实践中的具体应用。随着社会分工的深化，在农村土地由劳动者所有的具体方式上，就需要将无偿所有及无偿退出改变为有偿所有和有偿退出，在土地所有权的转换中体现劳动投入及投资创造的价值，同时将劳动者受益的

---

① 垄断的危害是多方面的。首先，一旦有了垄断，就会有垄断价格；其次，垄断会降低它的服务质量，它的效率是非常低的；再有，垄断侵害百姓的利益，导致不守信用等。实际上，垄断是一种掠夺，反垄断是一个宪政问题。对于垄断问题，解决的办法可以归结为两句口号：不垄断就竞争和不竞争就垄断，意思是反垄断最好的方法是制造它的竞争者，在自然垄断实在无法竞争时就由政府出手管制（盛洪，2004）。我国建立农村土地集体所有制，实际上是引入了一种新的釜底抽薪的办法，就是剥夺私人对农村土地的所有权或者垄断权，使个人无法凭借对土地所有权实现不劳而获或者获得土地上的垄断性收入。

方式从直接受益改变为直接受益和间接受益相结合，创新利益调节机制。

（六）区分按劳动贡献分配与按劳动时间分配，引入市场评价进行解释

劳动的内容非常丰富，既有活劳动，也有物化劳动。按劳动时间分配和按劳动贡献分配都是按劳分配，但在适用范围上有所不同。按劳动时间分配主要适用于在集体组织内部分配劳动成果时采用，因为它要求有详细的劳动时间及投入情况记录以及这些劳动时间与劳动成果的相关关系。按劳动贡献分配可以适用于在存在市场交易情况下对劳动成果进行分配时采用，实际上是一种以市场评价为基础的分配，它的前提是保证市场交易比较公平合理及处于完全竞争状态或者交易在双方完全平等自由、信息对称、不存在垄断因素等情况下进行，如果交易无法处于完全竞争状态或者存在自然垄断因素，需要引入国家进行利益调节进行弥补或校正。

（七）区分从属关系和对立关系，按照从属关系进行解释

个人利益、集体利益、国家利益不完全是对立关系，而在很多方面是从属关系，因为个人受益不仅消费私人产品，还需要消费公共产品及公共服务，公共产品及公共服务也是国民财富的重要组成部分，这些产品和服务是生产出来的，而不是天上掉下来的，但这种财富是隐含的或大家都消费的，一般人视而不见。实际上，从这种角度上讲，集体利益从属于个人利益，集体的利益取之民最后还是用于个人使用，国家利益从属于个人利益和集体利益，国家提供的利益也是用于个人使用。

（八）区分相对产权和绝对产权，显示隐含条件进行解释

产权是财产权利的简称，农村土地的产权是一个特殊的领域，由国家管理权、土地所有权和土地使用权三种权利组成，是土地自然资源产权和长期投资产权的结合。在农村土地的产权中，国家管理权是隐含的；土地所有权是由政治决定的，这种权利是无期的和有资格限制或资格封闭的，按照目前国家政策规定不可以在市场上进行交易；土地所有权可以分离出土地使用权，这种权利是有期的和资格开放的，目前是可以在市场上进行交易的，因而可以引入市场的力量进行优化配置。土地所有权可以与土地使用权合并使用，也可以进行分离使用。这样，农民对农村土地所拥有的产权不是绝对产权，而是一种相对产权或者有条件的产权。农民的土地承包权从属于土地所有权，土地经营

权从属于土地使用权，二者合并时形成承包经营权，二者分离时形成承包权和经营权两种权利。

三、对农村土地集体所有制的新解释的主要内容及与现有解释的比较

对农村土地集体所有制的新解释的主要内容是：农村土地集体所有制是国家为解决农村土地的私人垄断问题和提高土地资源配置效率而实行的农村土地由劳动者所有、劳动者受益、劳动者集体管理和国家规范调节的一种制度结构。这种制度的基本目标，是要从根本上解决我国经济发展中的公平和效率两个重大问题，建构一种长期有效的增长机制，发挥制度在经济增长中的重要作用。一是解决农村土地的私人垄断问题，激发人的生产性努力[①]（盛洪，2003）。二是提高农村土地资源配置效率，深化劳动分工与合作。这种制度的基本性质是一种制度结构，由一套具体制度安排组合或结合构成。这些制度的具体安排在设计上存在一定隐含假设和前置条件。在不同时期，这些制度安排的具体形式会有所变化，但最基本的内容和结构是稳定不变的。一是农村土地由劳动者所有，不实际参加劳动的人退出资源配置。二是农村土地由劳动者受益，所有参加劳动的人都应参与分配。三是农村土地由劳动者集体管理，国家进行规范调节。

农村土地集体所有制解决的是现实社会经济发展中的重大难题。一方面，将农村土地只提供给劳动者所有，并由劳动者受益和劳动者集体管理，不参加劳动的人员退出土地占有，同时由国家进行规范调节，由占有土地的人员对退出占有的人的长期投资利益进行一定补偿，以及在特殊情况下对属于贫困弱势群体的人员提供一定补助救济。另一方面，让自然资源以外的资本及其他要素都从属于劳动，纳入劳动者受益范围，作为物化劳动或相关劳动，与活劳动或直接劳动一样，平等参与收益分配，由劳动者集体进行管理和国家进行规范调节。农村土地集体所有制的内容可以与现代市场经济体制相兼容，可以比资本主义的制度做得更好。这种制度的内容，既具有不同于我国城市土地国

---

① 人若追求自己的财富，就必须努力。一个人的努力有两种形式，一种是生产性努力，另一种是分配性努力。在其他人的情况不变的情况下，一个人的生产性努力的结果是社会总财富的增加，而一个人的分配性努力使得社会总财富不增加甚至减少。除了努力之外，人的行为还有一种选择，就是不努力，在经济学中，不努力称为闲暇。按照亚当·斯密的观点，闲暇也是一种财富，努力的增加意味着闲暇的减少，当通过努力获得的财富抵偿不了牺牲的闲暇价值时，人们就会选择闲暇。一个社会若想促进财富的持续增长，就必须鼓励生产性努力、抑制分配性努力。

家所有制的部分，也具有与我国城市土地国家所有制相同的部分，城市土地国家所有制的一些好的做法完全可以引入农村所用；既具有不同于资本主义国家普遍实行的土地私有制的部分，也具有与资本主义国家普遍实行的土地私有制相同的部分，资本主义国家在土地管理方面的一些好的做法也完全可以为我所用。

与经典的传统解释相比，在这一解释中，农村土地集体所有制的分析内容有所改进，从理念意义较强转为操作意义较强，从假设简单转为回归现实，从比较抽象转为边界清晰。主要的变化是：引入制度的目标从发展社会主义公有制经济改为解决农村土地的私人垄断问题和提高土地资源配置效率，农村土地由劳动群众集体所有改为农村土地由劳动者所有，实行共同劳动改为农村土地由劳动者集体管理和国家规范调节，实行按劳分配改为农村土地由劳动者受益。由于这些变化，可以为引入土地长期投资及交易市场提供基础，为引入国家参与土地利益的合理调节提供依据，为发挥土地在经济发展中的合理作用提供边界，使制度设计更加适应现代市场经济发展的需要，更加适应调动人的生产积极性，更加明确国家在制度中的重要作用，确保制度能更好地抑制人的分配性努力并控制其在经济增长中的副作用，更好地激励人的生产性努力并发挥其在经济增长中的基础性作用，更好地引导知识增长和资本积累并发挥其在经济增长中的重要贡献。

与发展的传统解释相比，在这一解释中，农村土地集体所有制的分析方法有所改进，主要是从交换价值论转为劳动价值论，从按劳动贡献及生产要素分配转为按劳分配，从绝对产权转为相对产权；在此基础上，建立了我国农村土地集体所有制与城市土地国家所有制的新关系，二者既有相同的部分，也有不同的部分；同时建立了我国农村土地集体所有制和资本主义国家的土地私有制之间的新关系，二者既有相同的部分，也有不同的部分。引入制度的目标是要解决公平和效率两个问题而不是仅限于效率问题，农村土地由劳动者所有而不是由农民集体所有，由劳动者受益而不是实行按生产要素分配，由劳动者集体管理而不是实行双层经营。主要的依据是，农村土地具有自然资源和长期投资双重属性，人的努力包括生产性努力和分配性努力两种性质，按劳分配包括按劳动时间分配和按劳动贡献分配两种内容，按劳动贡献分配可以分解为按要素市场分配与国家进行规范调节两个结合，劳动者受益可以分解直接受益和间接收益，个人对土地的产权不是绝对产权而是相对产权，劳动价值论在市场完全竞争条件下等价于交换价值论。由于这一变化，不仅资本主义国家土地私有制的制度设计中的好东西也可以为我国农村发展所用，更好地发挥市场机制在农村土地资源配置中的合理作用（张军，1993），而且我国城市土地国有制的制度设计中的好东西可以为我国农村发展所用，打通城乡土地市场建设的制度瓶颈，更好地发挥国家管理在农村土地资源配置中的合理作用，使农村土地集体所有制的内容在制度设计上就更加具有先进性、合理性、开放性和包容性。

四、从现有解释转向新的解释所突破的重大理论问题

对农村土地集体所有制进行重新解释，突破了人们对一些重大理论问题的传统认识或主流认识，同时也将我国农村土地集体所有制与城市土地国家所有制和资本主义国家的土地私有制有机联系起来。

（一）引入制度的过程是促进人与人之间的平等合作

引入制度是为了促进人与人之间的合作，通过约定个人的权利与义务并共同遵守，来协调和解决人们对资源的合理利用问题，这与用暴力、强权和人治的方式解决问题是存在差异的。在农村土地集体所有制的制度设计上，实际上体现了所有参加者的地位平等、所有参加者的利益都要考虑、承认和尊重个体客观差异、用协商民主和平等交易的方式解决人与人之间的矛盾的这种民主精神和市场原则。

（二）农村土地集体所有制是一种制度结构

农村土地集体所有制不是一种简单的所有制形式或者对农村土地的所有制形式的一种规定，而是一种特定的制度结构，包括了一系列与农村土地的资源配置和利益归属相关的制度安排，明确规定了国家对处理人与人之间在占有、使用和退出农村土地并从中获得好处的过程中的相互关系的基本思路、基本原则和客观依据。这样，对制度的改革，既不能全部改变，也不能全部不变，而是要以隐含假设条件的变化为依据，实行保留、取消和修改相结合。

（三）劳动者是农村土地的主人

作为一种制度，在内容设计上，最终要落实到个人才是有效的并保证能够有效执行。个人在经济学中很重要，但将个人作为农村土地的所有者也是有问题的，由于农村土地资源的稀缺性和土地位置的不可移动性，与实际参加劳动的个人相比，由不在劳动

的个人占有农村土地，既损害公平，也可能损害效率。因此，对劳动者与个人及自然人进行区分和对土地的私人占有与私人垄断进行区分意义重大。在新的解释中，将农村土地确定为由劳动者所有、劳动者受益、劳动者集体管理和国家规范调节，使劳动者成为土地的主人，从根本上解决了农村土地的资源配置与利益归属的统一问题，为国家界定和保护个人产权及调节个人之间的利益提供了客观依据。

（四）集体的内容从名词还原为副词

按照现有理论解释，集体的内容主要是名词，人们一谈到集体必然联系到某一集体经济组织，并将这种组织与个人和国家对立起来看待，实际上降低了制度的适应性。按照新的解释，劳动者是农村土地的主人，集体的内容只限于集体管理，管理的主体是劳动者，集体是一个副词，具有很大的包容性，根据当地社会经济条件和多数劳动者个人的需要，既可以建立共同劳动的集体经济组织进行组织管理，也可以不建立共同劳动的集体经济组织而代之以其他比较松散的方式特别是委托政府机构、物业公司和社会组织等代理管理的方式进行组织管理。这样，集体的内容不仅包括过去的集体的内容，而且也拓展到未来的多样化的集体管理或集体行动的内容，可以将过去、现在和未来连接起来。

（五）农村集体管理的对象主要是人

按照目前社会上的主流解释，农村集体管理的对象主要是以土地为核心的物，包括集体资金、集体资产和集体资源。在新的解释中，将人的行为作为制度设计的基本对象，集体在制度中的权利本质上不是所有权，因为所有权一定要到个人才是最有效的，而是管理权，特别是对集体区域内的人承担义务和分配利益及交接产权的管理。换言之，集体这个词可以是一个名词，也可以是一个副词，农村集体管理的对象主要是人，而不是地和物，或者是通过对人的管理来控制对地和物的管理。

（六）农村集体成员的资格本来就是动态开放的

按照目前社会上不少学者的主张，为了发挥市场机制在农村土地资源优化配置中的作用，要打破农村集体成员资格的封闭性，隐含的假设是现行农村集体成员的资格是封闭的。按照新的解释，劳动者是农村土地的主人，劳动者本身就是复杂多样的和不断变化的，没有终身制，也没有世袭制，随着劳动者本身的变化，成员的资格不是静态的，而是动态的，不是封闭的，而是开放的，整个集体成员的构成也是不断变化的，不存在需要打破封闭性的问题。

（七）农村土地的产权是三种类型的产权的结合

产权是财产权利的简称，既可以是所有权，也可以是使用权，还可以是管理权。由于国家农村土地资源的稀缺性和土地本身不可移动，农村土地上的财产权利与人们对一般简单消费品的绝对产权是不同的，由国家管理权、土地所有权和土地使用权三种权利组成，农民对土地的产权不是绝对产权，而是一种相对产权或有条件的财产权利。从我国现行的制度来看，农民土地承包经营权属于土地所有权，农民土地经营权可以是一种土地使用权。土地所有权是有资格限定、没有期限、由政治决定和难以进行自由交易的，而土地使用权是资格开放、有期限的、由土地所有者在其可支配权利范围内决定和可进行市场交易的。

（八）我国城乡的土地产权制度具有内在一致性

按照新的解释，我国城乡土地的所有者都是劳动者，在利益归属上都实行按劳分配，由劳动者受益，国家规范调节。这样，就建立了城乡土地产权的一致性，可以将城市土地上实行的土地使用权管理机制引入农村，建立城乡统一的土地使用权市场；同时建立城乡土地上的利益分配的统一原则，具体按照按劳分配或者按生产要素分配与国家参加调节相结合的办法运行。

（九）国家在制度中具有不可替代的重要角色

由国家介入保障公正和提供合理的所有权是重要的，国家在农村土地集体所有制中具有不可替代的角色。主要原因是，一方面，农村土地具有自然资源和长期投资双重属性，现实社会中劳动者在占有土地时不仅获得长期投资收益，而且也附带获得自然资源地租收入，劳动者所享有的初始产权不平等，会影响资源配置和利益归属，没有国家的规范调节无法保障制度公平。另一方面，个人、集体、国家三者之间既有对立的一面，更有从属的一面。基于国家在制度中的作用，改革的核心是将国家在制度中的角色从隐含转为显性，同时在有限政府框架内为所有参加者平等提供公共管理服务，对国家在制度中所承担的职责进行必要的限定和对其所必需的权利和资源提供必要的保护。

五、基于新解释的农村土地集体所有制的制度变迁

改革开放以前，我国农村土地集体所有制的组织方式和实现形式是：在国家统一计划管理下，农村土地由劳动者个人占有，由劳动者集体统一经营、统一劳动和按劳分配，土地上的劳动成果及利益主要由劳动者个人获得并分享给个人家属，同时也提供给一些没有参加劳动的特殊困难群体的人员（见图1）。这种制度安排的特点是：土地产权界定和资源配置方式为"国家计划管理—劳动者集体命令—劳动者个人服从"，在制度内不承认或忽视劳动者个人的差异性利益要求，国家对农村土地资源实行集中统一计划管理，劳动者集体在制度中处于核心地位，劳动者个人之间实行共同劳动，对土地上的劳动成果及利益主要以劳动时间和人们的基本生活需要为依据进行集中统一分配，建立对劳动的激励。

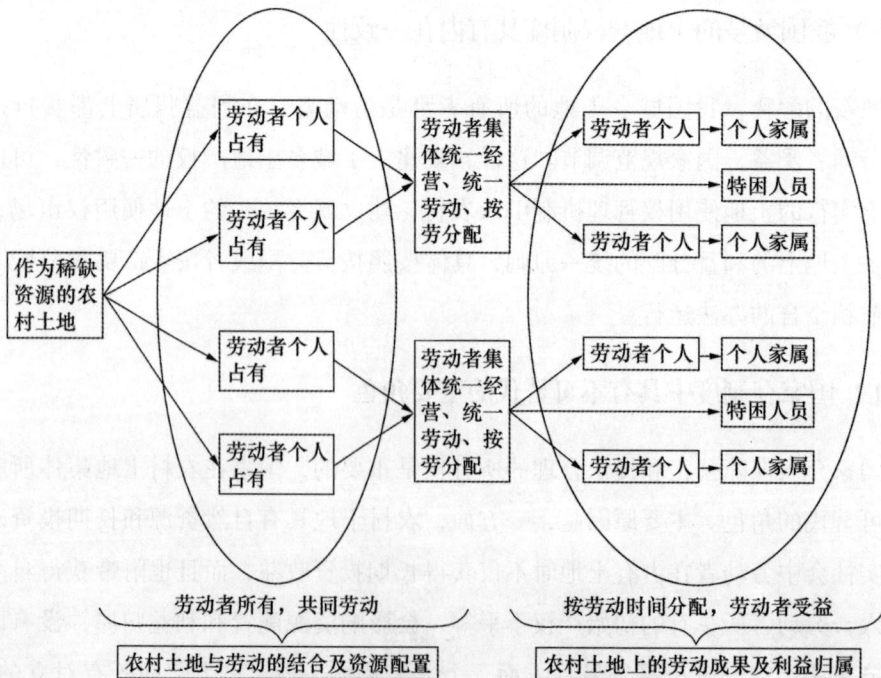

图1　改革开放以前的农村土地集体所有制的传统模型

改革开放以后，我国农村土地集体所有制的组织方式和实现形式是：农村土地仍由劳动者个人占有，但经营方式发生变化，引入了家庭经营并以此作为基础性的经营方

式，同时对集体统一经营方式进行改造，实行集体及合作社经营，负责资产管理、公共服务和利益调节，在分配上初期实行"交够国家的、留足集体的、剩下就是自己的"，现在实行国家农业支持保护政策，土地上的劳动成果及利益不仅有来源于家庭经营的部分并以此为主，而且有来自集体统一经营的部分，在此基础上分享给个人家属同时也提供给一些没有参加劳动的特殊困难群体的人员（见图2）。这种制度安排的特点是：土地产权界定和资源配置方式是"劳动者个人家庭经营—劳动者集体统一经营—国家支持管理服务"，国家在制度中的角色从计划管理逐步转变为支持管理服务，在制度内承认和尊重劳动者个人的差异性利益要求，劳动者个人的家庭经营在制度中发挥核心作用，劳动者集体管理的内容大幅减少并在性质上发生变化，实行将家庭经营与集体统一经营管理服务相结合。

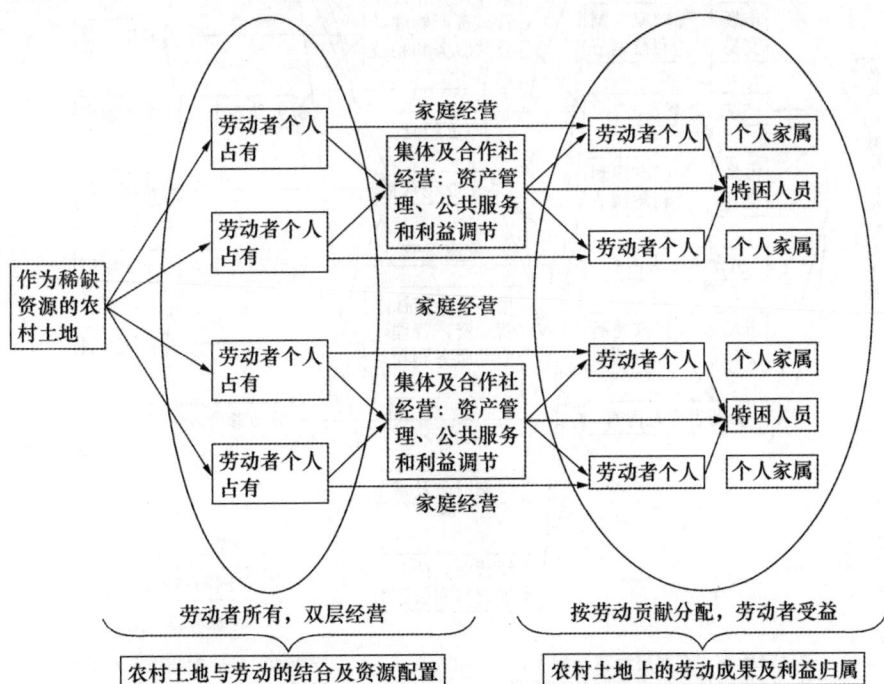

图2 改革开放以后的农村土地集体所有制的发展模型

随着社会经济条件和技术进步因素的不断变化，目前我国农村土地集体制的部分制度安排还面临很多问题，未来深化改革的方向是：农村土地仍由劳动者个人占有，但会引入劳动者个人之间的市场交易，同时引入国家规制和利益调节机制，将国家公共财政及基金管理引入农村土地管理服务，允许劳动者个人在满足相关条件的基础上更加自由支配和使用农村土地，在经营方式上，在实行双层经营的基础上，允许和鼓励企业经营在更大范围内发挥作用，在利益分配上，以按劳分配为核心，更加注意对弱势群体的支持、补助和救济（见图3）。这种制度安排的特点是：土地产权界定和资源配置方式是"劳动者个人独立经营—劳动者集体管理协调—社会分工合作—国家规范管理调节"，在制度内承认和尊重劳动者个人的差异性利益要求，劳动者个人的家庭和劳动者个人的单位都在制度中发挥核心作用，国家在支持管理服务基础上促进社会分工合作和进行规范管理调节，实行多元化多样化的经营方式并存。

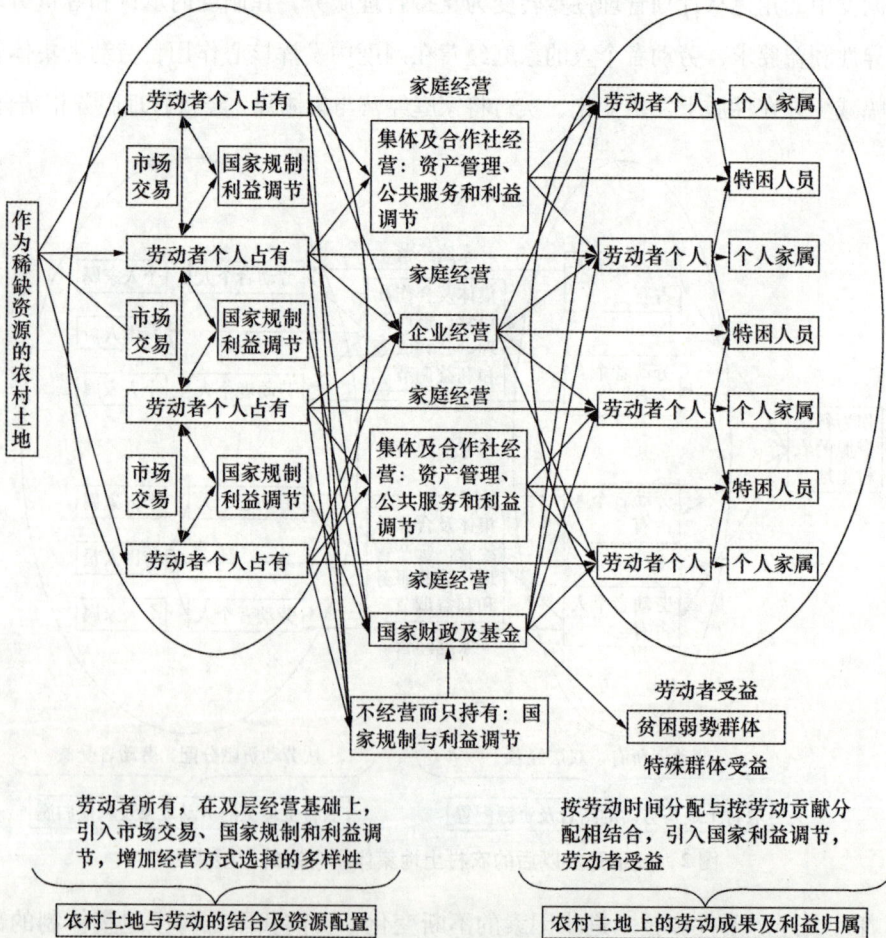

图3 深化改革以后的农村土地集体所有制的现代模型

农村土地问题非常复杂。从现代制度经济学的角度看，用合理的制度解决问题，核心是国家要对与农村土地相关的所有人员平等对待，尊重个体差异性，将人与人之间合作的好处、矛盾和问题尽可能全面和公开地显示出来，全面系统深入地解决问题。作为一种问题导向的制度设计，农村土地集体所有制是人为制定的，在实践中存在四大难题（劳动者集体及集体管理参差不齐；劳动价值论在实践中存在组织、技术和经济瓶颈；一些产权在实践中无法简单和清晰地界定及产权界定的交易成本费用过高；国家行为在实践中存在两种可能性），出现这些问题的原因是制度设计的隐含假设与现实社会条件总会存在差异。解决这些问题，就需要对制度结构中的一些制度安排进行调整，从而产生制度变迁。从发展模型到现代模型的制度变迁，基本的思路就是将制度设计隐含的思想、假设和条件显性化，主要内容如下：一是改进集体管理，可以法人管理，可以合约管理；二是推进拆分组合，引入市场交易，扩大市场交易；三是搞好制度衔接，引入合理条件，界定相对产权；四是建立新型组织，激励劳动投入，促进社会投资；五是实行合约治理，引入国家行为，限定国家行为（见表1）。

表1　　　　　　　　　农村土地集体所有制在实践中面临的难题及解决途径

序号	主要内容	基本原因	解决思路	主要途径
难题1	劳动者集体及集体管理参差不齐	在制度设计中隐含假设了一个完全能力、完全理性、行为简单、不存在投机、不犯错误的劳动者集体，这与现实社会条件存在差异	将制度设计隐含的思想、假设和条件显性化，对劳动者集体管理的内容进行拆分和重组，由劳动者个人在交易中解决问题	拆分组合，引入交易，扩大交易
难题2	劳动价值论在实践中存在组织、技术和经济瓶颈	在制度设计中隐含假设了存在一个有形、有效和经济的对农村土地上的劳动者个人及劳动进行分析、前瞻、考察、评估、计量、全面登记和系统反映的配套技术和支持系统，这与现实社会条件存在差异	将制度设计隐含的思想、假设和条件显性化，以劳动价值论的原理为依据，利用交换价值论在市场完全竞争条件与劳动价值论等价的原理，创造条件，发挥交换价值论的作用	制度衔接，引入条件，界定产权
难题3	一些产权在实践中无法简单和清晰地界定及产权界定的交易成本费用过高	在制度设计中隐含假设了农村土地上的所有产权为绝对产权、在技术上可以有效界定、产权界定没有成本或交易费用很低，这与现实社会条件存在差异	将制度设计隐含的思想、假设和条件显性化，区分绝对产权和相对产权，引入国家提供公共品，建立两个专门的登记管理服务服务中心和一个投资交易所	建立组织，激励劳动，促进投资

序号	主要内容	基本原因	解决思路	主要途径
难题4	国家行为在实践中存在两种可能性	在制度设计中隐含假设了一个具有完全能力和完全理性、行为简单、不存在投机、不犯错误的国家，这与现实社会条件存在差异	将制度设计隐含的思想、假设和条件显性化，将国家作为一个有限责任政府对待，确定国家行为的边界，引入合理条件，实行合约治理	合约治理，引入国家，限定国家

六、对农村土地集体所有制的新解释的政策含义

农村土地集体所有制是我国开展社会主义革命的一个重要成果。从现代制度经济学的角度看，农村土地集体所有制是一种设计十分精巧的制度结构，这种制度不仅在计划经济条件下发挥过重要作用，而且与现代市场经济条件也是兼容的。实行这种制度，对于从根本上解决农村土地私人垄断问题、解放和发展农村生产力、增进和保护劳动者的利益、控制和降低农业生产成本和国民经济建设成本、提升我国经济在国际上的竞争力和社会总福利水平具有重要意义。在新时期，随着社会经济条件的深刻变化和农村劳动者的不断分化，这一制度的运行也面临新的挑战，对这种制度也需要进行改革和完善，但改革的合理方向既不是取消集体，也不是锁定集体，而是针对劳动者本身及劳动分工的变化和土地本身及其长期投资的变化，通过实行保留、取消和修改相结合，深入激励人们的生产性努力，抑制人们的分配性努力，调节人们的不努力，使之更加适应时代发展的新需要。

（一）农村土地集体所有制的制度设计具有先进性

农村土地集体所有制的制度设计，明确农村土地由劳动者所有，从根本上解决了农村土地的私人垄断问题，具有很强的社会主义性质。主要原因是中国人多地少，农村土地是稀缺的，如果农村土地由不参加劳动的人所有，就有可能出现土地被占而不用和土地的所有者凭借所有权不劳而获的问题。通过明确农村土地由劳动者所有，一方面意味着不参加劳动的人要退出土地的占有，另一方面意味着劳动者是土地的主人，不仅消除了人们不劳而获的可能性，而且也修正了交换价值论所隐含的起点不公平的局限，体现

了社会主义制度促进公平和推进土地与劳动直接结合提高资源配置效率的优越性。不仅如此，这一制度引入劳动者集体管理，劳动者集体由劳动者个人组成，在改革开放以后，它对内实行民主管理，对外实行市场交易，实际上是采用了制度的方式而不是暴力、强权和人治的方式解决问题，与现代市场经济体制的要求是一致的。这一制度引入劳动者受益，劳动者受益的范围是开放的，将个人的利益限制在劳动价值论及公平性的范围之内，实行按劳分配，有利于调动劳动及各种要素投入的积极性，还在技术上促进土地与这些要素的更好合作，可以促进生产力的发展。这一制度引入国家规范调节，在国家规范调节下，农村土地可以由劳动者集体所有，也可以由劳动者个人所有，劳动者受益不仅包括集体边界内的劳动者受益，而且是村社以外的相关劳动者也要受益，劳动者集体管理的成员不仅包括所有权人，还包括使用权人，以及其他的相关生活居住者，不仅可以集体实体管理，而且可以集体合约管理，整个制度具有很大的包容性和广泛的适应性。

（二）全面准确把握农村土地集体所有制制度设计的内容

农村土地集体所有制的基本内容由两个制度目标、四个制度安排和一个制度性质组成，形成了一个有机整体。这些内容既设立了对人们占有农村土地的条件和机制，也设立了对人们退出农村土地占有的条件和机制，既允许农村土地由劳动者集体所有，也允许农村土地由劳动者个人所有，为提高土地资源配置效率提供了空间和支撑；既要实行按劳分配，又不排斥按要素分配，既设立了保证人们获取土地上利益的条件和机制，也设立了调节人们所获得的土地上的利益的条件和边界，为公平合理分配土地上的利益及劳动成果提供了依据和标准。在这一内容中，集体这个词的内涵有所缩小而外延显著扩大，既可以是名词也可以是副词；土地产权的内容是特殊而复杂的，由国家管理权、土地所有权和土地使用权三种权利组成；国家的角色是规范调节，在解决农村土地上的外部性问题方面具有不可替代的重要作用。

（三）科学合理确定深化农村土地集体所有制改革的方向

针对现行的制度规定，深化改革的重要基础是深入实施劳动价值论；重要方向是合理引入条件，将制度设计所隐含的思想、假设和条件显性化，实行保留、取消和修改相结合；重要内容是区分劳动者与农民及自然人、区分土地的自然资源属性和长期投资属性、区分土地国家管理权、土地所有权和土地使用权，对不同类型的劳动者和土地实行分类管理，推进土地所有者、使用者和劳动就业者合理分开，引入规范化和标准化的土地使用权，发挥市场机制的重要作用；重要目的是深入激发人的生产性努力，抑制人的分配性努力，调节人的不努力，更好地尊重劳动、扩大投资、增长知识和促进创新，促进公平，提高效率，提高社会福利水平。

第一，在变化中求不变：保持制度所确立的四大基本原则的内容稳定不变，以此作决定农村土地的资源配置权利和利益归属关系的最基本的依据和标准。实际上，只有坚持农村土地由劳动者所有，不劳动者退出才是必须的或者具有强制性，从而为土地资源优化配置提供空间；只有坚持农村土地由劳动者受益，才能建立制度公平，排除不劳而获，保护所有实际参加劳动的人员特别是没有土地所有权而参加生产经营劳动和提供各种生产性努力的相关服务人员获得劳动成果的资格和权利，使努力得到应有回报，从而为化解人与人之间的利益矛盾和平衡人与人之间的利益关系提供依据；只有坚持农村土地由劳动者集体管理和国家规范调节，集体和国家的参与才是有理有据的，不会引起人们的无理抵抗，参加集体和国家工作的人员才会得到人们的尊重，保护参加集体和国家工作的人员的劳动积极性，从而提高集体管理和国家规范调节的公开性、效率和可持续性。在政策选择上，考虑到现实社会中劳动者的变化是最快的，集体的变化次之，国家的变化是最慢的或者具有稳定性的，土地是不变的，为了实现在变化中求不变，建议国家有关机构对相关的法律政策规定进行修改，特别是在宪法中对这些内容做出明确规定，来保障制度基本内容及其实施的稳定性和连续性，从而适应社会劳动分工不断深化和市场经济不断发展变化的需要，在全社会建立和完善决定农村土地资源配置和利益归属的基本原则和基本标准，以此为依据，组织、引导和帮助人们化解劳动者个人与劳动者个人之间、劳动者个人与其他农民、家庭、集体、单位和国家等之间的利益矛盾，促进人与人之间在农村土地利用上更好的分工和合作，从根本上提高农村土地的资源配置效率，促进经济社会发展和谐稳定。

第二，在变化中有所变化：调整农村集体组织管理规范，既鼓励发展农村集体经济，也允许按照合约方式进行村社集体管理，对部分人地的归属或从属关系进行动态更新，改进农村集体管理的内容和方式，提升农村集体管理的有效性。从制度设计看，在农村土地集体所有制中，人地的归属或从属关系的边界主要是劳动者集体，这个边界是人为设定，也是可以改变的，随着劳动者和土地本身的变化，合理的制度在对劳动者集体组织形式的规定上应该具有包容性。从现实社会看，随着工业化和城市化的推进和市场经济的发展，在农村土地上，农村集体管理的组织形式已经发生重大变化，对部分人地的归属或从属关系进行调整优化，不是要不要做的问题，而是如何做好的问题。在政策选择上，要调整农村集体组织管理规范，按照实事求是的原则对劳动者集体成员进行动态调整，将集体管理的对象逐步调整到以管人为主，将集体管理的方式逐步转变为以集体合约管理为主，有计划有步骤地推进体制改革。一是调整农村集体组织管理规范，既鼓励发展农村集体经济，也允许按照合约方式进行集体管理。二是将集体区域范围内的所有劳动者纳入集体管理服务范围，推进劳动者集体管理合约管理，引入动态管理服务机制。三是有计划有步骤地推进农村集体管理体制改革，探索将农村集体土地所有权等进行拆分和组合，建构一种有条件的劳动者个人土地所有权并由国家和集体赋予行使，建立国家赋权、集体管理和个人有条件享有的管理新机制。

第三，以变化为依据深化改革：合理引入条件，明确制度设计目标，公开显示国家、劳动者个人和劳动者集体在制度中的角色，深入界定和保护劳动者在制度中的产权，引入土地所有权税费和土地特定用途使用补助，建立农村劳动者及劳动贡献登记管理服务中心、农村土地收储出让登记管理服务中心和农村投资交易所，激发各种劳动者在农村土地上的生产性努力。一是要根据经济发展环境、国家职责定位和社会思想观念发生的变化，改进制度本身的表现形式和基本内容。二是要针对工业化、城市化和农村分化的实际情况和发展需要，改进对农村土地的区域边界进行调整的组织机制和管理办法。三是要针对劳动者本身及劳动分工变化的实际情况和发展需要，改进对农村土地上的资源配置主体及权责进行规范管理的内容和方法。四是要针对农村土地本身及其长期投资变化的实际情况和发展需要，改进对农村土地上的利益归属及分配进行规范调节的内容和方法。五是要针对信息和服务在市场经济条件下的重要性和农村分化的实际情况和发展需要，创新服务组织，改进配套服务。

参考文献

［1］陈志武．财富是怎样产生的．北京：中国政法大学出版社，2005

［2］简新华．为什么我国实行土地私有制是有害的？．理论热点辨析（原载《红旗文稿》2013（19））．北京：红旗出版社，2014：274～287

［3］徐俊忠．农业合作化时期毛泽东农治思想及其历史回响．东岳论丛（济南），2013（9）：23～34

［4］彭真怀．三农问题需顶层制度设计．人才开发（沪），2012（1）：10～15

［5］茅于轼. 财富是如何创造的. 郑州：郑州大学出版社，2006

［6］［美］埃里克·弗鲁博顿，［德］鲁道夫·芮切特. 姜建强，罗长远译. 新制度经济学——一个交易费用分析范式. 上海：格致出版社，上海三联书店，上海人民出版社，2006：93～234

［7］［美］道格拉斯·诺斯，罗伯斯·托马斯. 厉以平，蔡磊译. 西方世界的兴起. 北京：华夏出版社，2009：4～13

［8］盛洪. 治大国如烹小鲜——关于政府的经济学. 上海：上海三联书店，2003

［9］盛洪主编. 为什么制度重要. 郑州：郑州大学出版社，2004

［10］盛洪主编. 中国的过渡经济学. 上海：格致出版社，上海三联书店，上海人民出版社，2009

［11］［美］阿瑟·刘易斯. 经济增长理论. 北京：商务印书馆，2010

［12］林毅夫. 制度与经济发展. 再论技术、制度与中国农业发展. 北京：北京大学出版社，2000：11～102

［13］盛洪. 论生产性努力的增长——论近现代经济发展的一个原因：盛洪主编. 现代制度经济学. 北京：北京大学出版社，2003：228～242

［14］张军. 中央计划经济下的产权与制度变迁理论. 经济研究，1993（5）

嘉兴市破解城乡二元结构探索及启示

肖俊彦

党的十六大报告提出统筹城乡经济社会发展战略以来，浙江省嘉兴市积极探索破解城乡二元结构，推进城乡一体化发展。2003 年，嘉兴市第五次党代会将推进城乡一体化发展确立为经济社会发展的五大战略之一。2004 年初，嘉兴市制定《嘉兴市城乡一体化发展规划纲要》及六个专题规划，提出推进城乡空间布局、城乡基础设施建设、城乡产业发展、城乡劳动就业与社会保障、城乡社会发展、城乡生态环境建设与保护的"六个一体化"，到 2020 年全面实现城乡一体化。2004 年 3 月，时任浙江省委书记习近平到嘉兴调研，明确指出："嘉兴 2003 年人均生产总值已超过 3000 美元，所辖的 5 个县（市）在全国百强县中都居前 50 位，城乡协调发展的基础比较好，完全有条件经过 3～5 年的努力，成为全省乃至全国统筹城乡发展的典范。"经过 10 多年不懈努力，嘉兴市探索出了一条新型城镇化与新农村建设双轮驱动、生产生活生态相互融合、改革发展成果城乡共享的统筹城乡改革发展之路，对全国推动城乡一体化进程具有重要的示范借鉴作用。

一、嘉兴市城乡一体化进程的主要亮点

2003 年以来，嘉兴市逐步推开以城乡就业制度、社会保障制度、户籍制度、土地使用制度、居住证制度、涉农工作管理体制、村镇建设管理体制、农村金融体制、公共服务均等化体制、规划管理体制等"十改联动"为主要内容的统筹城乡发展综合配套改革，有力推进城乡一体化进程和整体经济社会发展。目前，其城乡产业结构不断优化，城乡一体的规划体系基本形成，城乡基础设施日益完备，城乡公共服务体系日趋健全，新型城镇化格局基本显现。

据浙江省有关部门评估，目前嘉兴市统筹城乡发展水平位居全省首位。2014 年，嘉兴市地区生产总值 3353 亿元，财政总收入 568 亿元，其中一般公共预算收入 307 亿元；城镇居民人均可支配收入 42143 元，农村居民人均纯收入 24676 元。与 2003 年相比，嘉兴市户籍人口人均 GDP 由 0.31 万美元增加到 1.5 万美元（按常住人口计人均 1.2 万美元），城乡居民收入比由 2.11∶1 缩小至 1.70∶1，城市化水平从不足 40% 提高到 59.2%。

统筹城乡发展的核心是要改变农村经济社会发展长期在政策上、体制上的不利地位，破解城乡二元结构，给农村发展注入活力，使农民享有平等的发展权益、共同享受改革发展的成果。从这一视角看，嘉兴市统筹城乡一体化发展的主要亮点如下。

1. 推进城乡就业保障一体化，促进城乡收入差距缩小

2004~2014 年，嘉兴市农村居民人均纯收入由 7021 元增加到 24676 元，连续 11 年位居全省第一，城乡收入差距为省内最小。这与其积极建立城乡就业一体化格局密切相关。从 2003 年开始，嘉兴市逐步实行城乡失业登记制度、就业制度、就业援助政策、劳动力市场、公共就业服务等"五个统一"，建立统一的城乡就业保障制度，充分就业创建工作从城镇向农村拓展，在全部村（社区）建立就业指导站，建立所有农村劳动力的就业档案信息库。2014 年，实现充分就业社村 100%、公益性岗位进村达标率 100%，基本消除"零就业家庭"，全市农民转移就业率达 89.6%，农民人均纯收入的 75.6% 来自于工资性收入。

嘉兴市十分注重对农村弱势群体的就业援助。在劳动年龄段内，农村低保户、被征地农民、全部流转承包地农民、自愿放弃承包经营权农民、低保边缘农户等，都能享受与城镇居民相同的就业优惠政策。近几年，嘉兴市政府专门出台优惠政策，扶持建立农村劳务合作社以解决中老年等农村闲置劳动力就业。劳务合作社成立时给予 2 万~3 万元的一次性创业补助，给予优秀者 5 万~10 万元的奖励，无偿提供经营场所与办公设施、优先安排财政支付的绿化养护保洁等劳务项目、财政补贴为社员购买人身意外伤害商业保险等。2014 年，农村劳务合作社发展到 202 家，吸纳社员近 2 万人，其中一半以上超过退休年龄，社员月均收入 1360 元。

2. 推进城乡医疗保障一体化，实现"全民一体化医保"

嘉兴市一直保留了原有的农村合作医疗制度，但主要由农民自筹资金，保障水平偏低。2003 年，嘉兴市抓住国家启动新型农村合作医疗试点的机遇，建立城乡居民合作医疗制度（现称"城乡居民基本医疗保险"），实现城乡居民医疗保障一体化。2003 年本地城乡居民医疗保险参保 215.51 万人（其中农民 211.44 万人，城镇居民 4.07 万人），参保率达到 85.4%，人均筹资额约 35 元。到 2014 年，城乡居民医疗保险覆盖率达 98%，人均筹资标准为 650 元（含大病保险），其中各级财政补贴计 390 元。嘉兴全市 7 个县（市、区）实现全市居民医疗保险筹资机制、筹资标准、参保对象、起付线、封顶线、补偿水平、结报方式、特殊门诊病种范围、互认市域内同级定点医疗机构、将国家基本药物目录纳入合作医疗用药目录、将 25 种医疗康复项目纳入合作医疗补偿范围、将一般诊疗费纳入合作医疗报销范围等共"十二个统一"。目前，居民医保住院医疗费用年度报销限额为 12 万元，还有城乡居民大病保险可解决更多的医疗费用。

"全民一体化医保"切实减少了普通居民特别是农民的医疗负担。2003～2012 年，全市城乡居民基本医疗保险总筹资额达 45.38 亿元，其中财政补助 29.38 亿元；总补偿金额达 43.97 亿元，总补偿人次达 5326.94 万人次，住院补偿率从 2005 年的 23% 提高到了 2012 年 73.15%，重大疾病的住院补偿率则达到 80% 以上。

3. 推进城乡养老保障一体化，实现"全民多层次养老保障"

2007 年 10 月，嘉兴市开始实施城乡居民基本养老保险一体化。到 2014 年，城乡居民综合参保率达 97.5%，农村居民参保全额养老金月均达到 1000 元以上。由于全民养老保险和农村的复杂性，嘉兴采取了全覆盖、多层次、可选择的操作政策，较好地推进养老一体化进程。其特点有五个：一是城乡居民个人缴费比例均为 8%，都享受政府补贴 5%，但缴费基数分别按城乡居民人均收入计算，适应城乡收入与承受能力存在差距的实际。二是设立三档个人缴费档次，农民可以选择，也是适应农村居民收入总体不高且很不平衡的实际。三是农村居民可以根据自己的收入和意愿，选择参加城乡居民基本养老保险或职工基本养老保险，也可以在参加前者后再转为后者。四是被征地农民社会保障落到实处。嘉兴市从 1994 年开始探索建立被征地农民的社会保障，全市现有约 30 万被征地农民中，2/3 由政府和征地单位缴纳养老基本生活保障费。实施城乡居民基本养老保险一体化后，他们可以继续领取征地养老基本生活保障费（2014 年每人 920 元/月），也可以自己补缴差额转入职工基本养老保险或者居民基本养老保险。五是对未享受以建立统筹基金或地方财政出资的各项社会养老保障、年满 70 周岁的老人，给予高龄老人养老基本生活补助，已覆盖全市农村近 20 万人。

4. 推进城乡基础设施一体化，促进农村城镇化、社区化建设

嘉兴市结合新农村建设、美丽乡村建设，推动公共服务设施向镇村延伸，现已基本

形成以公路、水路、能源管线等线性通道为主体，连接主副中心城市和乡村的城乡一体基础设施网络框架。客运公交网络实现市域全覆盖，形成了市到县、县到镇、镇到村三级网络半小时出行圈，等级公路通村率达 100%。电气化县、镇、村实现全覆盖，建成新农村电气化地级市。城乡用电实现同域同网、同质同价。城乡供水一体化人口覆盖率达到 94%。信息化实现村庄全覆盖，农村有线电视入户率达到 100%，宽带入户率 70% 左右。"城市 10 分钟、农村 20 分钟"的生活服务圈基本形成。

从 2009 年开始，主要通过"两分两换"方式，推进"新市镇、新社区"建设。其内容主要是：将全市 17000 多个自然村规划集聚到 44 个新市镇和 325 个城乡一体新社区，按照现代城市生活设施标准建设，提高农村居民生活质量；在确保农民权益和坚持依法、自愿、有偿原则的前提下，将农民宅基地与承包地分开，搬迁与土地流转分开；以承包地换股、换租、增保障，推进集约经营，转换生产方式；以宅基地换钱、换房、换地方，推进集中居住，转换生活方式。到 2014 年末，累计完成农民集聚居住 16.8 万户，占农户总数的 25%，建成新社区 62 个。

5. 推进城乡生产要素配置合理化，促进农村经济均衡发展

其一，坚持农业基础地位，确保粮食安全。在第一产业占 GDP 比重逐渐下降到 5% 以下的同时，农业现代化水平在省内保持前列，连续多年成为国务院表彰的全国粮食生产先进市。其二，通过"两分两换"方式、财政补贴养老保险和就业援助等，鼓励农民集中居住、流转承包耕地，集约利用土地。到 2014 年，农户集聚后户均节地率达到 30% 以上，累计完成复垦面积 4 万多亩，承包经营地流转率 44.8%。其三，实行城乡统一的户口登记和迁移制度，农村居民能够自由选择成为城镇居民。其四，深化农村集体产权制度改革。到 2014 年，完成村集体土地所有权、土地承包经营权、宅基地使用权的确权登记发证工作；98.3% 的村级集体经济组织完成股份合作制改革，量化到成员资产共 39.19 亿元，股东 274 万个；村级集体经济总收入达到 16.55 亿元，村均 188 万元，总收入 30 万元以下的经济薄弱村基本实现全面转化。其五，拓展"三农"融资渠道，建立农村产权交易平台。推出农村住房抵押、流转土地经营权抵押、青年创业创新、集体经济股权质押等贷款政策。到 2015 年一季度末，累计发放流转土地经营权抵押贷款 5 亿元、农房抵押贷款 1800 余万元、农村集体产权交易金额 1.48 亿元。

二、嘉兴市推进城乡一体化发展的"五个坚持"

统筹城乡发展、破解城乡二元结构是复杂繁重的改革创新工程，涉及城乡经济社会的多个方面、多个层次、多个环节，特别是涉及全社会重大利益分配机制的调整，涉及城乡每一个居民的切身利益。嘉兴市 10 多年积极探索，取得突破性进展。无疑，嘉兴市在外来人口与本地居民的公共服务权益平等、本地农民的市民化途径、农村土地财产的价值分配、农民集中居住的规模与方式等方面，还需要深化优化操作路径。总体上，嘉兴市在寻求突破、规划设计、组织实施、综合配套等方面积累了许多经验，已经形成健全有效的城乡一体化发展体制机制。综合起来，其主要经验是"五个坚持"。

1. 坚持统筹城乡发展理念，形成工作推进机制

从 2003 年嘉兴市第五次党代会以来，历届市委、市政府始终坚持以统筹城乡一体化发展推动整体经济社会发展的理念，在制定总体规划的基础上，每年以 1 号文件方式提出推进城乡一体化进程的重大任务、主要目标和要求，各部门、各县（市、区）每年都出台具体政策，落实到具体的人群、村社以及项目规划建设之中；同时，把推进城乡一体化的成效作为检验各级党委、政府及各个部门工作的重要内容，每年单独专项考评，纳入综合考评指标体系，形成常规化工作推进机制。

面对复杂的城乡二元结构，嘉兴市积极抓住国家、省内试点的机遇，选择统筹城乡医疗、就业、养老保障三项制度为主要突破口，敢于深化拓展，取信于全民，产生广泛的社会正面效应，为不断推进城乡统筹发展奠定了坚实工作基础。

2. 坚持保障农民权益，顺应农村复杂情况

农民是城乡二元结构中长期处于不利地位的最大利益群体，农民权益是否得到保障，是能否兼顾各方利益、保障改革顺利进行的关键。嘉兴市根据农民的承受能力与意愿等实际，设立了农民能够选择的政策框架，既保障其权益与城镇居民的平等，又适应其目前经济承受能力与生活就业特点。其入手点是解决农民的医疗保障待遇的城乡一体化，逐步扩展到就业、养老、基础设施、集中居住等方面；在养老保障方面，为多数农民设立了个人缴费三个档次供选择，对特殊群体如早期被征地农民、困难家庭、高龄老人等则主要由政府补贴为主；农民对"两分两换"拥有选择权，不搞"一刀切"，实际结果是目前农地流转率只有 46%、集中居住农民只有 25%，而集中居住农民大多数又选择"一分一换",即宅基地与承包地分开、以宅基地置换集中居住新房,并继续耕作承包地,没有强迫农民以承包地换股、换租、换保障。嘉兴市干部总结出检验"两分两换"是否过快的"三个度",即群众的接受程度、转移就业的解决程度、土地和资金的平衡程度,实际上对怎样保障统筹城乡进程中的农民利益利也非常恰当。

3. 坚持综合配套改革,着力体制机制建设

其一,综合配套改革的核心,是要形成城乡一体化发展的机制体制。嘉兴市"十改联动",不仅攘括了破解城乡二元结构的主要方面,而且还包括了城乡整体经济社会发展的改革,重点是经济增长方式的转型优化、"四化"同步协调发展、农村农业可持续发展、城乡社会发展型态优化、政府管理体制改革调整等方面。坚持综合配套改革、整体协调发展,使嘉兴城乡一体化进程与整体经济社会良性推动。其二,综合配套改革的条件,则是城乡要素能够互需互融。嘉兴市的"两分两换",其重要动因是城市工商业用地缺乏与农村居民用地过多,否则,难有资金来源支撑数十万农村人口的新住区建设与经济补偿。

4. 坚持赋权活权护权结合,激发农村经济潜力

嘉兴市推进农村产权制度改革,不仅完成对农村各类资产进行确权,还大力激活其经济潜力,维护农民权益。一是搭建交易平台,培育要素市场,便于农村各类经济主体参与。特别是农村土地经营权、农房抵押贷款,实际采取担保抵押方式进行。二是政府直接扶持,尤其对村集体经济发展,弱势群体参加医疗养老保险、就业等,尽可能给予经济优惠。三是坚持公开透明交易,建立农村集体资产交易全过程监督机制,防止不公平交易导致集体资产流失。

5. 坚持农业基础地位,促进城乡均衡发展

嘉兴市认识到,即使工业化、城镇化达到较高水平,农村仍然是大量人口的生活家园,仍然是农产品供给特别是粮食安全的来源,绝不能让其荒芜、衰落;农村发展以及村庄演进、农民生活生产方式有其自身规律特点,不能照搬城镇建设模式。因此,嘉兴市一直强化"两个注重",一是注重改善农村生态环境,遏制工业和城市污染向农村转移,加强农业基础设施建设,建设生态美丽安全的农业,"五水共治"明显改善水土资源质量;二是注重富裕农民、扶持农民,增强农民的自主权,实现农民的土地财产权,使农业成为有奔头的产业、农民成为体面的职业、农村成为安居乐业的家园。

三、对全国推进城乡一体化进程的启示

目前，我国推进城乡一体化发展已经有了很大进展，但总体上仍然维持着城乡二元结构格局。这无疑是到2020年全国建成全面小康社会的重大障碍。全面加快破除城乡二元结构、推进城乡一体化发展已经刻不容缓。下一步要采取措施，着力建立健全推进城乡一体化进程的工作机制，确保到2020年全国在制度上基本消除城乡二元结构、发展上总体进入城乡一体化轨道，此后再用10年左右实现城乡一体化全面融合发展。

1. 全面推动城乡一体化进程的时机已经成熟

一方面基础坚实，我国综合经济实力显著增强，一次产业占GDP比重下降到10%以下，人均GDP已接近8000美元，全国农民人均纯收入2015年进入万元级，政府管理协调能力、城乡社会事业与基础设施水平跃上新层次；另一方面时间紧迫，城乡能否融合发展已经成为国民经济持续发展和社会事业全面进步的关键因素，特别是"四化"协调推进，有待于打破城乡二元分割格局，农民能够全面享有城乡平等的国民待遇，农民生产生活方式得到根本转变与质量提高，城市与农村资源要素得到合理优化配置。

2. 制定全国总体推进方略及时间表和底线

城乡二元结构具有很强的利益性、系统性、广泛性，需要制定全国总体推进方略，合理安排改革任务时序，分步分批分层实施，确保不断在重点领域和关键环节实现新突破。在推进中要强调坚持底线，特别是坚守耕地红线、保障农民权益、确保公开公正。

3. 制定重要方面的全国城乡一体化专项规划

对全国性的养老、医疗、教育、基础设施、土地制度等重要方面的城乡一体化，国家有关部门要进行专门规划，融入国家法律法规制订、经济社会建设项目之中；同时，推动地方加快实施创新，点面结合加快推进。

4. 国家层面要有力推动突破难点

对涉及基础性、跨区域、跨领域的重大问题，地方难以突破，中央要大力推动。如跨区域就业的农民工医疗，农民工养老保险的异地领取与转移，随迁子女的就读、中考与高考的随迁化，城乡居民养老医疗保险并轨水平低线、居民医疗的跨区域就医与结算等，要及时出台全国性规定并鼓励地方突破，以带动整体推进。

5. 国家层面及早建立城乡一体的财政支出体系框架

推进城乡一体化进程必然要大幅度增加对农村公共服务的财政支出，建立全国性城乡一体的财政支出体系是必然之事，要及早着手。为鼓励地方推进城乡一体化进程的积极性，中央应出台政策，一是优先对老少边穷地区给予相应的财政转移支付，二是对城乡一体化进程较快地区以奖代补财政支持。

从制度性排斥到制度性争夺[①]

——构建把流动人口留下来的激励机制

叶兴庆

非常高兴今天有机会第一次来到复旦大学、第一次参加全国新型城镇化与流动人口社会融合研讨会。我今天讲的话题是，如何从制度上构建把流动人口留下来的激励机制。研究流动人口市民化、社会融合，需要更多地从制度上进行深入思考。现在这种流动人口与流入地社会隔离状况之所以形成，有其制度上的原因。我们要解决这个问题，最终还是要从制度上进行改革。所以我给今天发言准备的题目是："从制度性排斥到制度性争夺——构建把流动人口留下来的激励机制。""争夺"这两个字恐怕会引起大家的误会。用制度性"融合"、制度性"接纳"，可能更容易被大家接受。为什么还要用"争夺"两个字？这有我的理由。

大家现在非常关心新型城镇化。新型城镇化的确是下一步中国经济发展进入新常态之后，支撑中国经济长期可持续发展的一个重要力量源泉。对最近中国经济的情况，大家都很担心。实践再次证明，中国经济要保持中长期内的中高速增长，最终要靠实体经济。也可以说，中国经济中长期内保持中高速增长的最靠谱的力量，还是新型城镇化。新型城镇化是以人为核心的城镇化，当然要解决人的市民化。对市民化的内涵有多种理解。从政策的角度，从人口的角度，什么是社会融合，什么是市民化，都有它的含义。在中国的体制背景下，人们所讲的市民化，往往是一个狭义的概念，即农业转移人口获得城镇户籍、与城镇居民享受完全同等的社会保障和福利待遇。也就是说，有了户籍你

① 本文系根据作者 2015 年 7 月 9 日在"第二届全国新型城镇化与流动人口社会融合研讨会"上的演讲录音整理，并经作者本人修订。

就是市民化了，没有户籍你就没有市民化。这是一个最简单的判断标准，主要取决于体制改革进展。广义的市民化，不仅包括户籍、待遇与城镇居民完全一样，而且包括文化、心理与城市社会高度融合。古今中外的移民经验表明，这是一个长期过程，往往需要几代人才能实现。

按我的理解，狭义的市民化应该有两种方式。

一种是落户式市民化。就是一步到位，取得城市户籍，相应的就有了城市居民的一系列福利保障。这样你就融合了，你就市民化了。应该说中国的户籍制度改革还是很有成效的。1984 年的中央 1 号文件提出，农民可以自理口粮到小城镇落户。这是先开放小城镇的落户门槛。30 多年来，通过户籍制度改革，大批农村人口成为城镇居民。1984 年全国城镇常住人口是 1.72 亿人。我们可以把当时的常住人口理解为户籍常住人口，按照全国平均人口增长速度 9.8‰计算，到 2014 年底，这部分城镇户籍常住人口应该增加到 2.45 亿人。但是 2014 年底全国户籍人口的城镇化率是 38%，全国总人口是 13.68 亿人，这样推算下来，全国城市户籍人口是 5.2 亿人。多出的 2.75 亿城镇户籍人口是从哪里来的？这有两种途径，一是随着城市边界外扩，城郊人口被动卷入进城市常住户籍人口当中；还有一部分就是从农村迁到城市里面的。这两种途径都是户籍制度改革的成果。可以说，30 多年的户籍制度改革，使 2.75 亿人拿到了城市户口，这是户籍制度改革实实在在的成果。当然，户籍制度改革的任务依然艰巨。到 2014 年底，全国城镇常住人口是 7.49 亿人。推算下来，全国还有 2.29 亿城镇常住人口是没有城市户籍的，也就是我们所讲的农业转移人口。

为了再印证一下户籍制度改革成果，可以看看我最近发现的一个数据，即全国第一产业就业人口减少的部分，与农民工的增量，这两个数字对不起来（见表 1）。为什么会这样？一个原因就是，退出第一产业的人，可能因为岁数大了，不会相应增加农民工数量。还有一个原因就是，由于农民工是户籍在农村的，退出第一产业的人中有一部分人，可能因为拿到城市户籍，也就不再是农民工，所以农民工的增量在减少。刚才国家卫计委王培安副主任讲到，全国城镇常住人口的增量在减少，城镇化步入了新常态。其实，全国农民工的增量也在减少。这跟农村人口结构和户籍改革有很大关系。我个人判断，今后农民工的总量，随着户籍制度改革的推进，应该趋于稳定甚至减少。

表1	全国第一产业就业人数减少与农民工增加对比	单位：万人
年　份	第一产业就业减量	农民工增量
2009	－1033	436
2010	－959	1245
2011	－1337	1055
2012	－821	983
2013	－1602	633
2014	－1381	501

　　另一种是普惠式的市民化。也就是我们平常讲的基本公共服务均等化，城市的基本公共服务要覆盖城市的全部常住人口。在推进普惠式市民化方面，我们做得并不是太理想。从国家统计局的监测来看，农民工参加城市社会保障的比率非常低（见表2）。农民工五大保险的参保率从2008年一直到2014年，进展都不大。这说明我们在普惠式市民化的道路上，还要做很多文章。我认为，今后要沿着这一条道路推进市民化，需要做的一个工作是，把目前跟户籍挂钩的城市的基本公共服务，进行系统的梳理，按照从易到难进行排序，逐步把这些跟户籍挂钩的基本公共服务剥离出去，减少户籍的福利含金量。这也是为下一步这些人实现落户式市民化奠定一个制度基础。

表2		全国外出农民工参加社会保障比率					单位：%
年　份	2008	2009	2010	2011	2012	2013	2014
养老保险	9.8	7.6	9.5	13.9	14.3	15.7	16.7
工伤保险	24.1	21.8	24.1	23.6	24	28.5	26.2
医疗保险	13.1	12.2	14.3	16.7	16.9	17.6	17.6
失业保险	3.7	3.9	4.9	8	8.4	9.1	10.5
生育保险	2	2.4	2.9	5.6	6.1	6.6	7.8

　　以上我讲的这些内容，核心观点是到目前为止城市政府对流动人口还是一种制度性排斥。为什么会排斥？因为在目前的体制下，流动人口市民化的确会增加居住地的基础设施和公共服务成本，而且我们现在对这种成本讲得比较多，包括国务院发展研究中心的课题组、社会上其他很多课题组，都对市民化的成本做过推算。这些推算当然有其道理。但这样一算下来，就把我们的城市政府吓到了。一个农民工实现市民化的成本动辄十几万元，导致城市政府对户籍制度改革普遍排斥。

但是需要注意的是，中国经济发展已经进入新常态。也就是说中国经济发展进入一个新的阶段。在这个新的阶段，流动人口对城市政府的意义，从以前的负担，有可能转向效益。流动人口留下来给流入地带来的综合效益，会逐步引起大家的注意。流动人口留下来的综合效益表现在以下方面：第一，一个地方的人越多，当地的消费市场、包括商品房市场就越大，经济活力就越强。第二，从产业竞争力看，一家企业其员工就业时间越长，人力资本积累就越多，劳动熟练程度就越高。现在我们面临的问题是，农民工流动性很高，没有长期打算，这对中国制造业竞争力的提高是非常不利的，对中国产业工人人力资本的积累是非常不利的。农民工自己没有提高自身人力资本的内在需求，企业也没有提高工人人力资本的内在动力，因为今天把他培训好，明天他就可能走了，这对中国制造业的转型升级是非常不利的。第三，对流入地的老龄化也是一个对冲。因为在人口总量里面，不断地加入了新的年轻人，这是在改善流入地的人口结构。从人口红利来看，因为进来的大部分是劳动力，是在提高当地劳动力占人口总量的比重，这有利于延缓流入地人口红利减退的速度。

当然，把流动人口留下来的综合效益还会体现在其他方面。参加今天会议的，都是人口研究领域的专家，对农民工市民化的成本比较关注，但对农民工市民化的效益研究得非常少。我还没有看到对农民工市民化综合效益的研究报告。这是一个空白，也是我们今后非常需要的研究领域。

我们从事政策研究的人，就是要推动这个收益大于成本的临界点的到来。只要流动人口留下来、实现市民化的收益大于成本，地方政府自己就会想办法调整政策，千方百计地把流动人口留下来。这是我们非常希望看到的局面。我的基本判断是，这个局面并不是天方夜谭，很快就会到来。因为我们现在已经可以看到，全国很多地方的人口结构出现重大变化，人口形势非常严峻。有些人口净流出的地方，像东北地区，将面临严峻局面。随着人口形势的变化，这个临界点很快会到来。

我们怎么推进这个临界点早点到来？我认为有两个切入点。

第一，从制度上缩小城乡基本公共服务差距。目前城乡之间的基本公共服务，无论在制度设计还是保障水平上均存在明显差距，不少方面还带有明显的城乡二元体制烙印，在城市实行一套办法，在农村实行另一套办法。因为城乡之间差距较大，人口从乡到城的转移，现在还是有成本的。如果我们把城乡之间的落差缩小，那么人口从农村到城市的转移的成本就会降下来。应尽可能在城乡实行相同的公共产品供给制度，即使暂时做不到，也应为未来的转移接续和城乡并轨预留接口，为落实十八届三中全会《决定》提出的"在农村参加的养老保险和医疗保险规范接入城镇社保体系"创造条件。应继续加大对改善农村民生的支持力度，国家新增民生投入应向农村倾斜，逐步缩小而不是扩大城乡基本公共服务差距。

第二，从制度上调动流入地的积极性。就输入地而言，在制定城市公用设施发展规划、安排重大民生工程时，应自觉将外来人口纳入覆盖范围。就上级政府而言，衡量输入地人均财力时，应将全部常住人口作为基数，并充分考虑提供公共服务成本较高的因素。借鉴中央财政对输入地解决农民工随迁子女接受义务教育的奖励办法，建立与实际服务人口相匹配的公共财政转移支付制度，调动输入地接纳外来人口的积极性。国家已经采取了很多措施，如"人钱挂钩"，财政转移支付与吸纳人口数量挂钩。又如，"人地挂钩"，新增建设用地计划指标与吸纳人口数量挂钩。"两挂钩"的力度还不够，需要继续加大。未来还应建立有利于留住流动人口的地方税体系。目前我国中央和地方的财力分配与事权划分不匹配，地方税体系中缺乏主体税种。今后如果能够改革地方税体系，建立以房地产税和消费税为主体税种的地方税新体系，地方政府就有留住流动人口的积极性。这是一种"人多钱多"的良性机制。人是需要住房、消费的，如果一个地方的人多，这个地方的财力就多。现在我们正好反过来，一个地方人越多，负担就越重，这是一种逆向调节。我非常希望"人多钱多"的良性地方税体系早点建立起来。

总之，如果我们从城乡基本公共服务均等化的角度，从城市地方税体系重构的角度共同做文章，那么流动人口市民化的收益大于成本的临界点就会更快地到来。

"十三五"应以省内就近吸纳为主
推进农业转移人口市民化

金三林

为深入分析农业转移人口市民化现状、意愿和趋势，国务院发展研究中心农村经济研究部课题组连续两年与卫生计生委流动人口司合作开展了相关调查①，并深入 7 个代表性省份的大中小城市和小城镇开展实地调研。综合调查结果及统计局全国农民工监测调查数据来看，以省内就近市民化为重点，有序推进人口城镇化的条件日益成熟，但也需要进一步明确路径，并完善相关政策。

一、农业转移人口省内就近市民化已具有坚实的基础

第一，农业转移人口省内就业的比重持续提升。根据统计局全国农民工监测调查数据，全国农民工省内转移就业（包括本乡镇内和乡外省内）的比重从 2008 年的 66.8%提高到 2014 年的 71.3%，年均增加约 0.8 个百分点。其中，东部地区农民工省内就业比重一直在 90% 以上；中部地区省内就业比重从 47.9% 上升到 57%，年均上升约 1.5个百分点；西部地区省内就业比重从 50.3% 上升到 60.4%，年均上升约 1.7 个百分点。

第二，中西部地区对农业转移人口省内就近转移的吸引力在增强。根据调查数据的分析结果，收入是影响农业转移人口流向的主要因素，流入地公共服务水平、经济发展

---

① 2013 年在上海市松江区、苏州市、无锡市、武汉市、长沙市、西安市、泉州市、咸阳市开展了农业转移人口社会融合调查，有效样本 14920 个；2014 年在安徽、四川、河南、湖南、江西、贵州等 6 省开展了流出地农业转移人口调查，有效样本 35678 个。

水平等因素也对农业转移人口的流向有较大影响。近年来，随着产业的发展，中西部地区农民工工资水平增长加快，与东部地区的工资水平差距逐步缩小，其用工环境和公共服务水平也不断改善，存量出省农业转移人口回省内就业创业的趋势日益明显，农村新增转移劳动力选择省内就业的数量也稳中有升。

第三，从发展意愿来看，大多数农业转移人口愿意在省内长期居住、养老和购房建房。从两年的调查结果来看，跨省流动的农业转移人口中，约50%愿意在户籍省内长期居住和保留户籍，有60%以上打算将来回户籍省内购房建房和养老。省内跨市和市内跨县的农业转移人口中，各有一半左右愿意回到户籍地长期居住，约有40%愿意回到户籍地县城或乡村购房建房，约50%愿意回到户籍地县城或乡村养老。这表明，不仅大多数（全部农民工的60%~70%）农业转移人口愿意在省内长期居住、养老和购房建房，而且县域也是农业转移人口未来定居的重要场所。

二、促进农业转移人口省内就近市民化的基本路径

"十三五"及未来更长一个时期，应把省内就近转移就业和市民化提到更加重要的位置，作为中西部地区就业促进政策和城镇化战略的重点。2020年前，争取使中西部地区农业转移人口在省内就业的比重每年提高约2个百分点，使全国农业转移人口的大多数在省内就业并逐步市民化。实现这一目标，需要从三个基本路径来推进。

（一）顺应出省农业转移人口返乡大趋势，鼓励其返乡就业创业和市民化

2014年，全国外出农民工中，跨省流动的有7867万人。其中，老一代农民工[①]约有3100万人（占40%左右），这一群体正在逐步退出城市劳动力市场。同时，每年还有一部分新生代农民工要回省内就业或创业。要积极迎接这一趋势，鼓励农业转移人口返乡创业和再就业，引导其在家乡城市（城镇）落户定居，到2020年争取使全国存量农民工中的80%左右[②]在省内就业，中西部地区的70%左右在省内就业，所有在省内流动的

[①] 根据国家统计局的分类，将1980年及以后出生的农民工定义为新生代农民工，这之前出生的定义为老一代农民工。

[②] 2014年全国省内就业的农民工比重为71.3%，这一比重未来年均可提高1个百分点；中西部地区省内就业的比重目前在60%左右，未来提高会更快。

农业转移人口都能享有均等的基本公共服务，大部分有意愿的农业转移人口家庭能在城镇落户定居。

（二）引导新增农业转移人口就近就地就业，在省内就近市民化

2014 年，全国新增农民工 501 万人，其中在本乡镇就业的比重为 58%，省内乡外就业的比重为 16%，省内合计比重达到 74%。中、西部地区新增农民工中，在省内就业的比重也分别超过 50% 和 60%，而且这一比重近年来一直是稳中有升。要适应这一趋势，积极引导新增农业转移人口在省内就业，到 2020 年争取使全国新增农业转移人口的大多数（70% 以上）在省内就业，并就近市民化。

（三）把新型农村社区作为新的城镇单元，引导乡内农业转移人口就地市民化

2014 年，全国乡镇内转移就业的农民工有 10574 万人，占全部农民工的比重达到 38.6%，比重逐年提高。可以在农业人口转移就业比重较高的地区，以行政村或乡镇为单元，按照城镇标准预先规划建设若干农村新型社区，引导有意愿的农业转移人口逐步迁移到新型农村社区居住生活，通过增量调整的方式推进乡内农业转移人口就地市民化，并将人口密度达到城镇标准、基础设施网络与城镇连通的农村社区人口统计为城镇常住人口。

三、促进农业转移人口省内就近市民化的政策建议

从实地调研情况来看，农业转移人口省内就近市民化可以避免跨省流动带来的诸多困难，但也面临一些矛盾和问题。特别是小城市和城镇的人口支撑能力总体不强，省内户籍制度改革和公共服务均等化进展不平衡，低层级政府的市民化成本负担压力大等问题较为突出，在中西部地区尤为明显。必须落实和完善相关政策，促进农业转移人口市民化健康发展。

（一）增强省域城市体系的连通性，引导农业转移人口分层梯度转移就业和市民化

增强城市体系的连通性，有利于发挥不同层级城市的协同效应，为农业转移人口提

供更理性的选择机会，最终形成稳定均衡的人口分布格局。

一是在国家城市群总体规划布局的基础上，构建"以省域大中城市为主体，县域中心城市为支撑，小城镇和农村新型社区为基础"的层级式城镇体系。省会等核心城市，应更加注重产业转型与升级，发挥好辐射和带动作用。结合"一带一路"建设、扩大内陆沿边开放等战略，在中西部地区建设一批边境口岸城市，培育一批文化旅游、商贸物流、资源加工等特色中小城市、小城镇。结合美丽乡村建设，按照城镇标准科学规划建设一批规模适度、设施完备的新型农村社区。

二是增强城市体系间的连通性。大城市要将交通等基础设施向周边中小城市和小城镇延伸，用综合交通网络和信息化网络把大中小城市和小城镇连接起来。注重完善中小城市和小城镇的对外交通体系，在中小城市 1 小时经济圈内、县城 10~25 公里辐射半径内，健全公共交通系统。

三是推进全域规划和多规融合。在省域范围内编制层级分明、全域覆盖、紧密衔接的城镇化发展规划，并与产业发展、土地利用、基础设施、美丽乡村建设等规划相衔接，发挥好规划对城镇体系建设的引领和规范作用。

（二）以产城融合为重点，提升中西部地区城镇化发展的内生动力

产业发展是城镇化健康发展的根本动力。在新常态下，中西部地区的良好生态、特色资源、农业剩余劳动力相对富裕等优势日益突出，应充分发挥这些优势，积极发展适宜产业，以产带城，以城促产。

一是提升产业支撑能力。依托综合交通枢纽建设，大力发展通道经济，带动产业经济、城市经济、县域经济和开放经济加快发展。支持中西部地区、中小城市充分发掘特色优势资源，发展生态旅游、休闲农业、家庭服务等就业吸纳能力强的产业。统筹规划好各类开发区、高新区、服务业集聚区的建设，促进产城融合。

二是提升中小城市和城镇的基础设施支撑能力。核心是要构建多元、可持续的城镇化投融资体制。由于中小城市和城镇的规模经济不明显，基础设施项目对社会资本的吸引力不够，因而必须加大政府的支持力度，国家相关专项资金、市政债券、政策性金融资金、改革试点项目要向中西部中小城市和城镇倾斜。对一些可以实现"使用者付费"的基础设施，应鼓励发展多种形式的公私合作（PPP），允许农村集体建设用地以参股、租赁等形式参与基础设施建设，降低建设成本。

三是完善就业创业政策环境，鼓励在省内转移就业。按照"非禁即入"原则，放宽创业主体资格、经营范围、出资限制等准入条件，加强对农民工创业的政策引导、项目开发、风险评估、小额担保贷款、跟踪扶持等一条龙服务。持续开展农业转移人口职业技能培训，使大多数农民工成为技工，优秀的成长为技师，有创业意愿的农民工有机会接受创业培训。支持各类农民工创业园的建设，鼓励"五有"农民工①返乡创业。以中西部基层为重点，加快构建城乡沟通、信息充分的劳动力市场和就业服务网络体系，提高就业服务能力。

（三）按照规划先行和增量调整的原则，推进新型农村社区建设

从调查情况来看，不仅有大量乡镇内农业转移人口愿意就地市民化，还有一部分外出农业转移人口愿意回到农村定居。需要提高认识，更加重视农村新型社区建设，将其作为城镇化的新型单元、城乡一体化发展的重要载体。

一是根据增量调整的原则，做好新型农村社区规划布局。结合县域村镇体系规划，在乡村范围内选择一批具有产业基础、文化传承或特色资源的村落，规划建设若干新型农村社区，既保持乡土风情和田园风貌，又引入城镇的基本要素。引导具有建房需求的农民自发渐进地向新型农村社区迁移，通过10~20年的时间自然而然实现农村居民点的调整和相对集中。

二是在农村新型社区实施城镇化建设管理标准。按照城镇标准建设社区基础设施和公共服务设施，将城镇交通、供水、排水等网络向社区延伸，健全管护机制。充分发挥行政、市场、志愿互助等多方面作用，构建以公共服务机构为依托、专业经济组织为基础、其他社会力量为补充的农村新型社区服务体系。

三是注重在农村新型社区培育产业。把农村新型社区建设与产业发展相结合，大力发展特色农产品加工、休闲农业、农产品电子商务等产业，促进三产融合，提升就业吸纳能力。

（四）加快户籍制度改革，推进省内跨市跨县农业转移人口在流入地落户定居

从调查结果来看，省内跨市跨县农业转移人口中，有一半左右愿意在流入地落户定

---

① 即有点技能、有点资金、有点营销意识、有点办厂能力、对农村有感情的农民工。

居。应进一步落实国家户籍改革政策，稳定农业转移人口的预期，加快落户进程。

一是加快完善相关法规体系。尽快制定《户籍法》，对户口登记的法律地位、管理范围、民事行为、权利义务等进行界定，在管理体系上形成全国统一的基本条件和标准。集中清理户籍管理相关文件，相应作出取消、修改或废止的决定。尽快出台居住证管理办法，明确持证人享有的各项基本公共服务、基本权利和便利。

二是督促各地尽快出台户籍制度改革落实政策。各地要因地制宜制定公开透明的落户标准、居住证享有的公共服务和便利范围，并限时向社会公布。已出台户籍改革政策的城市，要健全户籍与居住证相互补充、有效衔接的实有人口管理制度，明确从居住证到落户的政策通道。

三是适当放宽中西部大城市的落户标准。适应中西部省内出乡农业转移人口持续向地级以上城市集中的客观趋势，适当放宽省会城市、大型区域中心城市的落户标准，并优先解决举家外出农业转移人口的落户问题。

（五）以提升人力资本为重点，加快推进省内公共服务均等化

对于不具备市民化条件或没有市民化意愿的农业转移人口，要以教育、健康等人力资本相关领域为重点，率先推进省内公共服务均等化，保障其基本公共服务水平。

一是切实保障农业转移人口随迁子女受教育权利。充分利用全国统一的学籍管理信息系统，全面实行按随迁子女实有人数足额拨付教育经费，保障随迁子女平等享有公共教育资源。在义务教育资源相对短缺的城市，进一步推动流入地政府出资购买民办学校学位。落实好以"流入地政府为主、普惠性幼儿园为主"的政策，解决农业转移人口随迁子女接受学前教育问题。

二是加强农业转移人口公共卫生和医疗服务。健全全国新农合信息系统，推行新农合"一卡通"试点工作，方便农业转移人口在省内异地就医和医疗费用即时结算。进一步提高农业转移人口参加城镇职工医疗保险的参保率，全面推行职工医疗保险的地级统筹并逐步推行省级统筹，加快推进省内联网结算，解决省内异地就医结算难问题。

三是做好农业转移人口社会保障工作。健全城镇企业职工基本养老保险与居民养老保险制度之间的衔接政策，实现养老保险在城乡之间以及跨统筹地区之间的顺畅转移接续。提高农业转移人口在流入地城镇的工伤、生育、失业保险参保率，解决非正规就业、劳务派遣工、随迁家属的参保问题。

四是提升农业转移人口的住房保障水平。以公共租赁住房为重点，将住房困难的农业转移人口家庭纳入城镇住房保障体系。逐步将住房公积金制度覆盖范围扩大到在城市有固定工作的农业转移人口群体，健全住房公积金省内异地转移接续制度。

（六）完善基础工作，健全农业转移人口市民化成本分担机制

根据调研结果，目前中西部省会城市的市民化公共成本在 10 万～15 万元/人，地级市在 6 万～10 万元/人，县级市和小城镇在 3 万～6 万元/人。各层级城市政府都反映存在较大支付压力，层级越低的城市（镇）反映的压力越大，健全市民化成本分担机制已十分迫切。

一是进一步明确各级政府在推进农业转移人口市民化方面的主要职责。省级政府主要负责制定本省公共服务标准，承担公共服务成本省级负担部分，增加对接受跨市农业转移人口较多城市的支出补助。城市（含区县）政府要承担公共服务成本市（县）级分担部分，以及基础设施建设和运营成本。中央政府要增加对接受农业转移人口较多城市的支出补助。

二是进一步完善财税制度，以常住人口作为财政分成依据来调整各级政府之间的财政分配关系。健全中央和省两级专项资金转移支付制度，建立"钱随人走"的挂钩机制。建立健全财权与事权相匹配的财政管理体制，特别是要提高县域税收分成比例，加大对小城镇的转移支付力度，确保基层政府具备提供公共服务和以一定财政资金调配人口空间分布的能力。

三是健全包括农业转移人口在内的流动人口信息管理体系。以建设国家人口基础信息库为契机，整合公安、人力资源和社会保障、卫生计生、统计等部门的报表和监测信息，加快建立"综合采集、集中管理、信息共享"的流动人口信息综合数据库和共享平台，实时掌握"人从哪里来，人到哪里去"，夯实人口管理和公共服务均等化的基础。

第五部分　粮食安全

我国粮食需求峰值估算及应对策略

课题组[①]

我国作为一个正在从中高收入发展阶段向高收入发展阶段迈进、从城镇化快速发展阶段的中后期向城镇化的成熟期推进、从传统农业向现代农业转型的人口大国，如何满足全社会对粮食不断增长的需求，是国际社会广泛关注的重大话题，也是未来一个较长时期内我国农业政策的核心议题。要在这个话题的讨论中掌握话语权、在这个议题的讨论中把握住大局，很重要的一点是，我们必须回答清楚：中国未来到底需要多少粮食？粮食需求峰值有多高、何时到来？

面向未来，随着人口继续增长、城镇化快速推进、食物消费结构转型升级以及工业用途拓展，我国粮食总需求还将继续保持增长。当前，长期粮食安全保障压力大和短期粮食供给结构性过剩出现矛盾，迫切需要在科学预测未来粮食需求的基础上，进行合理的粮食生产规划布局，超前谋划粮食进口的品种、来源和渠道。本研究在分析北京市、城市高收入群体、中国台湾、中国香港、新加坡、日本、韩国等典型人群人均粮食消费情况的基础上，总结我国粮食消费历史变化规律，综合考虑未来人口增长、城镇化、农业人口转移、食物消费结构转型升级以及老龄化等对粮食需求的影响，估算国内粮食需求，预测粮食需求峰值到来的时间及规模，并针对粮食需求的变化提出有效的应对措施。

---

① 本文系农业部种植业司 2015 年委托课题《我国粮食需求峰值估算及应对策略》成果。课题主持人：叶兴庆；课题组成员：金三林、程郁、陈春良、周群力、周琳、程广燕、赵晓慧、卢士军、姚方方、王世语、李荣耀、翁凝、李宁；主要执笔人：程郁、陈春良、周琳。

一、现有对我国粮食需求的预测研究

大量的学术和政策研究者都曾对我国粮食生产、消费及供需平衡进行过预测研究。从预测方法来看，既有研究对中国粮食需求的预测，大体可以分为人均营养摄取推算法、经验和趋势估计法、结构模型预测法等三大类。从预测时点来看，大体是时点预测和区间预测两大类。

（一）人均营养摄取推算法

基本的预测思路是：从生理角度来看，一定年龄群体的营养或热量摄入维持较为稳定，例如，我国成年男性热量摄入大致为2300~2600大卡之间；基于热量摄入的基准信息，结合流行的膳食平衡表，可以将日均热量摄入按照消费均值换算为食物消费，进而将食物消费按照一定的饲料转化率折合成粮食消费需求；最后，结合粮食消费结构、耗损率指标、人口数量及结构等预测数，预测计算出最终的粮食消费总量。

陈百明（2002）按照城乡居民达到小康的营养供给量标准进行测算[①]，2010年、2030年和2050年中国粮食需求量分别为5.78亿吨、6.99亿吨和7.93亿吨。高启杰（2004）根据2003年一项涵盖全国7个省市、661户城乡居民粮食消费的调查数据，考虑在外用餐、人口折算等因素，预测2020年中国的粮食总需求将介于5.78亿~6.12亿吨之间。封志明（2007）基于热量消耗的粮食估计，中国人口在2033年达到高峰时，全口径的粮食总需求在6.63亿~6.92亿吨之间。《国家粮食安全中长期规划纲要（2008－2020）》（2008）考虑粮食消费结构升级，预计到2020年，口粮消费减少到2.48亿吨、占粮食消费需求总量的43%，饲料用粮将增加到2.35亿吨、占粮食消费需求总量的41%，总需求量将达到5.73亿吨。美国食品及农业政策研究所（FAPRI）（2012）预测，到2020年我国粮食消费总量为7.3亿吨[②]。钟甫宁和向晶（2012a）按照

[①] 2010年人均热量达到2620大卡，蛋白质达到75克，脂肪达到74克，人均大致每年需要420公斤的粮食；2030年人均热量达到2650大卡，蛋白质达到77克，脂肪达到76克，人均大致每年需要450公斤的粮食；2050年人均热量达到2750大卡，蛋白质达到85克，脂肪达到81克，人均大致每年需要500公斤的粮食。

[②] 其中，小麦、玉米、大麦消费量分别为1.28亿吨、2.35亿吨、538万吨，大豆消费量0.89亿吨，畜产品净进口折合玉米767万吨，合计4.66亿吨。

热量摄入锚定，考虑城镇化进程中热量摄入粮食构成的变化影响，估计 2020 年口粮 2.22 亿吨、饲料粮 2.97 亿吨、食物用量 5.2 亿吨，总粮食需求 6.12 亿吨。钟甫宁和向晶（2012b）、向晶和钟甫宁（2013）按照中国居民膳食指南上限计算标准人的日均粮食需求总量，转化为年需求量为 384.35 公斤，认为 2030 年将可能达到人口峰值 14.57 亿人，进而预测中国粮食（全口径）需求总量峰值很可能出现在 2030 年前后，最高可能达到 6.48 亿吨。

（二）经验和趋势估计法

基本的预测思路是：根据历史和现状判断粮食需求的未来演变趋势，设定粮食需求变化速度或预测期内人均需求水平，进而结合人口规模的预测，得到最终的粮食需求预测值。此类方法有时也被称为综合判断法，主要依据粮食需求变化的历史信息，采用时间序列数据外推方法或略微复杂的时间序列预测技术，对未来中国粮食总体需求进行预测。这类基于时间序列数据的预测有总量预测、人均需求加总预测两种大思路。总的来看，时间序列模型预测基于历史消费信息，建模较为简单，通常用到的技术包括最简单的移动平均、平稳时间序列、神经网络等。

以不同品种消费变化为基础的时间序列预测研究，主要包括：朱希刚（2004）在人均粮食消费 410 公斤基础上以人口预测测算的 2020 年粮食总需求为 5.87 亿吨；胡鞍钢等（2015）基于《国家粮食安全中长期规划纲要（2008－2020）》的评估情况，认为 2020 年中国粮食（全口径）需求为 6.4 亿吨。考虑不同用途的需求特征差异，一些学者分类预测后再进行加总。马永欢和牛文元（2009）按照粮食类型分别建立移动自回归模型进行预测，考虑不同转换率、人口增长为固定比例，城镇化等因素，他们估计 2020 年粮食（全口径）需求 5.48 亿吨，其中口粮 2.62 亿吨、饲料粮 1.8 亿吨、种子粮 0.12 亿吨、工业用粮 0.93 亿吨。胡小平和郭晓慧（2010）将食物用粮、工业用粮和种子用粮分别按照 2007 中国居民膳食指南消费均值上浮 10% 预测人均值、增长率平滑外推和假设稳定下的均值外推的方法，预测 2020 年我国的粮食总需求为 6.1 亿吨，其中口粮 2.1 亿吨、饲料粮 2.98 亿吨。孙宝民（2012）基于 1985～2009 年之间的历史数据，采用时间序列方法对不同类型粮食需求按照不同模型进行模拟，预测 2020 年粮食（全口径）需求总量为 5.6 亿吨。李志强等（2012）估计 2030 年口粮 2.75 亿吨、饲料用粮 1.61 亿吨、工业用粮 1.35 亿吨、种子用粮 0.12 亿吨、损耗 0.23 亿吨，全口径的粮食总需求

6.06 亿吨。赵萱和稍一册（2014）基于 1949～2009 年以来的时间序列数据，估计 2030 年人均口粮消费 179.48 公斤，人口 15.09 亿人，口粮需求 2.71 亿吨，最终饲料粮 2030 年的需求为 3.73 亿吨，种子用粮 0.115 亿吨，工业用粮 0.54 亿吨，不考虑损耗粮食，2030 年全口径总需求达到近 7.1 亿吨。

针对时间序列未能考虑到经济发展中结构性变化的问题，一些学者对预测方法进行改善。国家统计局重庆调查总队（2015）基于时间序列的 BP 神经网络，综合考虑前期粮食产量、全国人口、城镇化率、工业化进程、居民收入、粮食价格指数、农林牧渔总产值等，估计 2020 年我国的粮食需求将达到 7.34 亿吨；其中，谷物 5.87 亿吨、口粮 2.69 亿吨、饲料 1.66 亿吨、工业 1.66 亿吨。尹靖华和顾国达（2015）采用 ARMA 模型、指数平滑、灰色预测和组合预测等方法，预测到 2020 年粮食总需求达到 6.87 亿吨，小麦、玉米、稻米、大豆分别为 1.72 亿吨、2.35 亿吨、1.67 亿吨和 1.13 亿吨；2030 年粮食总需求达到 9.17 亿吨，小麦、玉米、稻米、大豆分别为 2.24 亿吨、3.39 亿吨、1.94 亿吨和 1.6 亿吨。经合组织/粮农组织（OECD/FAO）（2015）以 2013 年统计数据为基期，假定保持目前消费水平，按照 2020 年 14.3 亿人口计算，估计我国粮食总消费量将达到 7.53 亿吨，其中小麦、粗粮、稻谷、大米消费量分别为 1.32 亿吨、2.65 亿吨、2.02 亿吨、1.42 亿吨，大豆消费量为 9762 万吨，DDGs 及饼粕进口 359 万吨，肉奶净进口折合玉米 1589 万吨，合计 7.16 亿吨。

（三）结构模型预测法

基本预测思路：通过建立多个描述粮食生产、消费和贸易的方程组，结合实证研究结果，设定相关弹性参数和关键变量值，最后求解粮食市场价格出清，可以得出均衡需求量、供给量以及价格，进而预测粮食需求量。这些理论模型模拟时，要对关键参数进行假定，有的用微观调查数据做计算，有些按照专家估计，通常估计过程较为严谨。综合考虑粮食需求的多种影响因素及其交叉影响，预测形式较为精细，但是建模较为复杂。也有简化版，比如就估计需求系统，重点估计需求函数，比如黄季焜（1999）。这方面，比较著名的包括 FAO 的世界食物模型，国际粮食政策研究所（IFPRI）的 IMPACT 模型等。大型系统的估计有代表性的国内模型，包括廖永松、黄季焜（2004）开发的 CAPSiM 模型。

黄季焜（1999）较早地用结构模型的方法来研究粮食需求问题，强调收入变化、城市化等结构性变化对粮食需求有显著影响。他发现，人口从农村迁移到中小城市和大城市，人均口粮消费分别减少 58.3 公斤/人·年和 64.2 公斤/人·年，但是肉、鱼增加5.7 公斤、8.9 公斤。陆文聪等（2011）运用均衡模型综合考虑了影响供需的多种因素，使用中国—世界农业区域市场均衡模型（CWARMEM）预测，2020 年中国粮食需求将达6 亿吨。黄季焜等（2012）采用全球贸易分析模型（GTAP）和中国农业政策分析与预测模型（CAPSiM），设置了基准、高经济增长和高技术进步方案分析各类粮食供求状况，预测中国粮食需求 2020 年在基准模型条件下为 6.7 亿吨。罗其友等（2014）用2001～2011 年的分省面板数据估计粮食需求函数（收入、价格、食物价格），分别用固定效应模型估计口粮和饲料粮人均需求函数；他们认为，我国全口径的粮食需求，2030年为 5.63 亿～5.85 亿吨（人均 338～403 公斤），2050 年为 6.06～6.47 亿吨（人均 442～472 公斤）。王洋和余志刚（2015）建立 ARIMA - GRNN 模型（ARIMA 与广义回归神经网络模型 GRNN 相结合），对粮食供求的未来中短期趋势进行了预测，结果表明 2020年粮食总需求量 7.41 亿吨，口粮、饲料用粮、工业用粮、种子用粮和其他用粮分别需要2.68 亿吨、1.54 亿吨、0.15 亿吨、2.27 亿吨、0.79 亿吨。

（四）简要结论

可以看出，对我国粮食需求的研究一直在不断丰富和完善的过程中，但因为影响粮食需求的因素较多、变量之间的关系也较为复杂，即使使用更加高级和复杂的数量研究方法也可能遗漏关键性结构性变化，影响预测的精度和准确性。这也是现有粮食需求预测结果存在巨大差异的重要原因，而且很多研究经过现实的检验存在巨大的偏差。特别是大量的研究只是基于过去发生的情况外推未来，而没有深入分析人们食物消费的规律与特征，没有考虑消费行为的变化对粮食需求的影响。

二、基于消费行为分析粮食需求变化趋势

（一）对粮食消费量的调整方法

长期以来，对我国粮食基本供求形势的判断主要依赖于表观消费量[①]。但自从我国

---

① 人均表观消费量 =（当年产量 + 净进口量）/总人口。

实施粮食最低收购价和临时收储政策以来、特别是2013年主要农产品价格全面倒挂以来，我国粮食库存快速增长，表观消费量已大大偏离粮食真实消费需求。特别是2015年国内外粮食价格倒挂程度加剧，在我国粮食大幅度增产的条件下我国粮食进口总量突破12477万吨①，导致国内粮食库存大量积压，表观消费量远远大于实际消费量。过去大量的粮食需求预测是以表观消费数据为基础，而今我国粮食供需形势的变化使得这种分析方法存在巨大的缺陷（见表1）。

表1　　　　　　　　　　　中国粮食产量及自给率变动情况

年　份	粮食产量（万吨）	粮食净进口量（万吨）	粮食表观消费量（万吨）	粮食表观自给率（％）
1980	32055.5	1288	33343.5	96.1
1985	37910.8	−322	37588.8	100.9
1990	44624.3	862	45486.3	98.1
1995	46661.8	1967	48628.8	96
2000	46217.5	−42	46175.52	100.1
2001	45263.7	837	46100.67	98.2
2002	45705.8	−93	45612.75	100.2
2003	43069.5	61	43130.53	99.9
2004	46946.9	2492	49438.95	95
2005	48402.2	2232	50634.19	95.6
2006	49804.2	2540	52344.23	95.1
2007	50160.3	2205	52365.28	95.8
2008	52870.9	3670	56540.92	93.5
2009	53082.1	4403	57485.08	92.3
2010	54647.7	5764	60411.71	90.5
2011	57120.8	6102	63222.85	90.3
2012	58957.1	7748	66705.1	88.4
2013	60193.8	8402.2	68596	87.8
2014	60702.6	9831	70533.6	86.1
2015	62143.5	12477	74620.5	83.3

---

①　这还不包括作为玉米替代品的饲料用粮进口，比如木薯、玉米淀粉等增长量很大，木薯进口量就达到920万吨。

辛良杰等（2015）利用中国农业大学、中国农科院等机构的调查数据，对国家统计局粮食消费2012年的人均数据进行校正，以日本、韩国和我国台湾消费数据作为参照，按照增长率平滑计算2030年人均粮食需求量，估计2030年粮食需求量，预测结果为总需求7.5亿吨。本研究也借鉴其方法，从实际消费端来分析粮食需求的变化趋势，在掌握膳食结构与我国相似的东亚国家食物消费变化趋势的基础上分析粮食消费变化规律，综合考虑我国人口增长、收入增长、城镇化发展与农业人口转移、食物消费结构转型等多重因素，预测分析我国粮食消费需求峰值及其到来时间点。根据粮食消费的途径，当前我国消费的粮食主要可划分为口粮、饲料粮、加工用粮和种用粮四类。由于加工用粮和种用粮长期以来占我国粮食消费比重小且较稳定，因此本研究将基于我国居民食物消费的特征，重点研究未来在我国城镇化的不断推进、人口老龄化的日趋严峻、农村劳动力的持续转移、居民消费结构的继续升级等相关因素单独及共同作用下，口粮和饲料粮两类直接供居民食用的粮食消费的发展趋势。

从现有统计数据看，对城乡居民粮食消费的数据最直接的只有国家统计局每年发布的城乡住户调查的相关食物消费量。但该数据农村居民是包括全年购买和自产自食的粮食数量，而城市居民的消费只是其购买量，即不包括外出就餐消费部分，直接以其估计消费量将存在大大低估的问题。在我国库存变化巨大的情况下，以表观消费量衡量我国粮食需求存在明显偏差。由于缺乏我国粮食库存的公开数据，难以对表观消费量进行有效的修正。因此，本研究假设粮食消费结构不变，住户调查消费量与表观消费量的比重相对稳定，两者均可以反映粮食消费趋势，可以利用相互的关联计算实际消费量与表观消费量的折算比例来进行修正。在这一过程中，还需要考虑随着收入提高、城镇化进程加快，城乡居民户外消费比重和加工食品消费比重不断上升。为更加客观反映居民粮食消费变化，本研究还将利用时点的需求调查中所反映的户外消费、食品损耗率来对消费量进行调整。经过修正后，2008～2012年城乡住户粮食调查消费量与表观消费量对比分析结果显示，粮食城乡住户调查消费量占表观消费量比重相对稳定，为61%，其中口粮和饲料粮城乡住户调查消费量分别占表观消费量的35%和26%（见表2）。

（二）我国食用粮消费特征与趋势

从近10年我国城乡居民粮食消费情况看，未来我国城市居民口粮消费将趋于稳定，饲料粮消费仍将上涨，但涨幅有所回落；农村居民口粮消费继续减少，饲料粮消费涨幅

表 2　　　　　　　　　　　粮食调查消费量占表观消费量比重　　　　　　　单位:%

年　份	粮　食	其　中	
		口　粮	饲料粮
2008	62.8	38.0	24.8
2009	64.9	38.4	26.6
2010	62.1	35.6	26.4
2011	59.5	33.2	26.3
2012	56.0	30.3	25.7
2008～2012 年平均	61.0	35.1	26.0

数据来源:本课题组根据国家统计局数据测算。调查消费量数据为《城乡住户调查年鉴》经户内消费占比折算后户内外全口径消费数据。表观消费量数据由《2014 中国粮食发展报告》中的数据计算所得。

高于城市居民。我国城市居民口粮消费基本趋于稳定,2009 年以来城市居民人均口粮年消费量基本稳定在 100 公斤水平(折合原粮约 132 公斤)。农村居民口粮消费下降明显,2012 年农村居民人均口粮年消费量较 10 年前下降 66.2 公斤(折合原粮约 87.6 公斤)。饲料粮[①]方面,城乡居民消费均出现不同程度的上涨。2012 年城市居民人均饲料粮消费达 164 公斤(折合表观消费量 347.9 公斤),较 2003 年增长了 42.4 公斤(折合表观消费量 85.9 公斤),近 10 年年均增长率为 0.94%,近 5 年年均增长率为 3.40%。2012 年农村居民人均饲料粮消费为 85.5 公斤(折合表观消费量 175.1 公斤),较 2003 年增长 24.8 公斤(折合表观消费量 51.8 公斤),10 年间年均增长率为 4.39%,近 5 年年均增长率为 5.68%(见表 3)。

表 3　　　　　　　　　　城市与农村居民人均粮食年消费量差异　　　　　　　单位:公斤

年　份	城市居民		农村居民		全　国	
	口粮	饲料粮	口粮	饲料粮	口粮	饲料粮
2003	128.4	319.7	326.8	120.9	259.9	201.5
2004	128.8	297.0	324.4	121.9	256.7	195.0
2005	128.6	319.9	313.9	145.6	248.7	220.5
2006	129.0	322.8	312.5	147.5	246.1	225.2

---

① 除 FAO 数据以外,本研究中的提到的饲料粮均以肉类、蛋类、奶类、水产四类耗粮食物的消费量分别用对应的粮肉比系数折算后得到。

年 份	城市居民		农村居民		全 国	
	口粮	饲料粮	口粮	饲料粮	口粮	饲料粮
2007	131.7	321.9	306.8	145.2	242.1	226.3
2008	105.9	304.3	309.8	142.7	227.0	218.6
2009	137.5	328.4	298.0	152.5	237.7	237.5
2010	140.0	344.4	289.0	156.5	233.1	250.4
2011	140.4	341.2	275.3	175.1	225.3	260.3
2012	133.1	347.9	268.2	178.0	215.8	267.3
2003~2012年均增长率(%)	0.40	0.94	-2.17	4.39	-2.04	3.13
2008~2012年均增长率(%)	5.88	3.40	-3.54	5.68	-1.26	5.03

数据来源：本课题组根据国家统计局数据测算。

从食物消费调查①的结果看，随着收入水平的提高，城乡居民人均口粮消费呈下降趋势，饲料粮消费呈上升趋势，粮食食用消费总量呈上升趋势。参考国家统计局对收入水平划分的标准，本课题组将2014年2000户调研样本分别以城市和农村为单位，将收入水平划分为低、中、高3个等级。城市高收入组居民比农村低收入组居民每年多消费粮食76.6公斤，其中少消费口粮15.8公斤，多消费饲料粮92.4公斤。农村高收入组居民比农村低收入组居民每年多消费粮食134.6公斤，其中少消费口粮7.2公斤，多消费饲料粮141.8公斤（见表4）。

表4　　　　　　　　　　2014年城乡不同收入组居民人均粮食年消费状况

	收入组	收入区间（元）	粮食（公斤）	口粮（公斤）	饲料粮（公斤）
城市	低	(0, 13724]	467.0	131.1	335.9
	中	(13724, 32758]	527.6	126.2	401.4
	高	[32758, +∞)	543.6	115.3	428.3
农村	低	(0, 4878]	315.7	139.5	176.2
	中	(4878, 13171]	344.8	136	208.8
	高	[13171, +∞)	450.3	132.3	318.0

数据来源：2014年课题组消费调研数据测算结果，口粮折算成原料口径，饲料粮以表观消费量计。

---

① 2013~2014年，农业部食物营养所政策研究室团队组织调研人员采用称重法对我国居民家庭内食物消费开展了为期5天的调研，该调研覆盖全国25个省份，2003户家庭（其中城镇家庭1226户，农村家庭777户）。

城市不同收入组之间粮食消费差距随收入增加而缩小，农村不同收入组之间粮食消费差异随收入增加而扩大，且饲料粮的消费变动幅度远大于口粮。城市中、低收入组居民人均粮食年消费量相差 60.7 公斤，其中口粮相差 4.9 公斤，饲料粮相差 65.6 公斤；高、中收入组居民人均粮食年消费量相差 15.9 公斤，其中口粮相差 10.9 公斤，饲料粮相差 26.8 公斤。农村中、低收入组居民人均粮食年消费量相差 29.1 公斤，其中口粮相差 3.5 公斤，饲料粮相差 32.6 公斤；高、中收入组居民人均粮食年消费量相差 105.5 公斤，其中口粮相差 3.7 公斤，饲料粮相差 109.2 公斤。

从城乡对比的角度看，农村高收入组的消费水平和城市低收入组的消费水平最接近。农村高收入组人均粮食年消费量为 450.3 公斤，其中口粮 132.3 公斤，饲料粮 318 公斤，全年粮食消费与城市低收入组居民仅相差 16.7 公斤。

综上所述，未来我国粮食消费将在一定时期内保持持续增长状态，且粮食消费增长的核心动力是饲料粮消费的快速增长。随着未来居民收入水平的继续提高，城市居民的消费将日趋稳定，农村居民的消费水平将日趋接近城市居民，预计农村居民粮食消费在经历快速增长阶段后也将逐渐趋于稳定。

三、我国人均粮食消费峰值预测

除了收入增长带来的居民膳食结构的变化，对我国未来粮食需求有较大影响的主要是城镇化带来的大量农业人口向城市的转移。根据国家统计局发布的《农民工监测调查报告》，2014 年全国农民工总量达 27395 万人，其中外出农民工达 16821 万人，分别占当年全国总人口的 20% 和 12.3%。农民工作为一个特殊群体，因为体力劳动消耗较大，人均的粮食需求量也会比较高（国务院发展研究中心、世界银行，2014；王燕青、武拉平，2014）。本研究将在分析未来我国口粮及主要耗粮食物消费峰值的基础上，分别预测未来城镇户籍人口、农村常住人口和农民工三个群体粮食消费需求，并基于以上三个人群的数量结构预测未来我国人均粮食消费需求，最后结合未来我国人口预测数据，预测未来我国粮食消费需求总量和消费峰值。

城乡居民食物消费预测的历史数据采用《中国住户调查年鉴》口粮及主要耗粮食物的消费数据，并将户内消费折算为城乡居民户内外全口径消费数据①。由于我国缺乏农

---

① 城乡居民户外消费比重以在外饮食支出占食品支出的比重来计，人均食物消费量＝户内消费量/户内消费比重。

民工食物消费的历史数据，农民工消费预测则是基于中国农业大学 2013 年的农民工消费调研结果，并以农民工和城镇居民食物消费差异进行修正后得到 2013 年农民工粮食消费数据。按照当前农业人口转移的趋势和结合相关的研究结果（刘世锦，2015；许庆、章元、邬璟璟等，2013），估计到 2031 年农民工将全部转移为城镇人口时，由此农民工群体的食物消费可视为与城镇居民一致。假定 2013～2031 年农民工转移为城镇居民期间其食物消费匀速升级，则可计算 2013～2031 期间农民工粮食消费的趋势。

为保证粮食消费预测口径和当前的国家统计局的生产数据口径一致，预测中的口粮均以原粮计，饲料粮的消费预测是基于肉类、蛋类、奶类、水产四类耗粮食物需求的预测，再以饲料转化率折算得到，其中肉类、蛋类、奶类、水产的预测以表观消费量计①。

（一）人均主要食物消费峰值判断

1. 口粮

口粮是我国居民主要的供能食物。随着动物性产品消费的逐渐上升，我国居民的口粮消费呈现出明显的下降趋势，可以判断未来我国口粮不会再出现增长趋势。增加的动物性产品消费为我国居民提供优质动物蛋白，同时也提供了相当数量的能量。因此，未来我国城市居民口粮消费的预测将基于热量代换的思路，即以动物性产品和口粮的营养成分数据为基础，用增加的动物性产品消费所提供的能量替代部分口粮的消费，从而得出对应年度的口粮消费量②。农村居民口粮的需求除了动物性产品消费增加替代外，随着农业劳动的减少以及农业机械化水平的显著提高，可以判断口粮消费的降幅应低于热量代换后的数值。综合考虑农村居民未来的膳食结构和农业体力劳动的需求，假定农村居民稳定后口粮消费量高于城市居民约 25%，即约 125 公斤/年（折合原粮约 165 公斤/年）。

2. 耗粮食物与饲料粮

随着收入的增加，在完成了膳食结构转型升级后，进入高收入发展阶段，居民的食物消费模式将趋于稳定。这从亚洲发达国家和地区的发展经验和我国高收入地区来看均

---

① 肉类、蛋类、奶类、水产品调研消费量占表观消费量的比值分别为 0.572、0.350、0.379、0.316，其中生产数据引自《中国统计年鉴》，进出口数据引自农业部农业贸易促进中心提供的进出口监测数据。

② 本研究未考虑油脂消费变化及其对口粮消费的替代。

是如此。目前北京市人均 GDP 已超过 1.4 万美元，居民食物消费模式已相对稳定。我们选取亚洲膳食结构与我们相近的主要国家和地区观察其重要食品的人均消费峰值，并与调查数据结合，作为判断我国主要动物性产品消费峰值的依据。通过将亚洲较发达国家和地区、农业部食物营养所 2014 年的调查数据中城市较高收入组居民的比较来看，以当前北京市和城市高收入组的消费水平作为未来我国居民人均食物消费的峰值进行判断较为合理。

农业部食物营养所 2014 年的调查显示，北京市城镇居民人均肉类表观消费量为 81.2 公斤/年，城市最高收入组居民人均肉类表观消费量为 72.3 公斤/年，城市较高收入组居民人均肉类表观消费量为 85.0 公斤/年。中国台湾、中国香港、新加坡、日本、韩国人均肉类消费量历史最高水平分别为 84.7 公斤/年、153.9 公斤/年、89.0 公斤/年、48.8 公斤/年、62.2 公斤/年。由于受西方动物性产品为主的膳食模式影响较大，香港地区的肉类消费水平较高，与美国人均肉类消费量比较接近。考虑到膳食模式的相似性，北京市、中国台湾、新加坡以及城市高收入组的人均肉类消费数量更具参考价值，据此认为我国人均年肉类消费峰值在 81～85 公斤（折合调研消费量 46～48 公斤/年）。同理，可以判断我国人均蛋类消费峰值在 28～30 公斤之间（折合调研消费量 9.8～10.5 公斤/年），人均奶类消费峰值在 78～90 公斤之间（折合调研消费量 29.3～33.6 公斤/年），人均水产消费峰值在 53～72 公斤之间（折合调研消费量 16.4～18.7 公斤/年）。由于奶类和水产的生产受自然资源环境的约束明显，因此预测中奶类和水产的消费峰值取峰值区间下限（见表 5）。

3. 食用豆油

国家统计局城乡住户调查数据显示，城市居民食用油购买量 2013 年后保持稳定，农村居民购买量 2013 年后开始下降。2013 年我国人均植物油的消费量为 24.49 公斤/年[①]，已经超过了我国居民膳食推荐标准。在健康消费引导下，预计我国植物油的人均消费水平还会逐渐回落，可将 2013 年消费水平作为峰值标准。按照目前我国居民食用油中 45.1% 的大

---

① 植物油消费是以表观消费总量除以人均计算，即植物油总产量加上净进口再除以人口数，因为植物油的消费还包括户外就餐和加工食品的用油，难以通过调查消费量折算。

表5　我国典型人群与亚洲典型国家（地区）耗粮食物消费峰值

	肉　类			蛋　类			奶　类			水　产		
	峰值（公斤）	年份	人均GDP（美元）	峰值（公斤）	年份	人均GDP（美元）	峰值（公斤）	年份	人均GDP（美元）	峰值（公斤）	年份	人均GDP（美元）
北京市	81.2	2014	14000	27.9	2014	14000	89.4	2014	14000	53.0	2014	14000
城市最高收入	72.3	2014	3619	29.7	2014	3619	76.4	2014	3619	71.5	2014	3619
城市较高收入	85.0	2014	3619	23.2	2014	3619	77.7	2014	3619	61.8	2014	3619
中国台湾	84.7	1997	13454	14.8	1999	13080	52.0	1995	13160	41.2	1990	9454
中国香港	153.9	2011	32617	14.2	1988	16767	83.6	2011	32617	71.0	2011	32617
新加坡	89	1987	13492	19.2	2011	36154	196.7	2011	36154	45.5	1976	7433
日　本	48.8	2011	36203	20.2	1993	32270	83.1	1996	33716	72.6	1988	28236
韩　国	62.2	2011	22884	11.4	2009	20977	33.7	2002	16807	58.8	2009	20977

数据来源：北京市、城市最高与较高收入人组居民消费数据根据 2014 年课题组消费调研数据测算结果。亚洲典型国家（地区）消费数据引自 FAO，人均 GDP 数据引自 world bank，以 2005 年不变美元计。

豆油比例，可推算出大豆油的需求量为 11.04 公斤/人·年，折合原豆为 66.94 公斤/人·年[①]。2015 年我国食用大豆加工量为 1300 万吨，折合人均消费量为 9.5 公斤/人·年，而营养推荐的豆制品摄入最佳标准折合原豆量为 10.9 公斤/人·年，可将此作为我国加工豆制品的消费峰值[②]。由此，可以估算我国大豆的人均消费峰值为 77.84 公斤/人·年；剔除压榨用大豆产生的饼粕计入饲料粮这一因素，我国大豆的人均消费峰值为 21.94 公斤/人·年[③]。

（二）耗粮食物年均增速判断

根据城乡住户调查数据显示的各类食物年均消费增速可以将食物消费增速划分为两个阶段。从城市居民角度看，2000~2010 年为食物消费快速增长时期，2010~2012 年为食物消费的慢速增长时期（调整时期）；从农村居民的角度看，2000~2010 年为食物消费慢速增长时期，2010~2012 年为食物消费的快速增长时期。可以看出，当前我国城镇居民耗粮食物的消费增长逐渐趋缓，农村居民多种食物的消费增速已经超过城市慢速增长时期的增速，日趋接近城市居民食物消费快速增长阶段。

因此，未来城镇居民肉类消费年均增速取 2010~2012 年对应食物的年均增量 0.509 公斤/年；奶类作为优质蛋白的来源和生活改善类食物，近年来表现出明显的增速，年均增速取 2000~2010 年对应的年均增量 1.737 公斤/年；水产和蛋类由于已经达到消费峰值，假定以当前消费水平发展。农村肉类和奶类未来消费增速以 2000~2010 年城市居民食物消费增速计，分别为 2.263 公斤/年、1.737 公斤/年；蛋类和水产以农村居民当前消费增速计，分别为 3.136 公斤/年、0.557 公斤/年（见表6）。

表6	城乡居民分品种食物消费年均增长量				单位：公斤
		肉 类	蛋 类	奶	水 产
预测年均消费	城 市	0.509		1.737	
增长取值	农 村	2.263	3.136	1.737	0.557

数据来源：课题组根据城乡住户消费调查数据测算，城市居民蛋类和水产已经达到峰值，因此假定未来消费维持当前水平，所有产品增幅均以表观消费量计。

---

① 大豆出油率参考《中国粮食发展报告》数据，按 16.5% 计算。

② 从 FAO 的消费数据来看，我国豆制品的人均消费量已经连续 3 年保持稳定，日本、韩国和中国台湾地区豆制品消费也稳定在一定区间内、没有反弹增长趋势。

③ 因为豆粕可用作饲料，且将计入饲料粮，除了饲料外的人食用大豆需求量即为豆油量＋豆制品折合原豆量。

（三）人均粮食消费量预测

1. 城镇户籍人口

肉类、蛋类、奶类、水产品四类耗粮食物的预测结果如下：当前城市居民蛋类和水产品的人均年消费量已经达到消费峰值，分别为30.1公斤/年、61.5公斤/年，其中水产品的消费量略高于水产消费峰值。由此可知，未来城镇户籍居民蛋类和水产品的消费量增长空间很小，将不再持续增长。肉类的消费峰值出现年份为2022年，峰值数为84.9公斤/年；奶类消费峰值出现在2030年，峰值数78.4公斤/年（见图1）。

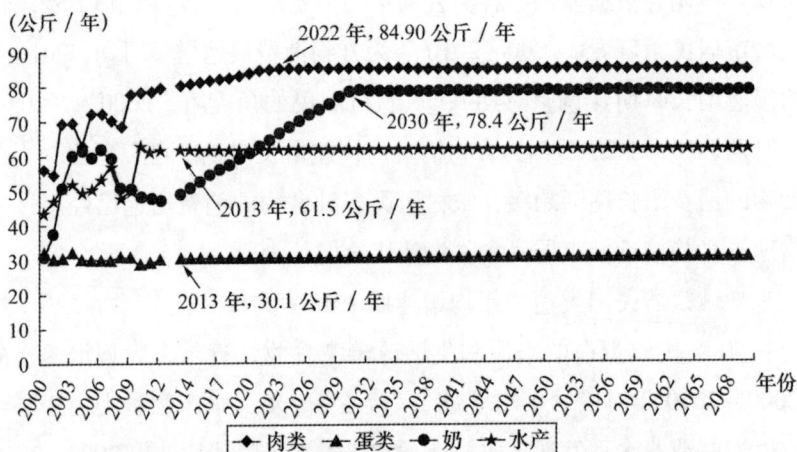

图1　2013~2070 城镇户籍人口人均耗粮食物消费量预测

注：2000~2012年为历史数据，2013~2070年为预测值，图2至图8同理。

人均粮食消费的预测结果如下：2017年人均口粮消费达到最低值125.1公斤/年，人均饲料粮消费峰值出现在2030年、峰值数372.4公斤/年，人均粮食消费总量峰值出现在2030年、峰值数497.5公斤/年（见图2）。

2. 农村人口

农村居民肉类、蛋类、奶类、水产品四类耗粮食物的预测结果如下：肉类、蛋类、奶类和水产品人均消费量在经历了快速增长后，人均消费峰值分别出现在2030年、2016年、2047年和2069年，人均消费峰值分别为85.74公斤/年、31.2公斤/年、78.0公斤/年、52.7公斤/年（见图3）。

人均粮食消费的预测结果如下：2022年人均口粮消费达到最低值164.0公斤/年，人均饲料粮消费峰值出现在2069年、峰值数365.1公斤/年，人均粮食消费总量峰值出

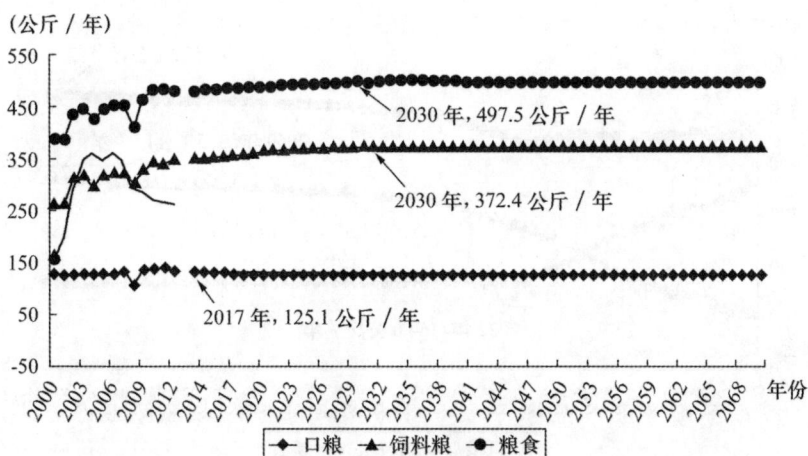

图2　2013～2070城镇户籍人口人均粮食消费量预测

注：口粮、饲料粮、粮食消费量均以原粮口径计，图4、图6、图8同理。

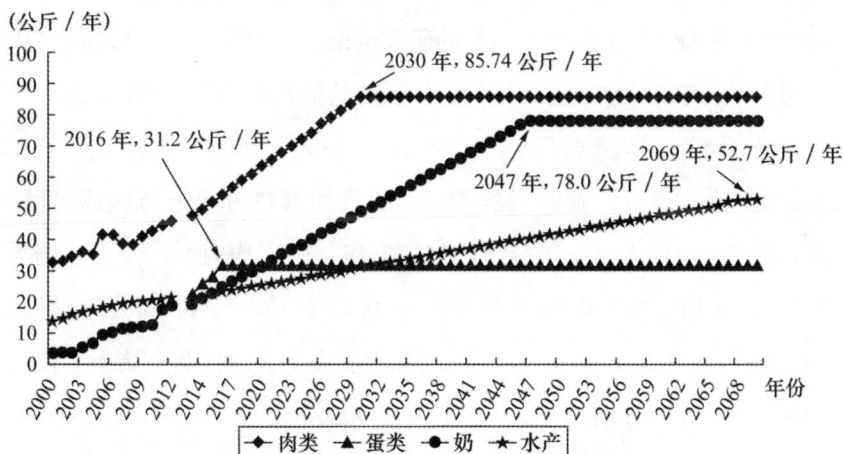

图3　2013～2070农村人口人均年耗粮食物消费量预测

现在2069年、峰值数529.1公斤/年（见图4）。

3. 农民工

根据现有研究（许庆、章元、邬璟璟等，2013；金三林，2012；卢锋、杨业伟，2012）可知，按照当前农民的生产能力能够支撑的承受人口测算，为保障粮食自给安全，以2010年为基期还可以转移的农村劳动力为5520万人，考虑到2011～2014年已经新增转移的3172万人，还可以转移的潜力在完全自给方案下为2348万人。假设2020年所有农村劳动力转移完毕，则2015～2020年年均新增农村转移劳动力391万人。随后假设农村转移劳动力匀速转移为城镇人口，则2021年开始农村剩余劳动力将以每年1600

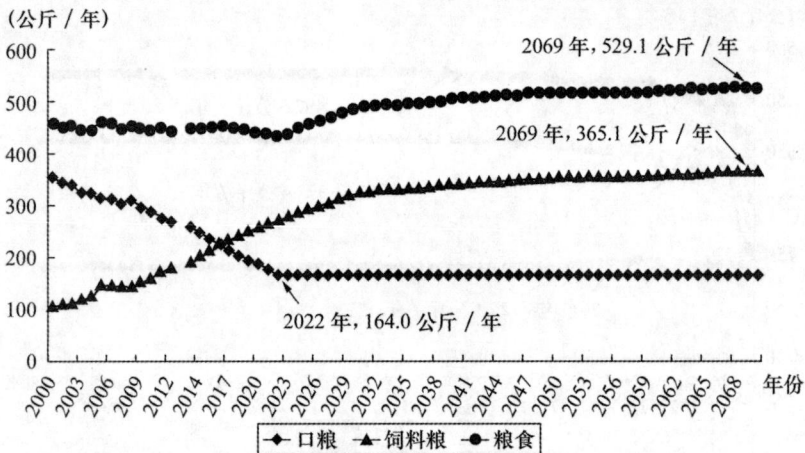

图4　2013～2070年农村居民人均粮食年消费量预测

万的速度转移为城镇人口至2031年结束。

根据中国农业大学关于农民工消费的研究结论（详见附录1）可知，2013年农民工人均肉类、蛋类、奶类、水产类、口粮、饲料粮的消费量分别为68.0公斤/年、35.0公斤/年、19.7公斤/年、19.5公斤/年、285.5公斤/年、262.7公斤/年。当2031年农民工全部转移为城镇人口时，农民工群体的人均食物消费可视为与城镇居民一致。假定2013～2031年农民工群体食物消费结构匀速升级，则人均肉类、蛋类、奶类、水产类、口粮和饲料粮的年均增幅为0.94公斤/年、-0.27公斤/年、3.26公斤/年、2.33公斤/年、-8.91公斤/年和6.1公斤/年，即2031年农民工人均肉类、蛋类、奶类、水产类、口粮、饲料粮的消费量分别为84.9公斤/年、30.08公斤/年、78.4公斤/年、61.45公斤/年、125.1公斤/年、372.4公斤/年，人均粮食总消费量为497.5公斤/年（详见图5、图6）。

4. 全国人均

综上所述，综合考虑我国城镇人口、农村人口和农民工人口的结构，我国人均肉类、蛋类、奶类、水产品四类耗粮食物的预测结果如下：肉类、奶类和水产品分别在2031年、2047年和2069年到达峰值并进入稳定期，人均消费峰值分别为85.2公斤/年、78.3公斤/年和58.8公斤/年；蛋类的人均消费峰值出现在2016年、峰值为31.1公斤/年，并于2029年略降至30.4公斤/年后进入稳定期。人均口粮、饲料粮和粮食的消费峰值分别出现在2031年、2069年和2069年，人均消费峰值分别为136.8公斤/年、370.2

（公斤／年）

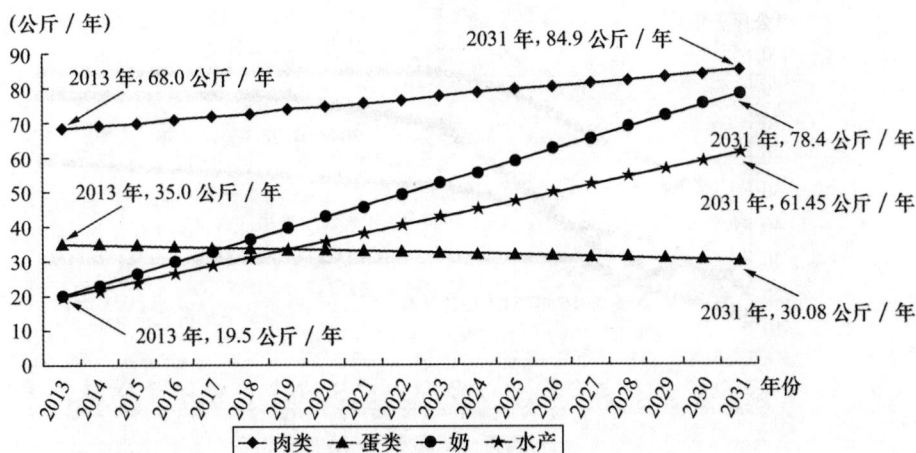

图 5 2013～2070 农村转移人口人均年耗粮食物消费量预测

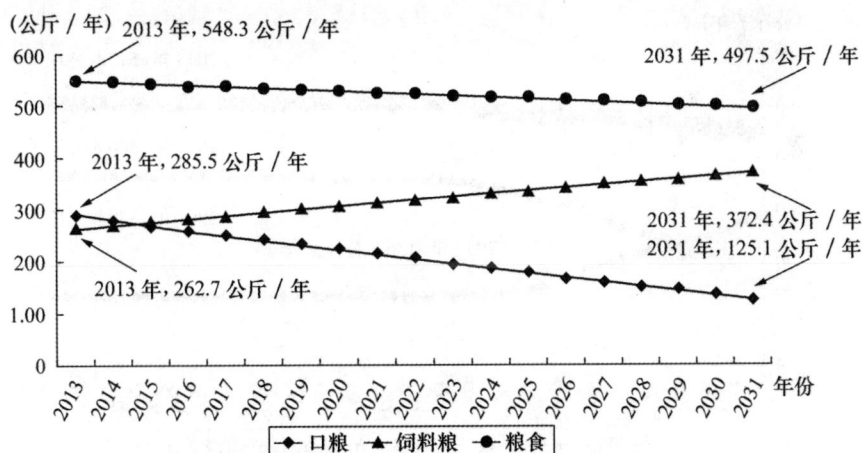

图 6 2013～2070 年农村转移人口人均粮食年消费量预测

公斤/年和 506.8 公斤/年。如考虑榨油大豆的消费量，人均粮食消费峰值将达到 517.8 公斤/年[①]（见图 7、图 8）。

四、我国粮食消费需求峰值预测及其影响因素分析

除了不同人群膳食消费结构特征及其转型升级的速度有差异外，人口变化、城镇

[①] 由于饲料粮中已经包含大豆榨油后豆粕的量，为避免重复计算，榨油用大豆的消费量按榨油大豆的重量乘以 16.5％的出油率计。

（公斤／年）

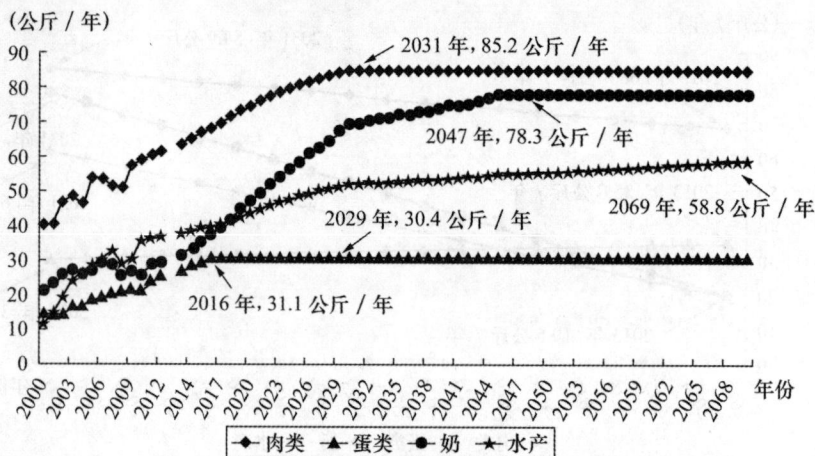

图7 2013～2070 全国人均年耗粮食物消费量预测

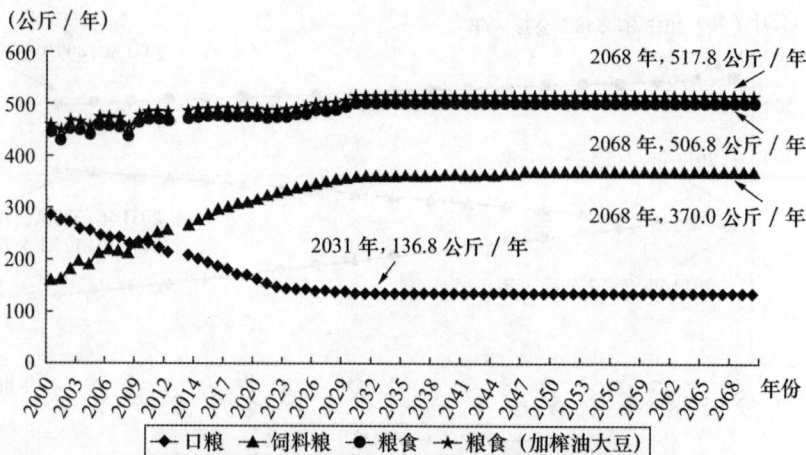

（公斤／年）

图8 2013～2070 年全国人均粮食年消费量预测

化、农村劳动力转移、老龄化等因素的变化对粮食消费需求总量变化产生着决定性的影响。粮食总量消费需求的预测是以不同结构人群人均消费预测为基础，结合已有研究对人口、城镇化、农村劳动力转移以及老龄化等未来变化预测，进行分类加总而获得。

（一）影响食物消费总量需求的人口因素

人口是影响粮食总量需求的关键变量，人口总量增加将直接拉动粮食总量需求的增长，而且城镇化、老龄化等因素都是通过人口结构的变化间接影响粮食总量需求。

第一，人口峰值对粮食总量需求峰值有决定性的影响。对于人口的预测国内有着众多的研究，但是伴随着我国生育政策调整，很多预测结果已经不适用。根据国家卫生计生委的估计，全面二孩政策实施后会适度推迟我国人口峰值到来的时间，预计在2030年前后到达14.5亿人的峰值；2030年后人口总量将逐渐下降，预计2050年降至13.8亿人。

第二，城镇化会通过农村人口向城镇转移和农民工市民化，带动我国膳食结构的整体升级，从而推高粮食总量需求。黄季焜（1999）较早发现了城乡居民在谷物和动物产品消费上的差异。在城镇化的带动下，农村居民向城镇转移，会提高居民食品消费结构中动物产品的比重，进而增加粮食需求总量，但同时可能会因工作性质转变后劳动强度下降而减少热量需求，对粮食总量需求带来一定向下的影响（钟甫宁和向晶，2012a、2012b）。武拉平（2013）的调查研究显示，农民工因为体力劳动消耗大，会比城市居民和农村居民有着更高的人均粮食需求。李国祥（2004）认为城镇居民户外用餐的增加也会推高粮食总量需求。这些因素在之前确定不同人群人均需求峰值时均已考虑。从需求总量的角度看，我们主要从两个方面来解构城镇化的影响。

一方面是由城镇化率提高带来的城乡人口比例变化。未来我国将继续推进城镇化发展，2020年、2025年和2030年我国城镇化率预测值分别为61.5%、65.5%和70%。根据国务院发展研究中心对未来10年我国城镇化率的预测，2024年我国城镇化率将达到64.77%（见表5）。2024年以前我们按照其预测数进行测算，2024年以后，则假定2024~2030年城镇化率向70%的目标匀速增长，2030年城镇化率达到70%后我国进入城乡发展稳定期，即城镇化率稳定维持在70%的水平。

表5		未来10年我国城镇化率预测值		单位:%
年　份	2015	2016	2017	2018	2019
预测的城镇化率	56.19	57.34	58.45	59.50	60.51
年份	2020	2021	2022	2023	2024
预测的城镇化率	61.46	62.37	63.22	64.02	64.77

资料来源：《攀登效率高地：中国经济增长十年展望（2015－2024）》。

另一方面是基于农业劳动力转移的趋势和潜力来估计外出农民工的数量。从农村劳动力的转移来看，近年来农村劳动力转移速度下降（见图9），但伴随着农业劳动生产率的提高，农村劳动力仍有进一步转移空间。根据现有研究（许庆、章元、邹璟璟等，2013；金三林，2012；卢锋、杨业伟，2012）可知，按照当前农业生产能力能够供养的人口测算，为保障粮食自给安全，以 2010 年为基期还可以转移的农村劳动力为 5520 万人，考虑到 2011~2014 年已经新增转移的 3172 万人，在保障粮食自给率的基础上还可以转移的农村劳动力为 2348 万人。假设 2020 年所有农村劳动力转移完毕，则 2015~2020 年年均新增农村转移劳动力为 391 万人。随后假设农村转移劳动力匀速转变为城镇居民，则从 2021 年开始，农村转移劳动力将以每年 1600 万的速度转化为城镇人口至 2031 年转化殆尽，由此测算出未来的城镇人口、农村人口和外出农民工数量（见图 10）。

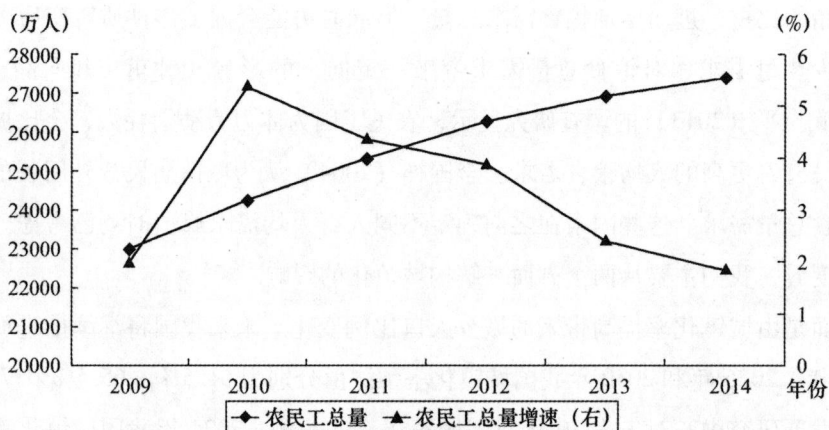

图 9　农民工总量及其变化

资料来源：国家统计局全国农民工监测调查报告（2013－2014）

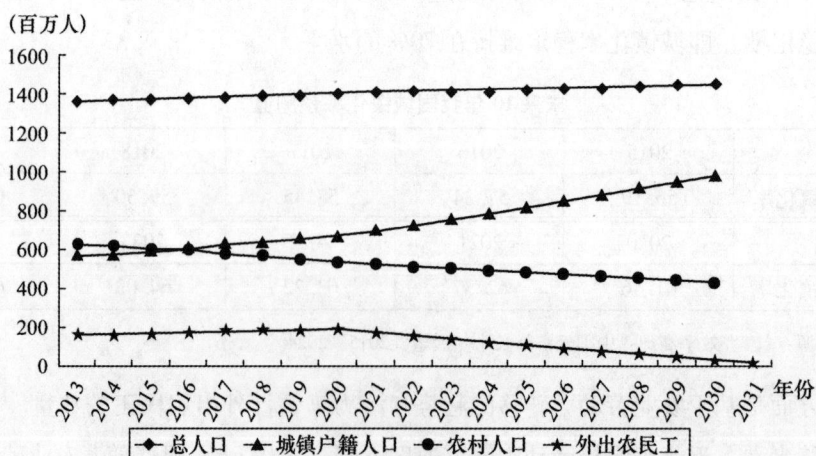

图 10　预测的城镇与农村人口

注：2013 年和 2014 年为实际的户籍人口数，2015 年以后为预测数。预测数是根据人口预测、城镇化预测以及对农业转移人口的估计测算出来的。

第三，人口老龄化会因为老年人能量需求下降而拉低粮食总量需求。钟甫宁等（2012）的研究发现，人口的年龄和性别结构会影响粮食总量需求。他们以 FAO/WHO/UNU（2001）提供的标准人①每日能量摄入需求为基准，计算了不同年龄段能量摄入需求差异系数，40～49 岁、50～59 岁、60～69 岁、70～79 岁和 80～89 岁男性的能量摄入需求分别只相当于标准人摄入量的 89%、74%、70%、70%、50%；上年纪女性的能量摄入需求则更低，40～49 岁、50～59 岁、50～69 岁、70～79 岁和 80～89 岁女性的能量摄入需求分别只相当于标准人摄入量的 71%、64%、60%、55%、40%。通过这一系数可以对老龄人口的粮食消费进行调整，并结合对我国人口老龄化的预测，将老龄化的影响纳入到粮食总量需求峰值的测算分析中。人口老龄化的预测数采用中国发展研究基金会（2012）的研究结果，即 2027 年我国 60 岁以上人口数量将突破总人口的 20%，2050 年将占到总人口的 28.88%（见图 11）。

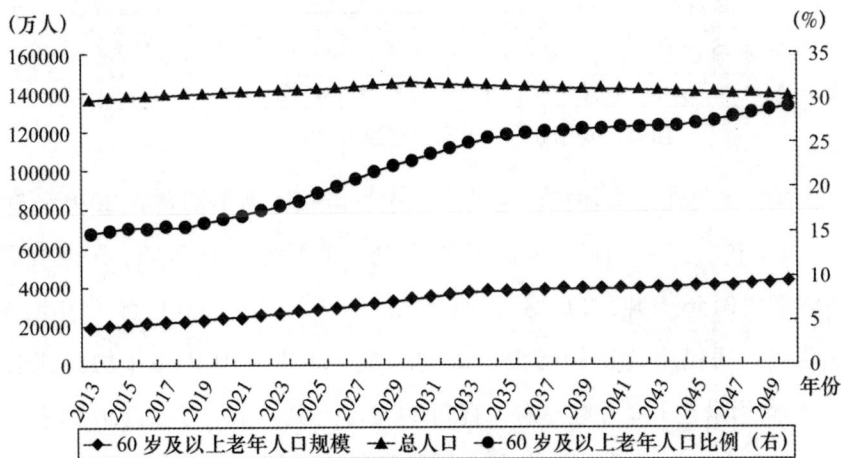

图 11　预测的老龄人口及老龄化率

数据来源：中国发展研究基金会，《中国发展报告 2011/12：人口形势的变化和人口政策的调整》，中国发展出版社 2012 年版。

（二）主要耗粮食物需求峰值

根据对我国城市居民、农村居民和农民工主要耗粮食物人均消费量的推断分析，结合上述对人口增长、人口城乡结构、年龄结构的预测数据，可以通过分类加总得到未来我国

---

① 标准人是指 17～18 周岁从事轻体力劳动的成年男子，其每日能量摄入需求为 2400 千卡。

主要耗粮食物的总量需求，并据此判断各食物品种总量需求峰值出现的时间及峰值数值。研究结果显示，我国主要畜禽产品因人均消费峰值与人口峰值几乎都在 2030 年前后到达，其总量需求峰值也将在此时到来。人口对各类耗粮食物的需求增长具有决定性的影响，各类产品的总量需求均会在 2030 年人口峰值到达后出现明显的转折。具体结果参见图 12。

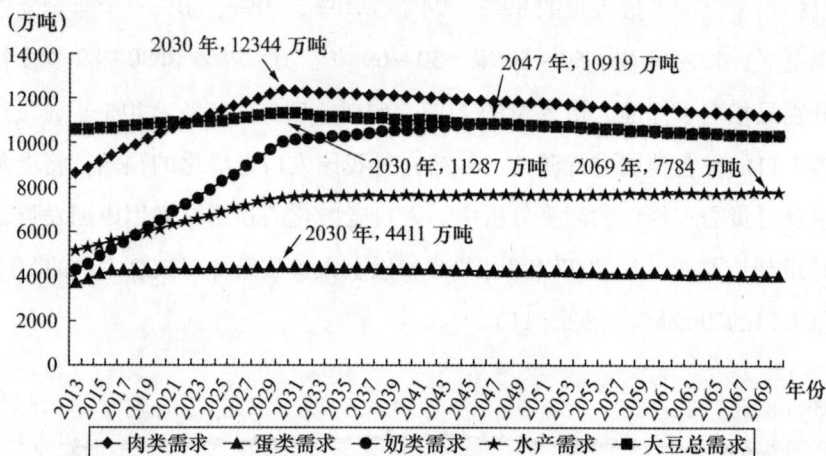

图 12　肉蛋奶、水产和大豆的总需求峰值预测

第一，肉类需求将在未来保持较高的增长速度。我国肉类消费在 2030 年达到峰值 12344 万吨，其中猪肉 7336 万吨、禽肉 3727 万吨、牛羊肉 1281 万吨。未来我国对肉类的总需求还将增加 3156 万吨，2022 年以前会保持年均 2% 以上的增速，每年增加 240 万吨左右；随着城镇居民膳食结构转型升级的完成，2022～2030 年年均增速会下降到 1.6% 左右，年均增量在 180 万吨左右，直到 2030 年达到峰值后才会趋于下降。

第二，奶类和水产类需求总量将在农村居民膳食结构转型升级带动下持续快速增长。由于当前我国农村居民奶类和水产类消费水平非常低，随着农村人口逐步转化为城市人口及农村收入和消费水平的提高，奶类和水产品需求还有巨大增长空间，总量需求还将在较长时期内随人均消费水平的提高持续快速上涨。奶类和水产类需求总量将与其各自的人均消费量同步到达峰值，奶类将在 2047 年达到 10919 万吨的总量需求峰值，水产品会在 2069 年达到 7784 万吨的总量需求峰值。在膳食结构转型升级的拉动下，未来我国对奶类和水产的总量需求还将分别增加 5991 万吨和 2338 万吨，在人口峰值到来前每年还将分别增加 340 万吨和 140 万吨。奶类和水产类总量在 2022 年城镇居民膳食结构转型升级完成以前，分别会保持年均 6% 和 2.5% 左右的增速；2022～2030 年需求增速会有所回落，但在农村居民膳食结构转型升级和人口增长的影响下，年均增速仍会分别维持在4%和2%左右；2030年后增速随人口下降而明显降低，但在农村居民膳食结构转型升级进一步深化的作用下，还将在较长时期内维持低速增长。

第三，蛋类和大豆（包括豆油和豆制品）与人口保持同步增长。蛋类和大豆的人均消费已经进入平稳状态，其进一步增长主要由人口总量增长带动，其需求总量将会随人口峰值的到来而在2030年分别到达4411万吨和11287万吨的峰值，大豆消费中9706万吨源自豆油消费需求、1581万吨源自豆制品的消费需求。2015~2030年大豆总量需求还会增加592万吨，其中油用大豆需求是最主要的增长点，还会增加508万吨，豆制品的大豆需求还要增加83万吨①。

（三）粮食总量需求峰值

通过不同产品的耗粮系数，可以把主要耗粮食物折算为原粮，以估算我国粮食的总量需求峰值。肉蛋奶耗粮系数是根据《农产品成本收益年鉴2015》各类养殖规模平均数计算；水产耗粮系数采用中国农业大学李德发研究团队测算的标准②。测算的结果显示，我国粮食总量需求峰值与肉类需求峰值和人口峰值同步到来；在我国粮食总量需求快速增长的同时，粮食需求结构将发生重大变化（见图13）。

第一，饲料粮是粮食总量需求最主要的增长点。虽然不同动物产品总量需求峰值出现的时间有所不同，但从我国居民的膳食结构看，肉类是最主要的动物产品，并且其耗粮的比例也最高，使其对饲料粮增长的推动最大，进而饲料粮的总量需求峰值与肉类峰值同步到达，在2030年达到51971.4万吨。2015~2030年为饲料粮需求的快速上升时期，2030年饲料粮需求比2015年增加13129万吨，年均增加904万吨。2030年后，饲料粮总量需求开始缓慢降低。饲料粮占粮食总量需求的比例会从当前的50%提高到2022年后的70%，并最后稳定在此水平上。

第二，未来我国口粮总量需求将呈现持续下降趋势。在饲料粮需求快速上涨阶段，

---

① 假设未来植物油和大豆加工食品的消费结构不会发生重大变化，即豆油在植物油中的比例相对稳定，大豆加工食品不会在当前产品系列之外出现消费量巨大的新产品需求。

② 猪肉耗粮系数为2.66，禽肉为2.30，蛋类为1.7，奶类为0.38，水产为1.28，牛羊肉按散养计算为1.7。如果将所有饲料都折算为粮食，牛羊肉的耗粮系数会达到3.6，但选择散养耗粮系数，主要是因为即使是规模化、集约化饲养，也必须有较大比例的草料，不能完全以粮食来替代。

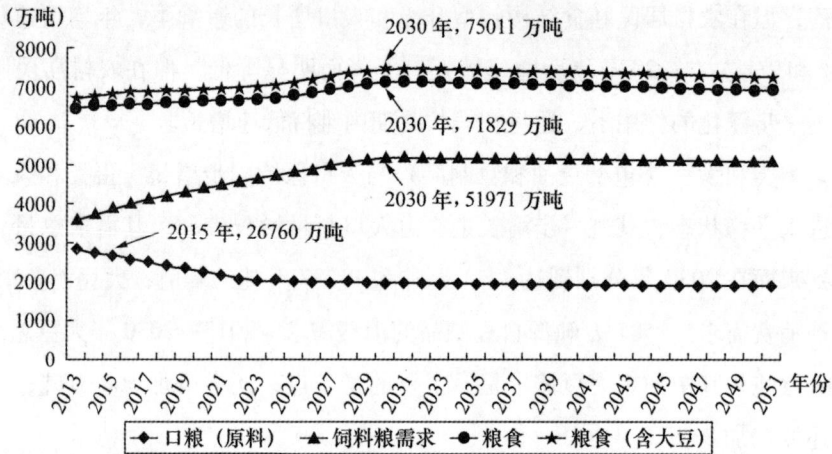

图 13　粮食总量需求峰值预测

饲料粮消费将对口粮消费形成替代，使口粮消费总量从 2015 年的 26760 万吨下降至 2030 年的 19858 万吨，总降幅将达到 6902 万吨。在 2022 年以前人均口粮消费在动物产品替代下快速下降，但 2022 年后为保证必须的最低能量摄入要求，人均口粮消费的降幅开始收窄，相应的口粮总量需求的下降也趋缓，到 2030 年人均口粮消费进入稳定状态后，口粮总量需求与人口总量同步下降。

第三，粮食总量需求的峰值出现在 2030 年，达到 71829 万吨。如果考虑豆油和豆制品对大豆的需求，粮食总量需求峰值将达到 75011 万吨。在饲料粮需求拉动和口粮降中趋缓的综合作用下，粮食总量需求在口粮快速下降阶段较为缓速增长，而在口粮稳定后增速提高，快速推动达到峰值水平。2015～2030 年粮食总量需求还将增加 6393.5 万吨，其中，2015～2022 年年均增长 207.1 万吨，2022～2030 年年均增长 656.6 万吨；2030 年后会以年均超过 100 万吨的速度减少。

（四）各因素对粮食总量需求增长影响的差异

我国粮食总量需求的快速增长是由多重因素共同推动的，但不同因素的影响程度并不相同。本研究是基于膳食结构变化规律推导各类食物人均需求峰值、再推算总量需求，其优点是有效反映了模型难以控制的非线性结构变化，但却不能像模型一样直接从估计系数判断不同因素对粮食总量需求的影响程度。不过，我们仍可通过假定相关影响因素不变条件下的情景分析，与当前粮食总量需求预测结果的对比，更直观地看出不同因素对粮食总量需求影响程度的差异。

第一，人口增长对粮食总量需求的增长有着决定性的影响。我国粮食总量需求高峰的出现主要是由人口增长带动的。从图14可以看出，如果没有人口增长，则粮食总量需求的增长会较为平缓，其峰值会因膳食结构转型升级的完成也在2030年到来，但粮食需求峰值会比当前预测值低4860万吨。2013~2030年人口不变情景下的粮食需求预测值低于当前预测值，且两者之差逐渐增大，2031~2059两者差值逐渐缩小；2060年在人口降至低于当前水平后，人口不变情景下的粮食需求预测值超过当前预测值。

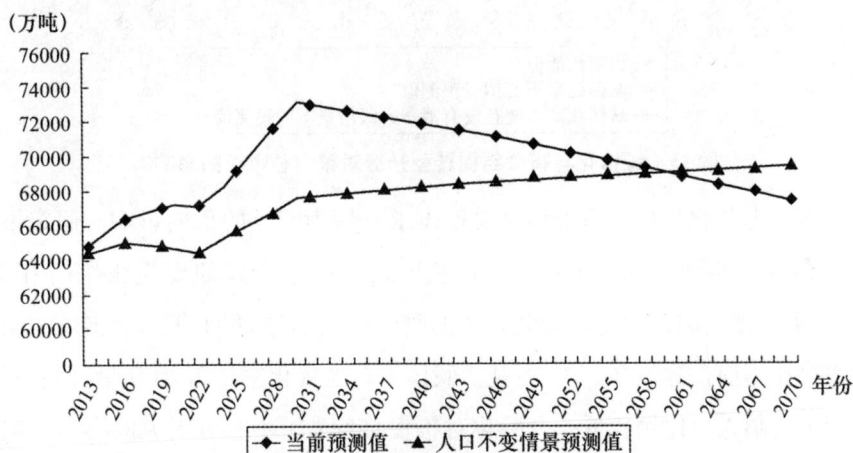

图14 人口增长对粮食总需求的影响

第二，城镇化对粮食总量需求的影响主要来自于其对农村居民膳食结构转型升级的带动。从图15可以看出，城镇化决定着粮食总量需求的走势，城镇化率不变情景下的粮食总量需求值与当前预测值基本保持一致，只是2013~2035年城镇化率不变情景下的粮食需求量要低于当前预测值，其需求峰值只比当前预测值少186万吨。这说明单就城镇化率来说，对粮食总量需求的影响并不是很大。但如果假设城市居民、农村居民和农民工的膳食结构保持当前水平不变，则会发现没有膳食结构转型升级情景下的粮食总量需求大大小于当前预测值，其总量需求峰值会比当期预测值低3029.1万吨。这说明膳食结构转型升级对粮食总量需求有着更大的影响。因为我国农村居民当前膳食结构明显落后于城市居民，农村居民膳食结构转型升级是拉动粮食总量需求增长非常重要的力量。城镇化对粮食总量需求的影响，更主要是通过带动农村人口向城市转移、并使其膳食结构快速达到与城市居民相同水平而实现的。

（万吨）

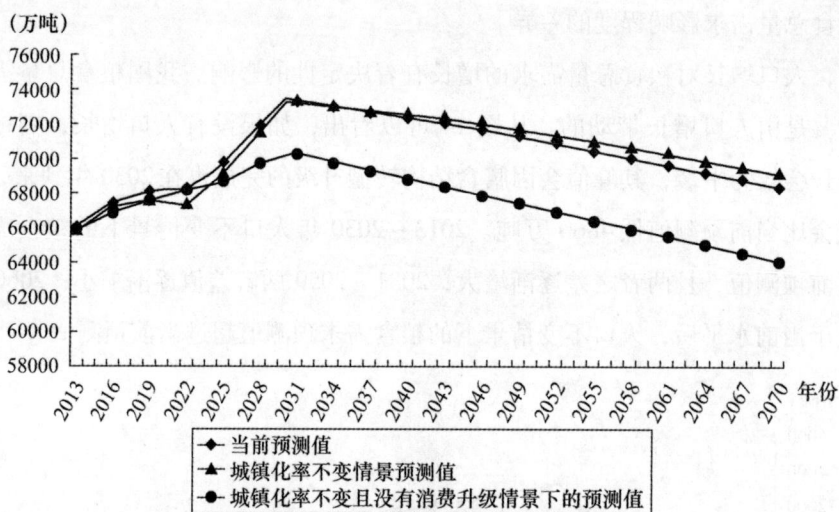

图 15　城镇化与膳食结构转型升级对粮食总需求的影响

第三，人口老龄化从长期看对粮食总量需求有较为明显的负向影响。假定不考虑老龄化的增长趋势，即预测期间 60 岁以上老年人口占总人口的比重将维持在 2012 年 14.26% 的水平，则我国粮食需求峰值到达的时间会延迟到 2034 年才会出现，粮食需求总量峰值也会比当前预测值高 2149 万吨。我国人口老龄化率从 2020 年后开始较快提高，在此之前因为老龄人口比例较低，老龄化对粮食总量需求不会有太大的影响。但随着老龄化率的快速攀升，老龄化将明显拉低粮食总量需求，到 2050 年因为人口的老龄化，当前预测的粮食需求总量将会比老龄化率不变情景下的预测值低 3356 万吨（见图 16）。

（万吨）

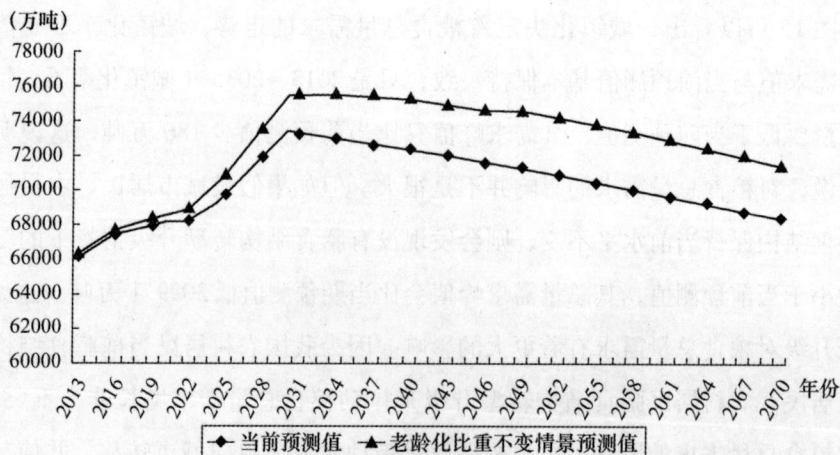

图 16　老龄化对粮食总需求峰值的影响

五、粮食供求的结构性矛盾将日益加剧

随着我国城乡居民膳食结构的转型升级，动物性产品的消费将会快速增长，粮食需求结构会从口粮为主向饲料粮为主转变。现行的农业生产结构不适应未来食物消费结构变化的矛盾将会越来越突出，如果不及时对我国农业生产结构和农产品贸易政策作出战略性调整，我国粮食供求的结构性失衡会日益加剧，对粮食安全的保障带来巨大挑战。

（一）动物产品产能增长赶不上需求增长

当前我国肉类、奶类产品供求紧张局面已初步显现，受需求持续增长和产能提升乏力影响，未来 15 年产需缺口将持续扩大。根据海关数据，2015 年我国肉类贸易逆差已从 2011 年的 101.1 万吨增加至 222.6 万吨，肉类走私估计约为 200 万吨①，肉类产需缺口已扩大到 442.6 万吨。预计 2015～2022 年、2022～2030 年我国肉类需求的年均增长率将分别在 2.48% 和 1.56%，而我国肉类总产量过去近 10 年和过去近 5 年的年均增长率分别仅为 1.78% 和 1.2%。即使未来能够保持过去近 10 年的增长速度，到 2030 年我国肉类产需缺口仍将会达到 1329 万吨。奶类产品的供求矛盾更加突出，2015 年奶类表观需求量折合原奶为 5110 万吨，其中国内产量 3950 万吨，进口 1160 万吨②。预计 2015～2030 年、2030～2047 年我国奶类需求的年均增长率将分别在 5.22% 和 0.52%，而我国奶类总产量过去近 10 年和过去近 5 年的年均增长率分别仅为 1.63% 和 0.53%。即使未来能够保持过去近 10 年的增长速度，到 2047 年我国奶产品的产需缺口仍将会达到 4292 万吨（见表6）。

肉类和奶类的需求会在 2022 年结束高速增长，出现增速下降，并分别在 2030 年和 2047 年出现需求总量下降，因此未来生产发展应适应需求变化及时进行战略性调整。近期我国正处于肉类和奶类需求增速高峰，肉类产量的年均增长率必须连续 3 年保持在 5% 才能保障自给，奶类产量的年均增长率则必须连续 5 年保持 10% 才能实现自给。而

---

① 中粮集团根据我国周边国家肉类进出口量及国内消费量差额数据估算，不包括各类动物使用杂碎。

② 2015 年我国进口乳制品 161.07 万吨，其中原料奶粉 54.73 万吨。按奶粉1:8、鲜奶和酸奶1:1、干酪1:10、黄油1:23的比例折合原奶。

表 6　　　　　　　　　　我国肉蛋奶需求峰值年份的产需缺口

	肉 类	奶 类	蛋 类
总量需求峰值出现时间	2030 年	2047 年	2030 年
总量需求峰值（万吨）	12344	10919	4411
过去近 5 年产量年均增长率（%）	1.20	0.53	1.30
以过去近 5 年年均增长率估计需求峰值时的产量（万吨）	10110	4678	3640
产量保持过去 5 年年均增速下的产需缺口（万吨）	2234	6241	771
过去近 10 年产量年均增长率（%）	1.78	1.63	2.15
以过去近 10 年年均增长率估计需求峰值时的产量（万吨）	11015	6627	4186
产量保持过去 10 年年均增速下的产需缺口（万吨）	1329	4292	225

畜产品的生产需要一定周期，短期内达到如此高的增长率存在一定困难。我国受资源环境约束，畜禽养殖的环境承载力有限，肉类和奶类产品在需求增长高峰期将不可避免需要通过进口来满足。随着城镇化带动的膳食结构转型升级的完成，肉类产品需求将从快速增长转变为缓慢提升，并在 2030 年后逐渐下降，通过进口来缓解中短期内的供求矛盾更为合理。假设我国肉类产量能在 2021 年以前保持 3.6% 的年均增长率，肉类进口量在 2018 年以前会超过 500 万吨，到 2021 年后达到 218 万吨。我国肉类进口大约有 150 万～200 万吨是满足结构性的供给不足，因而从 2021 年后需要逐步降低肉类产量的增长速度。假设 2022 年和 2023 年增长率分别降至 2.6% 和 2%，2024～2030 年增长率维持在 1.6%，肉类进口量将在 2030 年降至 119.89 万吨。为了保持供需平衡，2031 年后应逐步调减肉类生产，以避免出现产能过剩。奶类产品消费在 2030 年以前都将持续快速上涨，即使我国奶类产量能在此期间保持年均 5.6% 的增长速度，在 2021～2028 年奶类进口量仍会扩大至 1400 万吨以上。2030 年后随着人口数量开始下降，奶类消费进入低速增长阶段，届时即使奶类产量的年均增长率降至 1%，供求缺口也仍将逐渐收窄，将在 2046 年后降至 400 万吨以下（见图 17）。

蛋类和水产类当前生产发展的态势较好，且未来需求增长的幅度较小，调整产能保障峰值需求的难度相应较小。我国禽蛋自给有余并保持一定的净出口，2015 年我国禽蛋总产量为 2999 万吨，净出口 9.7 万吨。禽蛋的人均消费量已经越过峰值点，进入稳定状态，但需求总量仍会随人口继续增长，到 2030 年达到 4411 万吨的需求总量峰值。如果蛋类生产按照过去近 10 年年均增长 2.15% 的速度发展，到 2030 会有 225 万吨的产需缺

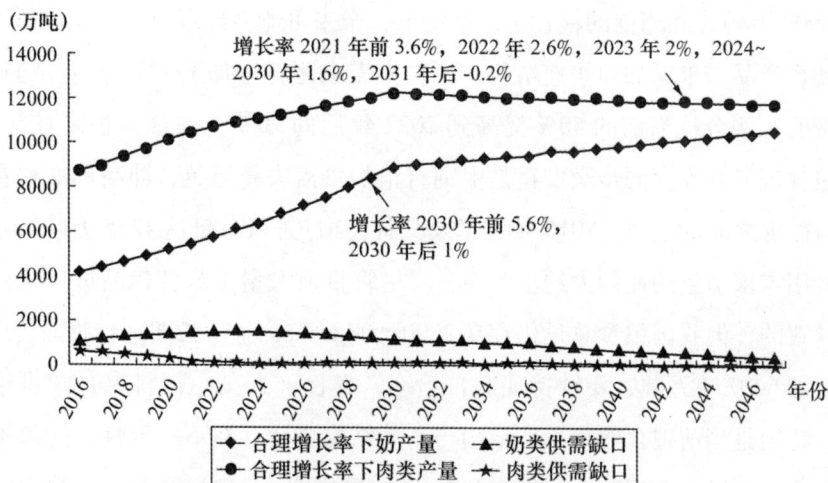

（万吨）

增长率 2021 年前 3.6%，2022 年 2.6%，2023 年 2%，2024~
2030 年 1.6%，2031 年后 -0.2%

增长率 2030 年前 5.6%，
2030 年后 1%

- ◆— 合理增长率下奶产量　　—▲— 奶类供需缺口
- ●— 合理增长率下肉类产量　—★— 肉类供需缺口

图 17　以合理增长率促进肉类和奶类产需平衡

口，只要略为提高生产的增长率就能够保障未来的充分供应。水产品会因为农村居民膳食结构转型升级的漫长过程而延迟到 2069 年才会达到 7784 万吨的需求峰值，给生产调整留下更大空间。2015 年我国水产品总产量 6690 万吨，过去近 10 年和过去近 5 年的年均增长率分别为 3.85% 和 3.61%，该增长率只要维持 3～5 年即可使供给量达到需求峰值的水平。水产品未来需要考虑的是以合理贸易满足多元化品种需求。

（二）饲料粮需求增长与口粮需求下降加剧粮食供求结构性矛盾

动物产品消费需求的快速增长，将带动我国饲料粮需求快速提升，并对口粮消费形成能量替代，使之持续下降。受人口总量在 2030 年后下降的影响，粮食总需求早于动物产品先达到峰值，在 2030 年达到 71829 万吨的峰值，其中饲料粮需求为 51971 万吨[①]，口粮需求则降至 19858 万吨。如果考虑植物油和豆制品对大豆的需求，粮食总量需求峰值将达到 75011 万吨。

2015 年我国谷物总产量已经达到 57225 万吨，其中稻谷和小麦合计为 33844 万吨，当前口粮需求按照我们的估计为 21777 万吨[②]，口粮有盈余。从 2015～2030 年口粮需求

---

① 通过耗粮系数将畜产品折算为原粮。肉蛋奶耗粮系数是根据《农产品成本收益年鉴 2015》各类养殖规模平均数计算。水产耗粮系数采用中国农业大学李德发研究团队测算的标准。

② 2014 年国家统计局的人均口粮原粮消费量为 141 公斤，按卫生部 2011 年调查数据，口粮户外消费比重为 11%，折算为全口径人均口粮原料消费量为 158.4 公斤，人口按 2015 年统计公报人口计。

还会减少 6902 万吨，在当前的粮食生产结构下，未来可能会出现口粮过剩的情况。但饲料粮会随动物产品需求增加而快速增长，饲料粮需求还将增加 13129 万吨，饲料粮占粮食总量消费的比例会从当前的 50% 提高到 2022 年后的 70%，并最后稳定在此水平上。当前我国粮食进口和库存同步激增正是由饲料粮的供需失衡导致，即高成本粮食生产与低成本饲料需求之间的矛盾。2015 年玉米及其替代物[1]进口总量达 4235 万吨，新增粮食进口中由饲用需求引致的比例大约在 87%[2]。尽管目前大量玉米替代品进口是由国内外价格倒挂导致的，但我国粮食总量仍存在 2000 万吨缺口，且从长期来看我国食用粮食总需求还会增加 6407.4 万吨，要维持现有自给率，粮食（尤其是饲料粮）的供给将承受巨大压力。特别是当前粮食作物生产结构与消费结构变化存在不一致性，如果不及时调整农业生产结构，确立合理的食用作物和饲用作物比例，口粮过剩和饲料粮短缺并存的结构性失衡问题，将会加剧未来粮食供求紧张局面。

（三）大豆产需缺口仍将继续扩大

我国豆制品人均消费已接近峰值，其总量需求主要受人口增长的影响，豆制品加工用豆需求峰值将与人口峰值同步到来，在 2030 年达到 1581 万吨。2015 年我国食用大豆加工量为 1300 万吨，大豆产量只有 1180 万吨，国产非转基因大豆已经不能满足我国居民对豆制品的消费需求，致使进口转基因大豆流入食品加工。近年来大豆产量下降的趋势没有得到有效遏制，如果不能及时增加国产非转基因大豆的供给，将难以禁止转基因大豆用作豆制品加工。

豆油仍然是主要的大豆需求端。假设豆油在植物油中的比例不变，榨油用大豆需求将在 2030 年达到 9706 万吨的峰值。加上豆制品加工用豆需求，总的大豆需求峰值将达到 11287 万吨，这更是我国现有生产能力无法满足的。即使 2020 年大豆能够恢复到 1.4 亿亩的种植面积[3]，保障豆制品加工用豆需求后仅有 365 万吨盈余，2020 年大豆总量产需缺口仍会达到 9004 万吨。

---

[1] 玉米替代物主要包括大麦、高粱、玉米酒糟、木薯和木薯粉。
[2] 新增粮食进口中大麦、高粱、玉米酒糟、大豆榨油后豆粕部分（以 16.5% 的出油率折算）。没有考虑木薯，是因为我们调查中发现进口木薯主要是替代玉米淀粉用于工业产品加工。
[3] 农业部《关于促进大豆生产发展的指导意见》确立的发展目标。

六、应对未来粮食需求结构变化和峰值到来的对策

我国粮食需求峰值尚未到来，未来膳食结构会继续发生变化。在资源环境的约束下，我们需要作出战略性抉择，合理选择重点支持和保护的品种，调整优化农业生产结构，有效掌握利用国际资源的主动权，保障我国长期的粮食安全。

（一）瞄准需求变化，转变"重粮轻饲"的生产格局

顺应未来膳食结构转型升级，推动发展导向从"以粮为纲"向"种养结合、粮肉并举"转变、从三大谷物的数量增长向结构合理和特色优质转变。在划定主粮主产区、确保口粮供应的基础上，推广种植饲用作物（比如，全植株利用的饲用玉米）和粮饲轮作，支持发展种养结合的循环农业。在农牧交错带，扩大退耕还草和草牧业试点范围，增强牧业资源潜力。加快推进养殖业的现代化，因地制宜推广和普及先进适用的饲养管理技术，探索生态养殖与现代化养殖的结合方式，保障特色、优质、安全、高效的动物产品供应。

（二）以质量谋发展，恢复和强化奶业生产体系

当前奶类产品大量进口有价格倒挂的因素，但更重要的是消费者对国产奶的信任不足，出现了进口激增和国产奶滞销并存的状况，严重打击了国内奶牛养殖的积极性。应着力实施奶业质量提升工程，农业、畜牧、商务、食品药品监督、质检、工商等相关部门联合建立奶业全产业链监管体系，以严格质量控制重塑国产奶形象、增强消费者信心。支持国内乳品企业以质量提升为导向的转型升级，扩大草牧业试点，以龙头企业为带动建立现代化、标准化、规模化、集约化的奶源基地，确保优质奶源供应能力的持续增长。

（三）实施差异化战略，重塑国产大豆的品质竞争力

加强对大豆的支持保护，建设非转基因大豆保护区，通过种植业结构调整、推广粮豆轮作、耕地地力提升的生态补偿等多种方式，提高大豆种植农户的收入，保障大豆的基本种植面积。严格控制转基因大豆流入食品加工，充分发挥国产大豆高蛋白和非转基

因的优势，支持以非转基因大豆为原料的蛋白加工产业发展及其研发创新，鼓励非转基因高品质豆油市场发展，以加工产业附加值提升带动大豆种植。

（四）聚焦短缺品种，布局海外供应链

国内资源环境条件决定了不可能完全依靠国内生产来保障未来动物产品需求的增长。要积极谋划奶类、肉类及饲料粮的市场开放战略。与具有安全、优质产品的供应国建立长期稳定的贸易合作伙伴关系，加强与其在质量控制和检验检疫上的合作，联合建立向中国出口的海外农产品基地。加快培育我国有控制权的国际大粮商，以强大的市场购买力为支撑强化对海外货源的掌控，提升我国在国际粮食供应链上的组织整合能力和市场控制力。

（五）加强市场研判，科学指导供需调控

完善我国农产品市场监测体系，整合农业、遥感、气象、水利等相关部门数据，增强对农产品产量的预判能力。定期开展中国居民食物消费调查，把握农产品需求结构的动态变化。加强对主要贸易国和国际农产品市场的研究，以供求分析为基础合理引导生产、制定进口计划、安排收储任务。对养殖业、饲料加工业及其原料供应进行重点跟踪调查，及时根据市场比价关系变化分析预判饲料粮的需求结构，提前做好进口策略优化与收储政策准备。

（六）按需推进轮作休耕计划，将耕地休养生息作为调节供需平衡的重要政策手段

借当前我国粮食去库存之机，通过生态补偿方式有计划地推进部分区域的轮作休耕，一方面结合生态治理和中低产田改造升级恢复耕地地力、通过"藏粮于地"保障未来可持续的生产能力，另一方面降低库存压力大产品的近期产量、促进供需平衡。完善耕地质量、土壤墒情、肥效三大监测网络和评价体系，安排耕地地力退化严重地区进行3~5年的中期休耕；根据粮食供求形势和库存状况，每年度在生产季之前灵活安排年度休耕计划，即在供大于求、库存压力大时可增加年度休耕面积，而出现供不应求情况时则让休耕土地恢复生产。

附录一

粮食需求预测的相关研究及其结论

研究者	预测区间	预测方法	预测内容	粮食定义
国家统计局重庆调查总队	2013~2020年	基于时间序列的BP神经网络	2020年，我国粮食需求总量达到7.34亿吨；其中，谷物5.87亿吨，口粮2.69亿吨，饲料1.66亿吨，工业用粮1.66亿吨	稻谷、小麦、玉米、大豆和杂粮
辛良杰等	时点预测，2030年	利用微观调查数据，参照日本、韩国和我国台湾消费数据，按照增长率预测，计算2030年人均粮食需求量	2030年粮食需求量高达7.5亿吨	稻谷、玉米、小麦、包括大豆
胡鞍钢等	时点预测：2020年	基于《国家粮食安全中长期规划纲要(2008~2020年)》的评估情况	2020年粮食需求6.4亿吨	全口径
王洋、余志刚	2013~2020年	在对粮食市场的供需结构和发展趋势进行分析的基础上，ARIMA-GRNN模型等对粮食供求的未来中短期趋势进行了预测	2020年粮食需求74130.2万吨	口粮、饲料用粮、工业用粮、种子用粮和其他用粮
尹靖华、顾国达	2015~2030年	采用ARMA模型、指数平滑、灰色预测和组合预测等方法，基于联合国人口司中等人口增速假设，预测粮食供需趋势		小麦玉米稻米大豆
中国农业展望报告	2015~2024年	需求结构分析	2024年国内消费大米总量14476万吨、小麦13195万吨、大豆9671万吨	水稻小麦玉米大豆
赵霞、稍一珊	多时点预测	时间序列自向量自回归模型，分品种预测，分口粮、饲料粮和种子粮，预测人口、人均需求，最后预测总需求	2030年人均口粮消费179.48公斤，人口15.09亿人，口粮需求2.71亿吨	全口径粮食

续表

研究者	预测区间	预测方法	预测内容	粮食定义
罗其友等	时点预测 2030年、2050年	用2001~2011年的分省面板数据估计粮食需求函数（收入、价格、食物价格），分别固定效应估计口粮和饲料粮人均需求函数数	2030年，5.63亿吨到5.85亿吨（人均338~403公斤）；2050年6.06亿~6.47亿吨（人均442~472公斤）	全口径
中国食物与营养发展纲要	2014~2020年	设定了居民食物消费量目标和营养涉入目标	2020年，全国人均全年口粮消费135公斤，食用植物油12公斤，肉类29公斤，蛋类16公斤，奶类36公斤，水产品18公斤，蔬菜140公斤，水果60公斤	没有总量预测
陈艳红等	2007~2012年	基于历史数据，用时间序列分别预测人均粮食供给需求、人口数，在此基础上预测2012~2017年的粮食需求水平	2017年粮食需求5.8亿吨	已有统计的粮食口径
向晶、钟甫宁	2015~2050年，区间预测	按照中国居民膳食指南上限计算标准人的日均粮食需求总量，转化为年需求量为384.35公斤。进而将标准人指数累积乘以标准人消费粮食数，得到预测的粮食需求总量	中国粮食需求总量峰值很可能出现在2030年前后，最高可能达到6.48亿吨，出现在2025年。到2050年5.9亿吨	全口径粮食
钟甫宁、向晶	2015年、2020年	按照热量摄入锚定，考虑城镇化进程中热量摄入构成的变化影响，按照历史数据平滑预测变化数，分口粮、饲料粮和食物用粮。最后结合人口和城镇化数据预测总量需求	2020年口粮2.22亿吨，饲料粮2.97亿吨，食物用量5.2亿吨，总粮食需求6.12亿吨	区分口粮和饲料粮品种，没有考虑细分品种，也未提及大豆问题

续表

研究者	预测区间	预测方法	预测内容	粮食定义
钟甫宁、向晶	时点预测：2050年	主要是考虑人口结构变化的影响，将人口结构分组，折算为标准人，依据FAO热量摄取人表，折算粮食，人口数以2009为基数	2050年，受人口老龄化的影响，人均热量消费将下降3.26%；粮食需求总量在5.85亿~6.59亿吨之间	包括全口径粮食
李志强等	多时点预测	没有技术细节	2030年口粮2.75亿吨，饲料用粮1.61亿吨，工业用粮1.35亿吨，种子用粮0.12亿吨，损耗0.23亿吨。总需求6.06亿吨	全粮口径
孙宝民	预测区间为：2010~2020年	时间序列技术，不同类型粮食需求按照不同模型进行模拟，都是时间函数	2020年粮食需求总量为5.6亿吨	全口径
OECD、FAO	2015~2024年		2024年粮食需求总量为7.53亿吨	小麦、粗粮、稻谷、大米
黄季焜、杨军、仇焕广	2020年	采用全球贸易分析模型（GTAP）和中国农业政策分析与预测模型（CAP-SiM）	2020年粮食需求6.63亿吨	水稻、小米、大豆、玉米
陆文聪等	2020年	中国—世界农业区域市场均衡模型	2020年中国粮食需求将达6亿吨	
胡小平、郭晓慧	2020年	分粮食用途预测	按6亿吨左右粮食需求量估计，种子用粮1150万吨；工业用粮平均每年增长150万吨；2020年约9150万吨；口粮2.1亿吨，饲料粮2.98亿吨	稻谷、小麦、玉米、大豆和杂粮（考虑了水产品的消费）

续表

研究者	预测区间	预测方法	预测内容	粮食定义
马永欢、牛文元	时点预测，2010年、2015年、2020年	不同粮食类型，分别建立移动自回归模型进行预测，考虑不同转换率、人口增长为固定比例、城镇化等因素	2020年粮食需求5.48亿吨、口粮2.62亿吨、饲料粮1.8亿吨、种子粮0.12亿吨、工业用粮0.93亿吨	全口径
《国家粮食安全中长期规划纲要》	2008~2020年	根据营养结构变动，推算人均粮食需求量，结合人口数量推算粮食需求	到2020年人均粮食消费量为395公斤，需求总量5.725亿吨	主要指谷物（包括小麦、稻谷、玉米等）、豆类和薯类；食物指粮食、食用植物油、肉、禽、蛋、奶及水产品
封志明	2010年、2020年、2033年人口高峰	基于热量消耗的粮食估计和判断	2033年粮食总需求在6.63亿~6.92亿吨	全口径，分品种
柯炳生	2010年、2020年、2030年	基于营养结构变化估计人均粮食需求不变	2030年粮食总需求5.7亿吨	全口径
陈永福	2020年	双边对数的恩格尔函数模型和双边对数的生产函数	2020年粮食需求达到5.1亿吨	大米、小麦、玉米和大豆
高启杰	2005年、2010年、2020年	按照调查的城乡样本计算人均口粮消费，进而根据历史信息，按照增速平滑，预测2020年人均城乡消费，最后用人口中心人口数据和城镇化数据做总量预测，按品种和换算为粮食需求	2020年粮食总需求介于5.78亿~6.12亿吨	调查只涉及口粮

续表

研究者	预测区间	预测方法	预测内容	粮食定义
朱希刚	多时点预测	简单给出人口数预测、人均粮食消费，进而预测粮食总需求	2020 年，粮食需求 5.87 亿吨，人均消费 410 公斤	全口径
陈百明	2030 年、2050 年	基于结构模型和营养摄取推算	2030 年和 2050 年中国粮食需求量分别为 6990.75 亿公斤和 7926.50 亿公斤	全口径
黄季焜	无预测	讨论城市化对粮食消费的影响，强调结构性变化，使得收入变化等预测粮食需求被低估	从农村迁移到中小城市、大城市，口粮消费分别减少 58.3 公斤和 64.2 公斤，但是肉、鱼增加 5.7 公斤、8.9 公斤	全口径粮食
陈亚军	1998~2015 年	平滑趋势固定增长率，分品种和用结构固定假设，按照消费需求结构预测	2015 年预测 6.3 亿吨	全粮食口径
程国强、陈良彪	2030 年预测	分品种判断人均粮食消费数量，口粮稳定、饲料粮增长，种子用粮稳定，工业用粮按照规划设计目标来定，约 0.6 亿吨，种子约 0.15 亿吨，损耗固定比例	2030 年，按照人口预测数的高中低方案，粮食需求在 5.7 亿~6.4 亿吨之间	全口径

附录二 农民工与城镇居民人均食物消费量比较（折合原粮）

	人均消费量		与城镇居民比	
	城镇（公斤/年）	农民工（公斤/年）	增量（公斤/年）	变化率（%）
口粮（原粮）	100.68	217.23	116.55	115.77
肉禽及制品	136.94	116.01	-20.93	-15.29
蛋及制品	29.46	34.3	4.84	16.44
奶及制品	71.33	28.8	-42.53	-59.62
水 产	19.42	6.15	-13.27	-68.33

注：农民工消费数据引自中国农业大学古拉平教授研究结论，城镇数据引自城乡住户调查年鉴并经户内消费比重修正后全口径消费数据。

附录三 2013～2070 人口结构预测数据

年份	总人口（万人）	城镇化率（%）	城镇户籍人口（万人）	农村人口（万人）	外出农民工（万人）	人口比重			
						60岁以上人口（%）	城镇户籍人口（%）	农村人口（%）	外出农民人口（%）
2013	136072	53.7	56501	62961	16610	14.72	41.5	46.3	12.2
2014	136782	54.8	58095	61866	16821	15.03	42.5	45.2	12.3
2015	137400	55.9	59554	60634	17212	15.29	43.3	44.1	12.5
2016	137800	57.0	60901	59295	17604	15.48	44.2	43.0	12.8
2017	138400	58.1	62374	58031	17995	15.60	45.1	41.9	13.0
2018	138900	59.2	63801	56712	18386	15.75	45.9	40.8	13.2
2019	139400	60.3	65239	55383	18778	15.98	46.8	39.7	13.5
2020	139900	61.5	66870	53862	19169	16.33	47.8	38.5	13.7
2021	140200	62.3	69776	52855	17569	16.77	49.8	37.7	12.5
2022	140600	63.1	72750	51881	15969	17.29	51.7	36.9	11.4
2023	140800	63.9	75602	50829	14369	17.88	53.7	36.1	10.2
2024	141000	64.7	78458	49773	12769	18.53	55.6	35.3	9.1
2025	141667	65.5	81623	48875	11169	19.22	57.6	34.5	7.9
2026	142333	66.400	84940	47824	9569	19.95	59.7	33.6	6.7
2027	143000	67.3	88270	46761	7969	20.72	61.7	32.7	5.6
2028	143667	68.2	91612	45686	6369	21.49	63.8	31.8	4.4
2029	144333	69.1	94965	44599	4769	22.25	65.8	30.9	3.3

年份	总人口（万人）	城镇化率（%）	城镇户籍人口（万人）	农村人口（万人）	外出农民工（万人）	人口比重			
						60岁以上人口（%）	城镇户籍人口（%）	农村人口（%）	外出农民人口（%）
2030	145000	70.0	98331	43500	3169	22.97	67.8	30.0	2.2
2031	144675	70.0	99704	43403	1569	23.65	68.9	30.0	1.1
2032	144350	70.0	101045	43305	0	24.29	70.0	30.0	0.0
2033	144025	70.0	100818	43208	0	24.86	70.0	30.0	0.0
2034	143700	70.0	100590	43110	0	25.34	70.0	30.0	0.0
2035	143375	70.0	100363	43013	0	25.72	70.0	30.0	0.0
2040	141750	70.0	99225	42525	0	26.44	70.0	30.0	0.0
2045	140125	70.0	98088	42038	0	26.89	70.0	30.0	0.0
2050	138500	70.0	96950	41550	0	28.88	70.0	30.0	0.0
2055	136875	70.0	95813	41063	0	28.88	70.0	30.0	0.0
2060	135250	70.0	94675	40575	0	28.88	70.0	30.0	0.0
2065	133625	70.0	93538	40088	0	28.88	70.0	30.0	0.0
2070	132000	70.0	92400	39600	0	28.88	70.0	30.0	0.0

注：2015～2024年人口数据引自国务院发展研究中心《中国中长期经济增长》课题成果；2030年人口数据引自国家卫生计生委副主任王培安公布数据；2050年数据来源引自国务院发展研究中心研究报告《从单独二孩实践看生育意愿和人口政策2015-2080年中国人口形势展望》；2024～2029年，2031～2049年以及2051～2070年人口数据假定人口匀速变化递推。

参考文献

［1］国家统计局.2014年农民工监测调查报告，2015

［2］国家统计局.中国统计年鉴，2014

［3］国家统计局.中国住户调查年鉴2014，2015

［4］王燕青，武拉平.农民外出务工后食物消费的变化——以北京为例.农业展望，2014（6）：69～73

［5］国务院发展研究中心，世界银行.中国：推进高效、包容、可持续的城镇化.北京：中国发展出版社，2014

［6］刘守英，章元，邵挺.我国"刘易斯拐点"的测度与政策选择——基于国家统计局农户数据的分析.国务院发展研究中心调查研究报告，2014-05-07，第73号（总4572号）

［7］许庆，章元，邬璟璟.中国保证粮食安全前提下的农村劳动力转移边界.复旦学报（社会科学版），2013，55（4）

［8］卢锋，杨业伟.中国农业劳动力占比变动因素估测：1990～2030年.中国人口科学，2012（4）：13～24，111

[9] 刘世锦主编. 攀登效率高地——中国经济增长十年展望（2015 – 2024）. 北京：中信出版社，2015

[10] 中国发展研究基金会. 中国发展报告 2011/12：人口形势的变化和人口政策的调整. 北京：中国发展出版社，2012

[11] 秦中春. 中国未来十年农产品消费增长预测. 国务院发展研究中心调查研究报告，2013 – 04 – 27，第 58 号（总 4307 号）

[12] 吕捷，余中华，赵阳. 中国粮食需求总量与需求结构演变. 农业经济问题（月刊），2013（5）：15 ~ 19

[13] 金三林. 劳动力成本上升对我国物价的影响——暨我国"刘易斯转折"阶段进程的判断. 国务院发展研究中心 2011 年副研究员以上研究人员招标课题研究报告，2012

树立综合性粮食安全观

张云华

自 1978 年农村改革以来，在市场机制与政策（制度）因素作用下，我国粮食生产与市场经历了 4 轮周期性波动。历史经验有助于应对当前我国粮食生产与市场喜忧参半的局面。一方面，粮食连年增长，生产形势喜人。另一方面，粮食市场价格内高外低，农民种粮收益剧降，粮食库存高企，收储压力加大，"卖粮难"与陈化粮问题重现，粮食市场忧虑不小。针对这些问题，本文认为，要在粮食安全观中纳入生产能力安全观，转变农业发展方式以积蓄粮食生产能力，并且要进一步树立综合性的食物安全观。

一、1978 年以来我国 4 轮粮食周期波动及其成因

以人均粮食产量和生产价格指数综合分析 1978 年以来的粮食生产和市场，可见有 4 轮明显的粮食生产与市场周期波动（简称粮食周期波动），具体表现为 4 轮"量减—价涨—量增—价降"。

（一）第一轮粮食周期波动：1978～1985 年

农村改革前粮食长期短缺，多数年份的人均粮食产量不足或徘徊在 300 公斤左右，1978 年人均粮食产量仅为 318.7 公斤，次年粮食生产价格指数飙升至 130.5，这可看做是在国家改革开放伊始、商品经济和市场经济萌动初期，市场对长期粮食短缺的一次爆发式反应。农村改革初期第一轮粮食周期中，一般都把粮食快速增长归功于在制度上实行了农村土地家庭承包责任制，土地制度和农业经营体制的变化确实极大地激励了农民的农业生产热情，促进了粮食增产。但另一个不容忽视的因素是当时国家为支持农业生

产而投资引进的一批化肥厂陆续投产，化肥生产能力和供应量的大幅提升推进了粮食迅速增产，这是农业投资政策的贡献。可以说，农村土地及农业经营制度改进和农业投资政策的加强共同推动粮食总产和人均产量双双快速增长，到1984年，粮食总产由1978年的3亿吨增加到4亿吨，人均产量居然增加到392.8公斤。而也就在人均粮食产量达到1984年峰值的时候，供不应求转向供过于求，1985年，粮食生产价格指数下降至本轮低点101.8。

（二）第二轮粮食周期波动：1985～1991年

1985年，国家取消了部分鼓励粮食生产的优惠政策，在市场机制和政策变动共同影响下，农民的生产积极性乃至粮食生产都受到影响。1985～1989年，虽然人口逐年增长，但粮食总产量徘徊在4亿吨左右，粮食生产价格指数逐步上升。1988年，人均粮食产量一路下降至谷底357.7公斤。紧接着市场机制再次发挥作用，1989年粮食生产价格指数上升到126.9的峰值，刺激了生产，1990年人均粮食产量快速回升至本轮峰值393.1公斤，而市场机制又快速做出反应，当年及次年的粮价指数回落至93的低位。

（三）第三轮粮食波动周期：1991～2000年

1991年后，国家实行粮食流通体制改革，市场机制的作用得以进一步体现，伴随着国民经济的快速增长和严重的通货膨胀，人均粮食产量在1994年探至本轮周期谷底373.5公斤，在市场机制及国家大幅提高粮食收购价格作用下，粮食价格大涨，当年及下年的粮食价格指数飙升至146.6和129。1995年，《国务院关于深化粮食棉花化肥购销体制改革的通知》提出"米袋子"省长负责制，1998年，国家进一步开展粮食流通体制改革。在市场和政府双手合力推动下，1996年，粮食总产量突破5亿吨，1998年达到世纪高点5.12亿吨，并且在1996～1999年连续4年人均粮食产量超过400公斤。但随之，粮食保护价收储的仓容和财政压力加大，粮食市场进入连续4年的价格低迷期，其中3年指数仅为90及以下，农民"卖粮难"问题、库存陈化粮问题出现。

（四）第四轮周期：2000年至今

20世纪末几年粮食市场疲软、粮食政策乏力，严重影响了各方积极性，后果是21世纪头4年粮食总产量和人均产量双双持续大幅下滑，2003年仅分别为4.3亿吨和

334.3 公斤。粮食供应不足以致当年底和 2004 年粮价高涨，2004 年粮食生产价格指数急升至 126.2。

2004 年之后，中央连续出台 1 号文件强化对"三农"的支持，增加农业投资，形成以粮食直补、农机具购置补贴、农资综合补贴和良种补贴这 4 项中央财政支农补贴为主体的农业补贴体系，全面取消农业税，增加产粮大县奖励资金规模和地方粮食风险基金规模，巩固粮食最低收购价政策等。在这些支持政策的强力推动下，粮食总产和人均产量一路攀升，2007 年和 2013 年粮食总产量分别突破 5 亿吨和 6 亿吨大关，人均粮食产量在 2008 ~ 2010 年稳定在 400 公斤左右，以后 3 年继续突破 420 公斤、430 公斤、440公斤的关口，达到历史高点。目前我国粮食总产量和人均粮食产量分别处于 6 亿吨和440 公斤以上有史以来的最高位。相应的，同期粮食生产价格指数基本保持 100 ~ 110 之间低位徘徊。实际上，如果没有国家粮食托市政策支撑，粮食生产价格指数会更低。

二、几点认识与建议

（一）参照国际粮食价格低价销售过量库存，同时须警惕未来几年粮食减产

当前，我国粮食产量处于农村改革以来第四轮粮食周期波动的波峰，尤其是年人均粮食产量超过 440 公斤，远在联合国粮农组织确定的人均粮食产量 400 公斤/年的粮食安全标准之上。加之，由于国内粮食价格明显高于国际市场，2014 年除大豆外的谷物进口量就超过 2000 多万吨，甚至还有一些走私进口的粮食。两项叠加，可以说，我国粮食供应充足，库存高企，粮食收储仓容压力和财政压力巨大。同时，国内粮价指数处于第四轮周期的波谷，但国际粮价却比国内更低，粮食生产企业迫于市场压力宁愿使用低价的进口粮食，以致储备粮销售遇冷，难以出库、轮库，既带来库存和财政压力，又或将引致新一轮陈化粮问题以及企业生存困难问题。为此，建议出台专门的政策，将多余粮食库存参照国际粮食价格销售给粮食生产企业，不必固守顺价销售原则，提前解决因顺价销售不出去而形成的陈化粮问题。

此外，由于近几年粮食生产价格指数稳中趋降，粮食生产收益下降。2013 年，水稻、玉米、小麦 3 种粮食平均净利润仅为 73 元/亩，近 10 年来首次不足百元，小麦甚至亏损。这必将严重影响农民的种粮积极性，农业生产的动力堪忧。参照前 4 轮粮食周期

波动，今后粮食生产面临下行压力。2004 年以来，国家粮食支持政策推动了粮食不断增产，但目前国内和国际粮食市场的价格低位均不利于粮食进一步增产。

（二）确立人均 400 公斤/年为粮食安全平衡点

农村改革开放以来，虽然绝大多数年份我国的人均粮食产量并未达到 400 公斤，甚至在 2003 年人均粮食产量降至谷底仅有 334 公斤，但除了次年粮价涨幅较高外粮食安全并未出现大的问题。我国只有在 1996～1999 年和 2010 年以来这两个时期的人均粮食产量超过 400 公斤/年，但也恰恰是这两个时期粮食市场价格低迷，农民"卖粮难"问题显现，库存压力巨大及陈化粮问题出现。因此，本文认为应该将人均粮食产量 400 公斤/年确立为粮食安全平衡点，以此推定粮食总产供求平衡。

（三）在粮食安全观中纳入生产能力安全观，转变农业发展方式以积蓄粮食生产能力

我国粮食安全观念中应纳入生产能力安全思想。当前我国粮食生产缺乏国际比较优势，粮食生产过度耗费了大量的地下水、化肥、农药、地膜等，导致耕地地力下降，农业生态环境问题和农产品质量安全问题凸显，农业可持续发展后劲不足。反观美国、加拿大、巴西、阿根廷、俄罗斯和东南亚一些农业大国，土地和水资源丰富，规模化、机械化优势明显，粮食出口动力强劲。今后几年，我国可以利用粮食高库存的有利条件来转变农业发展方式，在过量库存适当消化后，我国还可以通过适度增加粮食和其他农产品进口，为农业休养生息争取时间和空间，更好地积蓄粮食生产能力。继续实施退耕还林还草项目，增加退耕还湿地项目，大力支持地下水超采地区和重金属污染地区的生态保护和耕地治理。

（四）进一步树立综合性的食物安全观

随着人民生活水平的提高，对食物的需求已经逐渐从吃饱转向吃好，食物多样化、营养、质量安全成为新的需求。粮食更多的满足的是人的热量消耗即吃饱，合理膳食则需要蔬菜、水果、肉蛋奶鱼等综合搭配。所以，在粮食安全之上，还需要树立食物安全观，综合考虑粮食及其他各类食物的供求平衡。

新疆小麦产业发展调研报告

秦中春

小麦产业发展关系粮食安全和农民增收。2013 年中央农村工作会议明确提出，要实施"以我为主、立足国内、确保产能、适度进口、科技支撑"的粮食安全新战略，确保谷物基本自给、口粮绝对安全。2014 年中央农村工作会议明确提出，要适应新常态，发展农业产业化，推进农村一二三产业融合发展。近年来新疆党委、政府高度重视小麦产业发展，小麦面积和产量持续增长，目前全区小麦产销平衡有余，小麦产业发展出现新变化。制约小麦产业发展的突出问题是市场流通分割、质量有所下降、小麦单产不高、比较效益偏低、支持保护政策不完善。本报告建议，要按照发挥市场决定性作用同时更好发挥政府作用的思路，完善粮食安全战略、深化政策改革、转变发展方式、强化提质增效、改进公共管理服务、健全安全保障机制，提高小麦生产能力，促进产业发展转型升级，促进农民增收。

一、全区小麦产销基本情况

（一）近年来小麦面积和产量持续增长

小麦是新疆粮食生产的主要品种，也是最重要的口粮之一。长期以来，自治区党委、政府高度重视粮食工作，通过行政推动、政策扶持和科技创新，粮食生产稳步增长，小麦种植面积和产量实现持续增长。2014 年全区粮食面积 3384 万亩，粮食产量1435 万吨，连续 7 年增产。在粮食生产中，小麦面积为 1729 万亩，占粮食面积的 51%；小麦总产量为 674 万吨，占粮食产量的 47%，连续 3 年增产，小麦产量创历史新高。

2014 年与 2005 年相比，小麦面积增长 586 万亩，平均每年增长 4.7%；小麦产量增长 273.5 万吨，平均每年增长 6.0%。在奇台、额敏和叶城 3 个调查县，小麦种植面积和小麦产量均呈持续增长趋势（表 1）。

表 1　　　　　　2005～2014 年自治区及 3 个主产县小麦面积与产量

年　度	播种面积（万亩）				产量（万吨）			
	自治区	奇台县	额敏县	叶城县	自治区	奇台县	额敏县	叶城县
2005	1142.8	39.3	16.0	28.0	400.7	13.7	4.3	11.6
2006	1110.2	45.2	20.4	30.0	400.3	15.9	5.9	12.6
2007	951.0	35.9	23.9	30.0	359.2	12.6	7.4	12.6
2008	1317.0	82.1	27.1	35.7	395.7	28.1	8.9	12.6
2009	1730.0	95.4	35.6	39.3	630.7	37.7	7.0	16.7
2010	1680.0	82.5	40.5	39.3	623.5	32.6	14.0	17.0
2011	1617.0	102.0	56.2	38.8	576.6	40.3	20.7	16.4
2012	1621.6	115.2	57.1	39.3	576.5	46.5	20.8	15.4
2013	1771.9	108.7	60.7	44.5	648.2	45.4	19.2	17.8
2014	1728.8	120.9	66.3	46.8	674.2	49.6	25.8	18.3
2014 年比 2005 年增长	586.0	81.6	50.3	18.8	273.5	35.9	21.5	6.7
年均增长（%）	4.7	13.3	17.1	5.9	6.0	15.4	22.0	5.2

注：2014 年自治区数据来源于自治区农业厅，其他来源于新疆统计年鉴；2005～2014 年 3 个主产县的数据来源于本次调查时所在县提供统计资料。

（二）目前全区小麦产销总体平衡有余

近年来新疆小麦消费增长比较平稳。根据自治区粮食局测算，目前全区年均小麦消费约为 510 万吨，其中城镇人口消费口粮 150 万吨、农村人口消费口粮 220 万吨、工业用粮 90 万吨、种子用粮 45 万吨、饲料用粮 5 万吨。这样，2014 年全区小麦产销平衡有余达到 164 万吨。如果按近几年全区小麦产量平均 600 万吨计算，全区小麦产销平衡有余大体上平均为 90 万吨。

（三）不同地州市之间小麦产销存在较大差异

尽管新疆小麦产销总体平衡有余，但由于资源禀赋、人口数量和经济发展水平不同，各地州市之间差异很大。2014 年昌吉回族自治州、塔城地区、伊犁哈萨克自治州 3 个地州小麦产大于需，可为其他地州市提供小麦 160 万吨以上，而乌鲁木齐市、克拉玛依市、吐鲁番地区 3 个地市小麦生产量极少、消费量大，需要从主产区购进小麦 50 万吨以上。阿克苏地区、和田地区、哈密地区、阿勒泰地区、巴音郭楞蒙古自治州、博尔塔拉蒙古自治州和克孜勒苏柯尔克孜自治州小麦生产量与消费量基本平衡。喀什地区生产小麦 135 万吨，也只能满足本地和区域内驻疆部队、兵团三师等人口消费，属于小区平衡、略有节余的紧平衡区（表 2）。

表 2　　　　　　　**2014 年自治区小麦生产与消费平衡情况**　　　　　　单位：万吨

地　区	生产量	消费量	产需平衡
全区总计（不含兵团）	620.2	453.1	167.1
乌鲁木齐市	2.6	36.5	−33.9
克拉玛依市	0.2	6.0	−5.8
吐鲁番地区	0	9.6	−9.6
哈密地区	10.8	8.4	2.4
昌吉回族自治州	109.0	25.7	83.3
伊犁哈萨克自治州	94.0	57.0	37.0
塔城地区	69.3	22.0	47.3
阿勒泰地区	15.3	10.1	5.2
博尔塔拉蒙古自治州	9.5	9.1	0.4
巴音郭楞蒙古自治州	26.9	27.0	−0.1
阿克苏地区	80.0	75.0	5.0
克孜勒苏柯尔克孜自治州	17.1	15.0	2.1
喀什地区	135.0	102.1	32.9
和田地区	50.5	49.6	0.9

注：根据各地州报告汇总，消费合计与自治区粮食局测算略有差异。

（四）不同年度之间商品小麦余缺变化较大

从商品粮来看，近年来全区小麦购销呈增长趋势，但不同年度之间商品小麦余缺情况变化较大，2009 年 6 月小麦库存一度降低到只有约 30 万吨的极低水平，目前全区小麦库存消费比处于安全水平。2014 年全区共收购小麦 377.3 万吨，其中地方国有粮食购销企业收购 241.9 万吨，中储粮新疆分公司收购 135.4 万吨；全区共销售小麦 361 万吨，其中地方国有粮食购销企业销售 260.3 万吨；中储粮新疆分公司销售 100.7 万吨；小麦收购量仅比销售量多出 16.3 万吨。全区仓储小麦比较充足，2014 年底全区库存小麦 361 万吨，库存消费比达到 71%（到 2015 年 6 月底估计约为 21%，超过国际粮农组织确定的安全线），其中地方国有粮食购销企业库存 169 万吨，中储粮新疆分公司库存 192 万吨（表 3）。

表 3　　　　　　2005～2014 年自治区小麦购、销、存情况　　　　　　单位：万吨

年　度	全区收购	全区销售	当年结余	年底累计结余	市场年度结余
2005	301.5	266.0	35.5	350.1	208.7
2006	224.5	282.9	-58.5	385.6	231.1
2007	189.0	309.0	-120.0	327.2	228.5
2008	170.2	197.4	-27.2	207.2	79.9
2009	441.0	254.5	186.5	180.0	30.1
2010	423.5	299.8	123.7	366.5	196.7
2011	310.9	339.6	-28.8	490.2	325.2
2012	265.6	330.1	-64.5	461.4	287.6
2013	311.7	347.6	-35.9	396.9	216.4
2014	377.3	361.0	16.3	361.0	180.5

注：当年结余为负数表示消化库存；2005～2013 年底累计结余为推算；市场年度结余为下年 6 月 30 日结余，按照本年底结余减下年度上半年销量估算。

数据来源：根据自治区粮食局和中储粮新疆分公司数据整理。

二、小麦产业发展的新变化

（一）小麦生产方式不断变化，科技支撑发挥重要作用

近年来新疆小麦种植面积和产量持续增长，但主产区发生分化，年度之间发展不平衡，小麦生产方式已经逐步发生较大变化。小麦产量形成影响因素增多，小麦产量很容易发生波动，加强支持保护和科技支撑越来越重要。

在北疆和东疆，目前小麦生产基本实现全程机械化，滴灌技术不断推广应用，土地流转比例不断增大，小麦生产向产业化、专业化和组织化方向发展，小麦生产水平不断

提高，未来小麦产量还有增长潜力。但受市场变化影响，农民可以从种小麦改种玉米及从种冬小麦改为种春小麦等，未来小麦生产发展有不确定性。

在南疆，小麦种植面积稳中趋增，但果粮间作已成为常态，随着树冠长大和盛果期的到来，林果与小麦"争地、争肥、争空间"等矛盾愈加突出，小麦千粒重下降，果实饱满度差，小麦单产及总产客观上有下降趋势。2014年和田地区小麦面积131.38万亩，其中果粮间作面积占84.33%，单产和品质都有所下降；喀什地区冬小麦面积337.38万亩，其中果粮间作面积242.19万亩，占71.78%；阿克苏地区小麦面积177.14万亩，其中果粮间作面积达87.14万亩，占49.19%。

近年来新疆各地在良种繁育方面不断进行探索创新，对小麦生产发展具有重要支撑作用。2014年，新疆小麦良种供种率已经达到70%，比2005年提高了约30%。喀什地区叶城县加大对果麦间作下耐阴品种新冬40引种试验，通过不同宽窄行组合试种，亩产比新冬20高53公斤。塔城地区通过公司＋大户＋农民专业合作社模式，把规模化育种与示范推广相结合，良种小麦田亩产最高可达到702公斤。昌吉回族自治州加大小麦良种繁育，目前小麦良种覆盖率已达到98.5%以上。新疆农科院在果粮间作模式下，筛选出适宜果麦栽培的小麦新品种H12－38，比新冬20成熟期提前4天，在枣麦间作模式下提前2天，单产均比新冬20略高。

近几年新疆在推进小麦高产创建、高效节约用水和发展新型主体方面也取得重要进展。2014年全区落实国家级粮棉油糖万亩高产创建示范片275个，其中小麦实收测产500.8公斤/亩，比大田平均单产增产100.94公斤/亩。昌吉回族自治州安排落实国家级万亩小麦高产创建示范片26个，亩产量达500公斤以上。阿克苏地区2014年完成小麦亩产500公斤高产创建55万亩和小麦亩产550公斤高产创建6.76万亩。全区从"十一五"末开始快速发展小麦滴灌种植，2014年达到238.5万亩，比2010翻了两番多。2014年昌吉回族自治州滴灌小麦面积达107.8万亩，占全州小麦总面积的38.12%，滴灌冬小麦亩产较常规种植增加53公斤，每亩可节本约100元。随着土地流转和小麦机械化水平不断提高，大户、家庭农场、农民专业合作社等新型经营主体从事小麦种植面积不断增加，对小麦增产也具有重要推动作用。2014年塔城地区种植面积超过100亩以上的大户有3681户。

（二）小麦加工企业有新发展，市场销售半径有所扩大

在政策支持和市场拉动下，近年来新疆小麦加工企业发展出现了新提升。从2007年

起，自治区每年安排 1000 万元粮食产业化发展专项资金，2011 年起提高到 3000 万元，累计带动社会投资近 60 亿元，促进了新疆粮食加工业发展。目前，全区小麦面粉加工企业近 250 家，有 7 家面粉加工企业日处理小麦达到 400 吨以上，全区实际加工转化小麦超过 210 万吨，产能利用率约为 40%。有的企业生产加工已经基本实现了工业自动化，加工生产线日处理能力正加快由 300 吨向 600 吨、650 吨改进提升。有的企业通过了 MDDP 认证，面粉加工技术已处于世界领先水平。2014 年昌吉回族自治州粮食加工能力已达 100 万吨，有 17 家企业日处理小麦达到 100 吨以上。新疆天山面粉集团年生产能力已达到 60 万吨，全国排名第 17 位。该企业加大新产品研发力度，产品由过去的大包装、普通粉、大众消费群体加快向现在的中小包装、专用粉、中高端消费群体转变。同时，还加大优质小麦原料基地建设，全力打造"奇台面粉"特色品牌，并通过参股、合作、联营等多种方式，加快向种子、加工、仓储、物流等全产业链经营方向延伸，目前在新疆、河南、陕西等省市共设立 14 家分公司，在全国范围内进行优势资源整合和配置。

随着一批小麦加工企业发展壮大，新疆小麦的市场销售半径有所扩大。在小麦原粮购销方面，目前主要由地方粮食购销企业和中储粮新疆分公司进行购销，由于新疆小麦筋度强、容重高、稳定性强，也吸引了一些内地企业来疆投资发展，河南雪峰面粉厂在塔城地区投资 5700 万建厂，北京富德康有限公司在塔城地区进行小麦产加销一体化经营，疆外企业的驻入促进了新疆小麦原粮销售，也加快了企业向绿色无污染优质农产品加工方向发展。在小麦成品粮购销方面，目前市场已经实现完全放开，实际经营销售区域已经逐步拓展到西北 5 省及西藏等内地市场。昌吉回族自治州奇台县积极探索农产品电商销售平台，结合天山东部物流园建设，积极拓宽奇台县域内面粉产品销售渠道。天山面粉集团通过发展绿色营养健康产品，加快实施品牌发展战略，提升了小麦附加值，目前"天山"牌小麦粉借助品牌优势，产品销售到了内蒙、青海、陕西、宁夏河套一带，并尝试性销到北京，目前集团正积极与中泰化学对接，合力开拓北京市场。

（三）小麦仓储物流有新提升，从哈萨克斯坦进口小麦渠道打开

目前新疆小麦仓储主要以地方国有粮食购销企业和中储粮新疆分公司经营为主。在物流方面，根据《新疆维吾尔自治区粮食现代物流设施"十一五"后三年及中长期建设规划》，自治区计划在全疆建设 3 个粮食物流一级节点，16 个二级节点，15 个三级节点。目前，3 个一级节点和部分二、三级节点仓储建设工作已抓紧实施，伊犁节点的铁

路专用线已建成。

目前全区地方国有粮食购销企业总仓容已经达到 511 万吨，其中有效仓容 400 万吨。2014 年地方国有粮食收购企业收购 242 万吨（含中储粮委托收购临储小麦 36.2 万吨），约占国有粮食企业收购总量的 70%。2007 年起，自治区加大对地方粮食仓储设施建设投入。2009 年起，中央财政也每年安排一定仓储维修改造资金。截至目前，全区粮食仓储设施建设已累计投资 15.34 亿元，新建仓容超过 170 万吨。

中储粮新疆分公司自成立以来，坚持敞开收购，敞开供应，严格执行顺价限价销售政策，在调控粮食市场、平抑粮价、保护农民利益、维护粮食安全发挥重要作用。2012 年，新疆小麦价格上涨，公司累计拍卖、竞价销售临储小麦 103.8 万吨，保证了新疆粮食市场稳定。2010~2014 年，新疆小麦因气候影响出现大量芽麦，公司收购芽麦 10 余万吨，解决了农民卖粮难问题。2000~2014 年，公司累计收购小麦 1391.7 万吨，销售小麦 1157.7 万吨，跨区跨县调拨小麦 108.5 万吨。"十二五"以来，公司加大仓储设施新改建维修力度，粮食仓容已由 2000 年的 100 万吨增加到目前的 252 万吨（含中转简易仓 60 万吨）。

新疆与哈萨克斯坦接壤，哈萨克斯坦小麦筋度高、皮深、硬质率高、稳定性好，打通从哈萨克进口小麦渠道，对于保障新疆小麦安全具有重要意义。然而，长期以来，由于种种原因，这一渠道是关闭的。2011 年以后这一渠道打开。目前新疆已有 8 家外贸企业从事小麦一般贸易进口。从 2011~2014 年 11 月，新疆分别进口小麦 2040 吨、83217 吨、37717 吨和 77659 吨，进口价格分别为 182.35 美元/吨、199.18 美元/吨、268.42 美元/吨和 272.75 美元/吨，4 年累计进口小麦 20.06 万吨。从 2014 年进口价格看，同国内小麦价格相比，仍每吨低 30~40 元，具有一定价格优势。2014 年以前，由于哈萨克斯坦冬小麦黑穗病风险较大，国家不允许其在新疆落地。随着新疆检验检疫局开始受理新疆进口小麦落地定点加工企业的申请考核，新疆从哈萨克斯坦进口小麦的加工利用水平将提高。另外，进口配额政策发生变化。2014 年国家放宽了新疆小麦配额政策，允许中储粮新疆分公司在小麦紧平衡时期从哈萨克斯坦进口一定配额比例的小麦，这大大提升了中储粮新疆分公司利用国内国外两种资源调控新疆粮食市场的空间和能力。

（四）小麦安全保障责任强化，政府行政管理措施细化

近年来新疆坚持落实粮食省长负责制，将小麦作为粮食安全的主抓品种，实行"区

内平衡、略有结余"，强化了各地区和各有关部门在粮食安全管理方面的责任。2008 年以后，自治区向国家申请并实施了小麦临时收储政策，既保护了种粮农民利益，也解决了自治区小麦临时性过剩问题及财政负担问题。自治区在实行粮食直补政策过程中，创新地以农民向指定粮食购销企业交售小麦为依据，对种植小麦农户实行价外补贴，这种将补贴与商品小麦交售挂钩的方式对农民既是一种激励，也是一种约束。近年来，自治区小麦产业之所以能够在比较效益较低的情况下得到稳步发展，除了政策支持力度不断加大外，在很大程度上取决于粮食行政领导负责制的落实，各级政府对小麦产业发展高度重视并进行了强有力的行政推动。

在实践中，各地州及有关部门对小麦生产和流通的行政管理措施越来越细，每年制定小麦播种面积和收购计划并分解到地州市及基层，同时对涉及小麦科研、生产、加工、仓储物流、储备、消费的项目从财政资金上进行大力扶持，确保了小麦的综合生产能力不断提高和市场供应安全。在喀什等地区，为了保障地方粮食安全，粮食部门等对地方国有粮食购销企业在粮食销售上实行计划管理和备案审查制度，粮食企业在市场上销售小麦需要提前申报并审批许可。实践表明，这些措施是行之有效的。不过，由于部分措施在设计上还不完善，也制约产业发展。

三、存在的突出问题

（一）小麦市场流通分割，新型农业经营主体培育和粮食全产业链经营发展缓慢

新疆从 2003 年起全面放开粮食收购价格和粮食购销市场，小麦价格由参加交易的市场主体双方自主确定，从形式上看目前小麦流通已经市场化。但改革不彻底，同时由于新疆为了保护农民利益，还实行了小麦临时收储和针对小麦交售的粮食直补等支持保护政策措施，目前这些措施在设计上还不完善，导致小麦市场流通实际上是分割的，不适应按产业链、价值链方式对小麦产业发展进行管理的新要求。

一是小麦临时收储政策实施后，小麦收购价格提高，保护了农民利益，支持了小麦生产发展，也使小麦产量可能长期处于产略大于需的新常态，小麦市场价格将长期按照政府确定的最低收购价运行，出现市场失灵及政府失灵。国有粮食购销企业借助收购政策优势、靠垄断收购地位获利，削弱了参与市场竞争的动力，制约产业发展。

二是针对小麦交售的粮食直补政策实行后，由于农民只有向政府指定的国有粮食购销企业交售才能享受补贴，小麦加工企业和其他企业参与收购小麦农民无法享受直接补贴。如果加工企业和其他流通企业参与收购农民原粮，需要多承担 0.2~0.3 元/公斤的成本，事实上就无法合理经营。这样，加工企业和其他企业只能从地方国有粮食收购企业和中储粮新疆分公司加价买入粮食，这不仅抑制了小麦产业链的延伸发展，造成农民小麦交售渠道单一、缺乏市场竞争和缺乏高效服务，而且使小麦原粮购销环节的流通成本从以前的约 0.05 元/公斤提高到了约 0.2 元/公斤，降低自治区地产小麦的市场竞争力，影响消费者福利。

三是新疆对地方国有粮食购销企业和中储粮新疆分公司参与小麦原粮收购实行计划管理，没有引入市场竞争机制。地方在执行政策时普遍采取划片收购、区域封锁、定量管理的行政干预手段，有些地区限制中储粮直属企业直接对农民收购小麦或建仓、设立收储网点，致使区内小麦原粮流通存在不畅，农民售粮积极性和售粮价格及收益受到影响。

四是新型农业经营主体培育和粮食全产业链经营发展缓慢。随着我国经济发展进入新常态，小麦产业竞争力将主要靠发展新型农业经营主体和促进粮食加工企业向前后延伸产业链等来提升。新疆受自然条件、市场效益等多种因素的影响，特别是南疆由于人多地少、农村人口转移就业不足，土地承包经营权流转缓慢，新型农业经营主体发展滞后。不仅如此，小麦加工企业总体规模小，产业链条短、后续产品单一，市场拓展力不强，也影响了小麦产业发展。塔城地区作为主产区，专业大户种植小麦规模都在 50 亩以上到 200 亩以下，超过 200 亩以上的小麦种植大户基本没有，并且农民专业合作社、龙头企业比较缺乏，小麦经营效益普遍不高，可持续发展能力普遍不强。

（二）小麦质量有所下降，小麦品种多乱杂现象比较普遍，不仅影响小麦流通加工，而且影响种粮农民增收

在新形势下，市场约束对小麦产业发展影响越来越大，新疆小麦质量有所下降，品种问题日益突出，在育种、生产、流通和加工上均有反映，不适应从生产导向向消费导向转变的新要求。

一是部分良种繁育环节薄弱，良种供应不足特别是储备不足，良种良法不配套。新疆小麦原种的生产供不应求，优良品种生产供应赶不上需要变化。目前新疆每年种植高

标准原原种1000亩左右,仅够200万~300万亩的良种田的种子需求,其他种子来源多为以粮代种、"块选"种子等,造成小麦品种多乱杂,有些种子品种还严重退化,直接影响到小麦产量和品质。

二是部分优良品种产销不衔接。现行部分小麦良种(如石冬8号等)小麦单产水平高,也符合国家收购质量要求,但加工品质差或不符合市场消费需求,流通企业收购后很难卖掉或者价格大幅降低。解决这个问题的根本思路是推进小麦的全产业链经营,由小麦加工企业直接向前延伸产业链,发展订单农业和品牌农业,但现行的农业政策和流通体制很难解决这一问题。

三是小麦生产方式的转变影响小麦质量。南疆实行果粮间作后,小麦品质有所下降。北疆一些地区玉米产业快速发展,农民从种植冬小麦到改种春小麦,也影响小麦质量。

四是部分地区小麦异种粮(并间杂)含量高,粮食收购企业拒收或以质量问题为依据大幅压价,农民意见很大。近几年伊犁、塔城、阿勒泰、博州、哈密和昌吉等地州的山区县(市)生产小麦中普遍含有大麦等异种粮,部分地区大麦含量高达7%以上,远超过国家规定标准。按政策规定,对杂质超标小麦,收购执行超0.5%扣量1.5%,并不得纳入国家临储收购。2014年,经多方努力,国家粮食局将当年收储临储小麦的大麦等异种粮含量放宽到2%,一些粮食收购企业为了落实政策不得不放宽小麦收购标准,把含杂率从1%放宽到3%,暂时缓解了小麦收储压力,但质量问题并没有根本解决。

(三)小麦单产提高缓慢,价格封顶效应显现,小麦生产发展比较效益偏低,制约小麦种植面积保持稳定

随着市场形势和生产投入的变化,新疆小麦价格、成本和收益出现新情况、新特点,同时小麦单产偏低问题突出,比较效益偏低,制约小麦种植面积保持稳定和产业转型升级。

一是小麦单产水平不高,提高缓慢。新疆小麦单产略高于全国平均,但低于小麦主产省且增长十分滞后(见表4)。新疆小麦生产与玉米、棉花、甜菜、林果等生产发展争地争水问题突出,影响单产提高,部分地区单产下降。近10年来,新疆小麦总产量翻了近一番,但单产仅提高20公斤左右,平均每年仅增产0.7%,其中南疆的叶城县等单产出现下降。由于小麦单产水平低,既影响生产发展,也影响到农民增收。

表4　　　　　　　　2005～2014年自治区小麦单产与全国其他省比较　　　　　　　单位：公斤/亩

年　度	新疆维吾尔自治区	奇台县	额敏县	叶城县	全国平均	河南省	山东省	河北省	安徽省
2005	350.7	347.3	266.5	415.0	285.3	346.3	366.1	322.6	255.6
2006	360.6	352.0	290.0	420.0	306.0	375.9	375.6	316.7	304.5
2007	377.7	351.6	308.1	420.0	307.3	381.1	378.1	329.9	317.9
2008	300.5	342.0	329.3	354.0	317.3	386.7	384.7	337.2	331.8
2009	364.6	394.6	196.1	426.6	316.0	387.1	385.0	342.4	333.2
2010	371.1	395.0	345.7	432.0	316.7	389.2	385.3	339.0	340.1
2011	356.6	395.2	368.3	422.0	322.7	391.1	390.3	355.1	340.1
2012	355.6	403.4	364.1	392.2	332.7	396.7	400.7	370.1	357.1
2013	365.8	418.0	317.0	400.2	337.3	400.8	402.7	388.9	365.0
2014	374.4	410.0	388.4	390.5	349.3	410.5	403.5	407.0	377.2
2014年比2005年增长	23.7	62.7	121.9	-24.8	64.0	64.2	37.4	84.4	121.6
年均增长（％）	0.7	1.9	4.3	-0.7	2.3	1.9	1.1	2.6	4.4

注：自治区和全国及主产省数据来源于中国统计年鉴及各省统计公报，其中2014年山东、河北和安徽按夏粮单产计算；奇台县、额敏县和叶城县3个县的数据来源于本次调查时所在县提供统计资料。

二是小麦价格到顶，成本上升。目前新疆小麦价格的确定主要受国家小麦价格政策的影响。近年来我国小麦价格持续温和上涨，国内外价格对比发生重要变化，到2013年底国内价格已接近或超过国际进口成本价，这意味着我国小麦价格的调整已接近阶段性顶部。2014年小麦上市后，新疆小麦价格的封顶效应开始显现，小麦原粮收购环节的购销差价明显下降。2005～2014年，新疆小麦生产综合成本呈上升趋势。随着物价指数不断上升，单位面积亩成本已从2005年的423.92元增至2014的956.57元，增长了69.85%，其中人工成本净增了2.13倍，生产资料和人工费用大幅增加，小麦经营收益在10年中没有明显提高。

三是小麦种植收益偏低，比较效益下降。尽管这些年国家、自治区制定出台了一系列惠农政策，但目前小麦正面临价格"天花板"、成本"地板"挤压和补贴"黄线"、资源环境"红灯"约束的瓶颈，各种补贴标准低于农资价格和劳动力成本的上涨幅度，而且随着水权水价改革的推进，小麦耗水较多，本来效益就不如棉花和玉米，如果再提高用水成本，农民种植小麦积极性将更加受挫。塔城地区小麦平均亩产350公斤，亩均效益达到

200~300元；种植玉米亩产 1100 公斤，亩均效益可达 500~600 元，比小麦多出 300 元的收益；种植棉花亩均效益 400~500 元，比小麦多出 200 元的收益；种植甜菜、番茄亩均效益达到 800 元以上，比小麦多出 500~600 元的收益。个别主产县由于难以完成计划，已出现对小麦种植实行边缘化管理，把小麦安排在地力较差、条件不好的地块种植。

（四）小麦市场调节能力脆弱，政策支持保护措施不完善，没有完全发挥政府资源"四两拨千斤"的重要作用

新疆是全国粮食产销平衡区，小麦的产销平衡现状是脆弱平衡、紧张平衡和强制平衡，政府在发展小麦产业、调节小麦市场和保护种粮农民利益方面具有重要责任。但政府的资源和能力也是有限的，需要讲究科学的方法，发挥政府资源"四两拨千斤"的重要作用。近年来自治区在加强政府公共管理服务和完善政策支持保护措施方面做出重大努力，但也还存在一些不足。

一是在粮食安全战略上对大区平衡和小区平衡没有进行区分，对发挥市场和企业作用、实现大区平衡重视不够。自治区的政策要求是"区内平衡，略有结余"，强调的应是大区平衡，但大区平衡并不等于将其简单分解为小区平衡并进行相加。在实践中，存在重小区平衡和轻大区平衡的问题，过于注重任务分解和小区平衡，政府行政管理措施细化，形成地区分割、市场封锁和流通低效，降低资源配置效率。有些主产县受仓储库容和农业结构调整的限制，县与县之间已经开始分化，小麦产需衔接存在隐忧。南疆由于果粮间作成为常态，小麦单产和品质受到影响，今后小麦供求平衡压力将加大，亟须引起重视并采取措施。

二是地方储备不足，粮食仓储设施建设不健全，粮食企业实力弱，应对重大自然灾害和临时性市场过剩的能力不足。近期，国家发展改革委等出台的《关于进一步增加地方粮食储备规模的通知》（国粮调〔2014〕275 号）下达新疆地方粮食储备规模 115 万吨，如按自治区级储备建立，缺口 37 万吨；如将各地建立地县级储备纳入，缺口 15 万吨。目前新疆地方国有粮食购销企业基本上还处于买原粮和卖原粮的阶段，产业链短，防范和化解市场风险能力不强。中储粮直属库收购的小麦主要用于公开市场拍卖或中央储备粮轮换，粮权属于中央，用于保障地方安全困难。目前新疆地方国有粮食购销企业有效仓容 400.8 万吨，其中有 163 万吨的"危仓老库"，需要大修 117 万吨仓容，报废 46 万吨仓容，缺口 154 万吨仓容。在南疆地区，仓容严重老化。在北疆和东疆，有些边

远山区县市仓容严重不足。在阿勒泰地区、伊犁哈萨克自治州昭苏县以及其他一些比较偏远的小麦主产县和南疆4地州，尽管库容充足，但仓储设施有限，储存量偏少。

三是农业支持保护措施设计存在缺陷，没有完全发挥政府资源"四两拨千斤"的重要作用。在现有农业补贴中，与面积挂钩的农资综合补贴多，与商品挂钩的粮食直补少。在针对小麦交售的价外直补政策中，政策只针对国有粮食购销企业并实行计划管理，将加工流通企业排除在外，补贴实际上主要被转为国有粮食流通企业享有，种粮农民和消费者受益太少；同时农民在粮食收获交售后才能领到直补资金，解决不了生产环节应急资金的问题。目前新疆良种补贴政策主要采取按面积进行补贴，农民既能拿到补贴，又能以粮代种，良种补贴效果较差。

四、对策建议

小麦发展既有产业问题，也有安全问题。加强小麦发展，搞好小麦科研、生产、流通和消费管理和服务工作意义重要、责任重大。适应新阶段、新形势的发展需要，要加快推进农业现代化，积极将产业链和价值链的产业组织方式引入小麦产业发展，实行问题导向，按照发挥市场决定性作用同时更好发挥政府作用的思路，完善战略、深化改革、创新方式、提质增效、改进服务、保障安全，加快产业转型升级。

（一）完善粮食安全战略，更加重视发挥市场和企业作用，加大小麦主产县建设力度，将小区平衡转变为大区平衡

完善战略是新形势下促进小麦产业发展的前提条件。要进一步强化各级政府"把饭碗牢牢端在自己手上"的思想认识，进一步落实粮食行政首长负责制，要从新疆实际出发，充分利用疆内疆外、国内国外两种资源和两个市场保障粮食安全，加强对粮食安全管理制度的顶层设计，提高粮食安全保障水平和农村稀缺资源配置效率。一要对大区平衡和小区平衡进行严格区分，更加重视发挥市场和企业的作用，更加重视区域专业化，更加重视提质增效，将小区平衡转变为大区平衡。要按照比较优势原则指导生产发展，对现有粮食生产布局进行调整优化，推进专业化和规模化生产，加强基础设施综合配套和先进技术集成推广，全区集中扶持8～10个小麦主产县，形成一批种植小麦面积在50万亩以上、小麦产量在30万吨以上的商品小麦生产大县，每年由自治区进行奖励。二

要对自治区和各地在小麦安全上的责任进行合理界定规定，实行依法治理。自治区重点加强对种粮农民利益的支持保护，提高比较效益，加强核心产区农田水利基础设施建设提高小麦综合生产能力，在关键物流节点建立地方储备及现代仓储物流体系，确保市场有效供应。各地重点加强耕地和水资源保护，对小麦生产发展加大政策扶持力度，保护农民种麦积极性。

（二）深化政策改革，提高种粮售粮农民收益比例，构建小麦生产稳定发展机制

深化改革是新形势下促进小麦产业发展的基础支撑。一要深入推进小麦市场化改革。加快推进全区小麦购销市场全面彻底放开，取消指定国有粮食企业划片收购农民小麦等对小麦流通不合理的限制，明确农民向具有资质的加工企业和其他企业销售小麦也能享受种粮直补，促进农民更多地与加工企业直接对接，解决优质品种产销不对接问题，实现优质优价，促进农民增产增收。二要整合粮食直补、农资综合补贴、良种补贴等资源，提高种粮售粮农民在农业产业链中的收益比例。坚持按照小麦收购量进行种粮直补，改革按面积进行农资综合补贴的办法，进一步提高小麦价外补贴政策支持力度，并将小麦良种补贴与小麦质量挂钩，采用了良种就补贴，没有使用良种的就不补贴，提高补贴资金使用效率，实行多产粮、产好粮、多卖粮、多得补贴，少产粮、质量差、卖粮少、少得补贴，提高农民种植和销售优质小麦的比较效益。三要创新"三农"金融支持政策，完善小麦政策性保险办法，切实建立小麦生产政策性贷款、风险规避和损失补偿机制，提高小麦政策性金融支持、参加保险标准和赔付额度。

（三）转变发展方式，发展小麦新型经营主体，搞活小麦购销流通

创新方式是新形势下促进小麦产业发展的重点内容。一要扶持小麦规模化生产和品牌建设。加快农村产权流转交易市场建设，有序推进土地流转，鼓励和支持农民流转土地承包经营权，促进耕地向种粮大户和种粮能手集中，发展多种形式的小麦规模化生产。有条件的地方要完善扶持政策，整合资源，加大力度，积极发展小麦生产专业大户、合作社、家庭农场、龙头企业等新型经营主体，推进全产业链经营。大力发展绿色农业、特色农业和品牌农业，积极开展新疆优质小麦品牌的培育、宣传、推介和保护，大力打造区域公用品牌。二要促进小麦产销合作发展，引导主销区政府到主产区投资建设小麦生产基地、发展小麦订单生产、建设小麦仓储设施等，多渠道补偿小麦主产区利

益，稳定主销区小麦市场供应。搞好小麦产销对接，搞活小麦流通，及时准确地提供产销信息。加强粮食质量监控和市场监管。鼓励和支持粮食经营企业建立行业性粮商合作组织并不断提高其组织化水平，避免恶性竞争。三要加强关键节点市场建设，完善粮食市场流通网络，方便麦农就近交售小麦，切实解决好产销区小麦运输问题。要紧紧围绕降低小麦运输成本和提高调运效率，对区内产销区之间小麦公路运输，给予农产品公路运输"绿色通道"政策支持，确保产区小麦能够安全顺利运抵销区。强化粮食主销区政府的粮食安全责任，对小麦销区对当地粮食经营企业从外埠运往当地销售的小麦，销区政府要给予一定的运输补贴。

（四）强化提质增效，促进加工流通企业向前和向后延伸产业链，加强科技攻关和基础建设

提质增效是新形势下促进小麦产业发展的核心内容。一要积极推动小麦产业由生产导向转向消费导向。大力加强小麦分级分类质量标准建设，引导农民瞄准市场需求，适应消费者选择，发展市场紧俏和适销对路的优质小麦品种生产。积极促进加工流通企业向前和向后延伸产业链，发展订单农业，从源头上提高质量。二要加强小麦生产科技支撑能力建设。大力推进产学研合力协作攻关，加快小麦优质高产新品种培育，加强优质小麦品种原种繁育，特别是要针对南疆果粮间作特点，培育适应性好的高产品种。加大小麦科研和育繁推环节投入、小麦高产创建示范支持力度，推动农技、农艺、农机等综合措施配套，加大节水灌溉、测土配方施肥等先进实用技术的推广，提高小麦生产技术到位率。三要大力支持建设高标准麦田。加大对小麦主产县市的转移支付力度，及时奖励那些发展小麦生产成绩突出的县、市、乡（镇）、村以及种粮大户。自治区"标准农田建设工程"以及农业综合开发"高标准农田建设项目"等惠农资金项目要加大向小麦主产县市的倾斜力度，优先支持建设高标准麦田，尽快形成全疆1000万亩以上高产麦田。要在加强财政资金投入的同时，拓宽高标准麦田建设投入渠道，鼓励小麦加工企业等社会资本到粮食主产区建立小麦生产基地，加大对高标准麦田建设。

（五）改进购销管理，引入票证系统，完善和加强政府公共管理和公共服务

改进服务是新形势下促进小麦产业发展的关键措施。一要改革和完善政府对小麦原粮收购和销售的管理制度。采取资质认证办法，支持粮食加工企业以及其他企业直接参

与小麦收购，农民向有资质的粮食加工企业等出售小麦，同样享受小麦生产财政补贴，而这些加工企业等在收购农民小麦过程中也要严格按政策规定要求办事，履行相关的报备和报告等管理手续。改革国有粮食购销企业收购小麦计划管理制度，对地方储备粮和中储粮新疆分公司的收购数量不再进行行政限制，引入市场竞争机制，大力加强对农民售粮的服务。二要引入票证系统。借鉴并改进棉花目标价格制度改革试点办法的经验，规定农民向国有粮食收购企业和粮食加工企业交售粮食的，要提前办理小麦生产证明并与企业签订规范合约，在向企业交售小麦后，由企业为农民提供规范的农产品收购发票，凭小麦生产证明及合约和发票向政府申请粮食直接补贴。以现行的国税管理信息系统和财政农业补贴信息系统为基础，多部门参与，明确责任、分工合作、整合资源、技术支撑，探索建立全区统一的、内容完整、电子网络和书面票证相结合、高效运行的票证管理系统和数据失真报警追查机制。三要加强政府管理服务和政策宣传引导，建立强有力的工作机构和管理经办人员队伍，及时解决农民在交售小麦及申领财政补贴和企业在申领收购资质和参与购销小麦过程中遇到的各种问题。

（六）加强地方储备，利用进口调节，健全小麦安全保障应急机制

保障安全是新形势下促进小麦产业发展的重要任务。一要完善仓储体系，加强地方储备。加大财政对粮食仓储设施建设的扶持。重新定位政府小麦储备功能，完善小麦收储政策，发展多种形式的小麦储备。进一步增加地方粮食储备规模，将国家下达新疆的地方粮食储备规模全部落实到位，在 2015 年底前增加 37 万吨小麦自治区级地方储备计划，在南疆地州一级增加地方储备计划以及相应的财政预算开支。将加工用小麦储备功能分离给粮食加工企业，进行市场化运作。支持粮食加工企业与农户建立原料供应利益联结机制。二要扩大调节范围，利用进口调节。充分发挥新疆毗邻哈萨克斯坦等小麦出口国的地缘优势，利用好"两个市场、两种资源"，积极向国家争取一定的小麦进口配额，在必要的时候，适当进口一定数量小麦原粮或成品粮，增加新疆小麦原粮或成品粮的来源，调节新疆小麦市场的品种需求。三要加强预警应急机制建设。建立"快、实、准"预警信息反应机制，健全小麦安全应急预案，成立小麦安全应急指挥协调机构。各级政府要确定一批骨干粮食加工企业与骨干粮店及超市、商场，平时加强联系联络和给予一定的政策扶持措施，使其在小麦应急情况下，能够按照政府应急措施要求，积极响应政府对小麦市场进行的宏观调控。

成就辉煌挑战严峻

——新中国成立以来我国粮食生产回顾和展望

伍振军

新中国成立以来我国粮食生产取得举世瞩目的伟大成就。1949 年我国粮食产量仅有 2263.7 亿斤，到了 1978 年粮食产量提高到 6095.3 亿斤，是新中国成立之初的 2.69 倍；到了 2014 年粮食产量达到历史最高水平的 12142.0 亿斤，是新中国成立之初的 5 倍[①]。粮食持续增产，为解决人民温饱问题、逐步建成小康社会、保障国家现代化进程作出巨大贡献。从历史看，我国粮食增产大体可分为三个阶段。

第一个阶段是新中国成立之初到农村改革。1949～1978 年我国粮食产量从 2263.7 亿斤增长到 6095.3 亿斤，29 年内增长 2.69 倍[②]。这个时期既取得了年均增长率 3.5% 的显著成就，也留下了深刻教训。新中国成立初期，我国粮食产量快速提高，但"大跃进"和人民公社化这些违背农业经济规律的大试验，直接导致粮食产量大幅度下降。1958～1961 年我国粮食产量从 3953.3 亿斤大幅度减少到 2730.2 亿斤，短短 3 年减产幅度达到了惊人的 30.9%[③]。鉴于全国性粮食短缺和大饥荒，《农村人民公社 60 条》于 1962 年 9 月制定出台，明确生产队是农村土地等生产资料的所有权单位和基本核算单位，稳定了农村生产关系。从 1962 年开始，粮食产量恢复上涨，并于 1966 年首次迈上 4000 亿斤台阶，达到 4280.2 亿斤，超过 1958 年产量。之后，我国粮食产量持续上涨，分别在 1973 年和 1978 年迈上 5000 亿斤、6000 亿斤台阶，达到 5298.7 亿斤和 6095.3 亿斤[④]。

第二个阶段是农村改革到 20 世纪末。1978～1998 年我国粮食产量从 6095.3 亿斤增长到 10245.9 亿斤，20 年内粮食产量增长了 68.1%，年均增长率 2.6%[⑤]。1978 年党的

---

①②③④⑤ 来自由万德咨询整理的国家统计局数据。

十一届三中全会之后，我国以农村制度变革为先导拉开改革开放大序幕。1980 年中共中央印发《关于进一步加强和完善农业生产责任制的几个问题》提倡专业承包联产计酬责任制，认为这种责任制比其他包产形式有更多优点。1982 年中央 1 号文件专门阐述农业生产责任制问题，认为农户和集体保持承包关系是社会主义农业经济的组成部分。1983 年中共中央发布《当前农村经济政策的若干问题》，进一步肯定分散经营和统一经营相结合的方式具有广泛的适应性。到 1984 年底，全国已有 99% 的生产队、96.6% 的农户实行了包干到户（刘守英、伍振军，2014）。1978～1984 年我国粮食产量分别在 1982 年、1984 年迈上 7000 亿斤和 8000 亿斤两个大台阶，6 年时间增产 33.6%，年均增长率 5%，远高于农村改革之前的水平。之后，我国粮食产量稳步上升，分别在 1993 年、1996 年突破 9000 亿斤、10000 亿斤大关，达到 9129.8 亿斤和 10090.7 亿斤[①]。

第三个阶段是 20 世纪末到现在。1998～2014 年我国粮食产量从 10245.9 亿斤增长到 12142.0 亿斤，16 年内粮食产量增长了 18.5%，年均增长率 1.1%[②]。20 世纪 90 年代中期，我国粮食连年丰收，粮食供大于求，出现结构性过剩，粮价下跌，严重挫伤农民种粮积极性，1998～2003 年我国粮食大幅减产，幅度达 15.9%。2003 年以来政府加大投入，我国进入历史上少有的粮食连续增产阶段。2014 年粮食产量达到 12142 亿斤，实现"十一连增"，比 2003 年高出 41.0%，11 年间年均增长率高达 3.2%。2015 年我国粮食生产形势向好，若无大的自然灾害，粮食产量将比 2014 年略有提高，保持在 1.2 万亿斤以上的水平。

我国粮食生产巨大成就来之不易，教训极其深刻，经验弥足珍贵。总体看来，促进我国粮食增产的主要因素有以下三个方面。

一是农业科技进步。经过新中国成立以来 66 年的改革发展，我国农业科技取得了显著进步，农业科技进步贡献率在"一五"期间仅有 20%，到 2014 年已经达到 56%（农科院，2014）。我国已迈入世界农业科技大国行列，我国水稻、小麦、玉米三大粮食作物原生质体培养技术与国际先进水平同步，超级稻研究与新品种选育居国际领先水平。一大批高产、超高产、抗逆、广适性的超级稻、杂交小麦、杂交玉米等粮食新品种选育推广，为我国提高粮食单产作出巨大贡献。2014 年我国粮食作物单产达到 718 斤/亩，是 1949 年 137.2 斤/亩的 5.2 倍[③]。

---

① ② 来自由万德咨询整理的国家统计局数据。
③ 根据国家统计局数据计算得来。

二是农村经营体制改革。新中国成立 66 年来、特别是改革开放 37 年来，虽然历经反复、遭遇"大跃进"和人民公社化运动等重大挫折，但经过不断试验、探索与变革，我国终于逐步确立起以土地所有权属于集体、承包权和经营权属于农户、家庭为农业生产主要经营和组织单位、农民专业合作社为社会化服务主体等为主要特征、独具中国特色的农村基本经营制度，极大地解放了农业生产力，促进了粮食产量稳定增长。

三是支农投入力度很大。除了全面取消农业税之外，国家加大财政支农投入力度，通过粮食最低收购价、粮食临时收储，尤其是粮食生产补贴等惠农富农政策促进粮食增产。2003～2014 年，国家通过良种补贴、粮食直补、农机具购置补贴、农资综合直补等 4 项补贴累计投近万亿元，极大地支持了粮食生产。

我国粮食生产取得如此巨大成就，为何习近平总书记仍然反复强调我们的饭碗任何时候都要牢牢端在自己手上，我们的饭碗应该主要装中国粮？随着经济发展，城镇化水平提高，人们饮食结构优化，我国粮食消费快速增长，粮食供需缺口不断扩大。2014 年我国粮食消费量高达 68218.5 万吨[1]，比 2004 年提高 41.6%，10 年间年均提高 3.54%，粮食消费提高幅度超过生产幅度。2014 年我国粮食进口达到 9092 万吨[2]，粮食自给率下降到 87.0%[3]，而在 2004 年之前我国多数时候还是粮食净出口国。并且，从经济发展水平看，2014 年我国人均 GDP 已达到 7575 美元[4]，已经迈入高中等收入国家门槛，粮食消费还处于快速增长阶段。但国内粮食生产面临耕地不断减少、地力严重透支、水资源枯竭、农村劳动力转移、粮食生产比较效益下降、生产基础薄弱等严峻挑战，粮食生产能力已经接近极限。

粮食安全主动权必须牢牢掌控在自己手中，新时期发展粮食生产，保障国家粮食安全，必须紧扣中央多次强调的"以我为主、立足国内、确保产能、适度进口、科技支撑"的 20 字大方针构建粮食安全新战略。第一，明确国家粮食安全的优先次序，集中力量确保稻谷和小麦完全自给，保证谷物基本自给。第二，调动粮食主产区和种粮农民的积极性，让主产区抓粮有劲头，让农民种粮有利可图。第三，落实最严格的耕地保护制度，牢牢守住 18 亿亩耕地这条"红线""底线"和"生命线"。2014 年我国粮食作物

---

① 粮食产量 + 进口量。

② 海关数据其中进口大豆 7140 万吨，谷物 1952 万吨，合计 9092 万吨。

③ 粮食产量/（粮食产量 + 进口量）。

④ 国家统计局数据。

播种面积16.9亿亩，进口大豆、谷物相当于6.5亿亩播种面积[①]，按土地产能计算，粮食播种面积缺口已达27.8%[②]。第四，加快农业"走出去"步伐。我国应加强对全球农业开发潜力、环境与风险研究，统筹利用国际国内两个市场两种资源，促进农业"走出去"。

[①] 2014年我国大豆单产119.33公斤/亩，进口大豆7140万吨，国内生产需要播种面积5.98亿亩；2014年我国谷物进口1952万吨，2014年我国谷物单产392.6公斤/亩，国内生产需要播种面积4972万亩。两个相加，约为6.5亿亩。

[②] 2014年我国粮食作物播种面积16.9亿亩，进口大豆谷物需要播种面积6.5亿亩。6.5/（16.9 + 6.5）= 27.8%。

第六部分　其　他

系统谋划投资战略，深化与巴西、阿根廷农业合作

金三林　龙海波　张　贺

巴西、阿根廷是世界主要农产品生产国和出口国，也是我国重要农产品贸易伙伴[①]。为进一步深化我国与两国的农业战略合作，国务院发展研究中心调研组近期赴巴西、阿根廷进行了实地调研。从调研情况看，两国农业发展潜力巨大，对吸引我国农业投资意愿强烈，有条件成为我国对外农业投资的重点地区。但要将两国农业投资潜力转化为现实产能也面临一些制约因素，需要在基础设施配套、金融支持、规避法律和社会风险等方面，加强统筹谋划。

一、巴西、阿根廷有条件成为我国对外农业投资的重点地区

一是投资潜力巨大。巴西、阿根廷农业资源丰富，特别是土地资源还有很大开发利用空间。巴西有近2亿公顷的牧场，其中相当部分可转化为耕地。阿根廷可耕种面积是5000万公顷，目前实际利用3500万公顷，还有1500万公顷的耕种潜力。两国一些粮食作物的单产也较低，依靠良种良法、灌溉等措施可以大幅度提高单产。据测算，到2020年，阿根廷还有约0.5亿吨的粮食增产潜力；巴西未来几年的粮食产量增幅在10%左右。此外，玉米、糖料作物和肉类产品加工，以及生物质能源领域的投资机会也很多。

二是投资机遇难得。当前，两国经济下行压力较大，国内投资项目进展缓慢，一些列入计划的项目无法正常开工，一些重大基础设施项目建设放缓，吸引外资更为迫切。自2014年习近平主席访问巴西、阿根廷后，两国政府对吸引中国投资的意愿更为强烈。

[①] 我国为巴西、阿根廷的第一大农产品出口目的地，巴西、阿根廷分别为我国的第二、三大农产品进口来源国。

由于农产品出口对经济增长的贡献大，两国都将农业作为吸引外资的优先领域，尤其是农业基础设施、农产品加工等领域。两国货币大幅贬值使农业投资成本下降。这些都为我国农业投资带来了良好机遇。

三是投资基础较好。近年来，中国与巴西、阿根廷建立了良好的政治互信基础。由于资源禀赋差异及农业生产的互补性，加之充足的外汇储备和先进的技术水平，使得我国企业在两国已有较好的投资合作基础。2014年底，中方承建了阿根廷贝尔格拉诺货运铁路改造项目，目前正在积极参与"两洋铁路"修建的可行性论证工作。重庆粮食集团等企业也在两国投资建立了大豆压榨厂、食品工业园区。这些成功经验为深化双边农业战略合作奠定了良好基础。

二、将投资潜力转化为现实产能面临的风险与问题

第一，基础设施欠发达。一是交通物流设施落后，农产品运输瓶颈问题突出。巴西铁路、航道、港口建设落后，北部产区的农产品难以运到沿海港口。阿根廷也由于缺乏铁路运输，西北部的农产品难以运到巴拉那河港口群。两国国内农产品运输以公路为主，成本居高不下。二是水利设施严重不足。阿根廷耕地灌溉比例只有5%，巴西的灌溉比例也不到10%。

第二，存在一定的法律和社会风险。一是土地交易的法律制约。阿根廷法律规定，同一国家的投资者在阿根廷购买的耕地不能超过农业土地总面积的4.5%，每个外国法人或自然人在阿根廷购买的土地不能超过1000公顷。二是土地用途转换的法律风险。巴西虽然有大量牧场可转化为耕地，但必须经过政府的环保生态评价和审批，而这种审批极易受到国内民众情绪、国际社会舆论的影响。三是税负和劳工成本偏高。阿根廷政府对大豆征收35%的出口税，所有农业生产经营者都要缴纳所得税、增值税和营业税，总体税负较重。巴、阿两国劳工成本也一直较高。

第三，中资企业资金瓶颈问题突出。一是金融支持不足。境外资产难以抵押、海外农业投资风险高、回报周期长等原因使得大多数企业融资难。二是汇率风险较高。虽然中国和巴西签署了货币互换协议[①]，但执行情况不理想。巴、阿两国本币对美元汇率持

---

① 2013年3月26日，中国人民银行与巴西中央银行签署中巴双边本币互换协议，互换规模为1900亿元人民币/600亿巴西雷亚尔，有效期3年，经双方同意可以展期。

续贬值且波动大，中资企业美元贷款还本付息压力大。

第四，部分涉农领域投资竞争激烈。四大粮商等主要跨国农业公司在两国农产品物流的重要节点都已进行投资布局，粮食码头等重要基础设施已被这些企业圈占，大豆压榨等环节的投资接近饱和。中资企业作为新进入者有较大难度。

三、几点建议

一是系统谋划实施"区域战略"和"国别战略"。南美是我国中长期重要的原材料和农产品供应基地，同时也是拥有2.4亿人口的巨大市场，基础设施落后是这一地区各国面临的共性问题。建议在南美实施"区域战略"，以两洋铁路等为纽带，进行系统投资谋划，统筹考虑我国在南美地区的基础设施、矿产资源、产能合作、农业等领域的投资。同时，对巴西、阿根廷等重点国家实施"国别战略"，结合我方需要和东道国的需求，制定系统的投资指导规划，统筹布局铁路、港口、园区、水利设施、生产基地投资。以国家战略性投资为先导，争取两国政府支持，为中资企业进入其他相关领域创造更好的条件。

二是选择合适的投资领域和投资方式。在巴、阿两国农业投资领域的选择，要综合考虑两国的资源潜力、政府意愿，以及我国和新兴市场国家的需求增长潜力。从调研情况看，除大豆、玉米外，可以将牛肉、禽肉、糖和水果作为新的投资增长点，并带动国内农机具等机械设备的投资。在投资环节上，可借鉴嘉吉公司的做法，以收购、储运、加工等产业链中后端为主，通过订单等方式掌控粮源。在投资方式上，以并购为主，与本土企业合资合作。

三是鼓励集群投资并发挥不同投资主体的作用。鼓励农垦及其他涉农企业投资灌溉等农业基础设施和农业园区，鼓励中粮集团等大型企业建设仓储物流设施，协同推进农产品供应链建设。引导大型企业和民营企业以股份合作、设立共同基金、共建园区等方式开展合作。鼓励大型企业为中小企业提供供应链服务，改善中小企业的运营环境。

四是加强跨境金融服务。提升国内银行跨境金融服务能力，简化在境外设立分支机构及并购的审批核准手续，鼓励支持其在南美地区进行业务布局，为农业等投资项目提供融资和担保。落实好货币互换协议，用本币直接计价投资，降低企业汇率风险。

五是强化双边农业合作机制。南美地区的外交工作应把促进农业合作放在更重要的位置，建议驻巴西、阿根廷使馆配备农业参赞。发挥好中拉农业部长论坛等对话机制的作用，建立稳定的高层次对话平台。

把握印度农业发展机遇，深化中印农业合作

金三林　储雪玲　周群力

近期，我们赴印度就"中印农业合作潜力"进行调研，分别与印度农业部、食品和公共分配部的官员，以及嘉吉（印度）公司等企业的高层进行深入交流。印方对提升两国农业贸易水平、吸引中方涉农投资和加强农业政策磋商持积极态度，并对中国在建设现代农业、减少贫困人口等方面的经验表现出浓厚兴趣。建议把农业合作纳入双方构建更加紧密发展伙伴关系的重要内容，全面提升合作水平。

一、印度农业已进入快速发展阶段

印度拥有全世界最多的农业劳动力和全亚洲面积最大、质量最好的耕地，农业发展条件好[①]。在政策支持、需求增长等因素带动下，近年来印度农业保持了较快增长。

第一，印度政府高度重视农业发展和粮食安全。印度政府从 2007 年开始实施国家粮食安全战略。这一战略要求印度谷物和豆类总产量在"十一五"[②] 增加 2000 万吨，"十二五"增加 2500 万吨。为实现上述目标，印度政府主要实施了五个方面的政策：价格支持、缓冲库存、农业投入补贴、加强农业基础设施建设和农民培训[③]。这些政策实施

---

① 印度耕地面积达 1.57 亿公顷，数量高于我国，居亚洲之首、世界第二，仅次于美国。印度农村人口近 8 亿人，农业劳动力约 3 亿人，还有数千万劳动力在涉农行业就业。印度是热带国家，全国年平均降雨量将近 1200 毫米，相当于我国最富庶的鱼米之乡。

② 印度也实行五年计划，其"十一五计划"时期是 2007/08～2011/12 年，"十二五计划"时期是 2012/13～2016/17 年。

③ 价格支持，类似于我国的最低收购价制度；缓冲库存，类似于我国的粮食储备制度；农业投入补贴，主要包括化肥、电力、灌溉水以及种子补贴等。

效果良好，其"十一五"期间谷物和豆类增产 3400 万吨，超过预期目标，"十二五"增产目标也有望超额完成。

第二，印度农产品需求增长潜力很大。印度是全球第九大经济体，2014 年 GDP 为 2.05 万亿美元，人均 GDP 为 1582 美元（现价），相当于我国 21 世纪初水平；城镇化率为 32.4%，相当于我国 20 世纪 90 年代末水平；人口达到 12.9 亿人，相当于我国 2003 年规模。2013 年，印度人均能量摄入量为 2459 千卡/天，人均脂肪摄入量为 52.25 克/天，均相当于我国 20 世纪 90 年代初水平；人均蛋白质摄入量为 60.25 克/天，相当于我国 20 世纪 80 年代中期水平。未来印度经济、人口和城镇化水平都将持续增长，农产品消费规模将持续扩大，消费结构也将逐步升级。但受宗教文化等因素影响，印度食物消费结构升级轨迹将与我国有显著差异。

第三，印度农业将在较长时期保持较快发展。印度"十一五"期间农业增加值年均增长 4.24%，"十二五"期间年均可增长 4%。不仅谷物和豆类产量大幅增长，棉花、糖等经济作物，以及牛、羊等养殖业也快速发展。总体而言，印度农业已进入快速发展阶段，并将带动涉农产业发展。

二、印方对深化双边农业合作意愿强烈

尽管中印两国目前农产品贸易和农业投资规模较小，但两国农业资源禀赋、农产品消费结构存在差异，未来农业合作潜力巨大。印方特别希望能加强以下四个方面的合作。

第一，扩大各自优势农产品的贸易规模。一是扩大从中国进口高蛋白植物产品。印度民众大多是印度教徒和伊斯兰教徒，国民饮食结构偏素食，对植物蛋白的需求量大，特别是对非转基因豆类的需求强劲，印方希望能扩大从中国进口豆类产品。二是增加畜产品、棉花等印方优势农产品对中国的出口。印度牛、羊数量位居世界前列，由于国内消费受限，希望能增加对中国牛羊肉、奶制品的出口。同时还希望能扩大棉花、蔗糖等经济作物的出口。

第二，在农机、化肥、食品加工等行业加强产能合作。一是农业机械产能合作。印度农业以小农经营为主，面临着劳动力成本上升等问题，正在加快推进农业机械化和水利化。中国小型农业机械（包括灌溉机械）性价比高，对印度有较好的适应性。二是化

肥等农资产能合作。印度目前的化肥施用水平约为中国的 1/3，尽管印度也在推进绿色发展，但化肥施用量仍将大幅增加，国内产能满足不了需求增长。三是食品加工产能合作。印度居民目前仍以家庭加工食品为主，但随着收入水平的提高，包装食品的需求在快速增长。印度政府鼓励发展食品加工业，对外资进入持开放态度。

第三，学习中国现代农业发展和农村减贫的经验。印度农业发展存在经营规模小、生产效率低、贫困人口多等问题，印方对中国经验有着非常浓厚的兴趣。一是提高谷物单产。印度谷物单产水平要低于中国①，特别想借鉴中国通过种业创新、高标准农田建设等提高单产的经验。二是扩大农业经营规模。印度农民户均 1.15 公顷土地，85% 的农户家庭土地低于 2 公顷，如何通过发展农民合作组织、社会化服务体系扩大农业经营规模是印度政府关注的重点。三是减少农村贫困人口。印度目前仍有数亿贫困人口，中国开发式扶贫的成效举世瞩目，印方高度重视。四是耕地保护。印度正在进入快速工业化、城镇化阶段，面临着如何有效保护耕地的难题。

第四，共同维护世界粮食安全。中印两国在全球农业贸易谈判中有共同的利益诉求。嘉吉（印度）公司等企业的高层认为，随着需求的增长，印度对全球市场的影响将日益增强，中印两国将成为影响全球农产品市场的主要力量。因此，中印农业合作已超出双边范畴，对维护世界粮食安全具有战略意义。印方政府高官也表达了类似意愿，认为中印两国要加强市场信息沟通、增强政策磋商，共同维护全球农产品市场稳定，推动国际粮食安全治理体系改革。

三、深化中印农业合作的建议

中印加强农业合作具有全球战略意义。我国应把握好印度农业发展机遇，全面深化中印农业合作，努力将印度崛起的利益最大化。

第一，提升双边农产品贸易水平。一是积极扩大对印豆类出口。可由相关行业协会牵头，对印度食物消费特点、发展趋势开展深入研究，制定对印豆类贸易战略，努力把印度发展成为我国非转基因大豆及杂豆的重要出口目的地。二是加快中印互输农产品检验检疫磋商，促进贸易便利化，适度扩大从印进口我国需要的畜禽产品。

---

① 印度水稻单产约为我国的 40%，小麦单产约为我国的 60%。

第二，鼓励各种形式的涉农产能合作。一是把农机、化肥、食品加工行业产能合作纳入《中印经贸合作五年发展规划》，提出系统的产能合作方案。合作形式既可以是投资设厂，也可以是合作经营，还可以组织跨境农业生产服务。二是共同推进中缅孟印经济走廊内的农业产能合作，把农业供应链设施纳入走廊规划，带动走廊沿线农区发展。

第三，加强双边和多边农业政策磋商。一是把农业合作纳入双方领导人定期会晤的重要内容，使高层领导能及时了解各自的粮食安全战略、重大农业政策，明晰彼此的战略意图。二是由双方农业部门牵头，建立常态化、开放式的涉农信息平台，增强政府公共信息服务。三是就构建全球和区域粮食安全治理体系等重大问题，开展专题磋商。

第四，加强农业发展和农村减贫知识共享。一是发挥好国家智库的作用。加强中国国务院发展研究中心与印度国家转型委员会的合作，把农业发展和农村减贫经验纳入双方交流的范围。二是增强中印战略经济对话、中印智库论坛等交流平台的功能，围绕农业合作重点设定相关议题，鼓励双方政府部门、行业专家参与。

深挖中泰农业合作潜力，完善我国农产品的全球供应链

周群力　程郁　韩一军

泰国农业资源丰富，是世界第一大稻米和橡胶出口国。中泰两国农业各具优势，在农产品供需结构上具有较强互补性。2010 年中国—东盟自贸区正式建立以来，中泰农业贸易增长迅速。近日，我们赴泰国实地调研发现，两国农业合作潜力巨大，泰国未来有可能成为我国全球农产品供应链中的关键节点。

一、中泰农业贸易互补性强

中国从泰国进口的农产品主要是大米、天然橡胶、木薯、糖、木材及木制品、热带水果等，而中国向泰国出口的主要是大蒜、胡萝卜及萝卜、马铃薯、温带水果等。2014 年 12 月《中泰农产品贸易合作谅解备忘录》的签订，进一步促进了两国的农业贸易。

一是泰国是中国橡胶的重要供给基地。中国进口橡胶的 60% 来自泰国。2015 年 1 ~ 10 月，泰国向中国出口天然橡胶和橡胶制品分别为 20.91 亿美元和 9 亿美元，两项合计占到了泰国向中国出口农产品及制品总值的 49.6%（见表 1）。泰国橡胶加工能力不足，希望与中国在橡胶加工领域加强合作。

二是两国饲料原料的相互依赖度很高。我国从泰国进口大量木薯用作饲料，占泰国出口木薯的 70% ~ 80%。2015 年 1 ~ 10 月，中国从泰国进口木薯 642.86 万吨，比 2014 年同期多进口 50.49 万吨，增长 8.52%。泰国则因为发展鱼虾、鸡等水产和畜禽养殖，需从我国进口大量豆饼、油籽饼用作饲料原料。

三是两国水果、蔬菜贸易活跃。2014 年，泰国向中国出口水果 11.29 亿美元，其中 80% 是龙眼和榴莲；中国向泰国出口水果 7.07 亿美元，其中 80% 是苹果和梨。2014 年，

表 1　　　　　　　　2015 年 1～10 月中国与泰国农业贸易情况

泰国向中国出口农产品及制品			泰国从中国进口农产品及农业生产资料		
	金额 （百万美元）	同比增长 （%）		金额 （百万美元）	同比增长 （%）
天然橡胶	2090.7	-9.25	水果、蔬菜	579.8	17.04
木薯制品	1948.7	2.09	化肥、杀虫剂	525.9	-6.17
橡胶制品	900.4	-40.61	水产品	241.7	8.57
水　果	422.0	13.15	植　物	206.7	-7.78
大　米	354.8	18.84	油籽；籽仁；工业 或药用植物；饲料	47.4	5.92
砂　糖	313.1	104.54			

资料来源：中国驻泰国大使馆经济商务参赞处网站，中国海关总署网站。

泰国向中国出口蔬菜 0.27 亿美元；中国向泰国出口蔬菜 5.86 亿美元，其中 30% 是大蒜。

四是泰国对中国农资产品的需求很大。泰国农机市场年销售额的 40% 需要依靠进口。泰国是我国农药出口第三大市场。2015 年 1～10 月，中国向泰国出口农药 8.23 万吨，占泰国农药总进口的 74%；中国向泰国出口肥料 24572.35 万美元，比 2014 年同期增长 30.64%。

二、泰国粮食生产和出口潜力大，可成为我国稳固的海外粮源

中国和泰国分别是世界上最大的大米进口国和出口国。2014 年，泰国出口大米 1080 万吨，占产量的 31.9%；中国进口大米 258 万吨，其中 74 万吨从泰国进口。随着"高铁换大米"计划的实施，中国还将继续增加泰国大米的进口[①]。加强与泰国的大米生产和贸易合作，将有助于我国稳定海外粮食供应，提升在国际大米市场的话语权。中泰可以通过长期协定和产业联盟协作，促进供需互补平衡，加强双方在粮食期货与现货市场互动。

泰国农业的机械化率不高，灌溉设施不足，导致单产水平不高。目前泰国水稻生产

---

① 2015 年 12 月 3 日，中国中粮集团与泰国商业部外贸厅签署了 100 万吨泰国大米进口合同。

的机械化率只有 20%。据《2014 年泰国农业统计年鉴》，2012 年泰国有灌溉的耕地面积为 476.5 万公顷，只占全国耕地面积的 27%。2014 年，泰国水稻单产为每公顷 3150 千克，是东盟国家平均水平的 70.6%，仅为中国的 46.88%；玉米单产为每公顷 4224 千克，只有中国的 70.19%（见表 2）。据联合国粮农组织统计数据库数据，2013 年泰国人均可耕地面积是中国的 2 倍多，人均多年生作物种植面积是中国的 6 倍多。泰国农业通过生产技术改进和规模经营提高产出效率的空间还非常大，未来粮食出口还有很大的增长潜力，可以成为我国重要的海外粮源基地。

表 2   表 2　中泰两国 2014 年水稻、玉米生产情况比较

	水　稻				玉　米			
	全球	中国	泰国	东盟	全球	中国	泰国	东盟
种植面积（万公顷）	16087.6	3032.6	1170.6	4937.9	18059	3632	118.8	975
产量（万吨）	47696	14253	2468.2	21219	98769	21849	487.6	4060.3
单产（千克/公顷）	4419	6719	3150	4300	5469	6019	4225	4219

资料来源：《2014 年泰国农业统计年鉴》，表中数据经作者换算。

三、实施组合战略，深化中泰农业贸易和投资合作

要将泰国建设成为我国重要的"海外粮仓"，仍面临一定挑战。一是泰国农业人口老龄化严重。2014 年泰国农业劳动力平均年龄已达到 50 岁。二是泰国法律禁止外国人买卖农地和直接从事农业生产。三是物流体系还不发达，运输周期长、成本高。在这种情况下，深化中泰农业贸易和投资合作应采取以下措施。

一是深化中泰农业技术合作，以技术转移、技术服务、联合研发等保障泰国对我国的农业出口。泰国计划在 2017～2021 年期间对农业政策作较大调整，重点依靠科技来提高农业生产力，保障可持续发展。泰国对水稻和橡胶生产机械以及水稻抗病技术有较大需求，特别是希望引进中国适用于山地的小型农机。我国可推进与泰国的农业综合技术合作，通过小型农机、灌溉设备、水肥一体化技术的推广、联合育种研发以及土地产权改革与农村经营体制的经验交流，支持泰国提高农业生产效率。

二是通过"农资＋加工销售"模式，从两端切入整合产业链，增强我国在泰国的农产品供应组织能力。应大力推动农资、农产品加工和商贸物流投资的战略组团进入，通

过以农资供应为切入点的农业综合服务的前向推动和农产品加工、销售的后向市场拉动，强化与泰国农业生产者、经销商的联系，实现对泰粮源和供应渠道的掌控。

三是加强对泰国的物流节点布局，优化我国海外农产品供应链。中泰农产品目前大部分以原料或简单加工形式进行贸易，以水路运输为主的物流体系较为耗时，不能满足生鲜农产品物流的需要。中泰、中老高铁项目的落地和土瓦经济特区开发的重启，为我国重构以高铁为主导的东南亚物流供应链提供了发展机遇，泰国将成为我国贯通东南亚国家和印度洋航运的新通道。应促进双方在中泰高铁沿线的农产品物流基础设施与服务的投资与合作，整合中泰贸易的物流服务体系，建立航空、铁路、海运、河运相互贯通的立体物流服务网，优化我国海外农产品物流供应链。

日本"六次产业"发展的政策经验

程　郁

2015 年 1 号文件首次提出"推进农村一二三产业融合发展",将其作为增加农民收入的重要手段。这一思路的提出主要是受日本"六次产业"发展战略的启发。为此,我们系统梳理了日本"六次产业"发展的战略背景、政策经验以及发展模式,为我国推进一二三产业融合发展提供经验借鉴。

一、"六次产业"的根本是农业

发展"六次产业"的目的是为了将更多的收益保留在农业,促进农民收入的提高。进入 21 世纪后,日本农民收入大幅度减少,2008 年农户收入的绝对值(294 万日元)下降至 20 世纪 90 年代最高时(1995 年 689 万日元)的不到一半。研究表明,日本农民收入下降的最重要原因是农业产业的增值收益没有能够留在农业生产者手中。根据农林水产省数据,日本食品关联产业国内生产额约 100 万亿日元,第一产业的农林渔业生产仅占 10%,而 90 万亿日元来自加工(第二产业)、流通销售和餐饮业(第三产业)。

日本农协综合研究所所长今村奈良臣认为,要提高农民的收入必须采取产业链整合的方式。1994 年他提出农业的"六次产业"概念,即农业不仅是农畜产品生产,还包括与农业相关联的第二产业(农畜产品加工和食品制造)和第三产业(流通、销售、信息服务和农业旅游)。他认为只有各产业间的合作、联合与整合,才能获得农业与农村经济发展效益的提高,他将"六次产业"修改为农村地区各产业之乘积,即六次产业 = 第一产业×第二产业×第三产业①，寓意为各产业联合起来才能发挥倍增效益，而分立则是整体效益为零。

"六次产业"的基础是农业，核心是充分开发农业的多种功能与多重价值。农业"六次产业化"是指在产业链延伸与产业范围拓展基础上的进一步融合，以第一产业的农业为基本，综合发展农产品加工的第二产业和农产品直销、饮食业、休闲农业等的第三产业，形成集生产、加工、销售、服务一体化的链条，通过规模经济和范围经济提升农业产业价值。"六次产业化"强调的是基于农业后向延伸，内生成长出立足于农业资源利用的二三产业，让农林渔生产者能够分享农产品加工、流通和消费环节的收益，而不是让现有的工商业资本前向整合，吞噬和兼并农业；突出的是在农村地区内实现农业及其关联产业的有机整合，充分挖掘农业与农村资源的价值，达到振兴乡村的目标。2010年3月，日本政府制定的《粮食、农业、农村基本计划》提出："需要在国家与地方政府分工合作的体制下，通过发展农业和农村的'第六产业'来增强农村经济活力，改善农村生产、生活条件，以维持村落功能和保护生态系统及包括景观在内的农村环境。"

二、支持"六次产业"的政策举措

2008年12月，日本民主党在其内阁会议中提出其农林水产大纲——《农山渔村第六产业发展目标》，这是政府首次在其政策大纲中提及"第六产业"。2010年日本农林水产省制定并颁布了《六次产业化·地产地消法》，促进农产品在生产地的加工、利用和消费，以推进"六次产业化"，标志着"六次产业化"作为推动农业发展、增强农村活力的发展战略正式在日本启动实施。同年，农林水产省相继出台了《农山渔村六次产业化政策实施纲要》《农山渔村六次产业化政策工作相关补助金交付纲要》《农业主导型六次产业化准备工作实施纲要》以及《农业主导型六次产业化准备工作补助对象事业以及补助对象事业费》等文件，明确了实施"六次产业化"战略的方案和具体支持措施。为了保证战略有效落实，日本政府自上而下成立推进的组织机构，2011年在水产厅内成

---

① 他最初的提法是"六次产业"即六次产业＝第一产业＋第二产业＋第三产业，而后为了强调产业融合的价值，改为了三者相乘。

立了"水产业六次产业化推进团队",各都道府县吸收农政局、经济产业局、财务局、运输局、农协、工商团体以及推广组织等组建"六次产业化、地产地消推进委员会"。2013 年 2 月 28 日,日本政府在国会上进一步提出统合第一、第二和第三产业建立农村"第六产业"的指导方针,旨在通过推进农产品的生产、加工、流通、销售的一体化,把日本农业变成有国际竞争力的产业。

农林渔业从业人员或民间企业等为发展第六产业而制定经营改善计划[①],经过农林水产和经济产业大臣认定后,可以获得生产基础设施整备、加工生产设施和设备、新产品开发和新市场开拓等方面的支持。具体来说,推动"六次产业化"支持措施主要有以下几个方面。

第一,农工商合作事业计划,合理利用工商业带动一二三产业融合发展。以《农工商合作促进法》为基础,推进中小企业者和农林渔业者的合作,有效利用各自的经营资源,通过共同新产品开发、生产或需求拓展、新劳务开发等事业,提升农林渔业经营的综合价值。但与工商业合作是为了促进农林渔者能够自我成长为农工商经营主体,因而为保证农林渔业者的利益,法律限制了农工商合作中工业商业的出资股份不能超过49%。截至 2014 年 10 月 15 日,日本认定的农工商合作事业共有 636 个,其中最主要的就是通过树立品牌和开发新用途扩大农产品的需求,占到了 47.01%。

第二,综合化事业计划,支持农业生产者延伸农业产业链和价值链。这主要是支持农林渔业者以自己生产的农产品为基础,进行新产品开发、新产业拓展以及新需求开拓,以充分挖掘区域内农产资源的价值。2014 年日本认定支持的 1919 个,其中 68.1% 是加工销售一体,21.1% 是农产加工型的。

第三,地产地消计划,促进更大程度实现当地生产农产品的当地消费和当地利用。该计划的认定者即使不在指定产地范围内也可以获得产地直供合约的补贴[②],并简化其农地转用建立直销设施和到市区进行开发经营的审批程序。截至 2013 年 9 月,日本共认定支持了 23 个都道府县和 154 个市町村。政策目标是要到 2020 年,将销售额 1 亿元的直营店[③]比例从 2014 年的 17% 提高到 50%,将学校使用食物原料本地生产的比例从

---

① 事业计划的期限一般是 3~5 年,计划的目标是要在 5 年内附加价值提高 5% 以上。

② 根据《蔬菜生产销售安定法》,对于指定产区指定品种向指定消费区出售的蔬菜,在市场价格低于目标价格时由国家、都道府县和蔬菜销售集团共同出资的"蔬菜供给安定基金"给予补偿。

③ 2014 年,日本全国农产品直营店约有 23 万处,销售金额约为 8400 亿日元。

2013 年的 25.1% 提高到 30% 以上，将家乐等乡村旅游设施的容纳人数从 2014 年的 903 万人次提高到 1050 万人次。

第四，农业技术创新计划，推动以农业为基础的新兴产业发展。《六次产业化·地产地消法》指出，国家和地方公共团体应制定必要政策措施，支持以农林水产物为原料开发新产品、新市场以及引进和推广新技术，以此促进农林渔业及相关产业的综合发展。配套支持"六次产业"发展，日本农林水产省农林水产技术会议制定了"农林水产技术基本研究计划"，明确了对革新性技术的研究开发、技术推广与产业化以及知识产权的保护和使用的支持，并提出发展以生物能源为支柱的新产业、制造和利用农村的可再生能源。

第五，加大政策补助和金融支持力度，为农业向新领域的拓展延伸提供发展资金。政策补助力度加强体现在两个方面：一是对新产品开发和新市场销路开拓等支出的补助从 1/2 提高到 2/3，并对开拓销路的洽谈会、参展、宣传等给予支持；二是对新的加工、销售所需要的设施购置与建设的支出给予 1/2 的补助。2011 年度的农林渔业预算中，用于发展六次产业的资金支持为 130 亿日元，其中用于农林水产品加工和销售的专用资金为 33 亿日元。对农林渔业者新事业的拓展给予更大力度的贷款优惠政策。农林渔业者申请获得的无息农业改良贷款①期限可以从 10 年延长至 12 年，中小企业可以申请最高额度为 7.2 亿日元、利率为 1.2% 的新事业活动促进贷款，且无担保信用额度可以从 8000 万日元提升到 1.6 亿日元。

第六，农林渔业产业化成长基金，帮助农林生产者扩大自有资本金。2010 年日本内阁会议通过"农林渔业成长产业化支援机构"（简称"支援机构"）设置法案，由国家和民间企业共同出资成立投资基金，支持农林渔业者投资发展"六次产业"。"支援机构"支持的方式主要有三种：一是以政策补助金的形式资助农林渔生产者，最高可将其经营资本扩大至自有资本的 2 倍；二是以"劣后"贷款②的形式资助，最高可将其经营资本扩大至自有资本的 5 倍；三是以股权投资的形式给予最长 15 年的投资支持，最高可将其经营资本扩大至自有资本的 20 倍。农水省计划"支援机构"在 2012 年筹资 320 亿

---

① 认定农业者可以向公库申请农业改良贷款，个人和企业法人最高贷款额度分别为 5000 万日元和 1.5 亿日元。

② "劣后"贷款是指没有优先还债的义务的贷款。在金融机构判断事业的财务状况的时候，一般的贷款会被归类为负债，但"劣后"贷款可以看做是自有资本。

日元，此后每年筹资 400 亿日元，再通过"支援机构"与地方自治体及金融机构以1：1出资成立分基金。目前，已经设立了 49 只分基金，基金总额 733.02 亿日元，其中"支援机构"出资 366.51 亿日元。2014 年 9 月，子基金已经对全国的 35 个经营体进行出资，出资总额为 23.76 亿日元，其中的 11.88 亿日元为"支援机构"出资。

三、"六次产业"发展的方式

"六次产业"发展的目的是通过增加农产品的本地化利用价值来提高农民的收入，即将流出到城市等外部的就业岗位和附加价值内部化。日本"六次产业"发展战略的核心内容就是促进"地产地消"，即将本地农产品加工、销售环节的利润保留在本地。"地产地消"具体可分为两种类型：一是引入替代型，尽量利用本地生产的农产品作为原料来加工生产，并提高地域内食品的自给率，即用本地农产品代替从外地引入农产品加工原料和食品；二是输出替代型，将原来以生产原料输出为主的形式转变为以开发当地土特产品为主的输出形式，即以加工产品来代替原料产品，提高农产品附加值以增进区域内农民的收入。从其产业形态来看，主要表现为三大类：一是产地加工型，即利用本地农产品发展农副产品加工业。二是产地直销型，即由产地生产组织自行建立的直销点。2012 年日本农林水产物生产者直接向消费者贩卖的直销店全国约有 23 万处，其中销售额在 1 亿日元以上的常设店铺占 17%，年销售金额约为 8400 亿日元。三是旅游消费型，即发展乡村旅游事业。2012 年日本农家民宿等绿色旅游观光事业设施共计住宿人数约903 万人。

"六次产业"的发展首要是支持农业生产者更大范围地收获农业的综合价值，但由于农业生产者资源、能力以及市场渠道的局限，单靠农业生产者自身发展来发展"六次产业"将非常缓慢，也不现实，需要多元化主体的参与和联合多方的力量来推进。根据"六次产业"发展组织实施主导的主体不同，又可以分为三类。一是农业生产者主导型，以从事农业生产的专业农民为"六次产业"的事业主体，发展农产加工、土特农产品、产地直销与观光等高附加值的农产品生产基地。二是社区主导型，以农村妇女、高龄者等难以从事农业维持生计的农村居民为经营主体，目的是为解决其就业与收入问题，主要以小规模农产品的初级加工或直营店为主。三是自治体主导型，在日本表现为以农协为主导，建立农产品加工生产设施、品牌和市场网络等，并由农协成立专门的公司来运作经营，主要以高附加值农业、品牌农业或特色产品基地为主。四是企业主导型，是指企业作为"六次产业"的事业主体，由农业企业将生产范围扩大到农作物加工、土特产品开发、农作物直销、农产品宅配、饮食业经营和住宿设施管理及运营等。但由于日本对于工商企业进入农业有着严格的限制，企业直接参与和从事农业生产经营的数量是非常少的，这些企业主要是由市町村将抛荒地委托经营而产生。五是农工商连带型，是指农业生产者联合掌握高技术的食品制造企业、具有有利销售网的流通企业和零售企业等工商业企业组建农工商一体化的产业集团组织，借助其生产加工技术、销售网络和品牌优势开发新产品、开拓新市场、创造新价值，整体收获多样化产品链和多元化产业体系的综合价值。这被认为是推进"六次产业"发展最有效的形式，也是日本政策给予重点支持的形式。与企业主导最大的不同在于，农工商连带强调的是农林渔生产者与工商业者在业务支持、知识共享和经济关联的基础上建立创新平台和产业网络，农林渔业生产者仍然要在新的产业事业中掌握发展的主动权，成为利益分享的主体，而不是被动地被工商业资本所整合。

四、经验启示与建议

日本政策金融公库的调查显示，70%的第六产业经营主体指出实施"六次产业化"之后收入有明显的提高，从整体上看日本"六次产业"的发展对于增进农业生产者的收入很有成效。但在"六次产业"发展的推进实施过程中，始终面临着农业生产者、农协以及工商业资本联合与利益再分配的矛盾。即使是较有实力的规模化农业生产者以及有组织的农协也存在自主发展"六次产业"的巨大困难，"六次产业"需要工商业的连带和协作支持。在这个过程中，如何充分调动工商业参与农业的积极性，并有效保障农业生产者在合作参与中的利益，成为"六次产业"战略推进的关键。借鉴日本"六次产业"的发展经验，我国一二三产业融合发展应确立基在农业、利在农民、惠在农村的基本思路，着力支持农业生产者广泛地联合多方面力量对农业全产业链进行综合开发。

第一，加大对农业生产者产业化经营的投融资支持。在深化农村集体产权改革的基础上，支持承包经营土地、经营性资产的资本化，准予农业生产者以土地经营权、生产设施和设备等实物出资入股组建农业企业，或以其抵押融资支持生产。拓宽农业政策性开发金融的支持范围，加大对农业生产者发展加工、销售、服务等的长期、低息贷款支持，鼓励农业生产者、返乡创业者立足于本地农业资源综合开发进行多样化创业。探索建立非营利性的农业产业化投资基金，以"劣后"贷款或股权微利退出的形式支持农业生产者投资发展农业产业化经营实体。

第二，保障产业化经营中农业生产者的权益。借鉴日本农业法人投资育成和农工商合作促进制度的相关经验，通过对工商企业投资农业的准入审查与认定、股份比例的限定，确保农业生产者在与工商企业合作中获得发展主动权。以土地经营权的让渡调动工商业主体从事农业的积极性，但应在坚持土地的集体成员所有基础上支持农民持股参与，确保农民获得一二三产业融合的增值收益分配。

第三，加强对产业的组织与联合协调。在壮大各类新型农业经营主体的基础上，加强"社社联合""社场（家庭农场）联合""社企联合"，建立区域性农业产业协会，支持其通过树立产地品牌、生产基础设施建设与改造、搭建直销网络平台等方式加强与区域农业生产者的组织联系。支建农业生产者与食品、制造、能源、信息通信、流通、餐饮、旅游、金融、保险等各个行业的关联合作网络，发掘潜在的关联合作机会，联合利用农业资源开发新产品、新技术和新市场。

第四，强化对农业产业化生产条件的准备建设。加强农业产业技术的研究与开发，应用新技术开发新产品、创造新需求和新市场，为农业产业链的延伸和产业范围拓展提供多种可现实实现的技术条件。完善农田生产的基础设施改造，支持农业关联产业生产设施和设备的建设，政策引导和激励经营者围绕农业资源开发新产品、开拓新市场、创造新应用。

第五，培育多元化的农业经营人才。建立农业资源产业化综合开发的专业研修培训体系，对农业经营主体向加工、销售、服务等方面的产业延伸提供技术、管理、营销等方面知识和技能支持，培育跨产业、懂技术、善经营的复合型人才。搭建跨领域交流合作的平台，促进农业经营者与相关各行业企业、非营利组织、研究机构、专家等的沟通与讨论，互相激发出一二三产业融合发展的新思路、新创意。

参考文献

[1] 王志刚，江笛. 日本"第六产业"发展战略及其对中国的启示. 世界农业，2011 (3)
[2] 李凤荣. 地产地消——日本农协地域经济发展新战略. 现代日本经济，2014 (5)：45～53

［3］徐哲根．日本农户增收的产业路径及其启示．现代日本经济，2011（3）：48～54

［4］崔振东．日本农业的六次产业化及启示．农村经济，2010（12）：6～8

［5］王国华．日本渔业和渔村的6次产业化．河北渔业，2012（9）：64～67

［6］六次产业化有关法律、融资政策、进展等．日本农林水水产省．www. maff. go. jp/j/kanbo/saisei/pdf/3_ rokuji-ka. pdf 2013 － 4 － 8

国外农产品目标价格制度的主要做法及对我国的启示

秦中春

2014 年中央 1 号文件提出逐步建立农产品目标价格制度，具有重要意义。引入农产品目标价格制度是我国未来农业支持保护制度改革创新的一个重要方向和必然选择。从国际上看，农产品目标价格制度在解决农产品市场问题的过程中产生的，整个制度的演变经历了一个不断发展和不断完善的过程。总的来看，农产品目标价格制度的引入完善了农业支持保护制度，在发挥市场机制在资源配置中的决定作用的同时更好地发挥了政府的作用，但农产品目标价格制度的有效实施需要一系列的支撑条件，需要有全面完整的内容设计，对目前发达国家农产品目标价格制度的经验教训要有全面、客观和准确的认识。

一、发达国家主要情况

农产品目标价格制度是具有特殊针对性的一种农业补贴制度，是农业支持保护制度的重要组成部分。完成工业化的国家，最早建立对农业的支持保护制度，并在不断完善农业支持保护制度的过程中引入了农产品目标价格制度和不断完善这个制度的内容设计。农产品目标价格制度的主要内容是农产品目标价格差价补贴制度，同时也包括农产品目标价格贷款制度（或农产品营销贷款损失补助制度）和农产品目标价格保险制度（或农产品市场价格保险费补助制度）。

从美国来看，在农业支持保护制度建设上经历了以价格支持为核心的农业补贴阶段、基于市场导向的农业补贴政策调整、建立以收入支持为主的农业补贴政策体系三个阶段。早期的农业支持保护制度以生产干预（价格支持、储备调控和限产休耕）为主，后来逐步向市场导向（价格放开和损失补助）转变。1973 年的《农业与消费者保护法》开始引入农产品目标价格制度，实行"目标价格差额补贴（Target prices and Deficiency Payments）"制度。1996 年的《联邦农业改善和投资法》推出"营销贷款差额补贴（Loan Deficiency Payments）"，这是另一种目标价格制度。1996 年，美国还开始针对农民的收入提供保险，使农民不仅可以应对生产风险，而且可以应对价格的风险，这些保险产品有五种类型：一是作物收入覆盖计划（CRC，即 Crop Revenue Coverage，对在收获季节价格水平的产出不足或价格水平的下降产生的损失给予赔偿）；二是收入保险（RA，即 Revenue Assurance，对预期收入的一定比例给予保险，赔偿可以由于任何导致低于担保水平的收入或价格的不足产生的损失，提供保险费折扣）；三是收入保护计划（IP，即 Income Protection，以成本生产形式提供保险，对预期收入的一定比例提供保险，赔偿可以由于导致低于担保水平的收入的产出或价格的不足而产生的损失）；四是集团风险计划（GRP，即 Group Risk Plan，以一个县的产出业绩为基础对收入实行的担保）；五是反税担保（一种新形式的收入担保，应用 Schedule F 反税信息作为收入担保的基础）。2002 年的《农业安全与农村投资法》提出"反周期补贴（Counter – cyclical Payments）"制度，对目标价格补贴制度进行完善。2008 年的《食品、环保和能源法（Food，Conservation and Energy Act of 2008）》扩大无追索权贷款覆盖范围，改进反周期补贴操作方式，提高小麦、大麦、油菜籽种子等产品的贷款率和目标价格，新增基于农户目标收益的"平均作物收入选择补贴（Average Crop Revenue Election Program）"，向收入支持转型。

从欧盟来看，1962 年实行共同农业政策（CAP）后，经历几次调整和改革，逐步从价格支持为核心转向以"单一农场补贴（Single Farm Payment）"为重点、统筹考虑农业多功能和农村发展的补贴制度。国家设立农民销售农产品的最高价格指导价、最低价格指导价以及对进口农产品控制价格，以此为依据进行市场干预和提供农业补贴。农民可以在市场上销售农产品，通过欧盟设在各成员国的干预中心申请和领取市场价格与干预价格（最低价格指导价）之间的"差价补贴"（这种制度安排就是一种目标价格补贴制度），或者直接以干预价格将农产品销售到干预中心（这种制度安排类似于我国的粮食最低收购价及重要农产品临时收储制度）。按照 2003 年改革方案，开始建立"单一农场补贴"，并对 2007～2013 年的价格支持和直接补贴支出设置上限，从 2007 年起建立强制性调整机制，削减各类农业直接补贴，尤其是对大农场的直接补贴，将节约出来的资金用于农村发展计划以及解决 CAP 进一步改革的资金需求。

从日本来看，没有采取像美国和欧盟那样大量采用脱钩补贴的方式，而是仍然采取以市场价格支持措施为主、以挂钩补贴为核心的补贴措施，在坚持米价调控政策目标的同时也对改革支持保护方式。1995 年开始对农业补贴政策进行调整，从 2004 年起实行"水稻生产收入稳定计划"，启动"稻米差价补贴政策"，对种植水稻的农户实行差价补贴，同时鼓励跨品种经营稳定，加大对农地、水资源和环境保护等的政策支持，不断完善农业支持保护制度。

综合而言，引入和实施农产品目标价格制度是农业支持保护制度改革的一个发展趋势和重要内容，但是这个制度也并非农业支持保护制度的全部，而且是在满足特定条件的情况下采用。从发达国家多年来实行农业支持保护政策的实践看，农业补贴的政策目标清晰、指向明确，价格支持始终是基础性措施，发展的方向是从价格支持逐步向收入补贴转型，以挂钩直接补贴为主，补贴易增难减、路径依赖性强，对重点农产品仍然保留价格支撑，注重政策的衔接配套等。

二、重要的典型做法——以美国为例

（一）明确制度性质

农产品目标价格制度的性质是一种反周期补贴（Counter-cyclical Payments）或市场损失援助（Market Lost Assistance）的制度安排，主要内容是国家在实行完全开放的农产品市场流通体制环境下、为有条件的农业生产者和有条件的农产品、在发生市场价格损失后提供限额内的农业补贴，由美国国会立法或修法设立，以 6 年为一个立法或修法周期，授权美国农业部及其下属指定机构按照规定范围、规定程序和规定管理要求负责具体组织提供农业补贴。所谓目标价格，按照 2002 年《农业法》的定义，是每蒲式耳（或在陆地棉、稻谷和其他油脂中的相关单位）农产品在属于规定范围内的产品中用于确定反周期支付的补贴率的价格，这种价格实际上是一种国家提供特定农业补贴的价格计算标准。从农产品目标价格制度的政策目标看，这种农业补贴具有很强的针对性和特殊性。

一是仅限于符合条件的农业生产者适用。2002 年法律规定的条件是农场所有者、农业工人、土地所有者、佃户或收益分成种植户必须共同承担签署反周期补贴计划的生产风险并有权分享可用于销售的作物，每年报告农场耕地面积的使用情况，所有耕地都达到土地保护和湿地保护的要求，如何轮作要求，基本农田必须用于农业及相关生产活动，保护基本农田免受水土流失的侵蚀包括种植符合地方农村服务办公室所要求的充足的植被并且要控制和清除杂草。

二是仅限于符合条件的农产品适用。2002 年法律规定的条件是适用于大麦、玉米、高粱、燕麦、油料作物、花生、水稻、大豆、陆地棉和小麦。

三是仅限于在发生市场价格损失后提供补贴。这种补贴的支付原则是帮助农民克服带有周期性的市场损失，在农产品生产价格过低时作为调剂量的一部分帮助农场主对抗农产品市场价格的波动，或者是只有当一种农产品的有效价格低于其目标价格时，联邦政府才会给农场主提供这种补贴。在制度设计上，农产品市场损失由农民和国家进行分摊，国家提供的补贴并不是弥补全部的市场损失，而只是帮助农民弥补市场损失的一部分（大体上为基本经营收益损失的 85%）。

四是仅限于在一定数量限额内提供补贴。这种补贴的支付带有收入安全网性质，资金来源于公共财政，对单个农户的补贴金额不是敞开提供而是封顶提供的。2002 年法律规定，对单个农民而言，无论是直接支付还是反周期补贴，以及营销贷款补贴都存在最高限额，其中反周期补贴支付的最高限额为 6.5 万美元/人·作物年。一个农民一年内可以获得的各种农业补贴总额最多为 36 万美元，根据前 3 年的纳税情况，凡是平均税后收入高于 250 美元的农民无权获得补贴，除非他的收入中有 75% 是来自农业的。

（二）实行合约治理

农产品目标价格制度在实践中是按照合约方式来组织运行的。并非有条件的农业生产者和有条件的农产品在出现市场价格下降到目标价格以下后就能自动获得补贴，只有符合条件的农业生产者在及时提出申请并严格遵守相关管理规定时才能获得补贴。换言之，这个制度是按照合约的方式来进行治理的，合约的一方为联邦政府，代表国家负责管理和提供补贴资金，合约的另一方为满足特定条件的农业生产者，依法及时提出申请并从国家获得补贴资金，联邦政府和满足特定条件的农业生产者之间进行交易，双方地位平等、责任明确和权利透明，整个交易的过程是公开、公平和公正的。申请反周期补贴有时间限制。2002 年法律规定，所有接受农产品目标价格补贴的农场要依法进行

2002～2007 年度的注册，补贴的数量按照基期面积、补贴单产和反周期补贴率确定。在补贴支付时间上，农场主可以每年选择 3 期反周期补贴。

1. 申请期限及申报要求

2002 和 2003 财政年度申请反周期补贴的期限是 2002 年 10 月 1 日到 2003 年 6 月 2 日，2004～2007 年申请反周期补贴的期限是当年财政年度的 10 月 1 日到次年的 7 月 1 日（美国财政年度为 10 月 1 日到次年 9 月 30 日）。申请者需要按制度规定填表并提交。申请反周期补贴的表格与申请直接补贴的表格连在一起。CCC‑509 申请表格"直接补贴和反周期项目补贴合同"要求的内容包括：基期面积、补贴面积、补贴单产、生产者补贴份额、直接补贴和反周期补贴预付款选择方案和生产者及地方官员的签字。CCC‑509 申请表格必须在该财政年度的 6 月 1 日前（2002 年和 2003 年在 6 月 2 日前）提交。所有接受反周期补贴的农场主及农场工人必须在申请表上签字，附有签字的表格 6 月 1 日后都归集到政府，9 月 30 日前会被批准，但申请补贴的农场随后会被征收 100 美元的申请费。

农业生产者必须按年申请直接补贴和反周期补贴，他们可以申请任何一年的反周期补贴，如果他们愿意这样的话。在地方委员会批准直接补贴申请补贴的份额之前，农业生产必须填写以下表格并做出如下决定：农场工作计划（CCC‑502 及相关表格），调整后的平均毛收入证明书（CCC‑526），遵守高度侵蚀土地保护计划和湿地保护计划的证明（AD‑1026）。在最终补贴发放之前，农业生产者必须提供农场所有种植作物的耕地面积的证书（FSA‑578）。

2. 补贴标准及计算办法

国家立法制定一定时期的各种农产品在发生市场价格损害后国家提供反周期补贴的价格计算标准（农产品目标价格），同时调查统计农场主销售农产品的实际市场价格，按品种计算农产品全国市场平均价格、农产品有效价格、反周期补贴率，结合申请者的基本农田面积和反周期补贴单产，核算每一个申请者的补贴标准。所谓农产品的有效价格，是农民在销售农产品过程中获得的包括政府直接补贴率在内的平均每单位重量的全部产品收入。一种农产品的有效价格等于其直接补贴率和在农产品营销年度农场主销售其农产品的全国市场平均价格或者某种农产品的全国无追索权贷款率的较大者的和。反周期补贴的产量为反周期补贴面积与反周期单产的乘积。反周期补贴的面积为基本农田面积的85%，这种制度安排与直接补贴制度一样，体现了国家与农民分担风险，除了国家承担保证农民基本经营收益的风险责任外，农民自己也要承担一定的风险责任。反周期补贴的单产与农场主的当期生产无关，取决于基期的补贴单产，这种制度安排与直接补贴制度一样，不会刺激农场主提高任何一种受补贴的农产品的供给量，使补贴在提高农产品的收入水平时不会干扰农场主现在的产品和产量决策。对于某一种农产品而言，在某一生产年度，其反周期补贴率是基本农田面积的85%与反周期单产和反周期补贴率的乘积。

对一个农场的补贴农作物而言，基期面积是指农场所有者选择的作物种植面积数。农场所有者及其代理人，唯有一次机会来选择以一种接受反周期补贴的基期面积的确定方案，备选方案有五种：第一种是利用2002年生产灵活性合同确定的面积作为接受反周期补贴的基期面积；第二种到第四种是利用2002年生产灵活性合同确定的面积，与1998～2001生产年度中油料作物的历史基期面积之和，作为接受反周期补贴的基期面积，这种情况下有三种选择，允许在油料作物和其他作物的基期面积间有一定弹性；第五种是利用农场在1998～2001生产年度间的农作物种植面积和经过批准的禁止种植历史面积来计算总的基期面积。

在反周期补贴单产方面，那些想调整基期面积的农场主及其代理人，有一次机会来部分调整他们的反周期补贴单产，所使用的计算方法是如下两种之一：第一种是1998～2001年平均单产的93.5%；第二种是直接补贴单产（生产灵活性合同所确定的单产）加上1998～2001年平均单产与直接补贴单产之差的70%。农场所有者对农场中所有符合条件的农产品，只能使用同一种反周期补贴计算方法。如果农场主不愿意采用部分调整的方法来调整期反周期补贴单产的话，那么他们的生产灵活性合同所确定的单产就可以用于计算反周期补贴。小麦、饲料高粱、棉花和水稻的直接补贴单产可用2002年生产灵活性合同为农场中所有符合条件的作物的单产来替代，用于计算直接补贴的补贴单产不能进行调整，这些补贴单产必须是生产灵活性合同所规定的数据。对于农场内没有签订生产灵活性合同的作物的直接补贴单产，农村服务办公室可以根据具有相同条件的签订了生产灵活性合同的农场的数据确定，而油料作物的直接补贴单产则是用1998～2001年的平均油料作物单产乘以油料作物的历史单产比例计算。

表1　　　　　　　　美国 2002 年《农业法》确定的各种农产品的直接补贴率

农产品	单位	直接补贴率*（美元）
大麦	蒲式耳	0.24
玉米	蒲式耳	0.28
高粱	蒲式耳	0.35
燕麦	蒲式耳	0.024
小麦	蒲式耳	0.52
水稻	担	2.35
陆地棉	磅	0.0667
大豆	蒲式耳	0.44
花生	吨	36
其他油料作物	担	0.80

表2　　　　　　　　美国 2002 年《农业法》确定的各种农产品的目标价格

农产品	单位	目标价格*（美元）	
		2002~2003 年	2003~2007 年
大麦	蒲式耳	2.21	2.24
玉米	蒲式耳	2.60	2.63
高粱	蒲式耳	2.54	2.57
燕麦	蒲式耳	1.40	1.44
小麦	蒲式耳	3.86	3.92
水稻	担	10.5	10.5
陆地棉	磅	0.7420	0.7420
大豆	蒲式耳	5.80	5.80
花生	吨	495.00	495.00
其他油料作物	担	9.8	10.1

注：＊原表1为直接补贴率，表2修正为目标价格。

资料来源：《美国 2002 年农业法专题研究》。

　　例1　（在市场平均价格高于无追索权贷款率时计算农产品的有效价格及反周期补贴率）假定大豆的全国市场平均价格为为 5.1 美元/蒲式耳，大豆无追索权贷款率为 5.0 美元/蒲式耳，大豆目标价格为 5.8 美元/蒲式耳：

　　大豆直接补贴率　　　　　　　　　　　　0.44 美元

大豆市场全国平均价格	+5. 10 美元
大豆有效价格	5. 54 美元
大豆目标价格	5. 80 美元
大豆反周期补贴率	0. 26 美元（5.80 美元 – 5.54 美元）

例2 （在市场平均价格低于无追索权贷款率时计算农产品的有效价格及反周期补贴率）假定大豆的全国市场平均价格为为 4.9 美元/蒲式耳，大豆无追索权贷款率为 5.0 美元/蒲式耳，大豆目标价格为 5.8 美元/蒲式耳：

大豆直接补贴率	0. 44 美元
大豆无追索权贷款率	+5. 00 美元
大豆有效价格	5. 44 美元
大豆目标价格	5. 80 美元
大豆反周期补贴率	0. 36 美元（5.80 美元 – 5.44 美元）

例3 （以大豆为例计算反周期补贴数额）假定反周期补贴率为 0.26 美元，农户基本农田面积为 100 英亩，大豆补贴单产为 110 蒲式耳/英亩：

用于种植大豆的基本农田面积	100 英亩
国家负担比例	×85%
反周期补贴面积	85 英亩
反周期补贴单产	×110 蒲式耳
反周期补贴产量	9350 蒲式耳
反周期补贴率	×0. 26 美元/蒲式耳
反周期补贴金额	2431. 00 美元

3. 补贴发放时间的选择及责任

农场主可以选择每年得到 3 期反周期补贴，同时如果任何一种现行农产品市场价格超过决定反周期补贴率的预测市场价格时，农场主必须向农村服务办公室返还该种农产品得到的超过反周期补贴的部分。2002 年和 2003 年生产年度的直接补贴和反周期补贴发放时间，如表 3 所示。2004～2007 年生产年度的反周期时间表与 2003 生产年度的补贴时间相同。第一期反周期补贴在农作物收获年度的 10 月份得到，这部分补贴的数量不能超过补贴总量的 35%；

第二期反周期补贴在下一收获年度的 2 月份得到，这部分补贴的数量限额为总反周期补贴的70%减去第一期补贴的剩余额；

第三期反周期补贴为最终补贴，在农作物营销年度结束后发放。不愿接受第一期和第二期补贴的农场主在此时一次性获得全部的反周期补贴。

表3　　　　　　　　美国2002年《农业法》确定的发放反周期补贴的时间表

时间	农产品种类			
	大麦、燕麦、小麦	玉米、高粱、大豆	花生、水稻、陆地棉	其他油料作物
2002年秋季	2002年反周期补贴第一期预付款	2002年反周期补贴第一期预付款	2002年反周期补贴第一期预付款	—
2003年2月	2002年反周期补贴第二期预付款	2002年反周期补贴第二期预付款	2002年反周期补贴第二期预付款	—
2003年7月	2002年反周期补贴最终补贴			
2003年9月		—	2002年反周期补贴最终补贴	
2003年10月	2003年反周期补贴第一期预付款	2002年反周期补贴最终补贴，2003年反周期补贴第一期预付款	2003年反周期补贴第一期预付款	
2004年2月	2003年反周期补贴第二期预付款	2003年反周期补贴第二期预付款	2003年反周期补贴第二期预付款	
2004年7月	2003年反周期补贴最终补贴			
2004年9月	—	—	2003年反周期补贴最终补贴	
2004年10月	—	2003年反周期补贴最终补贴	—	

（三）专门机构经办

美国农业补贴制度的内容设计比较复杂，而美国各级政府和各地政府之间的关系也相对松散，为了保证政策得到有效执行并提高政府资金作为一种稀缺资源的使用效率，美国的农产品目标价格制度在实施过程中引入了企业化机制，与其他农业支持保护制度的执行一致，由联邦政府主管部门牵头组织协调，将相关具体经办业务全部委托美国商品信贷公司负责。美国商品信贷公司是一个向美国农民提供长期贷款和农业补贴包括目标价格补贴与灾害补贴等的联邦政府直属机构或政府公司，其代表性产品是"无索权贷款农产品质押贷款"。除了提供农业补贴外，政府为保持粮食安全的储备，由美国商品信贷公司经营，当市场价大大高于农民投放价时才投放市场。由于实行这一机制，建立了农民申请补贴和联邦政府提供补贴之间的直接联系，使财政补贴一竿子插到底，在管理上实现全国统一，减少了环节，提高了效率，降低了成本费用，控制了制度内投机或寻租。

美国商品信贷公司，英文名 Commodity Credit Corporation，简称 CCC，是按照德拉威州特许状于 1933 年 10 月 17 日成立的企业，初始资本 300 万美元，在成立初期得到了金融重组公司的资金支持。1939 年 7 月 1 日，农产品信贷公司被纳入美国农业部。1949 年 7 月 1 日，根据《农产品信贷公司法》，农产品信贷公司作为美国农业部下属的联邦公司再次被重组。农产品信贷公司拥有 1 亿美元的授权资本储备，该储备为美国农业部所持有。另外被授权在任何时候可以保持 300 亿美元以下的资金拆借量。1998 年财政年度拨款法案将法定的借款额度增加到 300 亿美元。农产品信贷公司拆借的资金可以从美国财政部得到，也可以从私营贷款机构和其他金融机构获得。农产品信贷公司保留充足的资金拆借量，以随时购买财政部和其他金融机构发行的各种票据和贷款。农产品信贷公司发生的所有证券、票据、债券和类似的债务都必须得到财政部长的批准。很多年来财政部并没有收到农产品信贷公司为上述保护目的而提出的贷款请求。农产品信贷公司从财政部或资本市场拆借资金的利息，按照借款前几个月的美国联邦政府所有未清偿的可销售债券（具有相同的到期日）的平均利率来计算。利息通常用其他票据和债券来偿还，利率按照农产品信贷公司规定并得到财政部批准的利率来计算。

在组织管理上，农产品信贷公司由董事会来负责管理，董事会接受农业部长的指导，农业部长兼任这个董事会的主席。董事会组成人员除了农业部长外，还有 7 个成员，农业部长由总统提名并经国会批准后上任，董事会的所有成员和公司职员都是农业部的官员。农产品信贷公司只有官员没有工作人员，它所执行的农产品价格支持、农产品储备、水土保持项目和国内处置活动等任务都是利用美国农业部农村服务办公室的工作人员和设施来完成的。农产品信贷公司的官员直接或通过农业部指定的机构与大量的其他政府或民间贸易部门保持联系，所有农产品信贷公司的农产品项目必须得到董事会和（或）农业部长的批准。美国农业部农产品推广服务局，偶尔也利用农产品信贷公司的授权来为国内和国外的食品援助项目获取各种农产品。农产品信贷公司控制下的农产品储备用于出口（烟草和花生除外）和对外援助活动，是通过农业部海外服务局的农产品销售总经理来执行。全国自然资源保护局在农产品信贷公司的赞助下管理几个保护项目。

在组织性质上，农产品信贷公司直属于美国联邦政府，授权独立执行农产品价格支持政策和相关的农业补贴政策，稳定农产品的价格水平，稳定美国农场主的收入。此外，公司同时还负责美国市场上有充足的农产品供应，农产品有合理的流通渠道。农产品信贷公司的基本职能由法律规定。根据作为修正案的《农产品信贷公司特许法》，公司的目标在于通过为农民提供无追索权贷款，按照事先确定的目标价格收购市场上过剩的农产品，为遭受灾害的农民提供补贴，保证农业生产所需的生产资料有充足的供应并且帮助农民销售农产品来帮助美国的农产品。《农产品信贷公司特许法》还授权其他政府机构和外国政府销售农产品，并且向国内、国外和国际救灾机构提供粮食援助。农产品信贷公司还帮助农民开阔新的国内和国外市场，完善国内农产品市场设施。最初，美国农业部给农民提供差额补贴来弥补小麦、饲料谷物、棉花和水稻等农产品的目标价格与波动的市场价格之间的差额。1996年《农业法》明显改变了美国农业政策，第一次减少了对农民的财政补贴，农民得到的是固定但逐年递减的"生产灵活性合同"补贴。不过，2002年《农业法》和2008年《农业法》又进行了调整，重新建立和完善了带有目标价格补贴性质的反周期补贴制度，加强对农业生产者的基本经营收益保护。

农产品信贷公司的支持行动主要是通过发放无追索权贷款①、以目标价格收购市场上剩余农产品以及补贴项目来推动，补贴对象包括小麦、玉米、油菜籽、棉花（陆地棉和长绒棉）、水稻、烟草、牛奶和奶制品、大麦、燕麦、高粱、马海毛、蜂蜜、花生和食糖。农场主可以通过承诺或储存一定数量的农产品作为抵押品，从农产品信贷公司得到无追索权贷款，贷款率是农产品信贷公司事先确定的，无追索权贷款适用于绝大多数

① 无追索权贷款的意义是农场主可以选择归还贷款本金和利息或者被农产品信贷公司罚没所有抵押农产品来归还贷款，贷款的处置是基于贷款率和相关抵押品的质量及数量。这样，在粮食成熟收获、贷款到期后，如果农产品价格上升，则借款农民归还贷款获得收益；如果农产品价格下降，借款农民可将抵押品出售给公司，抵押品所有权转给公司，相应的充作全额支付了贷款本息，实际上等同于按目标价格出售了农产品，避免了价格下降造成的收入减少；公司收不回贷款本息而取得抵押品，则不能追索贷款。农场主要确保农产品信贷公司获得贷款，必须符合贷款差额补贴条件。市场贷款偿还和贷款差额补贴的规定都是为了防止农产品主放弃贷款抵押而转让给农产品信贷公司，这些规定相应的减少了可能增加的美国联邦政府的产品储备，这种储备的增加会使美国的农产品在世界市场上缺乏竞争力。

农产品。农产品支持项目的计划通常由美国农村服务办公室以概略的形式提出，这种概略由一系列文件构成，涵盖经济和其他要素，这些要素是支持项目计划的基础，包括需求的总资金量、支持计划的方法、获得补贴资格的适当条件、基本工作规定和其他与计划相关的信息。当董事会和（或）农业部长批准某一个项目计划时，美国农业部都会向公众发表声明，通常是以接着招待会的形式进行。项目规则会在联邦公告中公布，详细的工作指南还会发给位于华盛顿的项目主管人员以及调查局。美国农村服务办公室的工作人员协助农场主准备参与项目所需要的文件，并保证农场主得到有关项目的详细资料。

农产品信贷公司被授权从事各种农产品及其加工品的运输、储存、加工和处置。这项业务主要通过与地方商业储存库和农场主签订储存农产品的合同来保持适当的农产品储备以达到项目计划对农产品的需要。农产品信贷公司关于粮食与棉花仓储的长期协议，有1/4是与合作社签订并授权合作社执行。美国商品信贷公司并不拥有粮食仓储设施，而是实行"委托代储"的办法来执行，粮权属于政府，政府支付储存费用以及在储备过程中发生的一切费用，包括损耗和亏损等，接受政府委托代储任务的仓储企业也必须按照政府的指令行动。在执行支持行动过程中，农产品信贷公司主要通过两种主要的方式来扩大其所需要的农产品。一是抵押农产品：如果一个农场主在贷款归还时间到期时不能赎回他所抵押的农产品，农产品信贷公司就有权处置这批作为抵押物的农产品。二是收购农产品：对牛奶及奶制品的支持是通过从生产商和分销商那里收购黄油、奶酪和脱脂奶粉来发放的。农产品信贷公司除了对奶制品和食糖外，对加工农产品不提供支持项目。农产品信贷公司所有的农产品的销售、捐助和转移支付是由美国农村服务办公室下属的堪萨斯城农产品办公室来负责处理的。堪萨斯城农产品办公室以固定价格或竞争性报价来销售农产品。美国农业部在每月底出版的美国农产品信贷办公室所有的可用于销售或交换的农产品的信息，这些适用于下一个月。按照农产品信贷公司的规定，用于美国国内市场自由销售的农产品在销售时按当时的市场价格结算，但是销售价格不能低于销售时的有效地区贷款补贴率，补贴率会根据地区、产品的相应质量和合理的运费进行调整，有可能变质或损坏的农产品不受最低价格规定的限制。

农产品信贷公司收购和储存的农产品具有广泛用途，通过合理处置实现物尽其用，弥补市场机制的失灵，解决社会问题。农产品信贷公司获得授权向印第安人事务局、联邦政府、州政府和私营机构提供食品援助，这些援助食品来自价格支持项目和从市场上收购的剩余农产品。食品援助的对象是美国国内的学生午餐计划、学生的夏令营活动和其他需要食品援助的人。食品援助还提供给慈善组织，包括医院和其他有食品需要的人。在大多数时候，农产品信贷公司的工作是将农产品加工成食品成品。此外，农产品信贷公司还提供剩余奶制品给军事服务机构和缺乏食品的老战士医院，但不负责包装费用。同时，农产品信贷公司也向联邦监狱及其相关机构、州少数民族相关机构提供来自支持项目的农产品，按照特许原则提供食品服务的地方除外。农产品信贷公司还向内政部提供来自支持项目的农产品，使内政部可以为迁徙的水鸟提供食物，以保护农作物免受鸟类的危害。内政部也可以征用农产品信贷公司所拥有的谷物来喂缺少食物的候鸟，并且任何一个州政府可以根据内政部提供的信息征用农产品信贷公司拥有的农产品，用来喂本地受到伤害的鸟类和其他处于饥饿状态的野生动物。

农产品信贷公司还通过向国外销售农产品提供出口补贴、提供出口信贷和其他相关活动来促进美国农产品的出口。现在，农产品信贷公司利用出口信用担保和出口补贴来促进农产品销售，对外农业服务局为农产品信贷公司提供的配套服务包括出口信用担保计划（GSM – 102），供应商出口信用担保计划（GSM – 103），设备担保计划（FCP）。出口信用担保计划和供应商出口信用担保计划使得国外的购买者有可能从美国私人出口商手中收购美国的农产品，有美国银行向进口商的开户行提供融资服务，美国银行为农产品出口提供贷款，农产品信贷公司则负责提供担保补贴。这两个计划主要在国内某些地区需要增加或保持农产品出口而缺乏贷款支持，私人金融机构在没有农产品信贷公司担保的情况下而不愿意提供融资服务时发挥作用。按照供应商出口信用担保计划，当美国出口商向国外的进口商提供短期贷款用于购买美国农产品时，美国农产品信贷公司会向出口商提供相当高比例的补贴款。贷款期限长达180天，并且农产品信贷公司的担保覆盖所有的美国出口商。根据设备担保计划，当美国银行为国外新兴市场出口资本品及服务提供贷款，而这种出口有助于改善农业相关生产资料，如仓储、加工和处理设备时，农产品信贷公司可以向银行提供信用担保。资本品和服务的销售必须和有利于增加美国农产品出口的计划相关。

三、基本的经验教训

从国外实行农业支持保护政策实践看，引入农产品目标价格制度有利于发挥市场在资源配置中的决定性作用和促进政府更好地发挥作用，但这一制度的实行也是有前置条件和成本代价的，目前在制度设计上也并非完美无缺。

（一）农产品目标价格制度不是一个孤立或单独实行的制度安排

从历史上看，农产品目标价格制度的内容从属于农业支持保护制度的范畴，不是自然形成的，而是在解决农产品市场问题的过程中产生的，是在农业发展进入从传统农业向现代农业转变和从短缺农业向过剩农业转变阶段之后才出现的，整个制度的演变经历了一个不断发展和不断完善的过程，整个制度的实施不是孤立或单独使用的，而是与农作物生产保险、土地保护计划、直接补贴、农业政策性贷款等其他农业支持保护政策组合使用。建立农产品目标价格制度的重要任务，是要为解决农产品市场失灵问题以及由此引起的政府干预失灵问题、发挥市场在资源配置中的决定性作用和促进政府更好地发挥作用提供新途径，最重要的标志是2002年美国农业法案通过引入反周期支付补贴制度将过去的市场损失援助政策规范化和制度化，形成了完整的制度框架。从美国的做法看，建立农产品目标价格制度的过程是一个对国家农业支持保护制度进行完善和创新的过程，在引入制度的过程中并没有完全取消过去制度中行之有效的内容，比如商品信贷公司无追索权贷款（农产品抵押贷款）、农作物生产保险（天气及灾害损失保险）、剩余商品购销调控（丰年储备用于贫困救济）等，引入制度的整个过程是一个对过去的相关制度实行有所保留、有所取消和有所修改的过程。

（二）农产品目标价格制度的引入完善了农业支持保护制度

从实践来看，发达国家建立农产品目标价格制度的大背景是在实行完全开放的市场经济体制环境下、农产品市场运行在利益分配上可能存在失灵、造成农业生产经营者生计无保乃至破产失业和社会资本资源配置浪费，小背景是政府代表国家为解决市场失灵问题所采取的干预行动可能存在政府失灵、造成农产品市场价格信号扭曲和国家财政资源使用浪费以及引发制度内投机或寻租等。建立和完善农产品目标价格制度后，使农业支持保护制度的内容和方式更加合理，政府对农民的支持更加科学，提升了稀缺资源配置效率。

早期的美国农业农村发展实行完全开放的市场经济体制，由于世界农产品总体供不应求，农产品价格和农民收入总体上较好，农业发展水平不断提高。第一次世界大战后，由于世界市场的萎缩和劳动生产率的提高，美国农产品过剩的问题越来越严重，农产品价格和农民的收入急剧下降，联邦政府采取了一些提高关税、信贷等方式来稳定农产品价格。但是在 20 世纪早期，政治上提倡小政府、经济上主张自由主义、意识形态上反对极权政治的传统保守主义盛行，当这些思想运用到农业政策上来时，也就把农业放到了与工业同等竞争的位置，把粮食生产当成是农场主、农民个人的事，而把农业的特殊性、尤其是美国农业的特殊性置于不顾，政府的措施收效甚微，到大萧条时期，农业问题雪上加霜，农民的不满情绪越来越严重。新政时期政府干预经济的思想运用到了农业领域，罗斯福说："农场主是必须加以扶持的人。"1933 年 5 月 12 日，美国国会通过了第一部《农业调整法》（the Agricultural Adjustment Act），目的是通过削减农产品产量、提高粮食价格，使农民恢复到一战之前的高水平购买力。该法案采取的主要策略是"限额耕种"，农户自愿与政府签订市场协议，凡是根据政府"按户分配耕地面积计划"，"自愿"减少耕地、限制产量的农户都可以得到政府的津贴。1933 年《农业调整法》是美国第一部农产品价格支持和土地调整立法，它既是应对危机的产物，也是贸易保护主义的产物。这就出现了我们教科书所说的"政府同农场主签订了大量减少耕地面积的合同，并销毁小麦、马铃薯和牛奶等农牧产品，屠杀猪、牛、羊等牲畜，以控制基本农产品产量和牲畜饲养头数，提高农产品价格和农民购买力"。联邦政府为了改变棉花和猪肉市场的饱和度，保证参加限产者享受"平价"，农业调整局下令铲除 1000 万亩棉花并屠宰超过 600 万头猪。在数百万人还在饱受缺衣少食的经济危机时期，这种行为显然是不道德的，即便是政府杀掉这 600 万头小猪、将猪肉罐装免费送给失业者，它依然成为我们批判资本主义腐朽性的重要证据。当时实行《农业调整法》时，也引起了美国民众的强烈抗议，那些正在债务中挣扎的农场主们也不明白为何要控制种植，他们对农业调整议案也抱有戒心。这样的举措以至于当时南方流行这样的说法：受过训练的骡子都知道在棉苗之间穿行，就连它们也不会去践踏棉田。这暗喻着做出如此荒唐决定的政府官僚们远远不及骡子聪明。

事实上，按经济规律办事的时候，总不像慈善家那样可亲可爱受欢迎，但确实起到了效果，一定程度上提高了农产品的价格，从而提高了农民的净收入，从而使农业免于破产。但是，《农业调整法》主要满足了各个地区联合起来的大农场主的要求，而小土地租用者和小佃农则遭遇了灭顶之灾。一方面因为土地所有者在削减耕种面积时，通常会解雇一些佃农，令许多人走投无路；另一方面，通过提高价格和政府补贴，农场主们成为最大的受益者。有些农场主用政府补偿款购买拖拉机等农用机械设备，在提高劳动生产率的同时也使一些佃农和农业工人流离失所。为了让补贴的政策不但惠及大农场主，亦惠及贫穷的农民，1935 年 4 月罗斯福总统建立了重新安置局，后并入农田保障局，向贫穷农民、农业工人和分成制佃农提供低息贷款、补贴及技术支持，该计划使12000 万户无土地农民成为土地所有者，其中也包括黑人农民。农产品的价格上涨实际上把危机转嫁给了消费者，普通的农民如果在这种单纯的"平价政策"下，并没有太多的好处。为了解决这个问题，罗斯福政府成立商品信贷公司和联邦剩余商品救济公司，收购并向农场主提供抵押贷款，向广大缺粮人民分发食品。1933 年《农业调整法》从一开始就极受争议，1936 年 1 月 6 日，联邦最高法院在一起案件中宣布《农业调整法》违反了美国宪法第 10 条修正案，因为最高法院认为联邦政府无权管理各州的农业，认为只有地方政府才能管理各自辖区的农业生产。但这部法案确立了一个全新的理念，那就是政府有责任对农民的损失给予补偿，粮食的种植不再是个人的事情，这在保守主义盛行的美国无疑是有标志性意义的，实质上讲并不是单纯的经济危机问题。

美国早期的农产品目标价格制度的主要内容是目标价格贷款制度，从 2002 年农业法案开始全面引入比较规范合理的目标价格补贴制度，从而建立和完善了农产品目标价格制度的内容。与以前的制度相比，在实施农产品目标价格制度过程中，改变了过去几十年内政府主要通过政府储备调控市场价格波动区间和在 1998～2001 年政府对农民的农产品市场价格损失进行大规模紧急支出的做法，改善了政府和市场的关系，实现了政府的归政府（政府决定补贴，政府代表国家解决利益分配平衡问题）、市场的归市场（市场决定价格，价格及变化为社会稀缺资源优化配置提供合理信号）。一方面，政府为农民的市场损失依法提供必要的补偿，这种补偿是公开透明的、直接有效的和严格管理的，农民在获得这种补偿后可以保本微利或保障农业生产经营基本收益而不至于劳而无获乃至于破产倒闭，而政府的财政负担也是限额的和可控的。另一方面，政府的作为并不对农产品市场运行产生直接影响或不利影响大幅减小，农民已经生产出来的过剩农产品不用销毁，也不用常年储存，而是以降价等方式进入市场销售为消费者带来额外的福利，农产品市场价格的运行对农产品供求关系及其变化的反应更加及时、全面和准确，促进了社会稀缺资源优化配置。

（三）农产品目标价格制度的有效实施需要一系列的支撑条件

从操作来看，发达国家实行农产品目标价格制度有一系列隐含条件支撑。美国是实行农产品目标价格制度最为典型的国家，其基本国情是人少地多，农业生产经营规模比较大，农业生产经营者素质比较高，农产品市场流通体系比较健全，农业信息化技术发达，农业管理法制化程度高，农产品供求结构处于剩余状态，需要向全球销售农产品，农业发展目标是以盈利为核心，在农业政策上实行农业支持保护制度已经超过半个世纪，多年来已经逐步建立和积累了关于农业农村发展的比较全面系统的调查统计数据，这些都是实行农产品目标价格制度的重要的隐含条件和基础条件。从美国的情况来看，成功实行农产品目标价格制度，至少需要三个方面的支撑条件。一是在制度设计上考虑因素要比较全面完整和科学合理，这是前提。农产品目标价格制度的性质是提供反周期补贴或市场损失援助补贴。在现实社会中，农产品市场波动周期是变化的，由于农业生产经营者本身的异质性在市场损失上也是因人而异的，因而需要对这种补贴的对象、条件、内容、标准、动态修正办法等进行完整的研究并以此为依据制定政策，以提高决策的科学性和合理性。二是在资金筹集上要有较强的国家财政可支付能力并能够使用这种财政能力为农民提供补贴，这是基础。实行农产品目标价格制度后，一旦约定农产品市场损失发生，需要国家为农民直接提供现金补贴，这需要有比较强大的财政实力作为基础。同时，农产品目标价格补贴的性质是一种挂钩补贴，属于 WTO 规定应减让项目，具有明显的"黄箱"政策特点，因为除了政府要有财政资金用于安排农产品市场损失援助外，还要考虑遵守国际规则，在 WTO 规定应减让项目运行的总额度范围进行统筹考虑。此外，农产品目标价格补贴资金来源于公共财政，还需要按照公共财政管理要求提前进行资金预算并在需要支付时按程序审核支出。三是在制度实施上要有较强的政府行政可管控能力，这是保障。农产品目标价格制度的有效实施涉及面广，政策性强，参加主体多，业务量大，经办管理复杂，在科学立法的基础上，还需要政府具有较强的有行政可管控能力，包括创新组织管理服务机制，建立专门负责的资金、业务和信息管理系统，特别是建立现代化信息网络、大数据库和云计算等支撑系统，实行企业化管理，提高效率，降低成本，防控寻租，减少偏差，确保制度实施的结果与制度设计的目标保持一致。

（四）农产品目标价格制度的内容设计还存在一定的隐含缺陷

从内容上看，在发达国家农产品目标价格制度的现行设计中，还存在一定的隐含缺陷。这一缺陷既与发达国家资本主义制度的政治性质有关，也与作为社会制度设计对象的人的行为的复杂性有关。主要表现如下：一是在制度内没有对地主和农业生产经营者进行严格区分和界定，部分补贴对象存在错位。在美国，用自己所有的土地从事农业生产经营的农民约占一半，另一半需要从地主租入土地进行农业生产经营。从政策实施来看，农产品目标价格补贴有很大一部分被转移给了不劳而获的地主或利益被地主俘获，而相关农业生产经营者在发生市场损失的情况下无法得到补偿或补偿不合理，违背这种补贴资金所应该带有的利益补偿性质，不适当地提高了地价及土地成本，降低了消费者福利水平。二是在制度内对各种参加者的申报及经办等相关行为的详细要求和所提供数据、书面材料的检查核验和责任追究规定不完善，部分制度参加者存在投机或寻租行为。现实社会中的人是非常复杂的，在制度设计不完善或存在较大缺陷的情况下，各种不同的制度参加者都有可能在制度内进行投机或寻租，以获得利益上的好处或减轻及逃避责任。从发达国家目前实行制度的内容设计看，对参加制度的不同类型的农民和相关政府经办官员的职责、权利及违约处罚的规定还存在有不足或不完善之处，存在部分农民及政府官员在制度内进行投机或寻租的可能性。

四、对我国建立农产品目标价格制度的启示

改革开放 30 多以来，我国农业农村经济发展取得重要成就，已经建立了一套基本完整的强农惠农富农的农业支持保护政策体系，这些政策在实践中发挥了重要作用。但随着社会经济条件和国内外发展环境的变化，这些政策也还存在不足或缺陷，亟须进行完善和创新。引入农产品目标价格制度是深化改革的一个重要方向。在实践中，我国建立农产品目标价格制度还处于探索阶段。一方面，目前国家还没有立法建立全国性的农产品目标价格制度，各地对建立农产品目标价格价格制度的探索比较有限。2014 年中共中央 1 号文件提出逐步建立农产品目标价格制度，国家开始选择在新疆、黑龙江、吉林、辽宁和内蒙古等部分地区进行棉花和大豆目标价格政策改革试点。另一方面，部分地方在建立农产品目标价格制度方面进行了有益探索，尽管试点地区少，但内容非常丰

富，试点试验品涉及棉花、大豆、水稻、小麦、生猪、绿叶菜等。从 2008 年左右开始，苏州市、上海市、北京市、张家港市等一些地方结合自身的经济社会发展需要已经开展了带有农产品目标价格政策性质的制度改革试验和探索，包括粮食收购价外补贴制度、生猪价格指数保险制度、淡季绿叶菜综合成本价格保险制度、夏季保淡绿叶菜价格指数保险，取得重要成效，也存在一些突出问题。

对比国外农产品目标价格制度的主要做法和我国建立农产品目标价格制度的主要探索，对我国建立农产品目标价格制度有重要启示。农产品目标价格制度的主要内容不是一种农产品价格支持制度而是一种具有特殊针对性的农业补贴制度，特别是一种农产品市场损失补助制度，制度的性质是一种限额交易合约，要实行合约治理。农产品目标价格不是一种价格目标、预测价格或参考价格，而是一种政策性补贴价格计算标准；建立农产品目标价格制度的过程绝不是简单地由政府先确定一个价格然后就按差价进行补贴，而是一连串的行动。在农产品目标价格制度中，个人补贴由多方面因素决定，包括农业生产品种、农业生产区域、申请者个人身份、申报核准手续、农作物种植面积、农产品产量、个人直接补贴限额、政府补贴支付方式等。在确定个人补贴过程中，引入个人直接补贴限额、政府补贴支付方式也是非常重要的。在制度设计上，国家要建立一种长效机制，通过对农业生产经营者由于农产品生产价格下降产生的市场损失按照约定条件和程序提供限额补助，实现一定时间周期内实际财政支出负担和需要进行农业补贴的金额保持内在自动平衡。从我国农业支持保护政策的改革创新方向来看，要将建立农产品目标价格制度作为手段而不是目的，实行问题导向，围绕保供稳价、长期发展和解决问题，对现有的政策框架实行保留、取消与修改相结合，合理引入条件，逐步建立农产品收购市场全面放开制度、农产品最低收购价及临时收储制度、农产品目标价格制度"三位一体"的新型管理制度总体框架，一个制度各自分别解决一个问题，确保每个制度在解决问题的同时不产生新的问题，充分发挥市场机制在资源配置中的决定作用，更好地发挥政府在促进资源合理配置和建设现代公平公正社会中的重要作用。

参考文献

［1］程国强. 我国粮食价格支持政策效果与调整思路研究. 国务院发展研究中心招标课题报告，2013

［2］程国强. 中国工业化中期阶段农业补贴制度与政策选择. 国务院发展研究中心招标课题报告，2011

［3］李超民. 美国 70 年来农产品立法与农产品常平仓计划的现实意义. 农业经济问题，2004（4）

［4］李超民．论美国新政"常平仓计划"受王安石经济思想的影响——兼与卜德先生商榷．西南师范大学学报（人文社会科学版），2002（6）

［5］李超民．《1938 年农业调整法》与常平仓：美国当代农业繁荣的保障．财经研究，2000（12）

［6］李超民．美国当代的"青苗法"：商品信贷公司．世界经济文汇，2000（5）

［7］李超民．稳定农业生产，借鉴、建立现代常平仓制度．中国农村观察，2000（3）

［8］李超民．美国农业稳定的保障：常平仓与《农业调整法》．福建农业大学学报（社会科学版），2001（3）

［9］李超民．中国经济思想史研究的意义：以美国《1933 年农业调整法》为例．济南大学学报，2001（1）

［10］李超民．思想、制度与启示：中国古代常平仓思想的当代意义．石油大学学报（社会科学版），2001（6）

［11］李超民．王安石变法与美国 20 世纪 30 年代的新政．西安交通大学学报（社会科学版），2001（2）

［12］李超民．常平仓：当代宏观经济稳定政策的中国渊源考察．复旦学报（社会科学版），2002（2）

［13］秦中春．科学理解农产品目标价格制度的内容，中国经济时报，2014 － 09 － 22

［14］秦中春．农产品目标价格制度改革的方向，中国经济时报，2014 － 09 － 25

［15］张汉麟，傅新民，邓亦武，何松森，李众敏等编译．美国 2002 年农业法专题研究，北京：经济管理出版社，2005